信息系统项目管理师考试 32 小时通关
（第二版）

主　编　薛大龙

副主编　唐　徽　刘开向　胡　强

扫码激活视频课
智能题库免费刷

中国水利水电出版社
www.waterpub.com.cn
·北京·

内 容 提 要

信息系统项目管理师考试是全国计算机技术与软件专业技术资格考试中的高级资格考试，通过信息系统项目管理师考试可获得高级工程师职称。

全书在全面分析知识点的基础之上，对整个内容架构进行了科学重构，可以极大地提高考生的学习效率。尤其是针对上午单选题、下午试卷 I（案例分析）、下午试卷 II（论文）等核心考点，分别从理论与实践方面进行了重点梳理。通过学习本书，考生可掌握考试的重点，熟悉试题形式及解答问题的方法和技巧等。

本书可供备考信息系统项目管理师考试的考生学习参考，也可供各类培训班使用。

图书在版编目（CIP）数据

信息系统项目管理师考试32小时通关 / 薛大龙主编. -- 2版. -- 北京：中国水利水电出版社，2023.6
 ISBN 978-7-5226-1584-4

Ⅰ. ①信… Ⅱ. ①薛… Ⅲ. ①信息系统－项目管理－资格考试－自学参考资料 Ⅳ. ①G202

中国国家版本馆CIP数据核字(2023)第110855号

策划编辑：周春元　　　责任编辑：王开云　　　封面设计：李 佳

书　名	信息系统项目管理师考试 32 小时通关（第二版） XINXI XITONG XIANGMU GUANLISHI KAOSHI 32 XIAOSHI TONGGUAN
作　者	主　编　薛大龙 副主编　唐 徽　刘开向　胡 强
出版发行	中国水利水电出版社 （北京市海淀区玉渊潭南路 1 号 D 座　100038） 网址：www.waterpub.com.cn E-mail：mchannel@263.net（答疑） 　　　　sales@mwr.gov.cn 电话：（010）68545888（营销中心）、82562819（组稿）
经　售	北京科水图书销售有限公司 电话：（010）68545874、63202643 全国各地新华书店和相关出版物销售网点
排　版	北京万水电子信息有限公司
印　刷	三河市德贤弘印务有限公司
规　格	184mm×240mm　16 开本　27.75 印张　670 千字
版　次	2018 年 3 月第 1 版　2018 年 3 月第 1 次印刷 2023 年 6 月第 2 版　2023 年 6 月第 1 次印刷
印　数	0001—5000 册
定　价	68.00 元

凡购买我社图书，如有缺页、倒页、脱页的，本社营销中心负责调换

版权所有·侵权必究

前　　言

为什么选择本书

　　计算机技术与软件专业技术资格考试高级资格考试的历年全国平均通过率一般不超过10%，其涉及的知识范围较广，而考生一般又多忙于工作，仅靠官方教程，考生在有限时间内很难领略及把握考试的重点和难点。

　　本书是针对信息系统项目管理师第四版考试大纲编写的，本书的第1版，重印20余次，历经超过5万名考生的培训检验。与其他教材相比，本书在保证知识的系统性与完整性的基础上，在易学性、注重考生学习有效性等方面有了大幅度改进和提高。

　　全书在全面分析知识点的基础之上，对整个学习架构进行了科学重构，可以极大地提高考生学习的有效性。尤其是针对上午单选题、下午试卷Ⅰ（案例分析）、下午试卷Ⅱ（论文）等核心考点，分别从理论与实践方面进行了重点梳理。

　　通过学习本书，考生可掌握考试的重点，熟悉试题形式及解答问题的方法和技巧等。

本书作者不一般

　　本书由薛大龙担任主编，唐徽、刘开向、胡强担任副主编。具体编写分工如下：胡强负责第1～6小时，余成鸿负责第7～12小时，唐徽、薛大龙负责第13～18小时，刘开向负责第19～32小时。全书由唐徽统稿，薛大龙定稿。

　　薛大龙，全国计算机技术与软件专业技术资格考试辅导教材编委会主任，多所大学客座教授，北京市评标专家，财政部政府采购评审专家。

　　唐徽，高级工程师，信息系统项目管理师，系统集成项目管理工程师，信息系统监理工程师。从事信息管理相关工作多年，面授名师、网校名师，多次受邀进行大型国企、上市公司企业内训；多次受邀参与多家大型企业项目指导工作。

　　胡强，高级工程师，系统架构设计师，系统分析师，信息系统项目管理师，信息安全工程师。广州市科技进步奖获得者，拥有二十多年大型国资企业信息化工程建设、信息化管理从业经验。

　　余成鸿，高级工程师，信息系统项目管理师，系统规划与管理师，信息系统监理师，经济师。从事多年的项目管理工作，具有丰富的管理经验和技术经验。

　　刘开向，高级工程师，信息系统项目管理师，系统规划与管理师，系统集成项目管理工程师，网校名师。从事信息管理相关工作，具有多年的信息化项目管理经验，具有丰富的信息系统项目管理师、系统规划与管理师、系统集成项目管理工程师等科目的授课经验，擅长对考试进行分析和总结。

给读者的学习提示

信息系统项目管理师是 IT 行业金字塔的顶端，考试虽然难，但是考过后，拿到证书的喜悦心情、获得高级职称的自豪感，会让自己感觉所有的努力都是值得的。

路虽远，行则将至；事虽难，做则必成。只要考生有愚公移山的志气、滴水穿石的毅力，脚踏实地去看书，认认真真学习，积跬步以至千里，积小流以成江海，就一定能够把宏伟目标变为美好现实，使自己真正成为践行中华民族伟大复兴的高级信息化人才。

致谢

感谢中国水利水电出版社有限公司的周春元编辑在本书的策划、选题的申报、写作大纲的确定以及编辑、出版等方面付出的辛勤劳动和智慧，以及他给予我们的很多帮助。

编　者

2023 年于北京

目 录

前言

第一篇　项目管理预备知识

第 1 小时　信息化发展 ················· 2
1.0　章节考点分析 ····················· 2
1.1　信息与信息化 ····················· 3
1.2　现代化基础设施 ··················· 5
1.3　现代化创新发展 ··················· 6
1.4　数字中国 ························· 7
1.5　数字化转型与元宇宙 ··············· 9
1.6　考点实练 ························ 10

第 2 小时　信息技术发展 ··············· 12
2.0　章节考点分析 ···················· 12
2.1　信息技术及其发展 ················ 13
2.2　新一代信息技术及应用 ············ 19
2.3　考点实练 ························ 22

第 3 小时　信息系统治理 ··············· 23
3.0　章节考点分析 ···················· 23
3.1　IT 治理 ·························· 24
3.2　IT 审计 ·························· 26
3.3　考点实练 ························ 29

第 4 小时　信息系统管理 ··············· 31
4.0　章节考点分析 ···················· 31
4.1　管理方法 ························ 32
4.2　管理要点 ························ 36
4.3　考点实练 ························ 38

第 5 小时　信息系统工程 ··············· 40
5.0　章节考点分析 ···················· 40
5.1　软件工程 ························ 41
5.2　数据工程 ························ 47
5.3　系统集成 ························ 50
5.4　安全工程 ························ 51
5.5　考点实练 ························ 52

第二篇　项目管理基础知识

第 6 小时　项目管理概论 ··············· 54
6.0　章节考点分析 ···················· 54
6.1　PMBOK 的发展 ··················· 55
6.2　项目基本要素 ···················· 55
6.3　项目经理的角色 ·················· 60
6.4　价值驱动的项目管理知识体系 ······ 61
6.5　考点实练 ························ 64

第 7 小时　项目立项管理 ··············· 66
7.0　章节考点分析 ···················· 66
7.1　项目建议书 ······················ 67
7.2　项目可行性研究 ·················· 67
　　7.2.1　可行性研究的内容 ············ 67
　　7.2.2　初步可行性研究 ·············· 68
　　7.2.3　详细可行性研究 ·············· 69

7.3 项目评估与决策 …… 70
7.4 考点实练 …… 71

第 8 小时　项目整合管理 …… 73
8.0 章节考点分析 …… 73
8.1 管理基础 …… 74
　8.1.1 执行整合 …… 74
　8.1.2 整合的复杂性 …… 74
　8.1.3 管理新实践 …… 74
　8.1.4 项目管理计划和项目文件 …… 75
8.2 项目整合管理过程 …… 75
　8.2.1 过程概述 …… 75
　8.2.2 裁剪考虑因素 …… 78
　8.2.3 敏捷与适应方法 …… 78
8.3 制定项目章程 …… 78
8.4 制订项目管理计划 …… 79
8.5 指导与管理项目工作 …… 80
8.6 管理项目知识 …… 81
8.7 监控项目工作 …… 82
8.8 实施整体变更控制 …… 83
8.9 结束项目或阶段 …… 83
8.10 考点实练 …… 84

第 9 小时　项目范围管理 …… 87
9.0 章节考点分析 …… 87
9.1 管理基础 …… 88
　9.1.1 产品范围和项目范围 …… 88
　9.1.2 管理新实践 …… 88
9.2 项目范围管理过程 …… 89
9.3 规划范围管理 …… 90
9.4 收集需求 …… 91
9.5 定义范围 …… 92
9.6 创建 WBS …… 93
9.7 确认范围 …… 94
9.8 控制范围 …… 95
9.9 考点实练 …… 95

第 10 小时　项目进度管理 …… 97
10.0 章节考点分析 …… 97
10.1 管理基础 …… 98
　10.1.1 项目进度计划的定义和总要求 …… 98
　10.1.2 管理新实践 …… 98
10.2 项目进度管理过程 …… 99
10.3 规划进度管理 …… 101
10.4 定义活动 …… 101
10.5 排列活动顺序 …… 101
10.6 估算活动持续时间 …… 103
10.7 制订进度计划 …… 105
10.8 控制进度 …… 108
10.9 考点实练 …… 108

第 11 小时　项目成本管理 …… 112
11.0 章节考点分析 …… 112
11.1 管理基础 …… 113
　11.1.1 重要性和意义 …… 113
　11.1.2 相关术语和定义 …… 113
　11.1.3 管理新实践 …… 114
11.2 项目成本管理过程 …… 114
11.3 规划成本管理 …… 115
11.4 估算成本 …… 116
11.5 制订预算 …… 116
11.6 控制成本 …… 117
11.7 考点实练 …… 118

第 12 小时　项目质量管理 …… 120
12.0 章节考点分析 …… 120
12.1 管理基础 …… 121
　12.1.1 质量与项目质量 …… 121
　12.1.2 质量管理 …… 122
　12.1.3 质量管理标准体系 …… 122
　12.1.4 管理新实践 …… 123
12.2 项目质量管理过程 …… 123
12.3 规划质量管理 …… 125
12.4 管理质量 …… 126
12.5 控制质量 …… 128

12.6 考点实练·················129
第 13 小时　项目资源管理·················131
13.0 章节考点分析·················131
13.1 管理基础·················132
13.2 项目资源管理过程·················135
13.3 规划资源管理·················137
13.4 估算活动资源·················138
13.5 获取资源·················138
13.6 建设团队·················139
13.7 管理团队·················140
13.8 控制资源·················141
13.9 考点实练·················141
第 14 小时　项目沟通管理·················143
14.0 章节考点分析·················143
14.1 管理基础·················144
14.2 项目沟通管理过程·················145
14.3 规划沟通管理·················146
14.4 管理沟通·················148
14.5 监督沟通·················148
14.6 考点实练·················149
第 15 小时　项目风险管理·················151
15.0 章节考点分析·················151
15.1 管理基础·················152
15.2 项目风险管理过程·················153
15.3 规划风险管理·················155
15.4 识别风险·················155
15.5 实施定性风险分析·················156
15.6 实施定量风险分析·················157
15.7 规划风险应对·················158
15.8 实施风险应对·················160
15.9 监督风险·················160
15.10 考点实练·················161
第 16 小时　项目采购管理·················164
16.0 章节考点分析·················164

16.1 管理基础·················165
16.2 项目采购管理过程·················165
16.3 规划采购管理·················166
16.4 实施采购·················169
16.5 控制采购·················170
16.6 项目合同管理·················170
16.7 考点实练·················175
第 17 小时　项目干系人管理·················177
17.0 章节考点分析·················177
17.1 管理基础·················178
17.2 项目干系人管理过程·················178
17.3 识别干系人·················180
17.4 规划干系人参与·················181
17.5 管理干系人参与·················182
17.6 监督干系人参与·················182
17.7 考点实练·················183
第 18 小时　项目绩效域·················185
18.0 章节考点分析·················185
18.1 干系人绩效域·················186
18.2 团队绩效域·················187
18.3 开发方法和生命周期绩效域·················188
18.4 规划绩效域·················189
18.5 项目工作绩效域·················190
18.6 交付绩效域·················191
18.7 度量绩效域·················192
18.8 不确定性绩效域·················192
18.9 考点实练·················193
第 19 小时　配置与变更管理·················196
19.0 章节考点分析·················196
19.1 配置管理·················197
19.2 变更管理·················201
19.3 项目文档管理·················203
19.4 考点实练·················204

第三篇　高级项目管理知识

第 20 小时　高级项目管理 ⋯⋯⋯⋯⋯⋯ 208
 20.0　章节考点分析 ⋯⋯⋯⋯⋯⋯ 208
 20.1　项目集管理 ⋯⋯⋯⋯⋯⋯⋯ 209
 20.2　项目组合管理 ⋯⋯⋯⋯⋯⋯ 210
 20.3　组织级项目管理 ⋯⋯⋯⋯⋯ 213
 20.4　量化项目管理 ⋯⋯⋯⋯⋯⋯ 214
 20.5　项目管理实践模型 ⋯⋯⋯⋯ 216
 20.6　考点实练 ⋯⋯⋯⋯⋯⋯⋯⋯ 217
第 21 小时　项目管理科学基础 ⋯⋯⋯ 219
 21.0　章节考点分析 ⋯⋯⋯⋯⋯⋯ 219
 21.1　工程经济学 ⋯⋯⋯⋯⋯⋯⋯ 220
 21.2　运筹学 ⋯⋯⋯⋯⋯⋯⋯⋯⋯ 222
 21.3　考点实练 ⋯⋯⋯⋯⋯⋯⋯⋯ 238
第 22 小时　组织通用治理 ⋯⋯⋯⋯⋯ 243
 22.0　章节考点分析 ⋯⋯⋯⋯⋯⋯ 243
 22.1　组织战略 ⋯⋯⋯⋯⋯⋯⋯⋯ 244
 22.2　绩效考核 ⋯⋯⋯⋯⋯⋯⋯⋯ 246
 22.3　转型升级 ⋯⋯⋯⋯⋯⋯⋯⋯ 249
 22.4　考点实练 ⋯⋯⋯⋯⋯⋯⋯⋯ 250
第 23 小时　组织通用管理 ⋯⋯⋯⋯⋯ 252
 23.0　章节考点分析 ⋯⋯⋯⋯⋯⋯ 252
 23.1　人力资源管理 ⋯⋯⋯⋯⋯⋯ 253
 23.2　流程管理 ⋯⋯⋯⋯⋯⋯⋯⋯ 256
 23.3　知识管理 ⋯⋯⋯⋯⋯⋯⋯⋯ 258
 23.4　市场营销 ⋯⋯⋯⋯⋯⋯⋯⋯ 261
 23.5　考点实练 ⋯⋯⋯⋯⋯⋯⋯⋯ 263
第 24 小时　法律法规与标准规范 ⋯⋯ 266
 24.0　章节考点分析 ⋯⋯⋯⋯⋯⋯ 266
 24.1　法律法规 ⋯⋯⋯⋯⋯⋯⋯⋯ 267
 24.2　标准规范 ⋯⋯⋯⋯⋯⋯⋯⋯ 279
 24.3　考点实练 ⋯⋯⋯⋯⋯⋯⋯⋯ 284
第 25 小时　专业英语 ⋯⋯⋯⋯⋯⋯⋯ 289
 25.0　章节考点分析 ⋯⋯⋯⋯⋯⋯ 289
 25.1　新一代信息技术 ⋯⋯⋯⋯⋯ 290
 25.2　信息和信息系统基础知识 ⋯ 291
 25.3　项目管理基本概念重要词汇 ⋯ 293
 25.4　十大管理及配置管理重要词汇 ⋯ 293
 25.5　考点实练 ⋯⋯⋯⋯⋯⋯⋯⋯ 298

第四篇　项目管理知识综合应用

第 26 小时　成本类计算 ⋯⋯⋯⋯⋯⋯ 302
 26.0　章节考点分析 ⋯⋯⋯⋯⋯⋯ 302
 26.1　成本类计算相关概念 ⋯⋯⋯ 303
 26.2　成本计算基本公式 ⋯⋯⋯⋯ 303
 26.3　考试真题解析 ⋯⋯⋯⋯⋯⋯ 305
 26.4　考点实练 ⋯⋯⋯⋯⋯⋯⋯⋯ 310
第 27 小时　项目进度类计算 ⋯⋯⋯⋯ 315
 27.0　章节考点分析 ⋯⋯⋯⋯⋯⋯ 315
 27.1　进度类计算的基本概念 ⋯⋯ 316
 27.2　基本公式 ⋯⋯⋯⋯⋯⋯⋯⋯ 321
 27.3　真题解析 ⋯⋯⋯⋯⋯⋯⋯⋯ 321
 27.4　考点实练 ⋯⋯⋯⋯⋯⋯⋯⋯ 331
第 28 小时　综合类计算 ⋯⋯⋯⋯⋯⋯ 337
 28.0　章节考点分析 ⋯⋯⋯⋯⋯⋯ 337
 28.1　成本、进度综合计算 ⋯⋯⋯ 338
 28.2　工期、费用优化计算 ⋯⋯⋯ 342
 28.3　新型计算 ⋯⋯⋯⋯⋯⋯⋯⋯ 350
 28.4　考点实练 ⋯⋯⋯⋯⋯⋯⋯⋯ 352
第 29 小时　单项选择题 ⋯⋯⋯⋯⋯⋯ 360
 29.0　章节考点分析 ⋯⋯⋯⋯⋯⋯ 360

- 29.1 单项选择题答题方法 …………… 361
- 29.2 单项选择题考试内容 …………… 364
- 29.3 考点实练 …………………………… 374

第 30 小时 案例分析 …………………… 387
- 30.0 章节考点分析 …………………… 387
- 30.1 案例管理找错题 ………………… 388
- 30.2 记忆题（背书题） ……………… 390
- 30.3 辨别题 …………………………… 392
- 30.4 补全内容题 ……………………… 394
- 30.5 管理实践题 ……………………… 395
- 30.6 填空题、判断题、选择题 …… 396
- 30.7 完整案例真题解析 …………… 399
- 30.8 考点实练 ………………………… 407

  试题一 …………………………… 407
  试题二 …………………………… 409

第 31 小时 论文写作 …………………… 412
- 31.0 章节考点分析 …………………… 412
- 31.1 论文评分要点 …………………… 413
- 31.2 论文写作的一般要求 ………… 415
- 31.3 论文写作策略与技巧 ………… 416
- 31.4 信息系统项目管理师历年论文考试内容梳理 …………… 420

第 32 小时 优秀范文 …………………… 425
- 32.0 章节考点分析 …………………… 425
- 32.1 优秀范文一 ……………………… 426
- 32.2 优秀范文二 ……………………… 430

第一篇
项目管理预备知识

第1小时
信息化发展

1.0 章节考点分析

第1小时主要学习信息化、新型基础设施建设、两化融合、数字中国、数字化转型与元宇宙等内容。

根据考试大纲,本小时知识点会涉及单项选择题,按以往全国计算机技术与软件专业技术资格考试的出题规律约占 10 分。本小时内容属于基础知识范畴,考查的知识点既来源于教材,也有少量扩展内容。本小时的架构如图 1-1 所示。

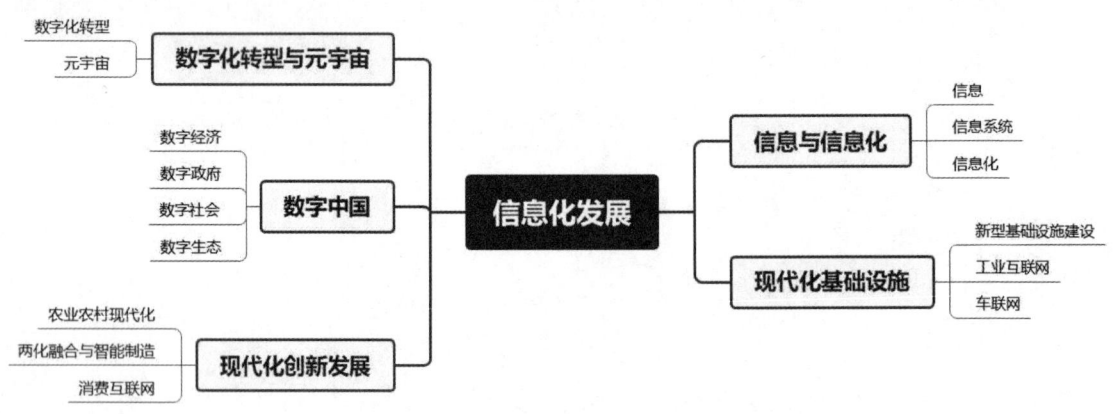

图 1-1 本小时的架构

【导读小贴士】

信息化是依赖于智能化工具的新型科技生产力,代表了一种信息技术被高度应用、信息资源被高度共享、原有业务和行为被重塑和重新诠释的崭新业态。本小时所要讲述的信息化发展知识,只是整本书的一个开篇,虽然仅仅是基础知识,但信息量不小,需要好好掌握。

1.1 信息与信息化

【基础知识点】

1. 信息

(1)定义。

1)控制论的创始人维纳认为:信息就是信息,它既不是物质也不是能量。

2)根据信息化的奠基者香农的描述:信息用来"消除不确定的因素"。

3)信息的概念存在两个基本的层次,即本体论层次和认识论层次。前者是纯客观的层次,只与客体本身的因素有关,与主体的因素无关。后者是从主体立场来考查信息层次,既与客体因素有关,又与主体因素有关。

(2)定量描述。香农用概率来定量描述信息的公式如下:

$$H(X) = -\sum_{i=1}^{n} p_i \log p_i$$

式中,$H(X)$为X的信息熵;p_i为事件出现第i种状态的概率,在二进制的情况下,对数的底是2,这是信息熵可以作为信息的度量,称为信息量,单位是比特(bit)。

(3)特征。信息的特征有客观性、普遍性、无限性、动态性、相对性、依附性、变换性、传递性、层次性、系统性和转化性等。

(4)质量属性。信息的质量属性有精确性、完整性、可靠性、及时性、经济性、可验证性和安全性等。

2. 信息系统

(1)定义。信息系统是由相互联系、相互依赖、相互作用的事物或过程组成的具有整体功能和综合行为的统一体。

(2)特点。信息系统面向管理、支持生产。

(3)抽象模型。信息系统是管理模型、信息处理模型和系统实现条件的结合,其抽象模型如图1-2所示。

1)管理模型。指系统服务对象领域的专门知识,以及分析和处理该领域问题的模型,又称为对象的处理模型。

2）信息处理模型。指系统处理信息的结构和方法。

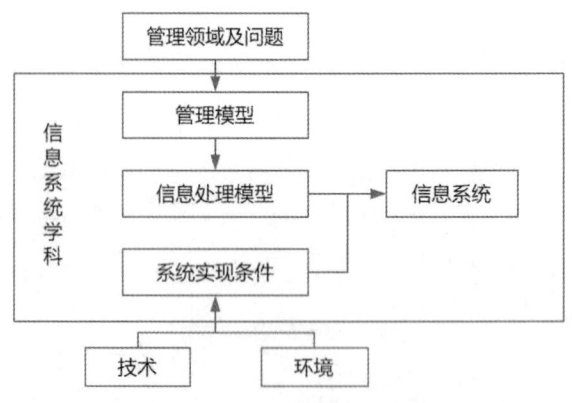

图 1-2　信息系统抽象模型

（4）组成部件。包括硬件、软件、数据库、网络、存储设备、感知设备、外设、人员以及把数据处理成信息的规程等。

（5）生命周期。通常包括<u>可行性分析与项目开发计划、需求分析、概要设计、详细设计、编码、测试、维护</u>等阶段。可以简化为系统规划（可行性分析与项目开发计划）、系统分析（需求分析）、系统设计（概要设计、详细设计）、系统实施（编码、测试）、系统运行和维护等阶段。

3. 信息化

（1）信息化的核心是要通过<u>全体社会成员</u>的共同努力，在经济和社会各个领域充分应用基于<u>信息技术的先进社会生产工具</u>（表现为各种信息系统或软硬件产品），提高信息时代的社会生产力，并推动生产关系和上层建筑的改革（表现为法律、法规、制度、规范、标准、组织结构等），使国家的综合实力、社会的文明程度和人民的生活质量全面提升。

（2）信息化的内涵包括<u>信息网络体系、信息产业基础、社会运行环境、效用积累过程</u>等。

（3）信息化的体系包括信息技术应用、信息资源、信息网络、信息技术和产业、信息化人才、信息化政策法规和标准规范六个要素，如图 1-3 所示。其中，<u>信息资源是核心、信息技术应用是龙头、信息网络是基础设施、信息技术和产业是国家信息化建设基础、信息化人才是关键、信息化政策法规和标准规范是保障</u>。

（4）信息化的趋势。

1）组织信息化。呈现出产品信息化、产业信息化、社会生活信息化和国民经济信息化等趋势和方向。

a. 产品信息化：物质产品的特征向信息产品的特征迈进；产品具有越来越强的信息处理功能。

b. 产业信息化：农业、工业、服务业等传统产业广泛利用信息技术实现产业内各种资源、要素的优化与重组，从而实现产业的升级。

c. 社会生活信息化：整个社会体系采用先进的信息技术，建立各种互联网平台和网络，生活获得各种便利。

d. 国民经济信息化：指在经济大系统内实现统一的信息大流动，使金融、贸易、投资、计划、营销等组成一个信息大系统，生产、流通、分配、消费等经济的四个环节通过信息进一步连成一个整体。<u>国民经济信息化是世界各国急需实现的目标。</u>

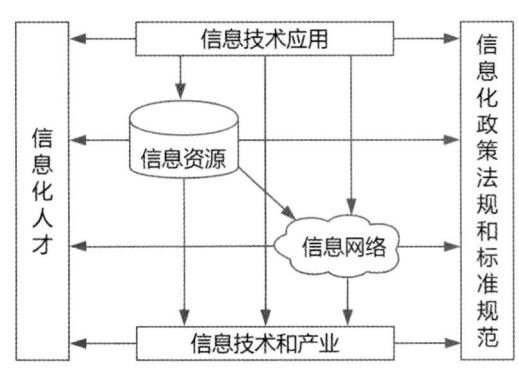

图 1-3　国家信息化体系

2）国家信息化。《国家信息化发展战略纲要》强调国家信息化发展战略总目标是建设网络强国，分"三步走"。

第一步：到 2020 年，核心关键技术部分领域达到国际先进水平，信息产业国际竞争力大幅提升，信息化成为驱动现代化建设的先导力量。

第二步：到 2025 年，建成国际领先的移动通信网络，根本改变核心关键技术受制于人的局面，实现技术先进、产业发达、应用领先、网络安全坚不可摧的战略目标，涌现一批具有强大国际竞争力的大型跨国网信企业。

第三步：到 21 世纪中叶，信息化全面支撑富强民主文明和谐的社会主义现代化国家建设，网络强国地位日益巩固，在引领全球信息化发展方面有更大作为。

1.2　现代化基础设施

【基础知识点】

1. 新型基础设施建设（新基建）

（1）定义。2018 年中央经济工作会议提出"加快 5G 商用步伐，加强人工智能、工业互联网、物联网等新型基础设施建设"，简称"新基建"。主要包括三方面：

1）<u>信息基础设施</u>。基于新一代信息技术演化生成的基础设施，包括通信网络基础设施（5G、物联网、工业互联网、卫星互联网）；新技术基础设施（人工智能、云计算、区块链）；算力基础设施（数据中心、智能计算中心）。

2）融合基础设施。深度应用互联网、大数据、人工智能等技术，支撑传统基础设施转型升级，进而形成的融合基础设施。包括智能交通基础设施、智慧能源基础设施。

　　3）创新基础设施。支撑科学研究、技术开发、产品研制的具有公益属性的基础设施。包括重大科技基础设施、科教基础设施、产业技术创新基础设施。强调"平台新"。

　　（2）发展重点。国家"十四五"规划中提出持续加快建设新型基础设施。

　2. 工业互联网

　　（1）内涵和外延。

　　1）工业互联网是实现人、机、物全面互联的新型网络基础设施，形成智能化发展的新兴业态和应用模式。

　　2）工业互联网是新一代信息通信技术与工业经济深度融合的新型基础设施，是第四次工业革命的重要基石。

　　3）从工业经济发展角度看，工业互联网为制造强国建设提供关键支撑。

　　4）从网络设施发展角度看，工业互联网是网络强国建设的重要内容。

　　（2）其平台体系具有四大层级：网络是基础，平台是中枢，数据是要素，安全是保障。

　　（3）融合应用形成了六大类典型应用模式：平台化设计、智能化制造、网络化协同、个性化定制、服务化延伸、数字化管理。

　3. 车联网

　　（1）定义。车联网是新一代网络通信技术与汽车、电子、道路交通运输等领域深度融合的新兴产业形态。

　　（2）体系架构。车联网（Internet of Vehicles，IoV）系统是一个"端、管、云"三层体系。

　　（3）链接方式。车联网分别是车与云平台、车与车、车与路、车与人、车内设备之间等全方位网络链接。

1.3　现代化创新发展

【基础知识点】

　1. 农业农村现代化

　　农业现代化是用现代工业装备农业，用现代科学技术改造农业，用现代管理方法管理农业，用现代科学文化知识提高农民素质的过程。

　　乡村振兴战略聚焦数字赋能农业农村现代化建设，重点建设基础设施、发展智慧农业和建设数字乡村等方面。

　2. 两化融合与智能制造

　　（1）两化融合。

　　1）两化融合是信息化和工业化的高层次的深度结合，是指以信息化带动工业化、以工业化促进信息化，走新型工业化道路。

2）两化融合的核心就是信息化支撑，追求可持续发展模式。
3）信息化与工业化在技术、产品、业务、产业四个方面进行融合。
（2）智能制造。
1）智能制造是基于新一代信息通信技术与先进制造技术的深度融合，贯穿于设计、生产、管理、服务等制造活动的各个环节，具有自感知、自学习、自决策、自执行、自适应等功能的新型生产方式，是一种由智能机器和人类专家共同组成的人机一体化智能系统，它在制造过程中能进行智能活动。
2）智能制造能力成熟度模型：智能制造的建设是一项持续性的系统工程，涵盖企业的方方面面。《智能制造能力成熟度模型》（GB/T 39116）明确了智能制造能力建设服务覆盖的能力要素、能力域和能力子域。成熟度等级自低向高分别是一级（规划级）、二级（规范级）、三级（集成级）、四级（优化级）和五级（引领级）。

3. 消费互联网
（1）消费互联网是以个人为用户，以日常生活为应用场景的应用形式，为满足消费者在互联网中的消费需求而生的互联网类型。消费互联网本质是个人虚拟化，以消费者为服务中心。
（2）基本属性包括媒体属性和产业属性。
（3）推动了社会生活的深层变革，"无身份社会"建立，开辟了应用新格局。

1.4 数字中国

【基础知识点】
1. 数字中国

数字中国是新时代国家信息化发展的新战略，是满足人民日益增长的美好生活需要的新举措，是驱动引领经济高质量发展的新动力，涵盖经济、政治、文化、社会、生态等各领域信息化建设，主要包括宽带中国、互联网+、大数据、云计算、人工智能、数字经济、电子政务、新型智慧城市、数字乡村等内容。

2. 数字经济

数字经济是继农业经济、工业经济之后的更高级经济形态，是以数字技术与实体经济融合驱动的产业梯次转型和经济创新发展的主引擎，在基础设施、生产要素、产业结构和治理结构上表现出与农业经济、工业经济显著不同的新特点。
（1）从产业构成来看，数字经济包括数字产业化和产业数字化两大部分。数字产业化包括数字产品制造业、数字产品服务业、数字技术应用业、数字要素驱动业。产业数字化指数字化效率提升业。
（2）从整体构成上看，数字经济包括数字产业化、产业数字化、数字化治理和数据价值化四个部分。

3. 数字政府

数字政府通常是指以新一代信息技术为支撑，以"业务数据化、数据业务化"为着力点，通过数据驱动重塑政务信息化管理架构、业务架构和组织架构，形成"用数据决策、数据服务、数据创新"的现代化治理模式。

（1）数字政府既是"互联网+政务"深度发展的结果，也是大数据时代政府自觉转型升级的必然，其核心目的是以人为本，实施路径是共创、共享、共建、共赢的生态体系。

（2）数字政府被赋予了新的特征：协同化、云端化、智能化、数据化、动态化。

（3）数字政府建设关键词：共享、互通、便利。

（4）从面向社会大众政务服务视角来看，主要内容重点体现在"一网通办""跨省通办""一网统管"。其中"一网统管"强调：一网、一屏、联动、预警、创新。

4. 数字社会

数字社会包含以下内容。

（1）数字民生。重点强调：普惠、赋能、利民。

（2）**智慧城市**。智慧城市是运用信息通信技术，有效整合各类城市管理系统，实现城市各系统间信息资源共享和业务协同，推动城市管理和服务智慧化，提升城市运行管理和公共服务水平，提高城市居民幸福感和满意度，实现可持续发展的一种创新型城市。

1）五个核心能力要素。

a. **数据治理**：围绕数据这一新的生产要素进行能力构建，包括数据责权利管控、全生命周期管理及其开发利用等。

b. **数字孪生**：围绕现实世界与信息世界的互动融合进行能力构建，包括社会孪生、城市孪生和设备孪生等，将推动城市空间摆脱物理约束，进入数字空间。

c. **边际决策**：基于决策算法和信息应用等进行能力构建，强化执行端的决策能力，从而达到快速反应、高效决策的效果，满足对社会发展的敏捷需求。

d. **多元融合**：强调社会关系和社会活动的动态性及其融合的高效性等，实现服务可编排和快速集成，从而满足各项社会发展的创新需求。

e. **态势感知**：围绕对社会状态的本质反映及模拟预测等进行能力构建，洞察可变因素与不可见因素对社会发展的影响，从而提升生活质量。

2）发展成熟度划分为规划级、管理级、协同级、优化级、引领级五个等级。

（3）数字乡村。《数字乡村发展战略纲要》指出：立足新时代国情农情，要将数字乡村作为数字中国建设的重要方面，加快信息化发展，整体带动和提升农业农村现代化发展。到21世纪中叶，全面建成数字乡村。

（4）数字生活。依托互联网和一系列数字科学技术应用为基础的一种生活方式，可以方便快捷地带给人们更好的生活体验和工作便利。数字生活主要体现在生活工具数字化、生活方式数字化、生活内容数字化三个方面。

5. 数字生态

数字生态为加快建设数字经济、数字社会、数字政府提供了良好的环境和有力的支撑。

（1）数据要素市场。就是将尚未完全由市场配置的数据要素转向由市场配置的动态过程。

1）目的是形成以市场为根本调配机制，实现数据流动的价值或者数据在流动中产生价值。

2）数据作为新型生产要素，具有**劳动工具和劳动对象**的双重属性。

3）数据要素市场化配置是一种结果，而不是手段。

（2）数字营商环境。国家工业信息安全发展研究中心 2021 年 12 月提出的全球数字营商环境评价指标体系，包含五个一级指标：数字支撑体系、数据开发利用与安全、数字市场准入、数字市场规则、数字创新环境。

（3）网络安全防护。《中华人民共和国网络安全法》《中华人民共和国数据安全法》《中华人民共和国个人信息保护法》《关键信息基础设施安全保护条例》等法律法规的颁布，以及网络安全等级保护 2.0 标准体系的发布，使我国的网络安全法律法规和制度标准更加健全。

1.5 数字化转型与元宇宙

【基础知识点】

1. 信息空间

信息空间成长为第三空间，并与物理空间和社会空间共同构成人类社会的三元空间。

2. 数字化转型

（1）数字化转型是建立在数字化转换、数字化升级的基础上，对组织活动、流程、业务模式和员工能力等方方面面进行重新定义的一种高层次转型。

（2）驱动因素。

1）生产力飞升：第四次科技革命。

2）生产要素变化：数据要素的诞生。

3）信息传播效率突破：社会互联网新格局。社交网络信息传输具有**永生性、无限性、即时性以及方向性**的特征。

4）社会"智慧主体"规模：快速复制与"智能+"。

（3）基本原理。传统发展竞争力的不足，主要体现在决策瓶颈、变革制约、知识资产流失、需求响应延迟，组织的数字化转型则基于组织既有的治理与管理体系、工艺路径和产品技术、服务活动定义等，打造更加高效的决策效率、更灵活的工艺调度、更多元的产品与服务技术应用和更丰富的业务模式等。

（4）智慧转移。

1）数字化转型基本原理揭示了个体智慧（知识、技能和经验等）由"自然人"个体，转移到组织智慧（计算机、信息系统等掌握的）的必要性和重要性。

2）S8D 模型构筑了"智慧-数据""数据-智慧"两大过程的 8 个转化活动。<u>数据是筑底构建可计算智慧的关键</u>，如图 1-4 所示。

3）计算智能完成了智慧载体由自然人到计算机和信息系统的转移，其价值不仅仅可实现智慧的不间断在线，更可以实现"智慧挤压"（多方法多维度综合判断）和更高级别的"智慧萃取"（新智慧的生成），进一步实现智慧的可复制。这一过程也是第四科学范式的基本框架，是第四次科技革命的触发逻辑。

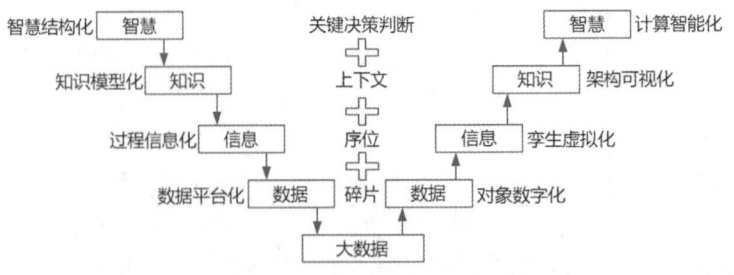

图 1-4　智慧转移的 S8D 模型

（5）持续迭代。数字化组织每个能力因子数字化"封装"的持续迭代主要包含四项活动：信息物理世界（也称数字孪生，Cyber Physical System，CPS）建设、决策能力边际化（Power to Edge，PtoE）部署、科学社会物理赛博机制构筑（Cyber-Physical-Social Systems，CPSS）、数字框架与信息调制（Digital Frame and Information Modulation，DFIM）。针对能力因子的持续迭代可以从任何一项活动开始实施四项活动，形成持续迭代闭环。

3．元宇宙（Metaverse）

（1）元宇宙是一个新兴概念，是一大批技术的集成。

（2）主要特征。

1）**沉浸式体验**：元宇宙的发展主要基于人们对互联网体验的需求，这种体验就是即时信息基础上的沉浸式体验。

2）**虚拟身份**：人们已经拥有大量的互联网账号，未来人们在元宇宙中，随着账号内涵和外延的进一步丰富，将会发展成为一个或若干个数字身份，这种身份就是数字世界的一个或一组角色。

3）**虚拟经济**：虚拟身份的存在就促使元宇宙具备了开展虚拟社会活动的能力，而这些活动需要一定的经济模式展开，即虚拟经济。

4）**虚拟社会治理**：元宇宙中的经济与社会活动也需要一定的法律法规和规则的约束，就像现实世界一样，元宇宙也需要社区化的社会治理。

1.6　考点实练

1．信息化的内涵不包括（　　）。
　　A．信息网络体系　　B．信息产业基础　　C．信息采集发布　　D．效用积累过程
解析：信息化的内涵包括信息网络体系、信息产业基础、社会运行环境、效用积累过程等。
答案：C
2．关于工业互联网的平台体系，下列说法错误的是（　　）。
　　A．网络是基础　　B．平台是中枢　　C．设备是要素　　D．安全是保障

解析：工业互联网平台体系具有四大层级，它以网络为基础，平台为中枢，数据为要素，安全为保障。

答案：C

3．两化融合是信息化和工业化的高层次的深度结合，核心就是（　　）。

　　A．信息化支撑　　　B．工业化升级　　　C．制造数字化　　D．工具智能化

解析：两化融合是信息化和工业化的高层次的深度结合，是指以信息化带动工业化、以工业化促进信息化，走新型工业化道路；两化融合的核心就是信息化支撑，追求可持续发展模式。

答案：A

4．智慧城市的核心能力要素不包括（　　）。

　　A．多元融合　　　B．态势感知　　　C．数据治理　　　D．中心决策

解析：智慧城市的五个核心能力要素包括：

（1）**数据治理**：围绕数据这一新的生产要素进行能力构建，包括数据责权利管控、全生命周期管理及其开发利用等。

（2）**数字孪生**：围绕现实世界与信息世界的互动融合进行能力构建，包括社会孪生、城市孪生和设备孪生等，将推动城市空间摆脱物理约束，进入数字空间。

（3）**边际决策**：基于决策算法和信息应用等进行能力构建，强化执行端的决策能力，从而达到快速反应、高效决策的效果，满足对社会发展的敏捷需求。

（4）**多元融合**：强调社会关系和社会活动的动态性及其融合的高效性等，实现服务可编排和快速集成，从而满足各项社会发展的创新需求。

（5）**态势感知**：围绕对社会状态的本质反映及模拟预测等进行能力构建，洞察可变因素与不可见因素对社会发展的影响，从而提升生活质量。

答案：D

5．（　　）不是元宇宙的主要特征。

　　A．沉浸式体验　　　B．虚拟身份　　　C．虚拟经济　　　D．虚拟政府

解析：元宇宙的主要特征有：

（1）**沉浸式体验**：元宇宙的发展主要基于人们对互联网体验的需求，这种体验就是即时信息基础上的沉浸式体验。

（2）**虚拟身份**：人们已经拥有大量的互联网账号，未来人们在元宇宙中，随着账号内涵和外延的进一步丰富,将会发展成为一个或若干个数字身份，这种身份就是数字世界的一个或一组角色。

（3）**虚拟经济**：虚拟身份的存在就促使元宇宙具备了开展虚拟社会活动的能力，而这些活动需要一定的经济模式展开，即虚拟经济。

（4）**虚拟社会治理**：元宇宙中的经济与社会活动也需要一定的法律法规和规则的约束，就像现实世界一样，元宇宙也需要社区化的社会治理。

答案：D

第2小时
信息技术发展

2.0 章节考点分析

第 2 小时主要学习信息技术及其发展、新一代信息技术及应用等内容。

根据考试大纲,本小时知识点会涉及单项选择题,按以往全国计算机技术与软件专业技术资格考试的出题规律,约占 5 分。本小时内容属于基础知识范畴,考查的知识点既来源于教材,也有少量扩展内容。本小时的架构如图 2-1 所示。

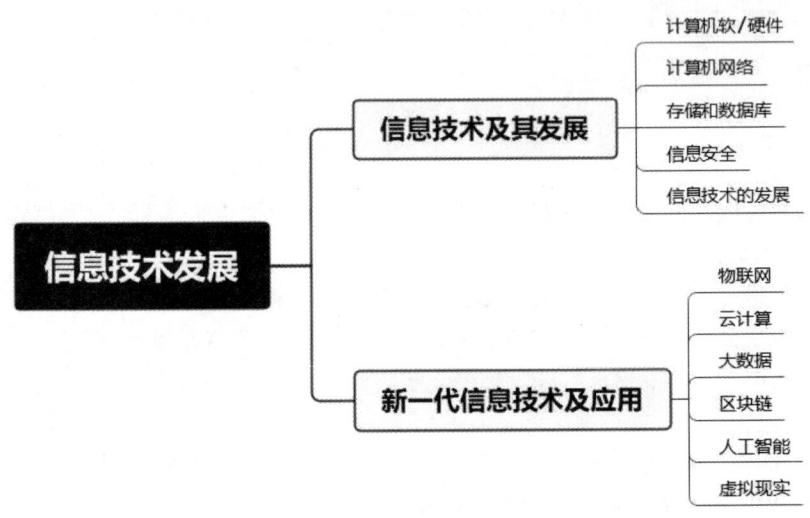

图 2-1 本小时的架构

【导读小贴士】

在信息系统项目建设过程中，会涉及大量的技术和应用，有的技术对项目的成败影响是至关重要的。本小时所要讲述的内容偏重于概念知识，重要知识点有：OSI、TCP/IP、信息安全、存储技术、物联网、大数据、云计算、区块链等。这些知识点在教材中非常简略，本书会加以扩展，读者需要仔细阅读，举一反三。

2.1 信息技术及其发展

【基础知识点】

1. 计算机软/硬件

（1）计算机硬件是指计算机系统中由电子、机械和光电元件等组成的各种物理装置的总称，为计算机软件运行提供物质基础。

（2）计算机软件是指计算机系统中的程序及其文档，程序是计算任务的处理对象和处理规则的描述；文档是为了便于了解程序所需的阐明性资料。

（3）硬件和软件互相依存，协同发展。硬件是软件赖以工作的物质基础，软件的正常工作是硬件发挥作用的唯一途径。计算机系统必须要配备完善的软件系统才能正常工作，且充分发挥其硬件的各种功能。两者密切交织发展，缺一不可。

2. 计算机网络

（1）定义。计算机网络是将地理位置不同，并具有独立功能的多个计算机系统通过通信设备和线路连接起来，且以功能完善的网络软件（网络协议、信息交换方式及网络操作系统等）实现网络资源共享的系统。

（2）分类。按作用范围可划分为<u>个人局域网（PAN）、局域网（LAN）、城域网（MAN）、广域网（WAN）</u>、公用网、专用网。

（3）网络协议。为计算机网络中进行数据交换而建立的规则、标准或约定的集合。由三个要素即<u>语义</u>、语法和时序组成。

（4）网络标准协议（Open Systems Interconnection，OSI）。OSI 是一个标准的协议框架，采用分层设计的技术，共分为七层，每层提供一个规范和指引，由各厂家分别提出具体的协议来实现，具体见表 2-1。

（5）IEEE 802 规范见表 2-2。

表 2-1 OSI 七层的主要功能和详细说明

层的名称	主要功能	详细说明	代表协议
应用层	处理网络应用	直接为终端用户服务，提供各类应用过程的接口和用户接口	FTP、SMTP、HTTP、Telnet
表示层	管理数据表示方式	使应用层可以根据其服务解释数据的含义。通常包括数据编码的约定、本地句法的转换，使不同类型的终端可以互相通信，例如数据加解密、压缩和格式转换等	GIF、JPEG、DES、ASCII、MPEG
会话层	建立和维护会话连接	负责管理远程用户或进程间的通信，通过安全验证和退出机制确保上下文环境的安全，重建中断的会话场景，维持双方的同步	SQL、NFS、RPC
传输层	端到端传输	实现发送端和接收端的端到端的数据透明传送，TCP 协议保证数据包无差错、按顺序、无丢失和无冗余地传输。其服务访问点为端口	TCP、UDP
网络层	在源节点和目的节点之间传输	将网络地址（例如，IP 地址）翻译成对应的物理地址（例如，MAC 地址），并决定如何将数据从发送方路由到接收方，以及对网络的诊断等	IP、ICMP、IGMP、ARP、RARP
数据链路层	提供点到点的帧传输	将网络层报文数据分割封装成帧，建立、维持和释放网络实体之间的数据链路，在链路上传输帧并进行差错控制、流量控制等	HDLC、PPP、ATM、IEEE 802.3/.2
物理层	在物理链路上传输比特流	通过一系列协议定义了物理链路所具备的机械特性、电气特性、功能特性以及规程特性	FDDI、RS232、RJ-45

表 2-2 IEEE 802 规范

子协议号	协议内容
802.1	802 协议概论，包括端到端协议、网络互联、网络管理等
802.2	逻辑链路控制层（LLC）协议
802.3	以太网介质访问控制协议（CSMA/CD）及物理层技术规范
802.4	令牌总线（Token Bus）协议
802.5	令牌环（Token Ring）协议
802.6	城域网（MAN）协议
802.7	光纤分布式数据接口（FDDI）宽带技术协议
802.8	光纤技术协议
802.9	局域网上的语音/数据集成规范
802.10	局域网安全互操作标准
802.11	无线局域网（WLAN）标准协议

（6）TCP/IP 协议，是 Internet 的核心，与 OSI 体系结构的对应关系如图 2-2 所示。

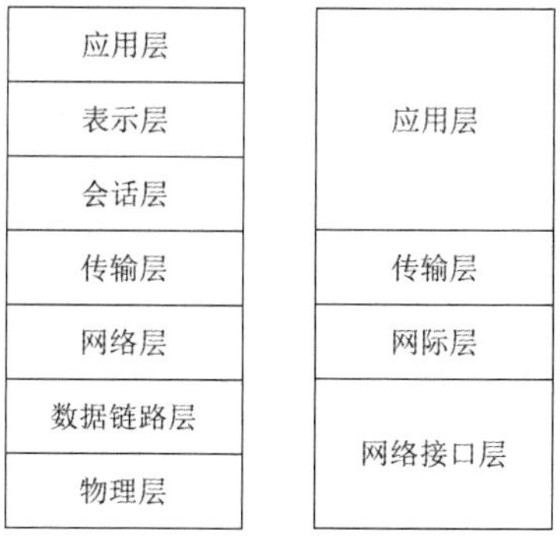

OSI	TCP/IP
应用层	应用层
表示层	
会话层	
传输层	传输层
网络层	网际层
数据链路层	网络接口层
物理层	

图 2-2　OSI 体系结构（左）和 TCP/IP 体系结构（右）

（7）软件定义网络（Software Defined Network，SDN）。

1）SDN 是一种新型网络创新架构，是网络虚拟化的一种实现方式，它可通过软件编程的形式定义和控制网络，其通过将网络设备的控制面与数据面分离开来，从而实现了网络流量的灵活控制，使网络变得更加智能，为核心网络及应用的创新提供了良好的平台。

2）SDN 的整体架构由下到上（由南到北）分为数据平面、控制平面和应用平面。

a. 数据平面由交换机等网络通用硬件组成，各个网络设备之间通过不同规则形成的 SDN 数据通路连接。

b. 控制平面包含了逻辑上为中心的 SDN 控制器，它掌握着全局网络信息，负责各种转发规则的控制。

c. 应用平面包含着各种基于 SDN 的网络应用，用户无须关心底层细节就可以编程、部署新应用。

3）SDN 中的接口具有开放性，以控制器为逻辑中心，南向接口负责与数据平面进行通信，北向接口负责与应用平面进行通信，东西向接口负责多控制器之间的通信。

（8）第五代移动通信技术（5G）。

1）5G 是具有高速率、低时延和大连接特点的新一代移动通信技术。

2）5G 的三大类应用场景，即增强移动宽带（eMBB）、超高可靠低时延通信（uRLLC）和海量机器类通信（mMTC）。

3）在频段方面，5G 同时支持中低频和高频频段。其中，中低频满足覆盖和容量需求，高频满足在热点区域提升容量的需求，5G 针对中低频和高频设计了统一的技术方案，并支持百兆赫兹的基础带宽。为了支持高速率传输和更优覆盖，5G 采用 LDPC、Polar 新型信道编码方案、性能更强的大规模无线技术等。5G 采用短帧、快速反馈、多层/多站数据重传等技术。

3. 存储和数据库

（1）存储技术的分类。外挂存储根据连接的方式分为直连式存储（Direct-Attached Storage，DAS）和网络化存储（Fabric-Attached Storage，FAS）。网络化存储根据传输协议又分为网络接入存储（Network Attached Storage，NAS）和存储区域网络（Storage Area Network，SAN）。常用存储模式的技术与应用对比见表 2-3。

表 2-3 常用存储模式的技术与应用对比

对比项	DAS	NAS	SAN
安装难易度	不一定	简单	复杂
数据传输协议	SCSI/FC/ATA	TCP/IP	FC
传输对象	数据块	文件	数据块
使用标准文件共享协议	否	是（NFS/CIFS…）	否
异种操作系统文件共享	否	是	需要转换设备
集中式管理	不一定	是	需要管理工具
管理难易度	不一定	以网络为基础，容易	不一定，但通常很难
提高服务器效率	否	是	是
灾难忍受度	低	高	高，专有方案
适合对象	中小组织服务器 捆绑磁盘（JBOD）	中小组织 SOHO 族 组织部门	大型组织 数据中心
应用环境	局域网 文档共享程度低 独立操作平台 服务器数量少	局域网 文档共享程度高 异质格式存储需求高	光纤通道储域网 网络环境复杂 文档共享程度高 异质操作系统平台 服务器数量多
业务模式	一般服务器	Web 服务器 多媒体资料存储 文件资料共享	大型资料库 数据库等
档案格式复杂度	低	中	高
容量扩充能力	低	中	高

（2）存储虚拟化（Storage Virtualization）。

1）存储虚拟化是"云存储"的核心技术之一。它带给人们直接的好处是提高了存储利用率，降低了存储成本，简化了大型、复杂、异构的存储环境的管理工作。

2）存储虚拟化使存储设备能够转换为逻辑数据存储，隐藏了每个存储设备的特性，形成一个统一的模型，为虚拟机提供磁盘。

3）存储虚拟化技术帮助系统管理虚拟基础架构存储资源，提高资源利用率和灵活性，提高应用正常运行时间。

（3）绿色存储（Green Storage）。

1）绿色存储是一个系统设计方案，贯穿于整个存储设计过程，包含存储系统的外部环境、存储架构、存储产品、存储技术、文件系统和软件配置等多方面因素。

2)绿色存储技术的最终目的是提高所有网络存储设备的能源效率,用最少的存储容量来满足业务需求,从而消耗最低的能源。以绿色理念为指导的存储系统最终是存储容量、性能、能耗三者的平衡。

3)存储分享技术通过删除重复数据、自动精简配置,可以提高存储利用率、降低建设成本和运行成本。

(4)数据结构模型。

1)数据结构模型是数据库系统的核心,描述了在数据库中结构化和操纵数据的方法。

a. 模型的结构部分规定了数据如何被描述(例如树、表等)。

b. 模型的操纵部分规定了数据的添加、删除、显示、维护、打印、查找、选择、排序和更新等操作。

2)常见的数据结构模型有三种:层次模型、网状模型和关系模型,层次模型和网状模型又统称为格式化数据模型,关系模型则是非格式化数据模型。

a. 层次模型是数据库系统最早使用的一种模型,它用"树"结构表示实体集之间的关联,其中实体集(用矩形框表示)为节点,而树中各节点之间的连线表示它们之间的关联。

b. 网状数据库系统采用网状模型作为数据的组织方式。网状模型用网状结构表示实体类型及其实体之间的联系。网状模型是一种可以灵活地描述事物及其之间关系的数据库模型。

c. 关系模型是在关系结构的数据库中用二维表格的形式表示实体以及实体之间的联系的模型。关系模型中无论是实体还是实体间的联系均由单一的结构类型关系来表示。

3)数据库根据存储方式,可以分为关系型数据库(Structured Query Language,SQL)和非关系型数据库(Not Only SQL,NoSQL)。

a. 主流的关系型数据库有 Oracle、DB2、MySQL、Microsoft SQL Server、Microsoft Access 等,支持事务的 ACID 原则,即原子性(Atomicity)、一致性(Consistency)、隔离性(Isolation)、持久性(Durability),这四种原则保证在事务过程当中数据的正确性。

b. NoSQL 是分布式的、非关系型的、不保证遵循 ACID 原则的数据存储系统。NoSQL 数据存储不需要固定的表结构,通常也不存在连接操作。在大数据存取上具备关系型数据库无法比拟的性能优势。常见的 NoSQL 分为键值数据库、列存储数据库、面向文档数据库和图形数据库四种。常用存储数据库的优缺点见表 2-4。

表 2-4 常用存储数据库的优缺点

数据库类型	特点类型	描述
关系型数据库	优点	(1)容易理解。 (2)使用方便。 (3)易于维护
	缺点	(1)数据读写必须经过 SQL 解析,大量数据、高并发下读写性能不足。 (2)具有固定的表结构,因此扩展困难。 (3)多表的关联查询导致性能欠佳

续表

数据库类型	特点类型	描述
非关系型数据库	优点	（1）高并发，读取能力强。 （2）基本支持分布式。 （3）简单
	缺点	（1）事务支持较弱。 （2）通用性差。 （3）无完整约束，复杂业务场景支持较差

（5）数据仓库。

1）定义。数据仓库是一个<u>面向主题的、集成的、非易失的且随时间变化</u>的数据集合，用于支持管理决策。

2）数据仓库的基础概念包括：ETL（清洗/转换/加载）、元数据、粒度、分割、数据集市、操作数据存储（Operational Data Store，ODS）、数据模型、人工关系等。

3）数据源。数据源是数据仓库系统的基础，是整个系统的数据源泉。

4）数据的存储与管理。数据的存储与管理是整个数据仓库系统的<u>核心和真正关键</u>。

5）联机分析处理（On-Line Analytical Processing，OLAP），OLAP 对分析需要的数据进行有效集成，按多维模型予以组织，以便进行多角度、多层次的分析，并发现趋势。具体实现分为：

a. ROLAP：表示基于关系数据库的 OLAP 实现。

b. MOLAP：表示基于多维数据组织的 OLAP 实现。

c. HOLAP：表示基于混合数据组织的 OLAP 实现。

6）前端工具。前端工具主要包括各种查询工具、报表工具、分析工具、数据挖掘工具以及各种基于数据仓库或数据集市的应用开发工具。其中数据分析工具主要针对 OLAP 服务器，报表工具、数据挖掘工具主要针对数据仓库。

4. 信息安全

（1）信息安全强调信息（数据）本身的安全属性，主要包括：

1）保密性：信息不被未授权者知晓的属性。

2）完整性：信息是正确的、真实的、未被篡改的、完整无缺的属性。

3）可用性：信息可以随时正常使用的属性。

（2）信息必须依赖其存储、传输、处理及应用的载体（媒介）而存在，因此针对信息系统，安全可以划分为四个层次：<u>设备安全、数据安全、内容安全、行为安全</u>。

（3）信息系统安全主要包括计算机设备安全、网络安全、操作系统安全、数据库系统安全和应用系统安全等。而网络安全技术主要包括：<u>防火墙、入侵检测与防护、VPN、安全扫描、网络蜜罐技术、用户和实体行为分析技术</u>等。

（4）加密技术包括两个元素：<u>算法和密钥</u>。

（5）发信者将明文数据加密成密文，只给合法收信者分配密钥。合法收信者接收到密钥和密文后，实行与加密变换相逆的变换恢复出明文，这一过程称为解密（Decryption）。解密在解密密钥的控制下进行。用于解密的一组数学变换称为<u>解密算法</u>。

（6）密钥加密技术的密码体制分为<u>对称密钥体制和非对称密钥体制</u>两种。对称加密的加密密钥和解密密钥相同，而非对称加密的加密密钥和解密密钥不同。

1）常用的对称加密算法有：DES、3DES、AES、RC5、IDEA，国密中的 SM1、SM4 等。

2）常用的非对称加密算法有：RSA、DSA 和 ECDSA 等，国密中的 SM2。

（7）用户和实体行为分析（User and Entity Behavior Analytics，UEBA）以用户和实体为对象，利用大数据，结合规则以及机器学习模型，并通过定义此类基线，对用户和实体行为进行分析和异常检测，尽可能快速地感知内部用户和实体的可疑或非法行为。UEBA 系统<u>通常包括数据获取层、算法分析层和场景应用层</u>。

（8）网络安全态势感知是一种基于环境的、动态的、整体的洞悉安全风险的能力。安全态势感知的前提是<u>安全大数据</u>。

（9）网络安全态势感知的关键技术主要包括：

1）海量多元异构数据的汇聚融合技术。

2）面向多类型的网络安全威胁评估技术。

3）网络安全态势评估与决策支撑技术。

4）网络安全态势可视化等。

5. 信息技术的发展

（1）计算机硬件技术将向超高速、超小型、平行处理、智能化的方向发展，计算机硬件设备的体积越来越小、速度越来越高、容量越来越大、功耗越来越低、可靠性越来越高。

（2）计算机软件越来越丰富，功能越来越强大，"软件定义一切"的概念成为当前发展的主流。

2.2 新一代信息技术及应用

【基础知识点】

1. 信息化发展的趋势

新一代信息技术与信息资源充分开发利用形成的新模式、新业态等，是信息化发展的主要趋势，也是信息系统集成领域未来的重要业务范畴。

2. 物联网（Internet of Things，IoT）

（1）物联网是指通过信息传感设备，按约定的协议将任何物品与互联网相连接，进行信息交换和通信，以实现智能化识别、定位、跟踪、监控和管理的网络。

（2）物联网主要解决物品与物品、人与物品、人与人，或者人与人、人与机器、机器与机器的互连。

（3）物联网架构可分为三层：<u>感知层、网络层和应用层</u>。

1）感知层由各种传感器构成，是物联网识别物体、采集信息的来源。

2）网络层由各种网络组成，是整个物联网的中枢，负责传递和处理感知层获取的信息。

3）应用层是物联网和用户的接口，它与行业需求结合以实现物联网的智能应用。

（4）物联网的关键技术主要涉及传感器技术、传感网和应用系统框架等。

3. 云计算（Cloud Computing）

（1）云计算指的是通过网络"云"将巨大的数据计算处理程序分解成无数个小程序，然后通过由多部服务器组成的系统进行处理和分析得到结果并返回给用户。

（2）云计算是<u>分布式计算、效用计算、负载均衡、并行计算、网络存储、热备份冗余和虚拟化</u>等计算机技术混合演进并跃升的结果。

（3）云计算实现了"快速、按需、弹性"的服务。

（4）按照服务提供的资源层次，云计算可以分为：

1）<u>基础设施即服务（Infrastructure as a Service，IaaS），向用户提供计算机能力、存储空间等基础设施方面的服务</u>。

2）<u>平台即服务（Platform as a Service，PaaS），向用户提供虚拟的操作系统、数据库管理系统、Web 应用等平台化的服务</u>。

3）<u>软件即服务（Software as a Service，SaaS），向用户提供应用软件（如 CRM、办公软件等）、组件、工作流等虚拟化软件的服务</u>，SaaS 一般采用 Web 技术和 SOA 架构。

4）<u>数据即服务（Data as a Service，DaaS），通过专门的大数据处理，提炼出有价值的信息传递给有需要的用户</u>。

（5）IaaS、PaaS、SaaS、DaaS 的区别是：IaaS 提供虚拟的硬件，PaaS 提供行业无关的软件服务，SaaS 提供行业有关的软件应用，而 DaaS 则提供信息。

（6）云计算的关键技术主要涉及<u>虚拟化技术、云存储技术、多租户和访问控制管理、云安全技术</u>等。

4. 大数据（Big Data）

（1）大数据是具有体量大、结构多样、时效性强等特征的数据，处理大数据需要采用新型计算架构和智能算法等新技术。

（2）大数据的主要特征包括：

1）数据海量：大数据的数据体量巨大，从 TB 级别跃升到 PB 级别（1PB=1024TB）、EB 级别（1EB=1024PB），甚至达到 ZB 级别（1ZB=1024EB）。

2）数据类型多样：大数据的数据类型繁多，一般分为结构化数据和非结构化数据。

3）数据价值密度低：数据价值密度的高低与数据总量的大小成反比。

4）数据处理速度快：为了从海量的数据中快速挖掘数据价值，要求要对不同类型的数据进行快速的处理。

（3）大数据技术架构主要包含<u>大数据获取技术、分布式数据处理技术和大数据管理技术，以及大数据应用和服务技术</u>。

5. 区块链（Blockchain）

（1）区块链技术提供了开放、分散和容错的事务机制，成为新一代匿名在线支付、汇款和数字资产交易的核心。

（2）区块链概念可以理解为以非对称加密算法为基础，以改进的默克尔树（Merkle Tree）为数据结构，使用共识机制、点对点网络、智能合约等技术结合而成的一种分布式存储数据库技术。

（3）区块链分为公有链、联盟链、私有链和混合链四大类。

（4）区块链的典型特征：多中心化、多方维护、时序数据、智能合约、不可篡改、开放共识、安全可信。

（5）关键技术。

1）分布式账本。其核心思想是交易记账，由分布在不同地方的多个节点共同完成，而且每一个节点保存一个唯一、真实账本的副本，它们可以参与监督交易合法性，同时也可以共同为其作证；账本里的任何改动都会在所有的副本中被反映出来，理论上除非所有的节点被破坏，否则整个分布式账本系统是非常稳健的，从而保证了账目数据的安全性。

2）加密算法。一般分为散列（哈希）算法和非对称加密算法。典型的散列算法有 MD5、SHA-1/SHA-2 和 SM3，目前区块链主要使用 SHA-2 中的 SHA256 算法。常用的非对称加密算法包括 RSA、ElGamal、D-H、ECC（椭圆曲线加密算法）等。

3）共识机制。可基于合规监管、性能效率、资源消耗、容错性等技术进行分析。

6. 人工智能

（1）人工智能（Artificial Intelligence，AI）是指研究和开发用于模拟、延伸和扩展人类智能的理论、方法、技术及应用系统的一门技术科学。

（2）关键技术主要涉及机器学习、自然语言处理、专家系统等技术。

1）机器学习：是一种自动将模型与数据匹配，并通过训练模型对数据进行"学习"的技术。

2）自然语言处理：它研究能实现人与计算机之间用自然语言进行有效通信的各种理论和方法。

3）专家系统：是一种模拟人类专家解决领域问题的计算机程序系统。

7. 虚拟现实

（1）建立一个能包容图像、声音、化学气味等多种信息源的信息空间，将其与视觉、听觉、嗅觉、口令、手势等人类的生活空间交叉融合，虚拟现实的技术应运而生。

（2）虚拟现实技术的主要特征包括沉浸性、交互性、多感知性、构想性（也称想象性）和自主性。

（3）随着虚拟现实技术的快速发展，按照其"沉浸性"程度的高低和交互程度的不同，虚拟现实技术已经从桌面虚拟现实系统、沉浸式虚拟现实系统、分布式虚拟现实系统等，向着增强式虚拟现实（Virtual Reality，VR）系统和元宇宙的方向发展。

（4）关键技术。

1）人机交互技术：利用 VR 眼镜、控制手柄等传感器设备，能让用户真实感受到周围事物存在的一种三维交互技术。

2）传感器技术：是 VR 技术更好地实现人机交互的关键。
3）动态环境建模技术：利用三维数据建立虚拟环境模型。
4）系统集成技术：包括信息同步、数据转换、模型标定、识别和合成等。

2.3 考点实练

1. 网络层的代表协议不包含（　　）。
   A．ARP　　　　　B．RARP　　　　　C．IGMP　　　　　D．HTTP

解析：网络层的代表协议包含 IP、ICMP、IGMP、ARP 和 RARP 等。HTTP 是应用层的协议。

答案：D

2. 软件定义网络中的接口以控制器为逻辑中心，南向接口负责与（　　）进行通信。
   A．控制平面　　　B．数据平面　　　C．多控制器之间　D．应用平面

解析：软件定义网络中的接口具有开放性，以控制器为逻辑中心，南向接口负责与数据平面进行通信，北向接口负责与应用平面进行通信，东西向接口负责多控制器之间的通信。

答案：B

3. 加密技术包括算法与（　　）。
   A．加密设备　　　B．明文　　　　　C．密钥　　　　　D．密文

解析：加密技术包括算法与密钥。通常的做法是公开算法，但对密钥保密。

答案：C

4. 淘宝提供商家快速注册服务，属于云计算中的（　　）。
   A．IaaS　　　　　B．PaaS　　　　　C．SaaS　　　　　D．DaaS

解析：淘宝允许商家通过快速注册创建在线商铺，属于电子商务行业的软件应用。因此属于 SaaS。

答案：C

5. 区块链的典型特征不包括（　　）。
   A．集中维护　　　B．智能合约　　　C．不可篡改　　　D．开放共识

解析：区块链的典型特征包括：多中心化、多方维护、时序数据、智能合约、不可篡改、开放共识、安全可信。

答案：A

第3小时 信息系统治理

3.0 章节考点分析

第 3 小时主要学习 IT 治理方法与标准、IT 审计流程等内容。

根据考试大纲,本小时知识点会涉及单项选择题,按以往全国计算机技术与软件专业技术资格考试的出题规律约占 2~3 分。本小时内容属于基础知识范畴,考查的知识点主要来源于教材,基本没有扩展内容。本小时的架构如图 3-1 所示。

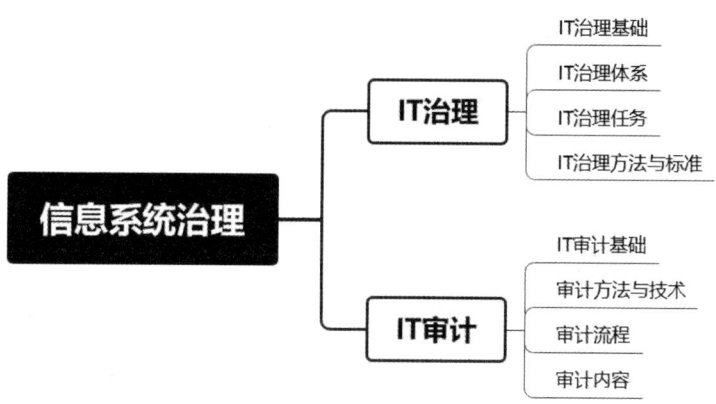

图 3-1 本小时的架构

【导读小贴士】

信息系统治理与审计是组织采用 IT 技术手段实现其战略的重要方式。本小时所要讲述的内容偏重于概念知识，其重要知识点有 IT 治理和 IT 审计。内容比较抽象，读者需要理论结合实践，细心思考。

3.1 IT 治理

【基础知识点】

1. 信息系统治理

信息系统治理（IT 治理）是组织开展信息技术及其应用活动的重要管控手段，也是组织治理的重要组成部分。

2. IT 治理基础

（1）IT 治理是描述组织采用有效的机制对信息技术和数据资源开发利用，平衡信息化发展和数字化转型过程中的风险，确保实现组织的战略目标的过程。

（2）IT 治理的内涵：

1）IT 治理由组织治理层或高级管理层负责。

2）IT 治理强调数字目标与组织战略目标保持一致。

3）IT 治理保护利益相关者的权益，对风险进行有效管理，平衡成本提高收益，增强组织的核心竞争力。

4）IT 治理是一种制度和机制。

5）IT 治理的组成部分包括管理层、组织结构、制度、流程、人员、技术等。

（3）IT 治理的主要目标包括<u>与业务目标一致、有效利用信息与数据资源、风险管理</u>。

（4）IT 治理的管理层次大致可分为三层：<u>最高管理层、执行管理层、业务与服务执行层</u>。

3. IT 治理体系

（1）具体构成。

1）IT 定位：IT 应用的期望行为与业务目标一致。

2）IT 治理架构：业务和 IT 在治理委员会中的构成、组织 IT 与各分支机构的 IT 权责边界等。

3）IT 治理内容：投资、风险、绩效、标准和规范等。

4）IT 治理流程：统筹、评估、指导、监督。

5）IT 治理效果（内外评价）等。

（2）关键决策包括 <u>IT 原则、IT 架构、IT 基础设施、业务应用需求、IT 投资和优先顺序</u>。

24

（3）IT 治理体系框架。

1）IT 治理体系框架以组织的战略目标为导向，架起了组织战略与 IT 的桥梁，实现了 IT 风险的全面管理以及 IT 资源的合理利用。

2）IT 治理体系框架包括 IT 战略目标、IT 治理组织、IT 治理机制、IT 治理域、IT 治理标准和 IT 绩效目标等部分，形成一整套 IT 治理运行闭环。

（4）IT 治理核心内容。

1）IT 治理本质上关心实现 IT 的业务价值和 IT 风险的规避。

2）IT 治理的核心内容包括组织职责、战略匹配、资源管理、价值交付、风险管理和绩效管理六个方面。

（5）建立 IT 治理机制的原则包括简单、透明、适合。

4. IT 治理任务

（1）组织的 IT 治理活动定义为统筹、指导、监督和改进。

（2）组织开展 IT 治理活动的主要任务为全局统筹、价值导向、机制保障、创新发展、文化助推。

5. IT 治理方法与标准

（1）IT 治理方法与标准中，比较典型的是我国信息技术服务标准库（ITSS）中 IT 治理系列标准、信息和技术治理框架（COBIT）和 IT 治理国际标准（ISO/IEC 38500）等。

（2）ITSS 中 IT 服务治理。

1）在 IT 治理目标和边界确定的情况下，IT 治理围绕决策体系、责任归属、管理流程、内外评价四个方面，通过相关框架体系的研究，规范和引导组织的 IT 治理完成"做什么""如何做""怎么样""如何评价"等问题。

2）通用要求。

a.《信息技术服务治理 第 1 部分：通用要求》（GB/T 34960.1）规定了 IT 治理的模型和框架、实施 IT 治理的原则，以及开展 IT 顶层设计、管理体系和资源的治理要求。

b. 该标准定义的 IT 治理模型包含治理的内外部要求、治理主体、治理方法，以及信息技术及其应用的管理体系。

c. 在该标准中，IT 治理框架包含信息技术顶层设计、管理体系和资源三大治理域。

3）实施指南。

a.《信息技术服务治理 第 2 部分：实施指南》（GB/T 34960.2）明确顶层设计治理、管理体系治理和资源治理的实施要求。

b. 在该标准中，IT 治理实施框架包括治理的实施环境、实施过程和治理域。

（3）信息和技术治理框架。

1）COBIT 是面向整个组织的信息和技术治理及管理框架。

2）COBIT 框架对治理和管理进行了明确区分。

3）COBIT 中治理目标被列入评估、指导和监控（EDM）领域，在这个领域，治理机构将评估战略方案，指导高级管理层执行所选的战略方案并监督战略的实施。

4）治理目标与治理流程有关，而管理目标与管理流程有关。治理流程通常由董事会和执行管理层负责，而管理流程则在高级和中级管理层的职责范围内。

5）COBIT 设计指南描述了组织如何设计量身定制的组织 IT 治理解决方案。高效和有效的 IT 治理系统是创造价值的起点。

6）COBIT 给出了建议设计流程：

a. 了解组织环境和战略。

b. 确定治理系统的初步范围。

c. 优化治理系统的范围。

d. 最终确定治理系统的设计。

（4）IT 治理国际标准。

ISO/IEC FDIS 38500：2014 提供了 IT 良好治理的原则、定义和模式，为组织的治理机构的成员提供了关于在其组织内有效、高效和可接受地使用信息技术（IT）的指导原则。该标准包括责任、战略、收购、性能、一致性、人的行为六个方面。该标准规定治理机构应通过评估、指导和监督三个主要任务来治理 IT。

3.2　IT 审计

【基础知识点】

1. 信息技术审计

信息技术审计（IT 审计）是 IT 治理不可或缺的评估和监督工具，重点承担着组织信息系统发展的合规性检测以及信息技术风险的管控等职能。

2. IT 审计基础

（1）IT 审计重要性是指 IT 审计风险（固有风险、控制风险、检查风险）对组织影响的严重程度，如财务损失、业务中断、失去客户信任、经济制裁等。

（2）GB/T 34960.4 中 IT 审计的定义：IT 审计是根据 IT 审计标准的要求，对信息系统及相关的 IT 内部控制和流程进行检查、评价，并发表审计意见。

（3）IT 审计的目的是指通过开展 IT 审计工作，了解组织 IT 系统与 IT 活动的总体状况，对组织是否实现 IT 目标进行审查和评价，充分识别与评估相关 IT 风险，提出评价意见及改进建议，促进组织实现 IT 目标。

（4）组织的 IT 目标主要包括：

1）组织的 IT 战略应与业务战略保持一致。

2）保护信息资产的安全及数据的完整、可靠、有效。

3）提高信息系统的安全性、可靠性及有效性。

4）合理保证信息系统及其运用符合有关法律、法规及标准等的要求。

（5）IT 审计范围的确定见表 3-1。

表 3-1 IT 审计范围的确定

IT 审计范围	说明
总体范围	需要根据审计目的和投入的审计成本来确定
组织范围	明确审计涉及的组织机构、主要流程、活动及人员等
物理范围	具体的物理地点与边界
逻辑范围	涉及的信息系统和逻辑边界
其他相关内容	……

（6）IT 审计风险主要包括固有风险、控制风险、检查风险和总体审计风险见表 3-2。

表 3-2 固有风险、控制风险、检查风险和总体审计风险的内容

类别	描述
固有风险	1. 含义：是指 IT 活动不存在相关控制的情况下，易于导致重大错误的风险 2. 分类：可从 IT 组织层面控制、一般控制及应用控制三个方面分析固有风险 3. 特点：固有风险是 IT 活动本身所具有的，审计人员只能评估，却无法控制或影响它；固有风险的衡量是主观的、复杂的，不同的 IT 活动其固有风险水平不同
控制风险	1. 含义：是指与 IT 活动相关的内部控制体系不能及时预防或检查出存在的重大错误的风险 2. 分类：可从 IT 组织层面控制、一般控制及应用控制三个方面分析控制风险 3. 特点：与内部控制制度执行的有效性有关，与审计无关，属于内部控制的范畴，审计人员只能评估其风险水平而不能对其实施控制和影响。由于其风险水平的衡量需要兼顾传统内部控制的思想和计算机系统管理的知识，因而较为复杂且难以准确计量
检查风险	1. 含义：检查风险是指通过预定的审计程序未能发现重大、单个或与其他错误相结合的风险 2. 影响检查风险的因素：由于 IT 审计规范不完善、审计人员自身或者技术原因等造成影响审计测试正确性的各种因素
总体审计风险	是指针对单个控制目标所产生的各类审计风险总和

3．审计方法与技术

（1）IT 审计依据与准则。我国的 IT 审计相关法律法规、准则与标准见表 3-3。

表 3-3 我国的 IT 审计相关法律法规、准则与标准

类别	描述
法律法规	《中华人民共和国审计法》 《中华人民共和国网络安全法》 《中华人民共和国数据安全法》 《中华人民共和国个人信息保护法》 ……

续表

类别	描述
审计准则	《信息系统审计指南——计算机审计实务公告第 34 号》 《第 2203 号内部审计具体准则——信息系统审计》等
IT 审计国际标准	《信息技术服务治理 第 4 部分：审计导则》（GB/T 34960.4）等
组织内部控制	《组织内部控制基本规范》 《组织内部控制应用指引第 18 号——信息系统》等

（2）IT 审计常用方法包括访谈法、调查法、检查法、观察法、测试法和程序代码检查法等。

（3）常用的 IT 审计技术包括风险评估技术、审计抽样技术、计算机辅助审计技术及大数据审计技术。其中 IT 风险评估技术一般包括：

1）风险识别技术：用以识别可能影响一个或多个目标的不确定性，包括德尔菲法、头脑风暴法、检查表法、SWOT 技术及图解技术等。

2）风险分析技术：是对风险影响和后果进行评价和估量，包括定性分析和定量分析。

3）风险评价技术：是在风险分析的基础上，通过相应的指标体系和评价标准，对风险程度进行划分，以揭示影响成败的关键风险因素，包括单因素风险评价和总体风险评价。

4）风险应对技术：IT 技术体系中为特定风险制定的应对技术方案，包括云计算、冗余链路、冗余资源、系统弹性伸缩、两地三中心灾备、业务熔断限流等。

（4）审计证据。

1）审计证据是指由审计机构和审计人员获取，用于确定所审计实体或数据是否遵循既定标准或目标，形成审计结论的证明材料。

2）IT 审计证据的特性见表 3-4。

表 3-4　IT 审计证据的特性

特性	说明
充分性	指要求审计人员根据所获证据足以对被审计对象提出一定程度保证的结论，是对审计证据数量的要求，主要与审计人员确定的样本量有关
客观性	指审计证据必须是客观存在的事实材料。客观的审计证据比需要判断或解释的证据可靠
相关性	指审计证据与审计事项之间必须有实质性联系
可靠性	指审计证据能够反映和证实客观经济活动特征的程度。审计证据的可靠性受到审计证据的类型、取证的渠道和方式等因素的影响
合法性	指审计证据必须符合法定种类，并依照法定程序取得

3）电子证据是信息环境下经常使用的一种证据类型。电子证据是指以电子的、数据的、磁性的或类似性能的相关技术形式存在并能够证明事件真实情况的一切材料。

（5）IT 审计底稿。

1）审计工作底稿是审计证据的载体，是审计人员在审计过程中形成的审计工作记录和获取的资料。它形成于审计过程，也反映整个审计过程。

2）审计工作底稿一般分为综合类工作底稿、业务类工作底稿和备查类工作底稿。

3）下列两种情况需要查阅审计工作底稿的，不属于泄密情形：

a. 法院、检察院及国家其他部门依法查阅，并按规定办理了必要手续。

b. 审计协会或其委派单位对审计机构执业情况进行检查。

4. 审计流程

（1）审计流程是指审计人员在具体审计过程中采取的行动和步骤。科学、规范的审计流程不但是分配审计工作的具体依据，还是控制审计工作的有效工具。

（2）审计流程的作用包括：

1）有效地指导审计工作。

2）有利于提高审计工作效率。

3）有利于保证审计项目质量。

4）有利于规范审计工作。

（3）狭义的审计流程是指审计人员在取得审计证据、完成审计目标、得出审计结论过程中所采取的步骤和方法。

（4）广义的审计流程是指审计机构和审计人员对审计项目从开始到结束的整个过程采取的系统性的工作步骤，一般分为审计准备、审计实施、审计终结及后续审计四个阶段，每个阶段又包含若干具体内容。

5. 审计内容

（1）IT 审计业务和服务通常分为 IT 内部控制审计和 IT 专项审计。

（2）IT 内部控制审计主要包括组织层面 IT 控制审计、IT 一般控制审计及应用控制审计。

（3）IT 专项审计主要是指根据当前面临的特殊风险或者需求开展的 IT 审计，审计范围为 IT 综合审计的某一个或几个部分。

3.3 考点实练

1. IT 治理的管理层次不包含（　　）。

  A. 最高管理层   B. 中层管理层

  C. 执行管理层   D. 业务与服务执行层

解析：IT 治理的管理层次大致可分为三层：<u>最高管理层、执行管理层、业务与服务执行层</u>。

答案：B

2. IT 治理本质上关心（　　）。

  A. 实现 IT 的业务价值和 IT 风险的规避   B. 实现 IT 的系统建设和 IT 风险的规避

  C. 实现 IT 的业务价值和 IT 战略的部署   D. 实现 IT 的系统建设和 IT 战略的部署

解析：IT 治理本质上关心：实现 IT 的业务价值和 IT 风险的规避。

答案：A

3．COBIT 给出了建议设计流程，以下顺序正确的是（　　）。
　　①确定治理系统的设计　　　②优化治理系统的范围
　　③确定治理系统的初步范围　④了解组织环境和战略
　　A．④②①③　　　B．①③④②　　　C．③②④①　　　D．④③②①

解析：COBIT 给出了建议设计流程：①了解组织环境和战略；②确定治理系统的初步范围；③优化治理系统的范围；④确定治理系统的设计。

答案：D

4．IT 审计范围的确定，（　　）是确定组织范围。
　　A．根据审计目的和投入的审计成本来确定
　　B．明确审计涉及的组织机构、主要流程、活动及人员等
　　C．具体的物理地点与边界
　　D．涉及的信息系统和逻辑边界

解析：IT 审计范围的确定见表 3-1。

答案：B

5．广义的审计流程一般分为审计准备、审计实施、（　　）及后续审计四个阶段。
　　A．审计报告　　　B．审计复核　　　C．审计终结　　　D．审计验收

解析：广义的审计流程是指审计机构和审计人员对审计项目从开始到结束的整个过程采取的系统性工作步骤，一般分为审计准备、审计实施、审计终结及后续审计四个阶段，每个阶段又包含若干具体内容。

答案：C

第4小时 信息系统管理

4.0 章节考点分析

第4小时主要学习信息系统管理方法和管理要点等内容。

根据考试大纲，本小时知识点会涉及单项选择题，按以往全国计算机技术与软件专业技术资格考试的出题规律约占1~3分。本小时内容属于基础知识范畴，考查的知识点既来源于教材，也有少量扩展内容。本小时的架构如图4-1所示。

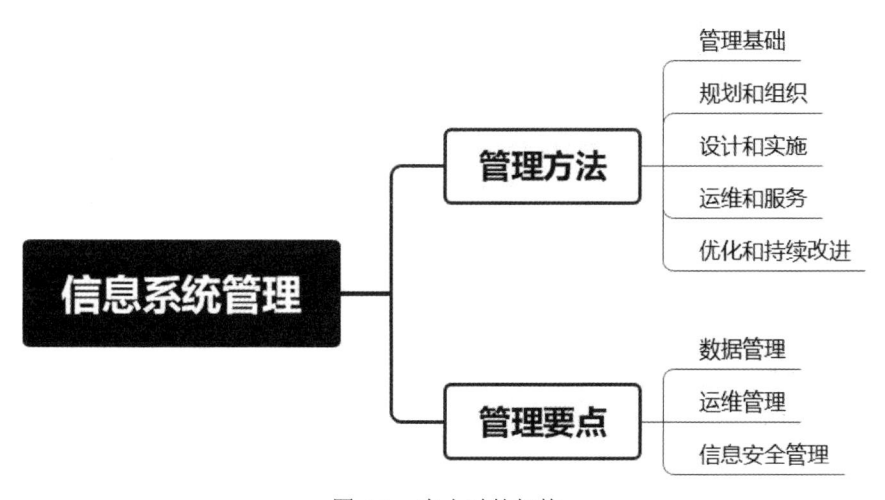

图4-1 本小时的架构

【导读小贴士】

信息系统的生命意义不仅仅包括建设过程，更大的意义是在运行维护过程中逐步优化并展现它的价值。本小时所要讲述的信息系统管理知识，有助于在业务战略指导下融合组织机制和信息系统，并安全稳定地发挥业务价值。

4.1 管理方法

【基础知识点】

1. 管理基础

（1）信息系统是用来生产和管理信息（数据）的技术（"什么"）、人员（"谁"）和过程（"如何"）的组合。

（2）信息系统包括人员、技术、流程和数据四个要素。

（3）信息系统之上是管理，它监督系统的设计和结构，并监控其整体性能。组织管理层制定信息系统层应满足的业务需求和业务战略。

（4）信息系统层次架构提供了一个蓝图，可以将业务和系统策略转换为组件或基础架构，并以恰当的人员、技术、流程和数据组合加以实现。

（5）信息系统管理覆盖四大领域：

1）规划和组织：针对信息系统的整体组织、战略和支持活动。

2）设计和实施：针对信息系统解决方案的定义、采购和实施，以及它们与业务流程的整合。

3）运维和服务：针对信息系统服务的运行交付和支持，包括安全。

4）优化和持续改进：针对信息系统的性能监控及其与内部性能目标、内部控制目标和外部要求的一致性管理。

2. 规划和组织

（1）信息系统战略三角突出了业务战略、信息系统战略和组织机制战略之间的一致性。业务战略是压倒一切的，推动组织机制战略和信息系统战略有机融合，如图 4-2 所示。

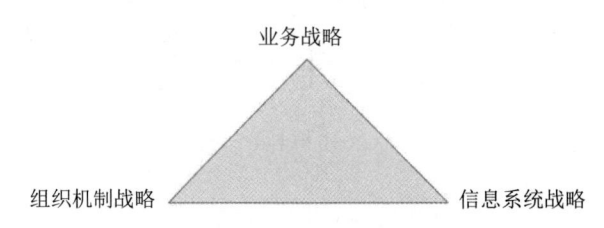

图 4-2 信息系统战略三角

（2）业务战略。

1）描述业务战略的经典框架是竞争力优势模型，如图 4-3 所示。

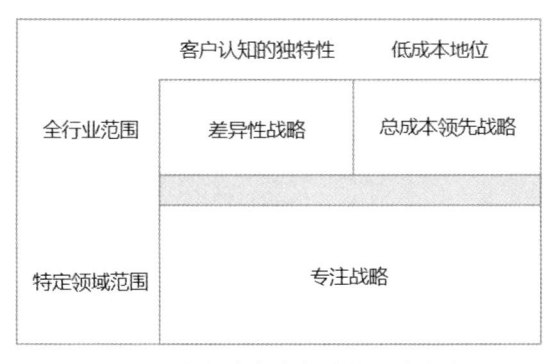

	客户认知的独特性	低成本地位
全行业范围	差异性战略	总成本领先战略
特定领域范围	专注战略	

图 4-3 获得竞争力优势的三种战略

2）经典的业务战略有三种：

a. 总成本领先战略：目标成为市场上成本最低的生产者，最大限度地降低成本，从而获得高于平均水平的绩效。

b. 差异性战略：在市场上显得独特的方式，定义其产品或者服务。

c. 专注战略：在更狭窄的细分市场，并为该组客户对象量身定制其产品。该策略有两种变体：

- 专注成本，在其细分市场内寻求成本优势。
- 专注差异化，寻求细分市场内的产品或服务的差异化。这种策略使组织能够实现区域竞争优势，即使它没有在整个经济与社会中实现竞争优势，也可以通过专注于某些细分市场的方式获得局部的竞争优势。

（3）组织机制战略。

1）组织机制战略包括组织的设计以及为定义、设置、协调和控制其工作流程而做出的选择。

2）组织机制战略本质上需要回答"组织将如何构建以实现其目标并实施其业务战略"这一问题，并围绕这一问题形成有效的规划。

3）理解组织设计的经典框架是莱维特钻石模型，如图 4-4 所示。

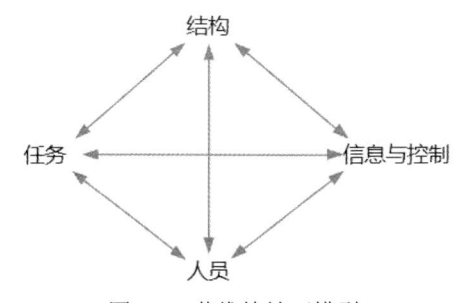

图 4-4 莱维特钻石模型

(4)信息系统战略。
1)信息系统战略是组织用来提供信息服务的计划。
2)信息系统支撑组织实施其业务战略。
3)信息系统帮助确定组织的能力。
信息系统战略矩阵见表4-1。

表4-1 信息系统战略矩阵

组成	有什么	谁使用	在哪里
硬件	信息系统的物理组件清单	系统用户和管理者	组件的物理位置（云端、数据中心等）
软件	程序、应用和工具的清单	系统用户和管理者	软件驻留的硬件，以及硬件的物理位置
网络	硬件和软件组件如何连接的图表	系统用户和管理者；提供服务的组织	节点、线路和其他传输介质所在地
数据	系统中存储的信息位	数据所有者；数据管理者	信息所在地

3. 设计和实施

（1）开展信息系统设计和实施，首先需要将业务需求转换为信息系统架构，信息系统架构为将组织业务战略转换为信息系统的计划提供了蓝图。

（2）从战略到系统架构。

1)组织必须从业务战略开始，制定更具体的目标，然后从每个目标派生出详细的业务需求。

2)架构设计人员将这些业务需求转换为架构需求，即构成信息系统架构的系统要求、标准和流程的更详细视图，包括考虑数据和流程需求以及安全目标等事项。

（3）从系统架构到系统设计。

1)信息系统架构被转换为功能规格。包括实际的硬件、数据、网络和软件。

2)功能规格可以分为硬件规格、软件规格、存储规格、接口规格、网络规格等。然后决定如何实现这些规范，并在信息系统基础架构中使用什么硬件、软件、存储、接口、网络等。

3)信息系统具有多个级别。

a. 全局级别：可能侧重于整个组织，并构成整个组织的信息环境。

b. 组织间级别：为跨组织边界的服务对象、供应商或其他利益干系人的沟通交流奠定基础。

c. 应用级别：是在考虑特定业务应用时，通常重点考虑的数据库和程序组件，以及它们运行的设备和操作环境。

（4）转换框架将业务战略转化为信息系统架构进而转变为信息系统设计，提出了三类问题：内容、人员和位置。

（5）传统上，信息系统体系架构有三种常见模式。

1)集中式：适合具有高度集中式治理的组织，维护方便。

2）分布式：比集中式架构更加<u>模块化</u>，可以灵活添加服务器，组建<u>多中心</u>的组织治理机制。

3）面向服务（SOA）：允许从现有的软件服务组件构建大型功能单元，对于快速构建应用程序非常有用，提供了模块化和组件化设计，易于变更。

信息系统架构与基础设施分析框架举例见表 4-2。

表 4-2 信息系统架构与基础设施分析框架举例

组件	有什么		谁使用		在哪里	
	系统架构	系统设计	系统架构	系统设计	系统架构	系统设计
硬件	用户将使用什么类型的个人设备	笔记本电脑配备什么尺寸的硬盘驱动器	谁最了解组织中的服务器	谁将运营服务器	架构需要集中式还是分布式服务器	将在 C 地数据中心放置哪些特定的计算机
软件	业务战略是否需要 ERP 软件支持	应该选择 A 品牌还是 B 品牌应用	谁会受到系统向 B 品牌迁移的影响	谁需要 B 品牌的系统培训	组织的地理状况是否需要部署多个数据库基础设施	可以使用一个 D 品牌云数据库实例作为系统数据库吗
网络	需要多大带宽来实现战略	E 单位交换机能否满足需要	哪些人需要连接到网络	无线网络是谁提供的	是否允许每一个用户的手机成为无线接入热点	是否会租赁线缆或使用卫星来支持通信
数据	销售管理系统需要哪些数据	使用什么格式存储数据	哪些人需要访问敏感数据	授权用户如何识别他们自己	备份数据是现场存储还是异地存储	数据是存放于云端系统还是存放于自己的数据中心

4．运维和服务

（1）信息系统的运维和服务由各类管理活动组成，主要包括运行管理和控制、IT 服务管理、运行与监控、终端侧管理、程序库管理、安全管理、介质控制和数据管理等。

（2）管理信息系统运行的管理控制主要活动包括<u>过程开发</u>、<u>标准制定</u>、<u>资源分配</u>、<u>过程管理</u>。

（3）IT 服务管理是通过主动管理和流程的持续改进来确保 IT 服务交付有效且高效的一组活动，包括服务台、事件管理、问题管理、变更管理、配置管理、发布管理、服务级别管理、财务管理、容量管理、服务连续性管理和可用性管理。

5．优化和持续改进

（1）优化和持续改进是信息系统管理活动中的一个环节，常用的方法为<u>戴明环</u>，即 PDCA 循环。PDCA 循环是将持续改进分为四个阶段，即 Plan（计划）、Do（执行）、Check（检查）和 Act（处理）。

（2）优化和持续改进基于有效的变更管理，使用六西格玛倡导的五阶段方法 DMAIC/DMADV，是对戴明环四阶段周期的延伸，包括定义、度量、分析、改进/设计、控制/验证。

（3）定义阶段的目标包括待优化信息系统定义、核心流程定义和团队组建。

（4）度量阶段的目标包括流程定义、指标定义、流程基线和度量系统分析。一个良好的度量系统应具备的特性如下：

1）准确：应该产生一个"接近"被测量的实际属性的数值。

2）可重复：如果测量系统反复应用于同一物体，则产生的测量价值应彼此接近。

3）线性：测量系统应能够在整个关注范围内产生准确和一致的结果。

4）可重现：当任何经过适当培训的个人使用时，测量系统应产生相同的结果。

5）稳定：应用于相同的项目时，测量系统将来应产生与过去相同的结果。

（5）分析阶段目标包括价值流分析、信息系统异常的源头分析和确定优化改进的驱动因素。

（6）改进/设计阶段的目标包括：

1）向发起人提出一个或多个解决方案；量化每种方法的收益；就解决方案达成共识并实施。

2）定义新的操作/设计条件。

3）为新工艺/设计提供定义和缓解故障模式。

（7）控制/验证阶段的目标包括标准化新程序/新系统功能的操作控制要素、持续验证优化的信息系统的可交付成果、记录经验教训。

4.2 管理要点

【基础知识点】

1. 数据管理

（1）定义。数据管理是指通过规划、控制与提供数据和信息资产的职能，包括开发、执行和监督有关数据的计划、策略、方案、项目、流程、方法和程序，以获取、控制、保护、交付和提高数据和信息资产价值。

（2）数据管理能力成熟度评估模型（Data Management Capability Maturity Model，DCMM）定义了数据战略、数据治理、数据架构、数据应用、数据安全、数据质量、数据标准和数据生存周期八个核心能力域。

1）组织的数据战略能力域通常包括数据战略规划、数据战略实施和数据战略评估三个能力项。

2）组织的数据治理能力域通常包括数据治理组织、数据制度建设和数据治理沟通三个能力项。

3）组织的数据架构能力域通常包括数据模型、数据分布、数据集成与共享和元数据管理四个能力项。

4）数据应用能力域通常包括数据分析、数据开放共享和数据服务三个能力项。

5）组织的数据安全能力域通常包括数据安全策略、数据安全管理和数据安全审计三个能力项。

6）组织的数据质量能力域通常包括数据质量需求、数据质量检查、数据质量分析和数据质量提升四个能力项。

7）组织的数据标准能力域通常包括业务术语、参考数据和主数据、数据元和指标数据四个能力项。

8）组织的数据生存周期能力域通常包括数据需求、数据设计和开发、数据运维和数据退役四个能力项。

（3）DCMM将组织的管理成熟度划分为5个等级，分别是：初始级、受管理级、稳健级、量化管理级和优化级。

2. 运维管理

（1）能力模型。国家标准《信息技术服务运行维护 第1部分 通用要求》（GB/T 28827.1）定义了IT运维能力模型，该模型包含治理要求、运行维护服务能力体系和价值实现，如图4-5所示。

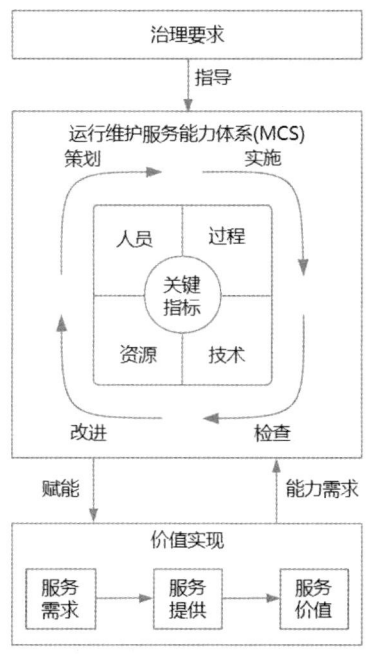

图4-5 IT运维能力模型

1）人员能力。结合IT运维工作的特点，运维人员一般分为管理类、技术类和操作类三种人员岗位，管理类主要负责运维的组织管理，技术类主要负责运维技术建设以及运维活动中的技术决策等，操作类主要负责运维活动的执行等。

2）资源能力。IT运维资源包括知识库、服务台、备件库以及运行维护工具，资源能力确保IT运维能"保障做事"。

3）技术能力。确保IT运维能"高效做事"，"早发现，早解决"一直是IT运维的一个重要原则，运维技术聚焦在发现问题的技术和解决问题的技术。

4）过程。组织通过过程的制定，把人员、技术和资源要素以过程为主线串接在一起，用于指导IT运维人员按约定的方式和方法，确保IT运维能"正确做事"。

（2）智能运维。

1)《信息技术服务智能运维通用要求》（T/CESA 1172）给出了智能运维能力框架，包括组织治理、智能特征、智能运维场景实现、能力域和能力要素，其中能力要素是构建智能运维能力的基础。

2) 组织通过场景分析、场景构建、场景交付和效果评估四个过程，基于数据管理能力域提供的高质量数据，结合分析决策能力域做出合理判断或结论，并根据需要驱动自动控制能力域执行运维操作，使运维场景具备智能特征，提升智能运维水平，实现质量可靠、安全可控、效率提升、成本降低。

3. 信息安全管理

（1）CIA 三要素。CIA 是保密性（Confidentiality）、完整性（Integrity）和可用性（Availability）三个词的缩写。CIA 是系统安全设计的目标。

（2）建立信息系统安全组织机构管理体系，参考步骤包括：

1) 配备安全管理人员。

2) 建立安全职能部门。

3) 成立安全领导小组。

4) 主要负责人出任领导。

5) 建立信息安全保密管理部门。

（3）网络安全等级保护。

1) 等保 2.0 将"信息系统安全"的概念扩展到了"网络安全"，其中所谓"网络"是指由计算机或者其他信息终端及相关设备组成的按照一定的规则和程序对信息进行收集、存储、传输、交换、处理的系统。

2)《信息安全技术 网络安全等级保护定级指南》（GB/T 22240—2020）定义了等级保护对象，为网络安全等级保护工作直接作用的对象，主要包括信息系统、通信网络设施和数据资源等。

3) 安全保护等级划分：

第一级，等级保护对象受到破坏后，会对相关公民、法人和其他组织的合法权益造成损害，但不危害国家安全、社会秩序和公共利益。

第二级，等级保护对象受到破坏后，会对相关公民、法人和其他组织的合法权益产生严重损害或特别严重损害，或者对社会秩序和公共利益造成危害，但不危害国家安全。

第三级，等级保护对象受到破坏后，会对社会秩序和公共利益造成严重危害，或者对国家安全造成危害。

第四级，等级保护对象受到破坏后，会对社会秩序和公共利益造成特别严重危害，或者对国家安全造成严重危害。

第五级，等级保护对象受到破坏后，会对国家安全造成特别严重危害。

4.3 考点实练

1. 信息系统包括人员、技术、流程和（　　）四个要素。

A．资源　　　　　B．硬件　　　　　C．软件　　　　　D．数据

解析：信息系统包括人员、技术、流程和数据四个要素。

答案：D

2．经典的业务战略不包括（　　）。

　　A．总成本领先战略　　　　　　　　B．差异性战略

　　C．创新战略　　　　　　　　　　　D．专注战略

解析：经典的业务战略有三种：

（1）总成本领先战略：目标成为市场上成本最低的生产者，最大限度地降低成本，从而获得高于平均水平的绩效。

（2）差异性战略：在市场上显得独特的方式，定义其产品或者服务。

（3）专注战略：在更狭窄的细分市场，并为该组客户对象量身定制其产品。

答案：C

3．传统上，信息系统体系架构中的（　　）模式允许从现有的软件服务组件构建大型功能单元，对于快速构建应用程序非常有用。

　　A．集中式　　　　B．分布式　　　　C．层次式　　　　D．面向服务

解析：传统上，信息系统体系架构有三种常见模式：

（1）集中式适合具有高度集中式治理的组织，维护方便。

（2）分布式比集中式架构更加模块化，可以灵活添加服务器，组建多中心的组织治理机制。

（3）面向服务允许从现有的软件服务组件构建大型功能单元，对于快速构建应用程序非常有用。

答案：D

4．结合 IT 运维工作的特点，运维人员一般分为管理类、技术类和（　　）三种人员岗位。

　　A．操作类　　　　B．服务类　　　　C．营销类　　　　D．维护类

解析：结合 IT 运维工作的特点，运维人员一般分为管理类、技术类和操作类三种人员岗位，管理类主要负责运维的组织管理，技术类主要负责运维技术建设以及运维活动中的技术决策等，操作类主要负责运维活动的执行等。

答案：A

5．系统安全设计的目标不包括（　　）。

　　A．保密性　　　　B．可靠性　　　　C．完整性　　　　D．可用性

解析：CIA 三要素即保密性（Confidentiality）、完整性（Integrity）和可用性（Availability），是系统安全设计的目标。

答案：B

第5小时 信息系统工程

5.0 章节考点分析

第 5 小时主要学习软件工程、数据工程、系统集成和安全工程等内容。

根据考试大纲，本小时知识点会涉及单项选择题，按以往全国计算机技术与软件专业技术资格考试的出题规律，约占 1~5 分。本小时内容属于基础知识范畴，考查的知识点既来源于教材，也有少量扩展内容。本小时的架构如图 5-1 所示。

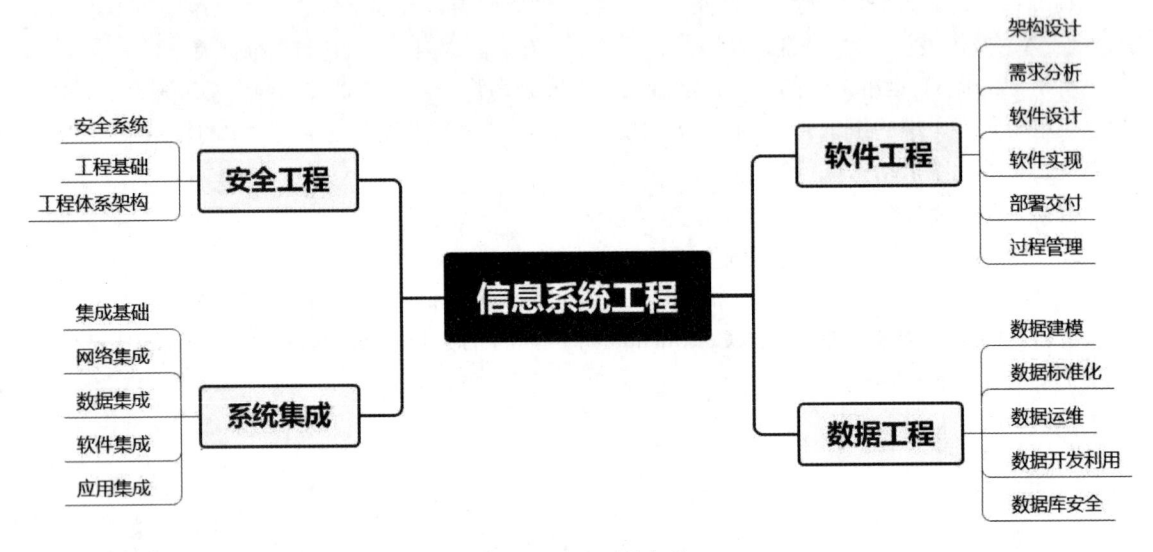

图 5-1 本小时的架构

【导读小贴士】

信息系统工程是以工程化的原理和思想去管理信息系统项目，以期在有限的成本和资源下取得可预见的项目成果。在早期项目规模不是非常庞大的时候，这套理论发挥了巨大的作用。即使是在今天敏捷、DevOps 和微服务开始大行其道的情况下，系统工程理论仍是很多理论的基石。所以学习本小时内容对后面知识的学习有非常重要的作用。

5.1 软件工程

【基础知识点】

1. 定义

软件工程是指应用计算机科学、数学及管理科学等原理，以工程化的原则和方法来解决软件问题的工程，其目的是提高软件生产率、提高软件质量、降低软件成本。

2. 组成

软件工程由方法、工具和过程三个部分组成。

3. 架构设计

（1）软件架构研究的主要内容涉及软件架构描述、软件架构风格、软件架构评估和软件架构的形式化方法等。

（2）研究软件架构的根本目的是解决软件的复用、质量和维护问题，软件架构设计的一个核心问题是能否达到架构级的软件复用。

（3）Garlan 和 Shaw 对通用软件架构风格进行了分类：

1）数据流风格。数据流风格包括批处理序列和管道-过滤器两种风格。

2）调用/返回风格。调用/返回风格包括主程序/子程序、数据抽象和面向对象，以及层次结构。

3）独立构件风格。独立构件风格包括进程通信和事件驱动的系统。

4）虚拟机风格。虚拟机风格包括解释器和基于规则的系统。

5）仓库风格。仓库风格包括数据库系统、黑板系统和超文本系统。

（4）软件架构评估。

1）软件架构设计是软件开发过程中的关键一步。

2）在架构评估过程中，评估人员所关注的是系统的质量属性。

3）**敏感点**是一个或多个构件（或之间的关系）的特性。

4）**权衡点**是影响多个质量属性的特性，是多个质量属性的敏感点。例如改变加密级别可能会对安全性和性能产生非常重要的影响。提高加密级别可以提高安全性，但可能要耗费更多的处理时间，影响系统性能。如果某个机密消息的处理有严格的时间延迟要求，则加密级别可能就会成为一个权衡点。

4. 需求分析

（1）软件需求是指用户对新系统在功能、行为、性能、设计约束等方面的期望。

（2）软件需求是多层次的，包括业务需求、用户需求和系统需求，这三个不同层次从目标到具体，从整体到局部，从概念到细节。

（3）质量功能部署（QFD）是一种将用户要求转化成软件需求的技术，其目的是最大限度地提升软件工作过程中用户的满意度。为了达到这个目标，QFD 将软件需求分为三类，分别是常规需求、期望需求和意外需求。

（4）需求过程主要包括需求获取、需求分析、需求规格说明书编制、需求验证与确认等。

（5）常见的需求获取方法包括用户访谈、问卷调查、采样、情节串联板、联合需求计划等。

（6）一个好的需求应该具有无二义性、完整性、一致性、可测试性、确定性、可跟踪性、正确性、必要性等特性，因此，需要分析人员把杂乱无章的用户要求和期望转化为用户需求，这就是需求分析的工作。

（7）需求分析的关键在于对问题域的研究与理解。

（8）结构化分析（SA）。

1）结构化分析有三个层次的模型，分别是数据模型、功能模型和行为模型（也称为状态模型）。

2）在实际工作中，一般使用实体关系图（E-R 图）表示数据模型，用数据流图（DFD）表示功能模型，用状态转换图（STD）表示行为模型。

（9）面向对象的分析（OOA）。

1）OOA 的基本任务是运用面向对象的方法，对问题域进行分析和理解，正确认识其中的事物及它们之间的关系，找出描述问题域和系统功能所需的类和对象，定义它们的属性和职责，以及它们之间所形成的各种联系。

2）OOA 模型包括用例模型和分析模型，OOA 的核心工作是建立系统的用例模型与分析模型。

3）用例是一种描述系统功能需求的方法，使用用例的方法来描述系统功能需求的过程就是用例建模。

4）分析模型描述系统的基本逻辑结构，展示对象和类如何组成系统（静态模型），以及它们如何保持通信，实现系统行为（动态模型）。

5）OOA 模型独立于具体实现，即不考虑与系统具体实现有关的因素，这也是 OOA 和面向对象设计（OOD）的区别所在。OOA 的任务是"做什么"，OOD 的任务是"怎么做"。

6）在 OOA 方法中，构建用例模型一般需要经历四个阶段，分别是识别参与者、合并需求获得用例、细化用例描述和调整用例模型，其中前三个阶段是必需的。

7）建立分析模型的过程大致包括定义概念类，确定类之间的关系，为类添加职责，建立交互图等，其中有学者将前三个步骤统称为类-责任-协作者（CRC）建模。类之间的主要关系有关联、依赖、泛化、聚合、组合和实现等。

（10）需求规格说明书（SRS）编制。SRS 是需求开发活动的产物，编制该文档的目的是使项目干系人与开发团队对系统的初始规定有一个共同的理解，使之成为整个开发工作的基础。

（11）需求验证与确认。

1）需求验证与确认主要是针对 SRS 的正确性，其活动内容包括：

a. SRS 正确地描述了预期的、满足项目干系人需求的系统行为和特征。

b. SRS 中的软件需求是从系统需求、业务规格和其他来源中正确推导而来的。

c. 需求是完整的和高质量的。

d. 需求的表示在所有地方都是一致的。

e. 需求为继续进行系统设计、实现和测试提供了足够的基础。

2）在实际工作中，一般通过需求评审和需求测试工作来对需求进行验证。

5. 统一建模语言

（1）统一建模语言（UML）是一种定义良好、易于表达、功能强大且普遍适用的建模语言，它融入了软件工程领域的新思想、新方法和新技术，它的作用域不限于支持 OOA 和 OOD，还支持从需求分析开始的软件开发的全过程。

（2）从总体上来看，UML 的结构包括构造块、规则和公共机制三个部分见表 5-1。

表 5-1　UML 的结构

组成部分	说明
构造块	UML 有三种基本的构造块，分别是事物（Thing）、关系（Relationship）和图（Diagram）。事物是 UML 的重要组成部分，关系把事物紧密联系在一起，图是多个相互关联的事物的集合
规则	规则是构造块如何放在一起的规定，包括为构造块命名；给一个名字以特定含义的语境，即范围；怎样使用或看见名字，即可见性；事物如何正确、一致地相互联系，即完整性；运行或模拟动态模型的含义是什么，即执行
公共机制	公共机制是指达到特定目标的公共 UML 方法，主要包括规格说明（详细说明）、修饰、公共分类（通用划分）和扩展机制四种

（3）UML 中的事物也称为建模元素，包括结构事物、行为事物（也称动作事物）、分组事物和注释事物（也称注解事物）。这些事物是 UML 模型中最基本的 OO 构造块。

（4）UML 用关系把事物结合在一起，主要有四种关系，分别为：

1）依赖：依赖是两个事物之间的语义关系，其中一个事物发生变化会影响另一个事物的语义。

2）关联：关联描述一组对象之间连接的结构关系。

3）泛化：泛化是一般化和特殊化的关系，描述特殊元素的对象可替换一般元素的对象。

4）实现：实现是类之间的语义关系，其中的一个类指定了由另一个类保证执行的契约。

（5）UML 2.0 中的图有类图、对象图、构件图、组合结构图、用例图、顺序图、通信图、定时图、状态图、活动图、部署图、制品图、包图和交互概览图。其中：

1）类图描述一组类、接口、协作和它们之间的关系。

2）构件图描述一个封装的类和它的接口、端口，以及由内嵌的构件和连接件构成的内部结构。

3）组合结构图描述结构化类（例如，构件或类）的内部结构，包括结构化类与系统其余部分的交互点。

4）用例图描述一组用例、参与者及它们之间的关系。

5）顺序图由一组对象或参与者以及它们之间可能发送的消息构成，强调消息的时间次序。

6）通信图强调收发消息的对象或参与者的结构组织。

7）顺序图和通信图是同构的，可以互相转化。

8）顺序图、通信图、定时图和交互概览图属于交互图。

9）制品图描述计算机中一个系统的物理结构。制品包括文件、数据库和类似的物理比特集合。

（6）UML 的 5 个系统视图，用于定义系统架构，如图 5-2 所示。

1）逻辑视图。逻辑视图也称为设计视图，它表示了设计模型中在架构方面具有重要意义的部分，即类、子系统、包和用例实现的子集。

2）进程视图。进程视图是可执行线程和进程作为活动类的建模，它是逻辑视图的一次执行实例，描述了并发与同步结构。

3）实现视图。实现视图对组成基于系统的物理代码的文件和构件进行建模。

4）部署视图。部署视图把构件部署到一组物理节点上，表示软件到硬件的映射和分布结构。

5）用例视图。用例视图是最基本的功能需求分析模型。

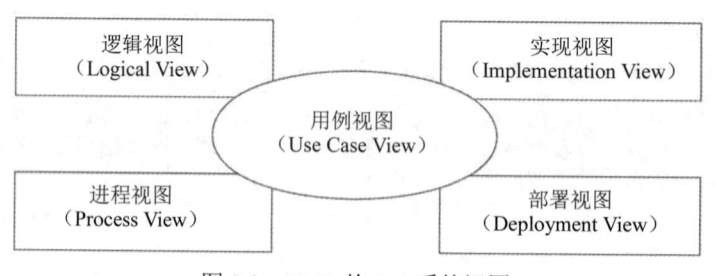

图 5-2　UML 的 4+1 系统视图

6. 软件设计

软件设计是需求分析的延伸与拓展。需求分析阶段解决"做什么"的问题，而软件设计阶段解决"怎么做"的问题。同时，它也是系统实施的基础，为系统实施工作做好铺垫。合理的软件设计方案既可以保证系统的质量，也可以提高开发效率，确保系统实施工作的顺利进行。从方法上来说，软件设计分为结构化设计与面向对象设计。

（1）结构化设计（Structured Design，SD）。

1）SD 是一种面向数据流（也是面向过程）的方法，它以 SRS 和 SA 阶段所产生的 DFD 和数据字典等文档为基础，是一个自顶向下、逐步求精和模块化的过程。

2）SD 方法的基本思想是将软件设计成由相对独立且具有单一功能的模块组成的结构，分为<u>概要设计和详细设计</u>两个阶段。概要设计描述如何用模块构成整个系统，详细设计描述具体每个模块如何构成。

3）在 SD 中，需要遵循一个基本的原则：高内聚，低耦合。

（2）面向对象设计（OOD）。

1）面向对象设计（OOD）是 OOA 方法的延续，其基本思想包括抽象、封装和可扩展性，其中可扩展性主要通过继承和多态来实现。

2）在 OOD 中，数据结构和在数据结构上定义的操作算法封装在一个对象之中。由于现实世界中的事物都可以抽象出对象的集合，所以 OOD 方法是一种更接近现实世界、更自然的软件设计方法。

3）OOD 的主要任务是对类和对象进行设计，包括类的属性、方法以及类与类之间的关系。OOD 的结果就是设计模型。

4）在 OOD 中，可维护性的复用基于一些设计原则，常见的有：

a. 单职原则：设计功能单一的类。本原则与结构化方法的高内聚原则是一致的。

b. 开闭原则：对扩展开放，对修改封闭。

c. 李氏替换原则：子类可以替换父类。

d. 依赖倒置原则：要依赖于抽象，而不是具体实现；要针对接口编程，不要针对实现编程。

e. 接口隔离原则：使用多个专门的接口比使用单一的总接口要好。

f. 组合重用原则：要尽量使用组合，而不是继承关系达到重用目的。

g. 迪米特原则（最少知识法则）：一个对象应当对其他对象有尽可能少的了解。本原则与结构化方法的低耦合原则是一致的。

5）设计模式可分为创建型模式、结构型模式和行为型模式三种。

a. 创建型模式：主要用于创建对象，包括工厂方法模式、抽象工厂模式、原型模式、单例模式和建造者模式等。

b. 结构型模式：主要用于处理类或对象的组合，包括适配器模式、桥接模式、组合模式、装饰模式、外观模式、享元模式和代理模式等。

c. 行为型模式：主要用于描述类或对象的交互以及职责的分配，包括职责链模式、命令模式、解释器模式、迭代器模式、中介者模式、备忘录模式、观察者模式、状态模式、策略模式、模板方法模式、访问者模式等。

7．软件实现

（1）软件配置管理。

1）软件配置管理通过标识产品的组成元素、管理和控制变更、验证、记录和报告配置信息，来控制产品的演进和完整性。

2）软件配置管理活动包括软件配置管理计划、软件配置标识、软件配置控制、软件配置状态记录、软件配置审计、软件发布管理与交付等活动。

3）软件发布管理和交付通常需要创建特定的交付版本，完成此任务的关键是软件库。

（2）软件编码。程序的质量主要取决于软件设计的质量。但是，程序设计语言的特性和编码途径也会对程序的可靠性、可读性、可测试性和可维护性产生深远的影响。

（3）软件测试。

1）通过测试发现软件缺陷，为软件产品的质量测量和评价提供依据。

2）测试不能保证发现所有的缺陷。

3）静态测试包括<u>桌前检查、代码走查和代码审查</u>。

4）动态测试一般采用白盒测试和黑盒测试方法。

a. 白盒测试也称为结构测试，把程序视为透明的白盒，根据内部结构和程序走向来测试。

b. 黑盒测试也称为功能测试，把程序视为不透明的黑盒，不考虑内部结构和算法，只检查是否符合 <u>SRS 要求</u>。

8. 部署交付

（1）软件部署是一个复杂的过程，包括从开发商发放产品，到应用者在他们的计算机上实际安装并维护应用的所有活动。这些活动包括软件打包、安装、配置、测试、集成和更新等，是一个<u>持续不断</u>的过程。

（2）持续交付。

1）为解决部署与交付常存在的问题，持续交付应运而生，持续交付是一系列开发实践方法，用来确保让代码能够快速、安全地部署到生产环境中。

2）持续交付是一个完全自动化的过程，当业务开发完成的时候，可以做到一键部署。

（3）持续部署。

1）容器技术目前是部署中最流行的技术，常用的持续部署方案有 Kubernetes+Docker 和 Matrix 系统两种。

2）<u>蓝绿部署和金丝雀部署</u>。蓝绿部署是指新旧版本同时部署，通过域名解析切换到新版本，出现问题可以快速切回旧版本；金丝雀部署是指让少量用户试用新版本并反馈迭代，成熟后所有用户切换到新版本。

（4）持续集成、持续交付和持续部署的出现及流行反映了新的软件开发模式与发展趋势，主要表现如下：

1）工作职责和人员分工的转变。

2）大数据和云计算基础设施的普及进一步给部署带来新的飞跃。

3）研发运维的融合。

9. 过程管理

（1）常见的软件过程管理方法和实践包括国际常用的能力成熟度模型集成（CMMI）和中国电子工业标准化技术协会发布的 T/CESA 1159《软件过程能力成熟度模型》团体标准，简称 CSMM。

（2）CSMM 模型由 4 个能力域、20 个能力子域、161 个能力要求组成：

1）治理：包括战略与治理、目标管理能力子域，用于确定组织的战略、产品的方向、组织的业务目标，并确保目标的实现。

2）开发与交付：包括需求、设计、开发、测试、部署、服务、开源应用能力子域，这些能力子域确保通过软件工程过程交付满足需求的软件，为顾客与利益干系人增加价值。

3）管理与支持：包括项目策划、项目监控、项目结项、质量保证、风险管理、配置管理、供应商管理能力子域，这些能力子域覆盖了软件开发项目的全过程，以确保软件项目能够按照既定的成本、进度和质量交付，能够满足顾客与利益干系人的要求。

4）组织管理：包括过程管理、人员能力管理、组织资源管理、过程能力管理能力子域，对软件组织能力进行综合管理。

5.2 数据工程

【基础知识点】

1. 定义

数据工程是信息系统的基础工程。围绕数据的生命周期，规范数据从产生到应用的全过程，是实现这些目标的一系列技术、方法和工程建设活动的总称。

2. 主要研究内容

数据工程的主要研究内容包括数据建模、数据标准化、数据运维、数据开发利用和数据安全等理论和技术。

3. 数据建模

（1）数据建模主要研究如何运用关系数据库设计理论，利用数据建模工具，建立既能正确反映客观世界，又便于计算机处理的数据模型。

（2）根据模型应用目的的不同，可以将数据模型划分为三类：概念模型、逻辑模型和物理模型。

1）概念模型也称信息模型，它是按用户的观点来对数据和信息建模，把现实世界中的客观对象抽象为某一种平台无关的信息结构。基本元素有实体、属性、域、键、关联等。

2）逻辑模型是在概念模型的基础上确定模型的数据结构，目前主要的数据结构有层次模型、网状模型、关系模型、面向对象模型和对象关系模型。其中，关系模型成为目前最重要的一种逻辑数据模型，逻辑模型是平台相关的。关系模型由关系数据结构、关系操作集合和关系完整性约束三部分组成，其中关系数据结构的基本元素包括关系、属性、关键字、外键和视图等，见表5-2。关系操作集合包括选择、投影、连接、除、并、交、差等。关系完整性约束包括<u>实体完整性、参照完整性和用户定义的完整性</u>等，其中，实体完整性、参照完整性是关系模型必须满足的完整性约束条件，**用户定义的完整性是应用领域需要遵照的约束条件，体现了具体领域中的语义约束。**

3）物理模型的目标是如何用数据库模式来实现逻辑数据模型，以及真正地保存数据。物理模型的基本元素包括表、字段、视图、索引、存储过程、触发器等。

（3）数据建模过程包括数据需求分析、概念模型设计、逻辑模型设计和物理模型设计等过程。

4. 数据标准化

数据标准化是实现数据共享的基础，主要内容包括元数据标准化、数据元标准化、数据模式标准化、数据分类与编码标准化和数据标准化管理。

表 5-2 关系模型与概念模型的对应关系

概念模型	关系模型	说明
实体	关系	概念模型中的实体转换为关系模型的关系
属性	属性	概念模型中的属性转换为关系模型的属性
联系	关系、外键	概念模型中的联系有可能转换为关系模型的新关系,被参照关系的主键转化为参照关系的外键
	视图	关系模型中的视图在概念模型中没有元素与之对应,它是按照查询条件从现有关系或视图中抽取若干属性组合而成

（1）元数据标准化。元数据是关于数据的数据（Data About Data）。其实质是用于描述信息资源或数据的内容、覆盖范围、质量、管理方式、数据的所有者、数据的提供方式等有关的信息。

（2）数据元标准化。

1）开放系统互连环境（OSIE）四个基本要素：硬件、软件、通信和数据。

2）数据元标准的概念要求按共同约定的规则进行统一组织、分类和标识数据，规范统一数据的含义、表示方法和取值范围等，保证数据从产生的源头就具备一致性。

3）数据元是数据库、文件和数据交换的基本数据单元。数据库或文件由记录或元组等组成，而记录或元组则由数据元组成。

4）在特定的语义环境中被认为是不可再分的最小数据单元。数据元一般来说由三部分组成：①对象；②特性；③表示。

5）数据元提取方法有两种：自上而下（Top-Down）提取法和自下而上（Down-Top）提取法。

6）新建系统的数据元提取，一般适用"自上而下"的提取法。自下而上提取法也称逆向工程。

（3）数据模式标准化。数据模式的描述方式主要有图描述方法和数据字典方法。图描述方法常用的有 IDEF 1X 方法和 UML 图，主要用来描述数据集中的实体和实体之间的相互关系；数据字典形式用来描述模型中的数据集、单个实体、属性的摘要信息。

（4）数据分类与编码标准化。

1）数据分类有分类对象和分类依据两个要素。

2）数据分类与编码的作用主要包括用于信息系统的共享和互操作，统一数据的表示法和提高信息处理效率。

（5）数据标准化阶段的具体过程包括确定数据需求、制定数据标准、批准数据标准和实施数据标准四个阶段。

5. 数据运维

（1）数据存储。

1）存储介质是数据存储的载体，类型主要有磁带、光盘和磁盘三种。

2）存储管理的主要内容见表 5-3。

表 5-3 存储管理的主要内容

管理分类	主要内容
资源调度管理	资源调度管理的功能主要是添加或删除存储节点，编辑存储节点的信息，设定某类型存储资源属于某个节点，或者设定这些资源比较均衡地存储到节点上。它包含存储控制、拓扑配置以及各种网络设备如集线器、交换机、路由器和网桥等的故障隔离
存储资源管理	存储资源管理是一类应用程序，它们管理和监控物理和逻辑层次上的存储资源，从而简化资源管理，提高数据的可用性。被管理的资源包括存储硬件如 RAID、磁带以及光盘库。存储资源管理不仅包括监控存储系统的状况、可用性、性能以及配置情况，还包括容量和配置管理以及事件报警等，从而提供优化策略
负载均衡管理	负载均衡是为了避免存储资源由于资源类型、服务器访问频率和时间不均衡造成浪费或形成系统瓶颈而平衡负载的技术
安全管理	存储系统的安全主要是防止恶意用户攻击系统或窃取数据。系统攻击大致分为两类：一类以扰乱服务器正常工作为目的，如拒绝服务攻击（DoS）等；另一类以入侵或破坏服务器为目的，如窃取数据、修改网页等

（2）数据备份。常见的备份策略主要有三种：完全备份、差分（差异）备份和增量备份。

（3）数据容灾。

1）根据容灾系统保护对象的不同，容灾系统分为应用容灾和数据容灾两类。

2）衡量容灾系统有两个主要指标：RPO 和 RTO，其中 RPO 代表了当灾难发生时允许丢失的数据量；而 RTO 则代表了系统恢复的时间。

（4）数据质量是一个广义的概念，是数据产品满足指标、状态和要求能力的特征总和。

6. 数据开发利用

（1）数据集成将驻留在不同数据源中的数据进行整合，向用户提供统一的数据视图（一般称为全局模式），使得用户能以透明的方式访问数据。

（2）数据挖掘常见的主要任务包括数据总结、关联分析、分类和预测、聚类分析和孤立点分析。一般包括确定分析对象、数据准备、数据挖掘、结果评估与结果应用五个阶段。

（3）数据服务主要包括数据目录服务、数据查询与浏览及下载服务、数据分发服务。

（4）数据可视化主要运用计算机图形学和图像处理技术，将数据转换成为图形或图像在屏幕上显示出来，并能进行交互处理。

（5）信息检索的主要方法：全文检索、字段检索、基于内容的多媒体检索、数据挖掘。常用技术包括布尔逻辑检索技术、截词检索技术、临近检索技术、限定字段检索技术、限制检索技术等。

7. 数据库安全

（1）数据库安全是指保护数据库，防止不合法的使用所造成的数据泄露、更改或破坏。

（2）数据库安全分类及说明见表 5-4。

表 5-4 数据库安全分类及说明

维度	表现方式		说明
安全后果	非授权的信息泄露		未获授权的用户有意或无意得到信息。通过对授权访问的数据进行推导分析获取非授权的信息也属于这一类
	非授权的数据修改		包括所有通过数据处理和修改而违反信息完整性的行为。非授权修改不一定会涉及非授权信息泄露，因为即使不读取数据也可以进行破坏
	拒绝服务		包括会影响用户访问数据或使用资源的行为
威胁方式	无意	自然或意外灾害	如地震、水灾、火灾等。这些事故可能会破坏系统的软硬件，导致完整性破坏和拒绝服务
		系统软硬件中的错误	这会导致应用实施错误的策略，从而导致非授权的信息泄露、数据修改或拒绝服务
		人为错误	导致无意地违反安全策略，导致的后果与软硬件错误类似
	有意	授权用户	他们滥用自己的特权造成威胁
		恶意代理	病毒、特洛伊木马和后门是这类威胁中的典型代表

（3）数据库安全机制包括用户的身份认证、存取控制、数据库加密、数据审计、推理控制等内容。

5.3 系统集成

【基础知识点】

1. 集成基础

（1）系统集成的内容包括技术环境的集成、数据环境的集成和应用程序的集成。

（2）在技术上需要遵循的基本原则包括：开放性、结构化、先进性和主流化。

2. 网络集成

网络集成不仅涉及不同厂家的网络设备和管理软件，也会涉及异构和异质网络系统的互联问题。

3. 数据集成

（1）数据集成是将参与数据库的有关信息在逻辑上集成为一个属于异构分布式数据库的全局概念模式，以达到信息共享的目的。

（2）数据集成处理的主要对象是系统中各种异构数据库中的数据。数据仓库技术是数据集成的关键。

（3）数据集成可以分为基本数据集成、多级视图集成、模式集成和多粒度数据集成四个层次。

4. 软件集成

有代表性的软件构件标准包括公共对象请求代理结构（CORBA）、COM、DCOM 与 COM+、.NET、J2EE 应用架构等标准。

5. 应用集成

（1）从开放系统的观点来看，互操作性指的是能在对等层次上进行有效的信息交换。

（2）集成关心的是个体和系统的所有硬件与软件之间各种人/机界面的一致性。

（3）应用集成或组织应用集成（EAI）是指将独立的软件应用连接起来，实现协同工作。

（4）可以帮助协调连接各种应用的组件有：应用编程接口、事件驱动型操作、数据映射。

5.4 安全工程

【基础知识点】

1. 安全系统

（1）用一个"宏观"三维空间图来反映信息安全系统的体系架构及其组成。X 轴是"安全机制"，Y 轴是"OSI 网络参考模型"，Z 轴是"安全服务"。

（2）由 X、Y、Z 三个轴形成的信息安全系统三维空间就是信息系统的"安全空间"。

（3）"安全空间"的五大属性是认证、权限、完整、加密和不可否认。

（4）安全机制包含基础设施实体安全、平台安全、数据安全、通信安全、应用安全、运行安全、管理安全、授权和审计安全、安全防范体系等。

（5）安全服务包括对等实体认证服务、数据保密服务、数据完整性服务、数据源点认证服务、禁止否认服务和犯罪证据提供服务等。

（6）安全技术主要涉及加密、数字签名技术、防控控制、数据完整性、认证、数据挖掘等。

2. 工程基础

信息安全系统工程活动离不开其他相关工程，主要包括：硬件工程、软件工程、通信及网络工程、数据存储与灾备工程、系统工程、测试工程、密码工程和组织信息化工程等。

3. 工程体系架构

（1）信息安全系统工程能力成熟度模型（ISSE-CMM）是一种衡量信息安全系统工程实施能力的方法，是使用面向工程过程的一种方法。

（2）ISSE 将信息安全系统工程实施过程分解为：工程过程、风险过程和保证过程三个基本的部分。

（3）一个有害事件由威胁、脆弱性和影响三个部分组成。脆弱性包括可被威胁利用的资产性质。如果不存在脆弱性和威胁，则不存在有害事件，也就不存在风险。

（4）ISSE-CMM 的体系结构完全适应整个信息安全系统工程范围内决定信息安全工程组织的成熟性。这个体系结构的目标是为了落实安全策略，而从管理和制度化突出信息安全工程的基本特征。该模型采用两维设计，其中一维是"域"（Domain），另一维是"能力"（Capability）。

5.5 考点实练

1. Garlan 和 Shaw 定义的通用软件架构风格不包括（　　）。
   A．数据流　　　　B．层次结构　　　　C．黑板　　　　D．微服务

   解析：Garlan 和 Shaw 对通用软件架构风格进行了分类：
   （1）数据流风格。数据流风格包括批处理序列和管道-过滤器两种风格。
   （2）调用/返回风格。调用/返回风格包括主程序/子程序、数据抽象和面向对象，以及层次结构。
   （3）独立构件风格。独立构件风格包括进程通信和事件驱动的系统。
   （4）虚拟机风格。虚拟机风格包括解释器和基于规则的系统。
   （5）仓库风格。仓库风格包括数据库系统、黑板系统和超文本系统。

   答案：D

2. 结构化分析使用（　　）表示功能模型。
   A．E-R 图　　　　B．数据流图　　　　C．状态转换图　　　　D．数据字典

   解析：结构化分析有三个层次的模型，分别是数据模型、功能模型和行为模型（也称为状态模型）。在实际工作中，一般使用实体联系图（E-R 图）表示数据模型，用数据流图（DFD）表示功能模型，用状态转换图（STD）表示行为模型。

   答案：B

3. （　　）是应用领域需要遵照的约束条件，体现了具体领域中的语义约束。
   A．实体完整性　　　　　　　　B．参照完整性
   C．用户定义的完整性　　　　　D．数据完整性

   解析：关系完整性约束包括实体完整性、参照完整性和用户定义的完整性等，其中，实体完整性、参照完整性是关系模型必须满足的完整性约束条件，用户定义的完整性是应用领域需要遵照的约束条件，体现了具体领域中的语义约束。

   答案：C

4. 系统集成在技术上需要遵循的基本原则包括：开放性、结构化、先进性和（　　）。
   A．主流化　　　　B．创造性　　　　C．独特性　　　　D．强制性

   解析：系统集成在技术上需要遵循的基本原则包括：开放性、结构化、先进性和主流化。

   答案：A

5. 主要的安全技术不涉及（　　）。
   A．数字签名技术　　B．数据完整性　　C．数据治理　　D．数据挖掘

   解析：安全技术主要涉及加密、数字签名技术、防控控制、数据完整性、认证、数据挖掘等。

   答案：C

第二篇
项目管理基础知识

第 6 小时
项目管理概论

6.0　章节考点分析

第 6 小时主要学习 PMBOK 的发展、项目基本要素、项目经理的角色、价值驱动的项目管理知识体系等内容。

根据考试大纲，本小时知识点会涉及单项选择题、下午案例和论文，按以往全国计算机技术与软件专业技术资格考试的出题规律在上午试题中约占 3~4 分。本小时内容属于基础知识范畴，考查的知识点既来源于教材，也有少量扩展内容。本小时的架构如图 6-1 所示。

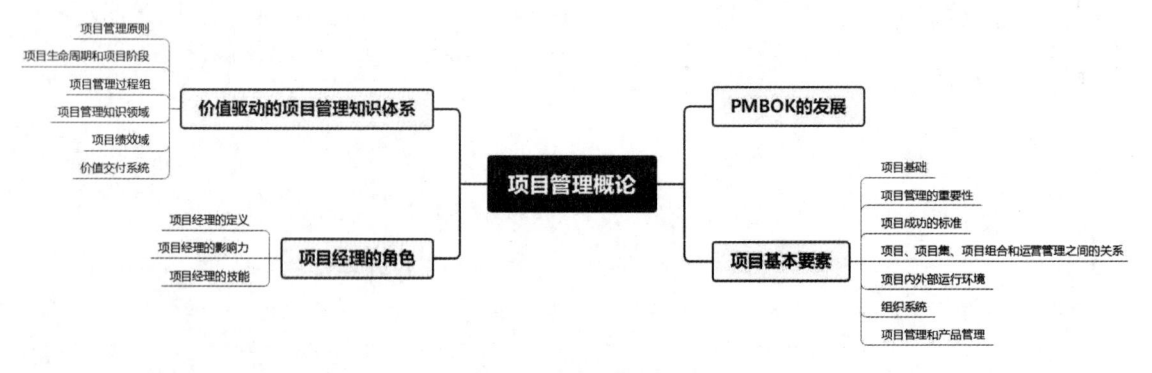

图 6-1　本小时的架构

【导读小贴士】

项目管理知识是本书的重中之重,本小时的知识则是项目管理知识的一个引言和概论。从本小时开始,知识内容将从技术转向管理,因此本小时内容也是全书的一个过渡和桥梁。读者将学习到项目、项目集、项目组合和运营的基础知识,后面将会对这些知识逐渐展开,所以认真学习本小时内容对后面的学习有非常重要的作用。

6.1 PMBOK 的发展

【基础知识点】

1. 定义

项目管理知识体系(Project Management Body of Knowledge,PMBOK)是由美国项目管理协会开发的一套描述项目管理专业范围的知识体系,包含了对项目管理所需的知识、技能和工具的描述。

2. 最近各版本变化

(1) PMBOK6 首次将"敏捷"内容纳入正文,增加新实践、裁剪和敏捷考虑因素。

(2) PMBOK7 增加了 8 个绩效域,增加 12 个项目管理原则,体现了各种开发方法。

6.2 项目基本要素

【基础知识点】

1. 项目基础

(1) 项目是为提供一项独特产品、服务或成果所做的临时性努力。

(2) 独特的产品、服务或成果。

1) 可交付成果是指在某一过程、阶段或项目完成时,形成的独特并可验证的产品、成果或服务。

2) 可交付成果可能是有形的,也可能是无形的,例如一个软件产品、一份报告。

3) 实现项目目标可能会产生一个或多个可交付成果。

(3) 临时性工作。

1) 项目的"临时性"是指项目有明确的起点和终点。

2) "临时性"并不一定意味着项目的持续时间短。

(4) 项目驱动变更,从业务价值角度看,项目旨在推动组织从一个状态转到另一个状态,从而达成特定目标,获得更高的业务价值。

（5）项目创造业务价值，业务价值是从组织运营中获得的可量化的净效益。项目带来的效益可以是有形的、无形的或两者兼而有之。

（6）促成项目创建的因素有：符合法律法规或社会需求，满足干系人要求或需求，创造、改进或修复产品、过程或服务，执行、变更业务或技术战略。

2. 项目管理的重要性

（1）项目管理就是将知识、技能、工具与技术应用于项目活动，以满足项目的要求。

（2）通过合理地应用并整合特定的项目管理过程，项目管理使组织能够有效并高效地开展项目。

（3）项目管理不善或缺失的后果：项目超过时限、项目成本超支、项目质量低劣、返工、项目范围失控、组织声誉受损、干系人不满意、无法达成目标等。

3. 项目成功的标准

项目成功可能涉及与组织战略和业务成果交付相关的标准与目标，包括：

（1）完成项目效益管理计划。

（2）达到可行性研究与论证中记录的已商定的财务测量指标，可能包括：净现值（NPV）、投资回报率（ROI）、内部报酬率（IRR）、回收期（PBP）和效益成本比率（BCR）。

（3）达到可行性研究与论证的非财务目标。

（4）组织从"当前状态"成功转移到"将来状态"。

（5）履行合同条款和条件。

（6）达到组织战略、目的和目标，使干系人满意。

（7）可接受的客户/最终用户的采纳度。

（8）将可交付成果整合到组织的运营环境中。

（9）满足商定的交付质量。

（10）遵循治理规则。

（11）满足商定的其他成功标准或准则（例如过程产出率）等。

4. 项目、项目集、项目组合和运营管理之间的关系

（1）项目集是一组相互关联且被协调管理的项目、子项目集和项目集活动，目的是为了获得分别管理无法获得的利益。项目集不是大项目。

（2）项目集管理就是在项目集中应用知识、技能、工具和技术来满足项目集的要求，获得分别管理各项目集组件所无法实现的收益和控制。

（3）项目组合是指为实现战略目标而组合在一起管理的项目、项目集、子项目组合和运营工作。

（4）项目组合管理是指为了实现战略目标而对一个或多个项目组合进行的集中管理。

（5）项目组合中的项目集或项目不一定存在彼此依赖或直接相关的关联关系。

（6）项目组合、项目集、项目和运营在特定情况下是相互关联的，如图 6-2 所示。

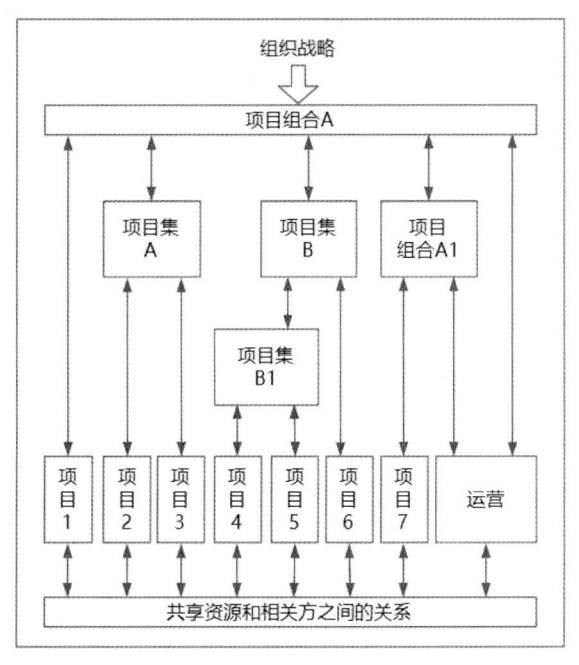

图 6-2　项目组合、项目集、项目和运营的相互关联

（7）从组织的角度看，项目和项目集管理的重点在于以"正确"的方式开展项目集和项目，即"正确地做事"。项目组合管理则注重于开展"正确"的项目集和项目，即"做正确的事"。

（8）项目组合管理的目的：

1）指导组织的投资决策。

2）选择项目集与项目的最佳组合方式，以达成战略目标。

3）提供决策透明度。

4）确定团队资源分配的优先级。

5）提高实现预期投资回报的可能性。

6）集中管理所有组成部分的综合风险。

7）确定项目组合是否符合组织战略。

（9）运营管理。

1）运营管理关注产品的持续生产、服务的持续提供。

2）运营管理使用最优资源满足客户要求，以保证组织或业务持续高效地运行。

3）运营管理重点管理把输入（如材料、零件、能源和人力）转变为输出（如产品、服务）的过程。

（10）组织级项目管理。项目组合、项目集与项目都需要符合组织战略，由组织战略驱动，并以不同的方式服务于战略目标的实现，如图 6-3 所示。

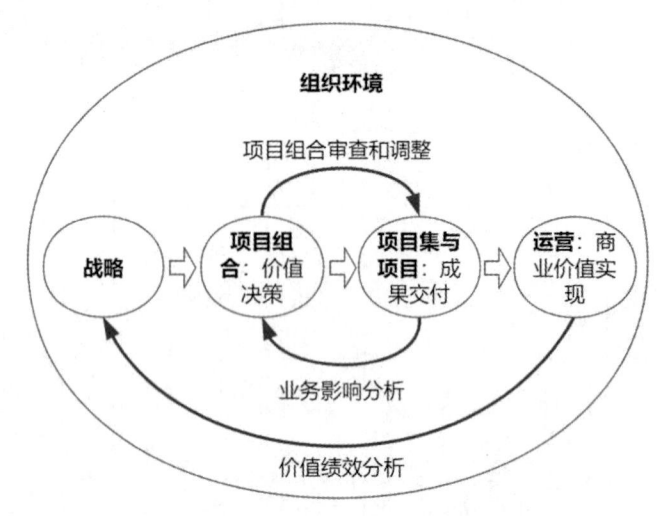

图 6-3 组织级项目管理

5. 项目内外部运行环境

（1）组织过程资产包括指导工作的过程和程序以及组织的全部知识。包括但不限于：

1）过程资产：包括工具、方法论、方法、模板、框架、模式或 PMO 资源。

2）治理文件：包括政策和流程。

3）数据资产：包括以前项目的数据库、文件库、度量指标、数据和工件。

4）知识资产：包括项目团队成员、主题专家和其他员工的隐性知识。

5）安保和安全：包括对设施访问、数据保护、保密级别和专有秘密的程序和实践等。

（2）事业环境因素指涉及并影响项目成功的环境、组织的因素和系统。

1）内部因素包括组织文化、结构和治理、设施和资源的物理分布、基础设施、信息技术软件、资源可用性、员工能力。

2）外部因素包括市场条件、社会和文化影响因素、监管环境、商业数据库、学术研究、行业标准、财务考虑因素、物理环境因素。

6. 组织系统

（1）组织内多种因素的交互影响创造出一个独特的组织系统，该组织系统会影响项目的运行，并决定了组织系统内部人员的权力、影响力、利益、能力等，包括治理框架、管理要素和组织结构类型。

（2）治理框架是在组织内行使职权的框架，包括规则、政策、程序、规范、关系、系统和过程。

（3）管理要素是组织内部关键职能部门或一般管理原则的组成部分。

（4）不存在适用于所有组织的通用的结构类型，特定组织最终选取和采用的组织结构具有各自的独特性，见表 6-1。

表 6-1　组织结构对项目的影响

组织结构类型	项目特征					
	工作安排人	项目经理批准	项目经理的角色	资源可用性	项目预算管理人	项目管理人员
系统型或简单型	灵活；人员并肩工作	极少或无	兼职；工作角色（如协调员）指定与否不限	极少或无	负责人或操作员	极少或无
职能（集中式）	正在进行的工作（例如，设计、制造）	极少或无	兼职；工作角色（如协调员）指定与否不限	极少或无	职能经理	兼职
多部门（职能可复制，各部门几乎不会集中）	其中之一：产品、生产过程、项目组合、项目集、地理区域、客户类型	极少或无	兼职；工作角色（如协调员）指定与否不限	极少或无	职能经理	兼职
矩阵-强	按工作职能，项目经理作为一个职能	中到高	全职指定工作角色	中到高	项目经理	全职
矩阵-弱	工作职能	低	兼职：作为另一项工作的组成部分，并非指定工作角色，如协调员	低	职能经理	兼职
矩阵-均衡	工作职能	低到中	兼职：作为一种技能的嵌入职能，不可以是指定工作角色（如协调员）	低到中	混合	兼职
项目导向（复合、混合）	项目	高到几乎全部	全职指定角色	高到几乎全部	项目经理	全职
虚拟	网络架构，带有与他人联系的节点	低到中	全职或兼职	低到中	混合	全职或兼职
混合型	其他类型的混合	混合	混合	混合	混合	混合
PMO	其他类型的混合	高到几乎全部	全职指定工作	高到几乎全部	项目经理	全职

（5）项目管理办公室（PMO）。

1）PMO 是项目管理中常见的一种组织结构，PMO 对与项目相关的治理过程进行标准化，并促进资源、方法论、工具和技术共享。

2）PMO 有如下几种类型：

a. 支持型：PMO 担当顾问的角色，向项目提供模板、最佳实践、培训，以及来自其他项目的信息和经验教训。这种类型的 PMO 其实就是一个项目资源库，对项目的控制程度很低。

b. 控制型：PMO 不仅给项目提供支持，而且通过各种手段要求项目服从，这种类型的 PMO 对项目的控制程度属于中等。

c. 指令型：PMO 直接管理和控制项目。项目经理由 PMO 指定并向其报告。这种类型的 PMO 对项目的控制程度很高。

3）PMO 还有可能承担整个组织范围的职责，在支持战略调整和创造组织价值方面发挥重要的作用。

7. 项目管理和产品管理

（1）产品是指可量化生产的工件（包括服务及其组件）。产品既可以是最终制品，也可以是组件制品。

（2）产品管理涉及将人员、数据、过程和业务系统整合，以便在整个产品生命周期中创建维护和开发产品（或服务）。

（3）产品生命周期是指一个产品从引入、成长、成熟到衰退的整个演变过程的一系列阶段。

（4）产品管理是项目集管理和项目管理的一个关键整合点，可以表现为如下形式之一：

1）产品生命周期中包含项目集管理。
2）产品生命周期中包含单个项目管理。
3）项目集内的产品管理。

6.3 项目经理的角色

【基础知识点】

1. 项目经理的定义

（1）职能经理专注于对某个职能领域或业务部门的管理监督。

（2）运营经理负责保证业务运营的高效性。

（3）项目经理是由执行组织委派，负责领导团队实现项目目标的人。

2. 项目经理的影响力

项目经理在其影响力范围内可担任多种角色，会涉及项目、组织、行业、专业学科和跨领域范围内的角色。主要影响力体现在以下几方面：

（1）项目经理领导项目团队实现项目目标和干系人的期望，利用可用资源，平衡相互竞争的制约因素。

（2）项目经理需要积极地与组织内其他项目经理互动。

（3）项目经理应该时刻关注行业的最新发展趋势，获取并判断这些信息对当前项目的影响。

（4）项目经理进行持续的知识传递和整合。

（5）项目经理指导和教育其他专业人员了解项目管理方法对组织的价值。

3. 项目经理的技能

项目经理需要重点关注三个方面的关键技能，包括项目管理、战略和商务、领导力。为了最有效地开展工作，项目经理需要平衡这三种技能。

（1）项目管理技能指有效运用项目管理知识实现项目集或项目的预期成果的能力。

（2）战略和商务管理技能包括了解组织概况、有效协商，以及执行有利于战略调整和创新的决策及行动的能力。

（3）领导力技能包括指导、激励和带领团队的能力。

（4）领导力风格包括：

1）放任型（允许团队自主决策和设定目标，又被称为"无为而治型"）。

2）交易型（根据目标、反馈和成就给予奖励）。

3）服务型（服务优先于领导）。

4）变革型（通过理想化特质和行为、鼓舞性激励、促进创新和创造，以及个人关怀提高追随者的能力）。

5）魅力型（能够激励他人）。

6）交互型（结合了交易型、变革型和魅力型领导的特点）等。

6.4 价值驱动的项目管理知识体系

【基础知识点】

1. 项目管理原则

项目管理原则包括：勤勉、尊重和关心他人；营造协作的项目团队环境；促进干系人有效参与；聚焦于价值；识别、评估和响应系统交互；展现领导力行为；根据环境进行裁剪；将质量融入到过程和成果中；驾驭复杂性；优化风险应对；拥抱适应性和韧性；为实现目标而驱动变革。

2. 项目生命周期和项目阶段

（1）项目生命周期指项目从启动到收尾所经历的一系列阶段。这些阶段之间的关系可以顺序、迭代或交叠进行。

（2）项目的规模和复杂性各不相同，但所有项目都呈现包含启动项目、组织与准备、执行项目工作和结束项目 4 个项目阶段的通用的生命周期结构。

（3）通用的生命周期结构具有的特征：

1）成本与人力投入在开始时较低，在工作执行期间达到最高，并在项目快要结束时迅速回落。

2）风险与不确定性在项目开始时最大，并在项目的整个生命周期中随着决策的制定与可交付成果的验收而逐步降低；做出变更和纠正错误的成本，随着项目越来越接近完成而显著增高。

（4）项目生命周期类型。

1）预测型生命周期。又称为瀑布型生命周期（也包括后续的 V 模型）。预测型生命周期在生命周期的早期阶段确定项目范围、时间和成本，每个阶段只进行一次，每个阶段都侧重于某一特定类型的工作。这类项目会受益于前期的周详规划，但变更会导致某些阶段重复进行。适用于已经充分了解并明确确定需求的项目。

2）迭代型生命周期。采用迭代型生命周期的项目范围通常在项目生命周期的早期确定，但时间及成本会随着项目团队对产品理解的不断深入而定期修改。适用于复杂、目标和范围不断变化，干系人的需求需要经过与团队的多次互动、修改、补充、完善后才能满足的项目。

3）增量型生命周期。采用增量型生命周期的项目通过在预定的时间区间内渐进增加产品功能的一系列迭代来产出可交付成果。适用于项目需求和范围难以确定，最终的产品、服务或成果将经历多次较小增量改进最终满足要求。

4）适应型生命周期。采用适应型开发方法的项目又称敏捷型或变更驱动型项目。适应型项目生命周期的特点是先基于初始需求制定一套高层级计划，再逐渐把需求细化到适合特定规划周期所需的详细程度。适合于需求不确定，不断发展变化的项目。

5）混合型生命周期，是预测型生命周期和适应型生命周期的组合。

生命周期之间的联系与区别见表6-2。

表6-2 生命周期之间的联系与区别

预测型	迭代型与增量型	适应型
需求在开发前预先确定	需求在交付期间定期细化	需求在交付期间频繁细化
针对最终可交付成果制订交付计划，然后在项目结束时一次交付最终产品	分次交付整体项目或产品的各个子集	频繁交付对客户有价值的各个子集
尽量限制变更	定期把变更融入项目	在交付期间实时把变更融入项目
关键干系人在特定里程碑点参与	关键干系人定期参与	关键干系人持续参与
通过对基本已知的情况编制详细计划来控制风险和成本	通过用新信息逐渐细化计划来控制风险和成本	随着需求和制约因素的显现而控制风险和成本

3. 项目管理过程组

（1）项目管理过程组是为了达成项目的特定目标，对项目管理过程进行的逻辑上的分组。

（2）项目管理分为五大过程组：

1）启动过程组，定义并批准项目或阶段。

2）规划过程组，明确项目范围、优化目标，并为实现目标制订行动计划。

3）执行过程组，完成项目管理计划中确定的工作，以满足项目要求。

4）监控过程组，跟踪、审查和调整项目进展与绩效，识别变更并启动相应的变更。

5）收尾过程组，正式移交最终产品，完成或结束项目、阶段或合同。

（3）适应型项目中的过程组则比较特殊：

1）启动过程组，需要定期开展启动过程，频繁回顾和重新确认项目章程，以确保项目在最新的制约因素内朝最新的目标推进。

2）规划过程组，先基于初始需求制订一套高层级的计划，再逐渐把需求细化到适合特定规划周期所需的详细程度。

3）执行过程组，通过迭代对工作进行指导和管理，每次迭代都是在一个很短的固定时间段内开展工作。

4）监控过程组，通过维护未完项的清单，对进展和绩效进行跟踪、审查和调整。

5）收尾过程组，对工作进行优先级排序，以便首先完成最具业务价值的工作。

4. 项目管理知识领域

项目管理通常使用十大知识领域，包括整合、范围、进度、成本、质量、资源、沟通、风险、采购、干系人的管理。

(1) 项目绩效域。

1) 项目绩效域是一组对有效地交付项目成果至关重要的活动。包括干系人、团队、开发方法和生命周期、规划、项目工作、交付、测量、不确定性八个项目绩效域。

项目管理的五大过程组和十大知识领域见表 6-3。

表 6-3 项目管理的五大过程组和十大知识领域

知识领域	启动	规划	执行	监控	收尾
整合	制定项目章程	制订项目管理计划	指导与管理项目工作、管理项目知识	监控项目工作、实施整体变更控制	结束项目或阶段
范围		规划范围管理、收集需求、定义范围、创建 WBS		确认范围、控制范围	
进度		规划进度管理、定义活动、排列活动顺序、估算活动持续时间、制订进度计划		控制进度	
成本		规划成本管理、估算成本、制定预算		控制成本	
质量		规划质量管理	管理质量	控制质量	
资源		规划资源管理、估算活动资源	获取资源、建设团队、管理团队	控制资源	
沟通		规划沟通管理	管理沟通	监督沟通	
风险		规划风险管理、风险识别、实施定性风险分析、实施定量风险分析、规划风险应对	实施风险应对	监督风险	
采购		规划采购管理	实施采购	控制采购	
干系人	识别干系人	规划干系人参与	管理干系人参与	监督干系人参与	

2) 这些绩效域共同构成了一个统一的整体。每个绩效域都与其他绩效域相互依赖，从而促使成功交付项目及其预期成果。

3) 每个项目中各个绩效域之间相互关联的方式各不相同。

(2) 价值交付系统描述了项目如何在系统内运作，为组织及其干系人创造价值。包括如何创造价值、价值交付组件和信息流，是组织内部环境的一部分。

1) 项目可以通过以下方式创造价值：①创造满足客户或最终用户需要的新产品、服务或结果；②做出积极的社会或环境贡献；③提高效率、生产力、效果或响应能力；④推动必要的变革，以促进组织向期望的未来状态过渡；⑤维持以前的项目集、项目或业务运营所带来的收益等。

2) 价值交付组件包括项目组合、项目集、项目、产品和运营的单独使用或组合。

3）信息流。当信息和信息反馈在所有价值交付组件之间以一致的方式共享时，价值交付系统最为有效。

6.5 考点实练

1．项目的临时性指的是（   ）。
　　A．有明确的起点和终点　　　　　　　B．临时起意
　　C．持续的时间短　　　　　　　　　　D．非正式的

解析：（1）项目的"临时性"是指项目有明确的起点和终点。

（2）"临时性"并不一定意味着项目的持续时间短。

答案：A

2．关于项目、项目集、项目组合和运营管理之间的关系，错误的是（   ）。
　　A．项目集是一组相互关联且被协调管理的项目、子项目集和项目集活动
　　B．项目集管理能获得分别管理各项目集组件所无法实现的收益和控制
　　C．项目组合管理是指为了实现战略目标而对一个或多个项目组合进行的集中管理
　　D．项目组合中的项目集或项目一定存在彼此依赖或直接相关的关联关系

解析：项目、项目集、项目组合和运营管理之间的关系：

（1）项目集是一组相互关联且被协调管理的项目、子项目集和项目集活动，目的是为了获得分别管理无法获得的利益。项目集不是大项目。

（2）项目集管理就是在项目集中应用知识、技能、工具和技术来满足项目集的要求，获得分别管理各项目集组件所无法实现的收益和控制。

（3）项目组合是指为实现战略目标而组合在一起管理的项目、项目集、子项目组合和运营工作。

（4）项目组合管理是指为了实现战略目标而对一个或多个项目组合进行的集中管理。

（5）项目组合中的项目集或项目不一定存在彼此依赖或直接相关的关联关系。

（6）项目组合、项目集、项目和运营在特定情况下是相互关联的。

答案：D

3．项目的组织过程资产不包括（   ）。
　　A．员工的累积经验　　B．保密制度模板　　C．归档的文件库　　D．员工的能力

解析：组织过程资产包括指导工作的过程和程序以及组织的全部知识。包括但不限于：

（1）过程资产：包括工具、方法论、方法、模板、框架、模式或PMO资源。

（2）治理文件：包括政策和流程。

（3）数据资产：包括以前项目的数据库、文件库、度量指标、数据和工件。

（4）知识资产：包括项目团队成员、主题专家和其他员工的隐性知识。

（5）安保和安全：包括对设施访问、数据保护、保密级别和专有秘密的程序和实践等。

员工的累积经验是员工的隐性知识，属于知识资产；保密制度模板属于过程资产；归档的文件

库属于数据资产；员工的能力属于事业环境因素，不属于组织过程资产。

答案：A

4．项目经理的领导力风格不包括（　　）。

  A．交易型　　　　　B．变革型　　　　　C．魅力型　　　　　D．控制型

解析：项目经理的领导力风格包括：

（1）放任型（允许团队自主决策和设定目标，又被称为"无为而治型"）。

（2）交易型（根据目标、反馈和成就给予奖励）。

（3）服务型（服务优先于领导）。

（4）变革型（通过理想化特质和行为、鼓舞性激励、促进创新和创造，以及个人关怀提高追随者的能力）。

（5）魅力型（能够激励他人）。

（6）交互型（结合了交易型、变革型和魅力型领导的特点）等。

答案：D

5．关于项目生命周期的说法，正确的是（　　）。

  A．预测型生命周期能预测项目的变化

  B．迭代型生命周期每一次迭代均需要修订范围

  C．增量型生命周期通过多次增量改进最终满足项目要求

  D．适应型生命周期适用于已经充分了解并明确确定需求的项目

解析：项目生命周期类型包括：

（1）预测型生命周期。又称为瀑布型生命周期（也包括后续的 V 模型）。预测型生命周期在生命周期的早期阶段确定项目范围、时间和成本，每个阶段只进行一次，每个阶段都侧重于某一特定类型的工作。这类项目会受益于前期的周详规划，但变更会导致某些阶段重复进行。适用于已经充分了解并明确确定需求的项目。

（2）迭代型生命周期。采用迭代型生命周期的项目范围通常在项目生命周期的早期确定，但时间及成本会随着项目团队对产品理解的不断深入而定期修改。适用于复杂、目标和范围不断变化，干系人的需求需要经过与团队的多次互动、修改、补充、完善后才能满足的项目。

（3）增量型生命周期。采用增量型生命周期的项目通过在预定的时间区间内渐进增加产品功能的一系列迭代来产出可交付成果。适用于项目需求和范围难以确定，最终的产品、服务或成果将经历多次较小增量改进最终满足要求。

（4）适应型生命周期。采用适应型开发方法的项目又称敏捷型或变更驱动型项目。适应型项目生命周期的特点是先基于初始需求制定一套高层级计划，再逐渐把需求细化到适合特定规划周期所需的详细程度。适合于需求不确定，不断发展变化的项目。

（5）混合型生命周期，是预测型生命周期和适应型生命周期的组合。

答案：C

第7小时 项目立项管理

7.0 章节考点分析

第 7 小时主要学习项目立项管理。根据考试大纲，本学时主要涉及上午考试中的单项选择类题型，考查项目建议书、可行性研究报告、项目评估与论证的相关内容，预计分值为 3 分左右。本学时的架构如图 7-1 所示。

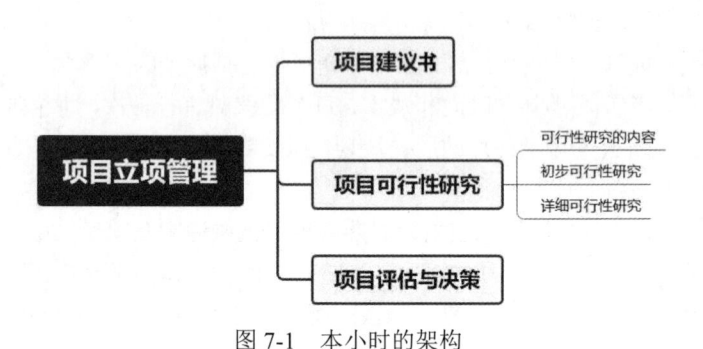

图 7-1 本小时的架构

【导读小贴士】

项目立项管理是对拟规划和实施的项目技术上的先进性、适用性，经济上的合理性、效益性，实施上的可能性、风险性以及社会价值的有效性、可持续性等进行全面科学的综合分析，为项目决策提供客观依据的一种技术经济研究活动。一般包括项目建议与立项申请、项目可行性研究、项目评估与决策。本小时所要讲述的内容就属于信息系统项目管理师需要掌握的相关知识,都是入门的基础知识,侧重于理解。

7.1 项目建议书

【基础知识点】

1. 项目建议书(RFP)

项目建议书(又称立项申请)是项目建设单位向上级主管部门提交项目申请时所必需的文件,是该项目建设单位或项目法人,根据各种情况,提出的某一具体项目的建议文件,是对拟建项目提出的框架性的总体设想。项目建议书是国家或上级主管部门选择项目的依据,也是可行性研究的依据,涉及利用外资的项目,在项目建议书批准后,方可开展对外工作。

2. 项目建议书的内容

项目建议书的内容包括:

(1)项目的必要性。

(2)项目的市场预测。

(3)产品方案或服务的市场预测。

(4)项目建设必需的条件。

7.2 项目可行性研究

7.2.1 可行性研究的内容

【基础知识点】

1. 可行性研究

可行性研究是在项目建议书批准后,从技术、经济、社会和人员等方面的条件和情况进行调查研究,对可能的技术方案进行论证,以最终确定整个项目是否可行。可行性研究是为项目决策提供依据的一种综合性的分析方法,可行性研究具有预见性、公正性、可靠性、科学性的特点。

2. 可行性研究的内容

(1)技术可行性分析。技术可行性分析是指在当前的技术、产品条件限制下,能否利用现在拥有的以及可能拥有的技术能力、产品功能、人力资源来实现项目的目标、功能、性能,能否在规定的时间期限内完成整个项目。

技术可行性分析一般应当考虑的因素包括:进行项目开发的风险;人力资源的有效性;技术能力的可能性;物资(产品)的可用性。技术可行性分析往往决定了项目的方向。

(2)经济可行性分析。经济可行性分析主要是对整个项目的投资及所产生的经济效益进行分析,具体包括支出分析、收益分析、收益投资比、投资回报分析以及敏感性分析等。

1）支出分析：信息系统项目的支出可以分为一次性支出和非一次性支出两类。
- 一次性支出：包括开发费、培训费、差旅费、初始数据录入、设备购置费等费用。
- 非一次性支出：包括软、硬件租金，人员工资及福利，水电等公用设施使用费，以及其他消耗品支出等。

2）收益分析。信息系统项目收益包括直接收益、间接收益以及其他方面的收益等。
- 直接收益：指通过项目实施获得的直接经济效益，如销售项目产品的收入。
- 间接收益：指通过项目实施，通过间接方式获得的收益，如成本的降低。

3）收益投资比、投资回收期分析。对投入产出进行对比分析，以确定项目的收益率和投资回收期等经济指标。

4）敏感性分析。当诸如设备和软件配置、处理速度要求、系统的工作负荷类型和负荷量等关键性因素变化时，对支出和收益产生影响的估计。

（3）社会效益可行性分析。尤其是针对面向公共服务领域的项目，其社会效益往往是可行性分析的关注重点。分两方面进行分析：

1）对组织内部：品牌效益、竞争力效益、技术创新效益、人员提升收益、管理提升效益。

2）对社会发展：公共效益、文化效益、环境效益、社会责任感效益、其他收益。

（4）运行环境可行性分析。运行环境是制约信息系统发挥效益的关键。从用户的管理体制、管理方法、规章制度、工作习惯、人员素质（甚至包括人员的心理承受能力、接受新知识和技能的积极性等）、数据资源积累、基础软硬件平台等多方面进行评估，以确定软件系统在交付以后，是否能够在用户现场顺利运行。

（5）其他方面的可行性分析。诸如法律可行性、政策可行性等方面的可行性分析。

7.2.2 初步可行性研究

【基础知识点】

1. 初步可行性研究的定义

初步可行性研究一般是在对市场或者客户情况进行调查后，对项目进行的初步评估。可以从以下方面进行衡量，以便决定是否开始详细可行性研究：

（1）分析项目的前途，从而决定是否应该继续深入调查研究。

（2）初步估计和确定项目中的关键技术及核心问题，以确定是否需要解决。

（3）初步估计必须进行的辅助研究，以解决项目的核心问题，并判断是否具备必要的技术、实验、人力条件作为支持等。

2. 辅助研究的目的和作用

辅助（功能）研究包括项目的一个或几个方面，但不是所有方面，并且只能作为初步可行性研究、详细可行性研究和大规模投资建议的前提或辅助。

（1）辅助研究分类：①对要设计开发的产品进行的市场研究；②配件和投入物资的研究；③试验室和中间工厂的试验；④网络物理布局设计；⑤规模的经济性研究；⑥设备选择研究。

（2）辅助研究何时进行：①在可研之前或同步进行；②与初步可研分头同时进行；③在初步可研之后进行。

（3）辅助研究的费用：必须和项目可行性研究的费用一并考虑。

3. 初步可行性研究的作用

如果对项目价值和收益等存在疑问，组织需要进行初步项目可行性研究来确定项目是否可行。

初步可行性研究主要回答的问题包括：项目进行投资建设是否具有必要性；项目建设的周期是否合理且可接受；项目需要的人力、财力资源等是否可接受；项目的功能和目标是否可以实现；项目的经济效益、社会效益是否可以保证；项目从经济上、技术上是否合理等。

经过初步可行性研究，可以形成初步可行性研究报告，该报告虽然比详细可行性研究报告粗略，但是对项目已经有了全面的描述、分析和论证，可以作为正式的文献供项目决策参考，也可以成为进一步做详细可行性研究的基础。

4. 初步可行性研究的主要内容

初步可行性研究的主要内容有需求与市场预测；设备与资源投入分析；空间布局，如网络规划、物理布局方案的选择；项目设计；项目进度安排；项目投资与成本估算。

初步可行性研究的结果及研究的主要内容基本与详细可行性研究相同。

7.2.3 详细可行性研究

【基础知识点】

1. 定义

详细可行性研究是在项目决策前对与项目有关的技术、经济、法律、社会环境等方面的条件和情况，进行详尽的、系统的、全面地调查、研究和分析，对各种可能的技术方案进行详细的论证、比较，并对项目建设完成后所可能产生的经济、社会效益进行预测和评价，最终提交的可行性研究报告将成为进行项目评估和决策的依据。

2. 原则

详细可行性研究的原则有科学性原则、客观性原则、公正性原则。

3. 方法

详细可行性研究的方法有经济评价法、市场预测法、投资估算法和增量净效益法等。这里主要介绍投资估算法和增量净效益法。

（1）投资估算法。投资费用一般包括固定资金及流动资金两大部分，固定资金中又分为设计开发费、设备费、场地费、安装费及项目管理费等。投资估算根据其进程或精确程度可分为数量性估算（即比例估算法）、研究性估算、预算性估算及投标估算的方法。

（2）增量净效益法（有无比较法）。将有项目时的成本（效益）与无项目时的成本（效益）进行比较，求得两者差额即为增量成本（效益），这种方法称之为有无比较法。比传统的前后比较法更能准确地反映项目的真实成本和效益，因为前后比较法不考虑不上项目时的项目变化趋势。

4. 内容

详细可行性研究的内容可以有简有繁，主要包括：

（1）市场需求预测。

（2）部件和投入的选择供应。

（3）信息系统架构及技术方案的确定。

（4）技术与设备选择。

（5）网络物理布局设计。

（6）投资、成本估算与资金筹措：①投资费用：初步肯定一个项目，估计的精度一般在±30%；初步项目可行性研究要求估计在±20%；详细可行性研究要求估计在±10%；设计开发时则要达到±5%；②资金筹措；③项目成本：项目总成本一般划分为研发成本、行政管理费、销售（经营成本）与分销费用、财务费用和折旧四大类；④财务报表。

（7）经济评价及综合分析。

7.3 项目评估与决策

【基础知识点】

1. 定义

项目评估指在项目可行性研究的基础上，由第三方（国家、银行或有关机构）根据国家颁布的政策、法规、方法、参数和条例等，从国民经济与社会、组织业务等角度出发，对拟建项目建设的必要性、建设条件、生产条件、市场需求、工程技术、经济效益和社会效益等进行评价、分析和论证，进而判断其是否可行的一个评估过程。项目评估是项目投资前期进行决策管理的重要环节，其目的是审查项目可行性研究的可靠性、真实性和客观性，为银行的贷款决策或行政主管部门的审批决策提供科学依据。项目评估的最终成果是项目评估报告。

2. 项目评估的依据

项目评估的依据包括：①项目建议书及其批准文件；②项目可行性研究报告；③报送单位的申请报告及主管部门的初审意见；④有关资源、配件、燃料、水、电、交通、通信、资金（包括外汇）等方面的协议文件；⑤必需的其他文件和资料。

3. 工作程序

项目评估工作一般可按以下程序进行：①成立评估小组；②开展调查研究；③分析与评估；④编写、讨论、修改评估报告；⑤召开专家论证会；⑥评估报告定稿并发布。

4. 评估报告内容

项目评估报告内容大纲应包括项目概况、详细评估意见、总结和建议等内容。

7.4 考点实练

1. 项目建议书是（ ）向上级主管部门提交项目申请时所必需的文件。
   A．项目承建单位　　　　　　B．项目建设单位
   C．国家发改委　　　　　　　D．第三方单位

   解析：项目建议书（又称立项申请）是项目建设单位向上级主管部门提交项目申请时所必需的文件，是该项目建设单位或项目法人根据各种情况提出的某一具体项目的建议文件，是对拟建项目提出的框架性的总体设想。项目建议书是国家或上级主管部门选择项目的依据，也是可行性研究的依据，涉及利用外资的项目，在项目建议书批准后，方可开展对外工作。

   答案：B

2. 薛总要对一个新项目投资及经济效益进行分析，包括支出分析、收益分析、敏感性分析等，则薛总正在进行（ ）。
   A．技术可行性分析　　　　　B．经济可行性分析
   C．运行环境可行性分析　　　D．法律可行性分析

   解析：经济可行性分析主要是对整个项目的投资及所产生的经济效益进行分析，具体包括支出分析、收益分析、收益投资比、投资回报分析以及敏感性分析等。

   答案：B

3. 辅助（功能）研究是项目可行性研究中的一项重要内容。以下叙述中，正确的是（ ）。
   A．辅助（功能）研究只包括项目的某一个或几个方面，但不是所有方面
   B．辅助（功能）研究只能作为初步可行性研究的前提或辅助
   C．辅助（功能）研究不包括设备选择研究
   D．辅助（功能）研究不能在初步可行性研究之后进行

   解析：辅助（功能）研究包括项目的一个或几个方面，但不是所有方面，并且只能作为初步可行性研究、详细可行性研究和大规模投资建议的前提或辅助。

   （1）辅助研究分类：①对要设计开发的产品进行的市场研究；②配件和投入物资的研究；③试验室和中间工厂的试验；④网络物理布局设计；⑤规模的经济性研究；⑥设备选择研究。

   （2）辅助研究何时进行：

   1）在可研之前或同步进行。前提是：一项基本投入可能是确定项目可行性的一个决定因素。其内容则构成项目可行性研究的一个必不可少的部分。

   2）与初步可研分头同时进行。前提是：对一项具体功能的详细研究过于复杂，不能作为项目可行性研究的一部分进行。

   3）在初步可研之后进行。原因是：对项目的某一方面进行更详尽地鉴别。

   答案：A

4．项目可行性研究阶段的经营成本不包括（　　）。

  A．财务费用　　　B．研发成本　　　C．行政管理费　　D．销售与分销费用

解析：项目总成本一般划分为四大类：研发成本、行政管理费、销售与分销费用、财务费用和折旧。前三类成本的总和称为经营成本。

答案：A

5．项目评估的目的是审查项目可行性研究的（　　）。

  A．经济性、技术性、必要性　　　　B．可靠性、技术性、经济性
  C．经济性、真实性、客观性　　　　D．可靠性、真实性、客观性

解析：项目评估指在项目可行性研究的基础上，由第三方（国家、银行或有关机构）根据国家颁布的政策、法规、方法、参数和条例等，从国民经济与社会、组织业务等角度出发，对拟建项目建设的必要性、建设条件、生产条件、市场需求、工程技术、经济效益和社会效益等进行评价、分析和论证，进而判断其是否可行的一个评估过程。项目评估是项目投资前期进行决策管理的重要环节，其目的是审查项目可行性研究的可靠性、真实性和客观性，为银行的贷款决策或行政主管部门的审批决策提供科学依据。项目评估的最终成果是项目评估报告。

答案：D

第8小时 项目整合管理

8.0 章节考点分析

第 8 小时主要学习项目整合管理知识,主要涉及项目整合管理的 7 个过程:制定项目章程、制订项目管理计划、指导与管理项目工作、管理项目知识、监控项目工作、实施整体变更控制、结束项目或阶段等内容。

根据考试大纲,本小时知识点会涉及单项选择题、案例分析题、论文写作题,其中单项选择题约占 2~4 分,案例分析题属于常考重点考点,论文题也是常规出题领域之一。这部分内容侧重于理解掌握。本小时的架构如图 8-1 所示。

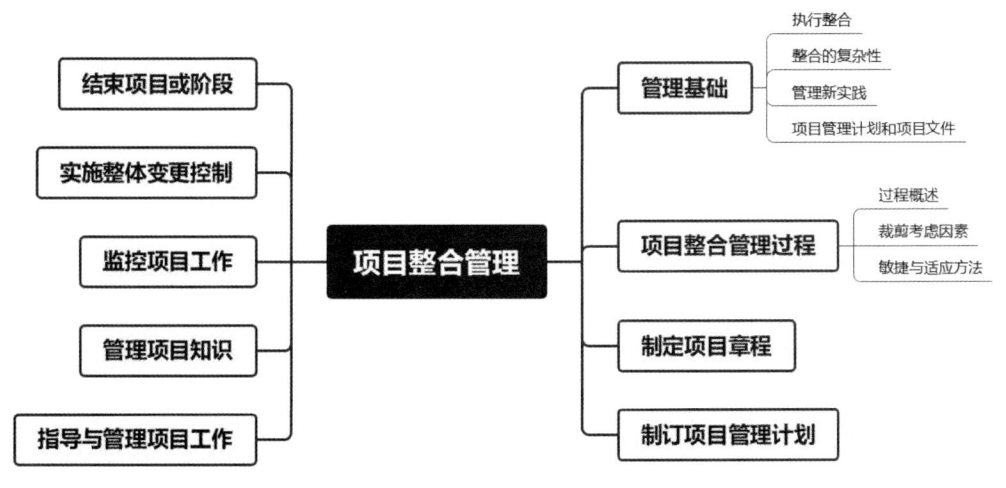

图 8-1 本小时的架构

【导读小贴士】

项目整合管理包括识别、定义、组合、统一和协调项目管理过程组的各个过程和项目管理活动。在项目管理中，整合管理兼具统一、合并、沟通和建立联系的性质，项目整合管理贯穿项目始终。项目整合管理的目标包括：①资源分配；②平衡竞争性需求；③研究各种备选方法；④裁剪过程以实现项目目标；⑤管理各个项目管理知识领域之间的依赖关系。本小时所要讲述的内容，就属于信息系统项目管理师需要掌握的相关知识，都是入门的基础知识，侧重于理解。

8.1 管理基础

8.1.1 执行整合

【基础知识点】

1. 项目的整合管理

由项目经理负责整合其他知识领域的成果，掌握项目的总体情况（这个责任不能被授权或转移），并承担最终责任。执行项目整合时项目经理承担双重角色：

（1）组织层面上，项目经理扮演着重要角色，与项目发起人携手合作。

（2）项目层面上，项目经理负责指导团队关注真正的事务并协调工作。

2. 在三个层面上执行整合

（1）过程层面：有些过程发生一次，有些过程反复发生，项目经理需要协调这些过程的关系。

（2）认知层面：熟练运用人际关系技能和个人能力，掌握所有项目管理知识域。

（3）背景层面：随着新技术不断地涌现，外部环境的变化，项目经理要认识项目背景和这些新因素并利用好，获得项目成功。

8.1.2 整合的复杂性

【基础知识点】

项目的复杂性来源于组织的系统行为、人类行为以及组织或环境中的不确定性。复杂性是项目的一种特征或属性，其含义有：①包含多个部分；②不同部分之间存在一系列关系；③不同部分之间的动态交互作用；④这些交互作用所产生的行为远远大于各部分简单的相加。

8.1.3 管理新实践

【基础知识点】

整合管理的新趋势和新实践包括：

（1）使用信息化工具。
（2）使用可视化管理工具。
（3）项目知识管理。
（4）项目经理在项目以外的职责。
（5）混合型方法。

8.1.4 项目管理计划和项目文件

【基础知识点】

项目管理过程中的计划和文件见表 8-1。

表 8-1 项目管理过程中的计划和文件

项目管理计划	项目文件	
<ul><li>范围管理计划</li><li>需求管理计划</li><li>进度管理计划</li><li>成本管理计划</li><li>质量管理计划</li><li>资源管理计划</li><li>沟通管理计划</li><li>风险管理计划</li><li>采购管理计划</li><li>干系人参与计划</li><li>变更管理计划</li><li>配置管理计划</li><li>范围基准</li><li>进度基准</li><li>成本基准</li><li>绩效测量基准</li><li>项目生命周期描述</li><li>开发方法</li></ul>	<ul><li>活动属性</li><li>活动清单</li><li>假设日志</li><li>估算依据</li><li>变更日志</li><li>成本估算</li><li>持续时间估算</li><li>问题日志</li><li>经验教训登记册</li><li>里程碑清单</li><li>物质资源分配单</li><li>项目日历</li><li>项目沟通记录</li><li>项目进度计划</li><li>项目进度网络图</li><li>项目范围说明书</li></ul>	<ul><li>项目团队派工单</li><li>质量控制测量指标</li><li>质量测量指标</li><li>质量报告</li><li>需求文件</li><li>需求跟踪矩阵</li><li>资源分解结构</li><li>资源日历</li><li>资源需求</li><li>风险登记册</li><li>风险报告</li><li>进度数据</li><li>进度预测</li><li>干系人登记册</li><li>团队章程</li><li>测试与评估文件</li></ul>

8.2 项目整合管理过程

8.2.1 过程概述

【基础知识点】

1. 项目整合管理过程

项目整合管理过程包括：

（1）**制定项目章程**：编写一份正式批准项目并授权项目经理在项目活动中使用组织资源的文

件。本过程的主要作用：明确项目与组织战略目标之间的直接联系；确定项目的正式地位；展示组织对项目的承诺。本过程仅开展一次或仅在项目的预定义时开展。

（2）**制订项目管理计划**：定义、准备和协调项目计划的所有组成部分，并把它们整合为一份综合项目管理计划。本过程的主要作用：生成一份综合文件，用于确定所有项目工作的基础及其执行方式。

（3）**指导与管理项目工作**：为实现项目目标而领导和执行项目管理计划中所确定的工作，并实施已批准变更。本过程的主要作用：对项目工作和可交付成果开展综合管理，以提高项目成功的可能性。本过程需要在整个项目期间开展。

（4）**管理项目知识**：使用现有知识并生成新知识，以实现项目目标，帮助组织学习。本过程的主要作用：利用已有的组织知识来创造或改进项目成果；使当前项目创造的知识可用于支持组织运营和未来的项目或阶段。本过程需要在整个项目期间开展。

（5）**监控项目工作**：跟踪、审查和报告整体项目进展，以实现项目管理计划中确定的绩效目标。本过程的主要作用：①让干系人了解项目的当前状态并认可为处理绩效问题而采取的行动；②通过成本和进度预测，让干系人了解项目的未来状态。本过程需要在整个项目期间开展。

（6）**实施整体变更控制**：审查所有变更请求，批准变更，管理可交付成果、组织过程资产、项目文件和项目管理计划的变更，并对变更处理结果进行沟通。本过程的主要作用是确保对项目中已记录在案的变更做出综合评审。本过程需要在整个项目期间开展。

（7）**结束项目或阶段**：结束项目、阶段或合同的所有活动。本过程的主要作用：①存档项目或阶段信息，完成计划的工作；②释放组织团队资源以展开新的工作。它仅开展一次或仅在项目或阶段的结束点开展。

2. 项目整合管理的输入、工具与技术和输出

项目整合管理的输入、工具与技术和输出见表 8-2。

表 8-2　项目整合管理的输入、工具与技术和输出

过程	输入	工具与技术	输出
制定项目章程	1. 立项管理文件 2. 协议 3. 事业环境因素 4. 组织过程资产	1. 专家判断 2. 数据收集（头脑风暴、焦点小组、访谈） 3. 人际关系与团队技能（冲突管理、引导、会议管理） 4. 会议	1. 项目章程 2. 假设日志
制订项目管理计划	1. 项目章程 2. 其他知识领域规划过程输出 3. 事业环境因素 4. 组织过程资产	1. 专家判断 2. 数据收集（头脑风暴、核对单、焦点小组、访谈） 3. 人际关系与团队技能（冲突管理、引导、会议管理） 4. 会议	项目管理计划

续表

过程	输入	工具与技术	输出
指导与管理项目工作	1. 项目管理计划 2. 批准的变更请求 3. 项目文件（需求跟踪矩阵、风险登记册、风险报告、里程碑清单、项目进度计划、项目沟通记录、经验教训登记册、变更日志） 4. 事业环境因素 5. 组织过程资产	1. 专家判断 2. 项目管理信息系统 3. 会议	1. 可交付成果 2. 工作绩效数据 3. 问题日志 4. 变更请求 5. 项目管理计划（更新） 6. 项目文件（更新）（活动清单、假设日志、经验教训登记册、需求文件、风险登记册、干系人登记册） 7. 组织过程资产（更新）
管理项目知识	1. 项目管理计划 2. 项目文件（资源分解结构、项目团队派工单、供方选择标准、干系人登记册） 3. 可交付成果 4. 事业环境因素 5. 组织过程资产	1. 专家判断 2. 知识管理 3. 信息管理 4. 人际关系与团队技能（积极倾听、引导、领导力、人际交往、大局观）	1. 经验教训登记册 2. 项目管理计划（更新） 3. 组织过程资产（更新）
监控项目工作	1. 项目管理计划 2. 项目文件（假设日志、风险登记册、风险报告、里程碑清单、估算依据、问题日志、经验教训登记册、成本预测、进度预测、质量报告） 3. 工作绩效信息 4. 协议 5. 事业环境因素 6. 组织过程资产	1. 专家判断 2. 数据分析（备选方案分析、成本效益分析、挣值分析、根本原因分析、趋势分析、偏差分析） 3. 决策 4. 会议	1. 工作绩效报告 2. 变更请求 3. 项目管理计划（更新） 4. 项目文件（更新）（成本预测、进度预测、问题日志、经验教训登记册、风险登记册）
实施整体变更控制	1. 项目管理计划 2. 项目文件（需求跟踪矩阵、风险报告、估算依据） 3. 工作绩效报告 4. 变更请求 5. 事业环境因素 6. 组织过程资产	1. 专家判断 2. 变更控制工具 3. 数据分析（备选方案分析、成本效益分析） 4. 决策（投票、独裁型决策制定、多标准决策分析） 5. 会议	1. 批准的变更请求 2. 项目管理计划（更新） 3. 项目文件（更新）
结束项目或阶段	1. 项目章程 2. 项目管理计划 3. 项目文件（假设日志、需求文件、里程碑清单、风险登记册、风险报告、估算依据、变更日志、问题日志、经验教训登记册、项目沟通记录、质量控制测量结果、质量报告）	1. 专家判断 2. 数据分析 3. 会议	1. 项目文件（更新） 2. 最终产品、服务或成果 3. 项目最终报告 4. 组织过程资产（更新）

续表

过程	输入	工具与技术	输出
结束项目或阶段	4. 验收的可交付成果 5. 立项管理文件 6. 协议 7. 采购文档 8. 组织过程资产	1. 专家判断 2. 数据分析 3. 会议	1. 项目文件（更新） 2. 最终产品、服务或成果 3. 项目最终报告 4. 组织过程资产（更新）

8.2.2 裁剪考虑因素

项目经理可能根据需要裁剪整合管理过程的因素有：项目生命周期、开发生命周期、管理方法、知识管理、变更、治理、经验教训、效益。

8.2.3 敏捷与适应方法

在敏捷或适应型环境中，采用敏捷与适应方法能够帮助项目经理将决策权下放，团队成员可以自行决定并控制具体产品的规划和交付，而项目经理则重点关注营造合作型的决策氛围，并确保团队有能力应对变更，促进团队成员以相关领域专家的身份参与整合管理。

8.3 制定项目章程

【基础知识点】

1. 制定项目章程的重要知识点

（1）应在规划开始之前任命项目经理，项目经理越早确认并任命越好，最好在制定项目章程时就任命。

（2）项目章程可以由发起人编制，也可由项目经理与发起机构合作编制。

（3）项目由项目以外的机构来启动，例如发起人、PMO、项目组织治理委员会主席或授权代表。项目启动者或发起人应该具有一定的职权，能为项目获取资金并提供资源。

2. 立项管理文件

立项管理文件不是项目文件，项目经理不可以对它们进行更新或修改，只可以提出相关建议。立项管理文件需定期审核。

3. 协议

协议有多种形式，包括合同、谅解备忘录（MOUs）、服务水平协议（SLA）、协议书、意向书、口头协议或其他书面协议。

4. 专家判断

专家判断可来自具有专业知识或受过专业培训的任何小组或个人。涉及领域包括：组织内的其他部门、顾问、项目干系人（包括客户或发起人）、专业与技术协会、行业团体、主题专家（SME）和项目管理办公室（PMO）等。

5. 头脑风暴

头脑风暴用于在短时间内获得大量创意，适用于团队环境，需要引导者进行引导。头脑风暴由两个部分构成：创意产生和创意分析。制定项目章程时可通过头脑风暴向干系人、主题专家和团队成员收集数据、解决方案或创意。

6. 焦点小组

焦点小组召集干系人和主题专家讨论项目风险、成功标准和其他议题，比一对一访谈更有利于互动交流。

7. 引导

有效引导团队活动成功达成决定、解决方案或结论。

8. 会议管理

会议管理包括准备议程，确保邀请每个关键干系人代表，以及准备和发送后续的会议纪要和行动计划。

9. 项目章程的主要内容

项目章程的主要内容包括：①项目目的；②可测量的项目目标和相关的成功标准；③高层级需求、高层级项目描述、边界定义以及主要可交付成果；④整体项目风险；⑤总体里程碑进度计划；⑥预先批准的财务资源；⑦关键干系人名单；⑧项目审批要求（例如，评价项目成功的标准，由谁对项目成功下结论，由谁签署项目结束）；⑨项目退出标准（例如，在何种条件下才能关闭或取消项目或阶段）；⑩委派的项目经理及其职责和职权；⑪发起人或其他批准项目章程的人员的姓名和职权等。

10. 假设日志

假设日志用于记录整个项目生命周期中的所有假设条件和制约因素。在项目启动之前进行可行性研究和论证时，即开始识别高层级的战略和运营假设条件与制约因素。这些假设条件与制约因素应纳入项目章程。

8.4 制订项目管理计划

【基础知识点】

项目管理计划可以是概括或详细的，逐渐明细的，项目管理计划应基准化。

创建项目管理计划需要整合诸多过程的输出。其他知识领域规划过程所输出的子计划和基准都是本过程的输入。

很多组织基于自身经验制订了标准化的核对单，或者采用所在行业的核对单。核对单可以指导项目经理制订计划或帮助检查项目管理计划是否包含所需的全部信息。核对单示例见表8-3。

项目开工会议明确项目规划阶段工作的完成并宣布开始项目执行阶段，目的是传达项目目标、获得团队对项目的承诺，以及阐明每个干系人的角色和职责。开工会议召开时机取决于项目特征：

（1）对于小型项目：通常由同一个团队开展项目规划和执行。这种情况下，由于执行团队参与了规划，项目在启动之后就会开工。

表 8-3 核对单示例

编号	核对项	结果	备注
1	Spec 批准	PASS	批准者：薛博士
2	文件签名有效期	FALL	检查者：余工。已经过期
3	多语言检查	PASS	已检查所有支持语言及 1 种不支持
4	适配不同操作系统	PASS	检查者：刘工。主流操作系统已经测试
5	……		
6			

（2）对于大型项目：通常由项目管理团队开展大部分规划工作。在初始规划工作完成、执行（开发）阶段开始时，项目团队其他成员才参与进来。这种情况下，开工会议将在项目执行阶段开始时召开。

（3）对于多阶段项目：通常在每个阶段开始时都要召开一次开工会议。

项目管理计划组件主要包括：子管理计划；基准；其他组件（变更管理计划、配置管理计划、绩效测量基准、项目生命周期、开发方法、管理审查）。

8.5 指导与管理项目工作

【基础知识点】

批准的变更请求：是实施整体变更控制过程的输出，包括经项目经理审查和批准的变更请求，必要时需经变更控制委员会（Change Control Board，CCB）审查和批准。CCB 是项目的所有者权益代表，负责对变更进行决策。CCB 由项目所涉及的主要干系人共同组成，通常包括用户和项目所在组织管理层的决策人员。CCB 是决策机构，不是作业机构。通常 CCB 的工作是通过评审手段来决定项目基准是否需要变更，但不提出变更方案。

项目管理信息系统：给项目提供了 IT 软件工具，例如进度计划软件工具、工作授权系统、配置管理系统、信息收集与发布系统，以及进入其他在线信息系统（如知识库）的登录界面，支持自动收集和报告关键绩效指标（KPI）。

可交付成果：是在某一过程、阶段或项目完成时，必须产出的任何独特并可核实的产品、成果或服务能力。它通常是项目的结果，包括项目管理计划的组成部分。可交付成果的时间线如图 8-2 所示。

工作绩效数据：是在执行项目工作的过程中，从每个正在执行的活动中收集到的原始观察结果和测量值。

问题日志：是一种记录和跟进所有问题的项目文件，所需记录和跟进的内容主要包括：①问题类型；②问题提出者和提出时间；③问题描述；④问题优先级；⑤解决问题负责人；⑥目标解决日期；⑦问题状态；⑧最终解决情况等。可以帮助项目经理有效跟进和管理问题，确保它们得到调查和解决。

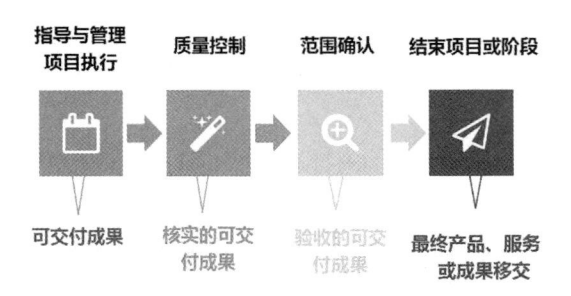

图 8-2 可交付成果的时间线

变更请求：是关于修改任何文件、可交付成果或基准的正式提议。

任何项目干系人都可以提出变更请求，应该通过实施整体变更控制过程对变更请求进行审查和处理。变更请求是关于修改任何文档、可交付成果或基准的正式提议。其可能包括以下措施：

（1）纠正措施。为使项目工作绩效重新与项目管理计划一致而进行的有目的的活动。

（2）预防措施。为确保项目工作的未来绩效符合项目管理计划而进行的有目的的活动。

（3）缺陷补救。为了修正不一致的产品或产品组件而进行的有目的的活动。

（4）更新。对正式受控的文件或计划进行变更，以反映修改或增加的意见或内容。

8.6 管理项目知识

【基础知识点】

（1）知识管理指的是确保项目团队和其他干系人的技能、经验和专业知识在项目开始之前、开展期间和结束之后都能够得到运用。知识管理最重要的环节就是营造一种相互信任的氛围，激励人们分享知识或关注他人的知识。

（2）知识管理工具和技术将员工联系起来，使他们能够合作生成新知识，分享隐性知识，以及集成不同团队成员所拥有的知识。主要包括：

1）人际交往。
2）实践社区和特别兴趣小组。
3）会议。
4）工作跟随和跟随指导。
5）讨论论坛。
6）知识分享活动。
7）研讨会。
8）讲故事。
9）创造力和创意管理技术。
10）知识展会和茶座。
11）交互式培训等。

（3）信息管理工具和技术用于创建人们与知识之间的联系，可以有效促进简单、明确的显性知识的分享，主要包括：①编撰显性知识的方法；②经验教训登记册；③图书馆服务；④信息收集；⑤项目管理信息系统等。

（4）知识和信息管理工具与技术应与项目过程和过程责任人相对应。

（5）经验教训登记册可以包含执行情况的类别和详细的描述，还可包括与执行情况相关的影响、建议和行动方案。

8.7 监控项目工作

【基础知识点】

（1）监控项目工作过程主要关注：
1）把项目的实际绩效与项目管理计划进行比较。
2）定期评估项目绩效，决定是否需要采取纠正或预防措施，并推荐必要的措施。
3）检查单个项目风险的状态。
4）在整个项目期间，维护一个准确且及时更新的信息库，以反映产品及文件的情况。
5）为状态报告、进展测量和预测提供信息。
6）做出预测，以更新当前的成本与进度信息。
7）监督已批准变更的实施情况。
8）如果项目是项目集的一部分，还应向项目集管理层报告项目进展和状态。
9）确保项目与商业需求保持一致等。

（2）工作绩效信息：是在工作执行过程中收集工作绩效数据，再交由控制过程做进一步分析，是将工作绩效数据与项目管理计划组件、项目文件和其他项目变量比较之后生成的。通过这种比较可以了解项目的执行情况。

（3）根本原因分析：关注识别问题的主要原因，它可用于识别出现偏差的原因以及项目经理为达成项目目标应重点关注的领域。

（4）趋势分析：根据以往结果预测未来绩效，它可以预测项目的进度延误，提前让项目经理意识到按照既定趋势发展后期进度可能出现的问题。

（5）常用于监控项目工作过程的决策技术是投票，包括用下列方法进行决策：
- 一致同意。每个人都同意某个行动方案。
- 大多数原则。获得群体中超过 50% 人员的支持，就能做出决策。把参与决策的小组人数定为奇数，防止因平局而无法达成决策。
- 相对多数原则。根据群体中相对多数者的意见做出决策，即便未能获得大多数人的支持。通常在候选项超过两个时使用。

（6）工作绩效报告的内容一般包括状态报告和进展报告，从"工作绩效数据"到"工作绩效信息"到"工作绩效报告"的流程内容如图 8-3 所示。

项目整合管理　第 8 小时

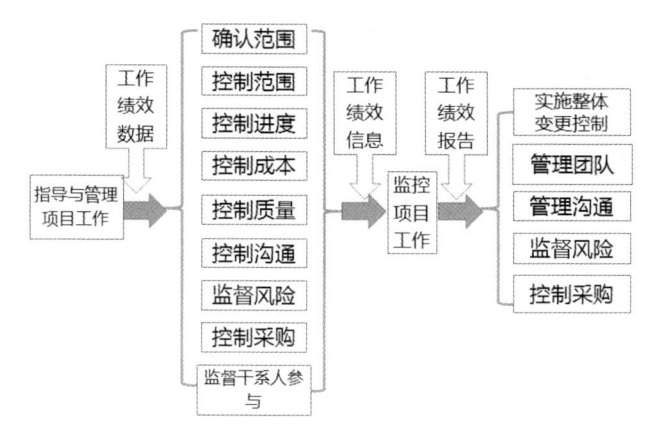

图 8-3　"工作绩效数据—工作绩效信息—工作绩效报告"流程内容

8.8　实施整体变更控制

【基础知识点】

（1）实施整体变更控制过程贯穿项目始终，项目经理对此承担最终责任。

（2）尽管变更可以口头提出，但所有变更请求都必须以书面形式记录，并纳入变更管理和（或）配置管理系统中。每项记录在案的变更请求都必须由一位责任人批准、推迟或否决，这个责任人通常是项目发起人或项目经理。

（3）燃烧图或燃尽图：用于表示剩余工作量的工作图表，由横轴（X）和纵轴（Y）组成，横轴表示时间，纵轴表示工作量。这种图表可以直观地预测何时工作将全部完成，常用于软件开发中的敏捷软件开发方式，也可以用于其他类型的工作流程监控。

（4）配置控制和变更控制的关注点不同：
- 配置控制重点关注可交付成果及各个过程的技术规范。
- 变更控制则重点关注识别、记录、批准或否决对项目文件、可交付成果或基准的变更。

（5）变更控制工具需要支持的配置管理活动包括：识别配置项；记录并报告配置项状态；进行配置项核实与审计。

（6）变更控制工具还需要支持的变更管理活动包括：识别变更；记录变更；做出变更决定；跟踪变更。

（7）批准的变更请求是经变更控制委员会（CCB）审查和批准的变更请求。

8.9　结束项目或阶段

【基础知识点】

（1）结束项目或阶段过程所需执行的活动包括：

- 为达到阶段或项目的完工或退出标准所必须的行动和活动。
- 为关闭项目合同协议或项目阶段合同协议所必须开展的活动。
- 为完成收集项目或阶段记录、审计项目成败、管理知识分享和传递、总结经验教训、存档项目信息以供组织未来使用等工作所必须开展的活动。
- 为向下一个阶段，或者向生产和（或）运营部门移交项目的产品、服务或成果所必须开展的行动和活动。
- 收集关于改进或更新组织政策和程序的建议，并将它们发送给相应的组织部门。
- 测量干系人的满意程度等。

（2）如果项目在完工前提前终止，结束项目或阶段过程还需要制订程序，调查和记录提前终止的原因。

（3）采购文档：为关闭合同，需收集全部采购文档，并建立索引、加以归档。有关合同进度、范围、质量和成本绩效的信息，以及全部合同变更文档、支付记录和检查结果都要归类收录。在项目结束时，应将"实际执行的"计划（图纸）或"初始编制的"文档、手册、故障排除文档和其他技术文档视为采购文件的组成部分。

（4）会议类型包括：收尾报告会、客户总结会、经验教训总结会、庆祝会等。

（5）最终产品、服务或成果：把项目交付的最终产品、服务或成果（对于阶段收尾，则是所在阶段的中间产品、服务或成果）移交给客户。

（6）项目最终报告：总结项目绩效，其中可包含如下内容：

1）项目或阶段的概述。
2）范围目标、范围的评估标准，证明达到完工标准的证据。
3）质量目标、项目和产品质量的评估标准、相关核实信息和实际里程碑交付日期以及偏差原因。
4）成本目标包括可接受的成本区间、实际成本，产生任何偏差的原因等。
5）最终产品、服务或成果的确认信息的总结。
6）进度计划目标包括成果是否实现项目预期效益：如果在项目结束时未能实现效益，则指出效益实现程度并预计未来实现情况。
7）关于最终产品、服务或成果如何满足业务需求的概述：如果项目结束时未能满足业务需求，则指出需求满足程度并预计业务需求何时能得到满足。
8）关于项目过程中发生的风险或问题及其解决情况的概述等。

8.10 考点实练

1. 整合管理的新趋势和新实践不包括（　　）。
   A. 使用信息化工具　　　　　　　　B. 使用不可视化管理工具
   C. 项目知识管理　　　　　　　　　D. 项目经理在项目以外的职责

   解析：整合管理的新趋势和新实践包括：①使用信息化工具；②使用可视化管理工具；③项目

知识管理；④项目经理在项目以外的职责；⑤混合型方法。

答案：B

2．下列描述不正确的是（　　）。

　　A．项目章程只能由发起人编制

　　B．项目由项目以外的机构来启动

　　C．应在规划开始之前任命项目经理

　　D．项目章程是正式批准项目并授权项目经理在项目活动中使用组织资源

解析：制定项目章程是编写一份正式批准项目并授权项目经理在项目活动中使用组织资源的文件。应在规划开始之前任命项目经理，项目经理越早确认并任命越好，最好在制定项目章程时就任命。项目章程可以由发起人编制，**也可由**项目经理与发起机构合作编制。项目由项目以外的机构来启动，例如发起人、PMO、项目组织治理委员会主席或授权代表。项目启动者或发起人应该具有一定的职权，能为项目获取资金并提供资源。

答案：A

3．可用于制订项目管理计划过程的数据收集技术不包括（　　）。

　　A．头脑风暴　　　B．核对单　　　C．会议管理　　　D．焦点小组

解析：可用于制订项目管理计划过程的数据收集技术主要包括头脑风暴、核对单、焦点小组、访谈。制订项目管理计划需要的人际关系与团队技能主要包括冲突管理、引导和会议管理。

答案：C

4．关于 CCB 的描述，不正确的是（　　）。

　　A．CCB 负责对变更进行决策

　　B．CCB 由项目所涉及的主要干系人共同组成

　　C．CCB 是作业机构

　　D．CCB 的工作是通过评审手段来决定项目基准是否需要变更

解析：CCB 是项目的所有者权益代表，负责对变更进行决策。CCB 由项目所涉及的主要干系人共同组成，通常包括用户和项目所在组织管理层的决策人员。CCB 是决策机构，不是作业机构。通常 CCB 的工作是通过评审手段来决定项目基准是否需要变更，但不提出变更方案。

答案：C

5．（　　）用于在出现偏差时选择要执行的纠正措施或纠正措施和预防措施的组合。

　　A．备选方案分析　　B．成本效益分析　　C．趋势分析　　D．偏差分析

解析：可用于监控项目工作过程的数据分析技术中：

（1）备选方案分析用于在出现偏差时选择要执行的纠正措施或纠正措施和预防措施的组合。

（2）成本效益分析有助于出现偏差时确定最节约成本的纠正措施。

（3）趋势分析是根据以往结果预测未来绩效，它可以预测项目的进度延误，提前让项目经理意识到按照既定趋势发展后期进度可能出现的问题。

（4）偏差分析审查目标绩效与实际绩效之间的差异（或偏差）。

答案：A

6. 关于变更控制的描述，不正确的是（　　）。

A．实施整体变更控制过程贯穿项目始终，项目经理对此承担最终责任

B．变更可以口头提出

C．实施整体变更控制过程主要作用是确保对项目中的变更做出综合评审

D．变更控制过程需要在整个项目期间开展

解析：实施整体变更控制过程需要在整个项目期间开展，主要作用是确保对项目中已记录在案的变更做出综合评审。实施整体变更控制过程贯穿项目始终，项目经理对此承担最终责任。在基准确定之前，变更无须正式受控、实施整体变更控制过程。尽管变更可以口头提出，但所有变更请求都必须以书面形式记录，并纳入变更管理和（或）配置管理系统中。每项记录在案的变更请求都必须由一位责任人批准、推迟或否决，这个责任人通常是项目发起人或项目经理。

答案：C

第9小时 项目范围管理

9.0 章节考点分析

第 9 小时主要学习项目范围管理，其重要知识点包括范围管理计划、需求管理计划、范围说明书、分解、WBS 结构、分解注意事项、范围基准、各过程输入、工具与技术及输出，是常考知识点。

根据考试大纲，本小时知识点会涉及单项选择题、案例分析题、论文写作题，其中单项选择题约占 3 分，案例分析题属于常考重点考点，论文也是常规出题领域之一。这部分内容侧重于理解掌握。本学时的架构如图 9-1 所示。

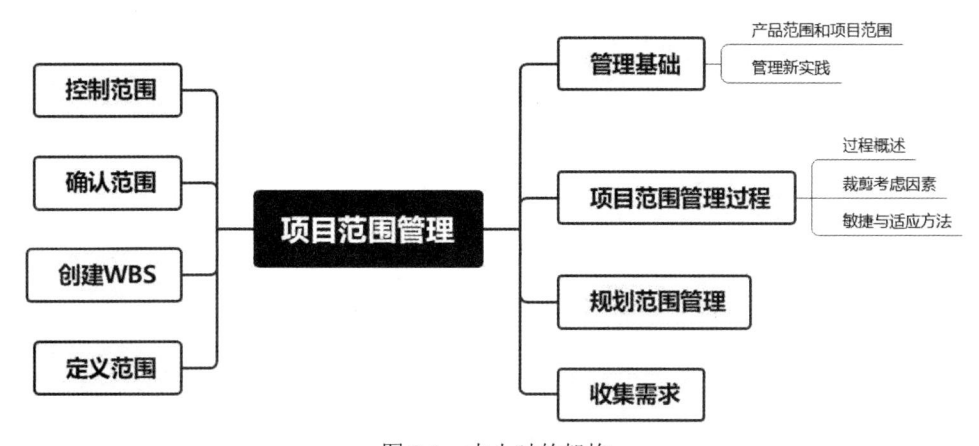

图 9-1 本小时的架构

【导读小贴士】

项目范围管理包括确保项目做且只做所需的全部工作,以成功完成项目。项目范围管理主要在于定义和控制哪些工作应该包括在项目内,哪些不应该包含在项目内。本小时所要讲述的内容,就属于信息系统项目管理师需要掌握的相关知识,都是入门的基础知识,侧重于理解。

9.1 管理基础

9.1.1 产品范围和项目范围

【基础知识点】

产品范围和项目范围见表 9-1。

表 9-1 产品范围和项目范围

产品范围	项目范围
指某项产品、服务或成果所具有的特征和功能	包括产品范围,是为交付具有规定特性与功能的产品、服务或成果而必须完成的工作
产品范围的完成情况是根据产品需求来衡量的	项目范围的完成情况是根据项目管理计划来衡量的
"需求"是指根据特定协议或其他强制性规范,产品、服务或成果必须具备的条件或能力	

9.1.2 管理新实践

【基础知识点】

项目范围管理的新趋势和新实践更加注重与商业分析师一起合作,以便:
- 确定问题并识别商业需要。
- 识别并推荐能够满足需要的可行解决方案。
- 收集、记录并管理干系人需求满足商业和项目目标。
- 推动项目集或项目产品、服务或最终成果成功应用。

商业分析师的职责还应包括需求管理相关的活动,项目经理则负责确保这些活动列入项目管理计划,并且在预算内按时完成,同时能够创造价值。

9.2 项目范围管理过程

【基础知识点】

（1）项目范围管理过程包括如下内容。

1）**规划范围管理**：为了记录如何定义、确认和控制项目范围及产品范围，创建范围管理计划。本过程的主要作用是在整个项目期间对如何管理范围提供指南和方向。本过程仅开展一次或仅在项目的预定义点开展。

2）**收集需求**：为了实现项目目标，确定、记录并管理干系人的需要和需求。过程的主要作用是为定义产品范围和项目范围奠定基础。本过程仅开展一次或仅在项目的预定义点开展。

3）**定义范围**：制定项目和产品详细描述。本过程的主要作用是描述产品、服务或成果的边界和验收标准。本过程需要在整个项目期间多次反复开展。

4）**创建 WBS**：将项目可交付成果和项目工作分解为较小的、更易于管理的组件。本过程的主要作用是为所要交付的内容提供架构。它仅开展一次或仅在项目的预定义点开展。

5）**确认范围**：正式验收已完成的项目可交付成果。本过程的主要作用：①使验收过程具有客观性；②通过确认每个可交付成果来提高最终产品、服务或成果获得验收的可能性。确认范围过程应根据需要在整个项目期间定期开展。

6）**控制范围**：监督项目和产品的范围状态，管理范围基准的变更。在项目实际进展中，以上各过程会相互交叠和相互作用。本过程的主要作用是在整个项目期间保持对范围基准的维护。本过程需要在整个项目期间开展。

（2）项目范围管理的输入、工具与技术、输出见表 9-2。

表 9-2 项目范围管理的输入、工具与技术、输出

过程	输入	工具与技术	输出
规划范围管理	1. 项目管理计划 2. 项目章程 3. 事业环境因素 4. 组织过程资产	1. 专家判断 2. 数据分析（备选方案分析） 3. 会议	1. 范围管理计划 2. 需求管理计划
收集需求	1. 立项管理文件 2. 项目章程 3. 项目管理计划 4. 项目文件（假设日志、干系人登记册、经验教训登记册） 5. 协议 6. 事业环境因素 7. 组织过程资产	1. 专家判断 2. 数据收集（头脑风暴、访谈、焦点小组、问卷调查、标杆对照） 3. 数据分析（文件分析） 4. 决策（投票、独裁型决策制定、多标准决策分析） 5. 数据表现（亲和图、思维导图） 6. 人际关系与团队技能（名义小组技术、观察和交谈、引导） 7. 系统交互图 8. 原型法	1. 需求文件 2. 需求跟踪矩阵

续表

过程	输入	工具与技术	输出
定义范围	1. 项目章程 2. 项目管理计划 3. 项目文件（假设日志、需求文件、风险登记册） 4. 事业环境因素 5. 组织过程资产	1. 专家判断 2. 数据分析（备选方案分析） 3. 决策（多标准决策分析） 4. 人际关系与团队技能（引导） 5. 产品分析	1. 项目范围说明书 2. 项目文件（更新）（假设日志、需求文件、需求跟踪矩阵、干系人登记册）
创建 WBS	1. 项目管理计划 2. 项目文件（需求文件、项目范围说明书） 3. 事业环境因素 4. 组织过程资产	1. 分解 2. 专家判断	1. 范围基准 2. 项目文件（更新）（假设日志、需求文件）
确认范围	1. 项目管理计划 2. 项目文件（经验教训登记册、质量报告、需求文件、需求跟踪矩阵） 3. 核实的可交付成果 4. 工作绩效数据	1. 检查 2. 决策（投票）	1. 验收的可交付成果 2. 变更请求 3. 工作绩效信息 4. 项目文件（更新）（需求文件、需求跟踪矩阵、经验教训登记册）
控制范围	1. 项目管理计划 2. 项目文件（需求文件、需求跟踪矩阵、经验教训登记册） 3. 工作绩效数据 4. 组织过程资产	数据分析（偏差分析、趋势分析）	1. 工作绩效信息 2. 变更请求 3. 项目管理计划（更新） 4. 项目文件（需求文件、需求跟踪矩阵、经验教训登记册）

（3）裁剪考虑因素：知识和需求管理、确认和控制、开发方法、需求的稳定性、治理。

（4）敏捷与适应方法：对于需求不断变化、风险大或不确定性高的项目，在项目开始时通常无法明确项目的范围，而需要在项目期间逐渐明确。敏捷或适应型方法特意在项目早期缩短定义和协商范围的时间，为后续细化范围、明确范围争取更多的时间。

- 采用敏捷或适应型生命周期，旨在应对大量变更，需要干系人持续参与项目。
- 采用多次迭代，重复开展三个过程：①收集需求；②定义范围；③创建 WBS。
- 发起人和客户代表应该持续参与项目，重复开展两个过程：①确认范围；②控制范围。

9.3 规划范围管理

【基础知识点】

（1）范围管理计划是项目管理计划的组成部分，描述将如何定义、制订、监督、控制和确认项目范围。可以是正式或非正式的，非常详细或高度概括的。用于指导如下过程和相关工作：①制订项目范围说明书；②根据详细项目范围说明书创建 WBS；③确定如何审批和维护范围基准；④正式验收已完成的项目可交付成果。

（2）需求管理计划：是项目管理计划的组成部分，描述如何分析、记录和管理需求。主要内容包括：①如何规划、跟踪和报告各种需求活动；②配置管理活动；③需求优先级排序过程；④测量指标及使用这些指标的理由；⑤反映哪些需求属性将被列入跟踪矩阵等。

9.4 收集需求

【基础知识点】

（1）让干系人积极参与需求的探索和分解工作（分解成项目和产品需求），并仔细确定、记录和管理对产品、服务或成果的需求，能直接促进项目成功。

（2）需求是指根据特定协议或其他强制性规范，产品、服务或成果必须具备的条件或能力。它包括发起人、客户和其他干系人的已量化且书面记录的需要和期望。需求将作为后续工作分解结构（WBS）的基础，也将作为成本、进度、质量和采购规划的基础。

（3）问卷调查：是指设计一系列书面问题，向众多受访者快速收集信息。适用受众多样化，需要快速完成调查，受访者地理位置分散并且适合开展统计分析的情况。

（4）标杆对照：将实际或计划的产品、过程和实践，与其他可比组织的实践进行比较，以便识别最佳实践，形成改进意见，并为绩效考核提供依据。

（5）文件分析：指审核和评估任何相关的文件信息。在此过程中，文件分析用于通过分析现有文件，识别与需求相关的信息来获取需求，可供分析并有助于获取需求的文件包括：协议；商业计划；业务流程或接口文档；业务规则库；现行流程；市场文献；问题日志；政策和程序、法规文件，如法律、准则、法令等；建议邀请书；用例等。

（6）多标准决策分析：该技术借助决策矩阵，用系统分析方法建立诸如风险水平、不确定性和价值收益等多种标准，以对众多创意进行评估和排序。

（7）名义小组技术：是用于促进头脑风暴的一种技术，通过投票排列最有用的创意，以便进一步开展头脑风暴或优先排序。名义小组技术是一种结构化的头脑风暴形式，由四个步骤组成：

1）向集体提出一个问题或难题，每个人在沉思后写出自己的想法。
2）主持人在活动挂图上记录所有人的想法。
3）集体讨论各个想法，直到全体成员达成一个明确的共识。
4）个人私下投票决出各种想法的优先排序，通常采用 5 分制，1 分最低，5 分最高。为减少想法数量、集中关注想法，可进行数轮投票。每轮投票后，都将清点选票，得分最高者被选出。

（8）观察和交谈：是指直接察看个人在各自的环境中如何执行工作（或任务）和实施流程。适用于产品使用者难以或不愿清晰说明他们的需求。

观察也称为"工作跟随"，通常由旁站观察者观察业务专家如何执行工作，但也可以由"参与观察者"来观察，通过实际执行一个流程或程序，来体验该流程或程序是如何实施的，以便挖掘隐藏的需求。

（9）引导：引导与主题研讨会结合使用，把主要干系人召集在一起定义产品需求。研讨会可用于快速定义跨职能需求并协调干系人的需求差异。有助于参与者之间建立信任、改进关系、改善沟通，从而有利于干系人达成一致意见并能够更早发现并解决问题。

（10）系统交互图：是对产品范围的可视化描绘，可以直观显示业务系统（过程、设备、计算机系统等）及其与人和其他系统（行动者）之间的交互方式。

（11）原型法：是指在实际制造预期产品之前，先造出该产品的模型，并据此征求对需求的早期反馈。故事板是一种原型技术，通过一系列的图像或图示来展示顺序或导航路径。在软件开发中，故事板使用实体模型来展示网页、屏幕或其他用户界面的导航路径。

（12）需求文件：描述各种单一需求将如何满足项目相关的业务需求。它是逐步细化。只有明确的（可测量和可测试的）、可跟踪的、完整的、相互协调的，且主要干系人愿意认可的需求，才能作为基准。

（13）需求的类别：

1）业务需求：整个组织的高层级需要。

2）干系人需求：干系人的需要。

3）解决方案需求：为满足业务需求和干系人需求，产品、服务或成果必须具备的特性、功能和特征。进一步分为功能需求和非功能需求：①功能需求：描述产品应具备的功能，例如，产品应该执行的行动、流程、数据和交互；②非功能需求：是对功能需求的补充，是产品正常运行所需的环境条件或质量要求。

4）过渡和就绪需求：如数据转换和培训需求。这些需求描述了从"当前状态"过渡到"将来状态"所需的临时能力。

5）项目需求：项目需要满足的行动、过程或其他条件，例如里程碑日期、合同责任、制约因素等。

6）质量需求：用于确认项目可交付成果的成功完成或其他项目需求的实现的任何条件或标准，例如，测试、认证、确认等。

（14）需求跟踪矩阵是把产品需求从其来源连接到能满足需求的可交付成果的一种表格。包括内容：①业务需要、机会、目的和目标；②项目目标；③项目范围/WBS可交付成果；④产品设计；⑤产品开发；⑥测试策略和测试场景；⑦高层级需求到详细需求。

9.5 定义范围

【基础知识点】

（1）产品分析：可用于定义产品和服务，包括针对产品或服务提问并回答，以描述要交付产品的用途、特征及其他方面。

（2）项目范围说明书：是对项目范围、主要可交付成果、假设条件和制约因素的描述。明确指出哪些工作不属于本项目范围。

（3）详细的项目范围说明书的内容有：①产品范围描述；②可交付成果；③验收标准；④项目的除外责任。

9.6 创建 WBS

【基础知识点】

（1）分解：是一种把项目范围和项目可交付成果逐步划分为更小、更便于管理的组成部分的技术。

（2）创建 WBS 的方法多种多样，常用的方法包括自上而下的方法、使用组织特定的指南和使用 WBS 模板。自下而上的方法可用于归并较低层次的组件。

（3）要把整个项目工作分解为工作包，通常需要开展以下活动：
1）识别和分析可交付成果及相关工作。
2）确定 WBS 的结构和编排方法。
3）自上而下逐层细化分解。
4）为 WBS 组成部分制定和分配标识编码。
5）核实可交付成果分解的程度是否恰当。

（4）WBS 的结构可以采用多种形式：
1）以项目生命周期的各阶段作为分解的第二层，把产品和项目可交付成果放在第三层。
2）以主要可交付成果作为分解的第二层。

（5）WBS 结构：纳入由项目团队以外的组织开发的各种较低层次组件（如外包工作）。随后，作为外包工作的一部分，卖方须制定相应的合同 WBS。

（6）在分解的过程中，应该注意以下 8 个方面：
1）WBS 必须是面向可交付成果的。
2）WBS 必须符合项目的范围。
3）WBS 的底层应该支持计划和控制。
4）WBS 中的元素必须有人负责，而且只有一个人负责。
5）WBS 应控制在 4~6 层。一个工作单元只能从属于某个上层单元，避免交叉从属。
6）WBS 应包括项目管理工作，也要包括分包出去的工作。
7）WBS 的编制需要所有（主要）项目干系人的参与。
8）WBS 并非是一成不变的。

（7）范围基准的组成是经过批准的范围说明书、工作分解结构（WBS）和相应的 WBS 词典。

（8）工作包：是 WBS 的最低层，是带有独特标识号的工作包。这些标识号为成本、进度和资源信息的逐层汇总提供了层级结构，即账户编码。

（9）控制账户：是一个管理控制点。在该控制点上，把范围、预算和进度加以整合，并与挣值相比较来测量绩效。每个控制账户可能包括一个或多个工作包,但是一个工作包只能属于一个控制账户。

(10)规划包:是一种低于控制账户而高于工作包的工作分解结构组件,工作内容已知,但详细的进度活动未知,一个控制账户可以包含一个或多个规划包。

9.7 确认范围

【基础知识点】

(1)确认范围的一般步骤:
1)确定需要进行确认范围的时间。
2)识别确认范围需要哪些投入。
3)确定范围正式被接受的标准和要素。
4)确定确认范围会议的组织步骤。
5)组织确认范围会议。

(2)确认范围与质量控制:范围确认是有关工作结果的接受问题,而质量控制是有关工作结果正确与否,质量控制一般在范围确认之前完成,当然也可并行进行。质量控制是核实的可交付成果,范围确认是验收的可交付成果。

(3)项目干系人进行范围确认的内容:
1)可交付成果是否确实的、可确认的。
2)每个交付成果是否有明确的里程碑,里程碑是否有明确的、可辨别的事件。
3)是否有明确的质量标准。
4)审核或承诺是否有清晰的表达。
5)项目范围是否覆盖了需要完成的产品或服务的所有活动,有没有遗漏或错误。
6)项目范围的风险是否太高,管理层是否能够降低可预见性的风险对项目的影响。

(4)确认范围主要是项目干系人(例如,客户、发起人等)对项目的范围进行确认和接受的工作,每个人对项目范围所关注的方面是不同的:
1)管理层主要关注项目范围:是指范围对项目的进度、资金和资源的影响,这些因素是否超过了组织承受范围,是否在投入产出上具有合理性。
2)客户主要关注产品范围:关心项目的可交付成果是否足够完成产品或服务。
3)项目管理人员主要关注项目制约因素:关心项目可交付成果是否足够和必须完成,时间、资金和资源是否足够,主要的潜在风险和预备解决的方法。
4)项目团队成员主要关注项目范围中自己参与的元素和负责的元素:通过定义范围中的时间检查自己的工作时间是否足够,自己在项目范围中是否有多项工作,而这些工作是否有冲突的地方。

(5)核实的可交付成果:指已经完成,并被控制质量过程检查为正确的可交付成果。

（6）验收的可交付成果：符合验收标准的可交付成果应该由客户或发起人正式签字批准。应该从客户或发起人那里获得正式文件，证明干系人对项目可交付成果的正式验收。这些文件将提交给结束项目或阶段过程。

（7）检查是指开展测量、审查与确认等活动，来判断工作和可交付成果是否符合需求和产品验收标准。检查有时也被称为审查、产品审查和巡检等。

9.8 控制范围

【基础知识点】

（1）控制项目范围确保所有变更请求、推荐的纠正措施或预防措施都通过实施整体变更控制过程进行处理。控制范围过程应该与其他项目管理知识领域的控制过程协调开展。

（2）范围蔓延是指未经控制的产品或项目范围的扩大（未对时间、成本和资源做相应调整）。

9.9 考点实练

1. 关于产品范围和项目范围的描述，不正确的是（ ）。
   A．产品范围的完成情况是根据产品需求来衡量的
   B．项目范围的完成情况是根据项目管理计划来衡量的
   C．产品范围包括项目范围
   D．项目范围包括产品范围

解析：产品范围指某项产品、服务或成果所具有的特征和功能。产品范围的完成情况是根据产品需求来衡量的。项目范围包括产品范围，是为交付具有规定特性与功能的产品、服务或成果而必须完成的工作。项目范围的完成情况是根据项目管理计划来衡量的。

答案：C

2. 根据需求的类别，其中，解决方案需求中的（ ）描述产品应具备的功能。
   A．功能需求   B．非功能需求   C．技术需求   D．性能需求

解析：需求的类别为业务需求、干系人需求、解决方案需求、过渡和就绪需求、项目需求、质量需求，其中，解决方案需求又进一步分为功能需求（描述产品应具备的功能）和非功能需求（是对功能需求的补充，是产品正常运行所需的环境条件或质量要求）。

答案：A

3. 关于 WBS 的分解，不正确的是（ ）。
   A．WBS 中的元素只能由一个人负责   B．WBS 应控制在 3～6 层
   C．WBS 并非是一成不变的   D．WBS 必须是面向可交付成果的

解析：分解注意事项：在分解的过程中，应该注意以下 8 个方面。

（1）WBS 必须是面向可交付成果的。

（2）WBS 必须符合项目的范围：WBS 必须包括也仅包括为了完成项目的可交付成果的活动。

（3）WBS 的底层应该支持计划和控制。

（4）WBS 中的元素必须有人负责，而且只由一个人负责。

（5）WBS 应控制在 4~6 层。一个工作单元只能从属于某个上层单元，避免交叉从属。

（6）WBS 应包括项目管理工作（因为管理是项目具体工作的一部分），也要包括分包出去的工作。

（7）WBS 的编制需要所有（主要）项目干系人的参与。

（8）WBS 并非是一成不变的。

答案：B

4．干系人对项目范围所关注的方面是不同的，下列说法不正确的是（　）。

　　A．管理层主要关注项目范围

　　B．客户主要关注产品范围

　　C．项目管理人员主要关注项目制约因素

　　D．项目团队成员主要关注项目可交付成果是否足够和必须完成

解析：确认范围主要是项目干系人（例如，客户、发起人等）对项目的范围进行确认和接受的工作，每个人对项目范围所关注的方面是不同的：

- 管理层主要关注项目范围：是指范围对项目的进度、资金和资源的影响，这些因素是否超过了组织承受范围，是否在投入产出上具有合理性。
- 客户主要关注产品范围：关心项目的可交付成果是否足够完成产品或服务。
- 项目管理人员主要关注项目制约因素：关心项目可交付成果是否足够和必须完成，时间、资金和资源是否足够，主要的潜在风险和预备解决的方法。
- 项目团队成员主要关注项目范围中自己参与的元素和负责的元素：通过定义范围中的时间检查自己的工作时间是否足够，自己在项目范围中是否有多项工作，而这些工作是否有冲突的地方。

答案：D

5．（　）旨在审查项目绩效随时间的变化情况，以判断绩效是正在改善还是正在恶化。

　　A．趋势分析　　　B．偏差分析　　　C．绩效分析　　　D．决策分析

解析：趋势分析旨在审查项目绩效随时间的变化情况，以判断绩效是正在改善还是正在恶化。

答案：A

第10小时 项目进度管理

10.0 章节考点分析

第10小时主要学习项目进度管理知识,主要涉及项目进度管理的6个过程:规划进度管理、定义活动、排列活动顺序、估算活动持续时间、制订进度计划、控制进度等内容。

根据考试大纲,本小时知识点会涉及单选题型、下午案例和论文,上午单选题占3分左右,下午案例必出计算题。本小时内容偏重于概念知识,其重要知识点有:网络图、自由时差、总时差、缩短工期的方法、类比估算、参数估算、确定和整合依赖关系、关键路径法、资源优化技术、进度压缩技术、三点估算和项目进度管理过程输入、工具与技术及输出,本小时内容偏重于理解掌握。本小时的架构如图10-1所示。

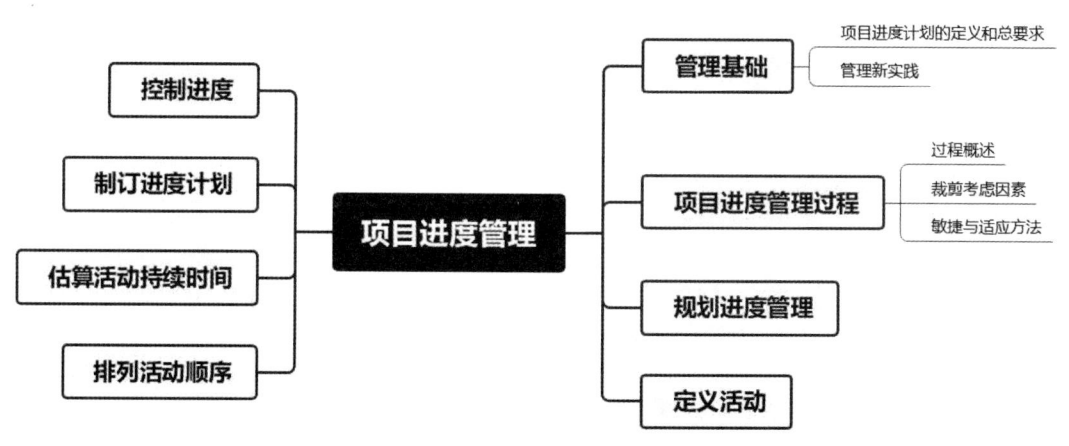

图10-1 本小时的架构

【导读小贴士】

项目进度管理是为了保证项目按时完成，对项目所需的各个过程进行管理，包括规划进度、定义活动、排列活动顺序、估算活动持续时间、制订项目进度计划和控制进度。本小时所要讲述的内容，属于信息系统项目管理师需要掌握的相关知识，都是入门的基础知识，侧重于理解。

10.1 管理基础

10.1.1 项目进度计划的定义和总要求

【基础知识点】

（1）项目进度计划提供了项目的详尽计划，说明项目如何以及何时交付项目范围中定义的产品、服务和成果，是一种用于沟通和管理干系人期望的工具，为绩效报告提供依据。

（2）项目管理团队编制进度计划的一般步骤如图 10-2 所示。

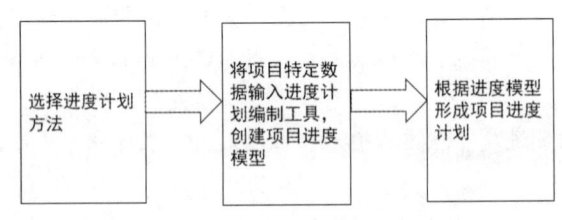

图 10-2 编制进度计划的一般步骤

10.1.2 管理新实践

【基础知识点】

新趋势和新实践主要包括：

（1）有未完成项的迭代型进度计划。适应型生命周期通常用于向客户交付增量价值，或多个团队并行开发大量的、内部关联的、较小的功能。

（2）按需进行的进度计划。该方法适用于具有如下特征的项目：

一是在运营或持续环境中以增量方式研发产品的项目。

二是工作任务的规模或范围相对类似的项目。

三是可以按照规模或范围对任务进行组合的项目。

10.2 项目进度管理过程

【基础知识点】

（1）项目进度管理过程包括如下内容。

1）**规划进度管理**：为了规划、编制、管理、执行和控制项目进度，制定政策、程序和文档。本过程的**主要作用**是为如何在整个项目期间管理项目进度提供指南和方向。本过程仅开展一次或仅在项目的预定义点开展。

2）**定义活动**：识别和记录为完成项目可交付成果而需采取的具体活动。本过程的主要作用是将工作包分解为进度活动，作为对项目工作进行进度估算、规划、执行、监督和控制的基础。本过程需要在整个项目期间开展。

3）**排列活动顺序**：识别和记录项目活动之间的关系。本过程的主要作用是定义工作之间的逻辑顺序，以便在既定的所有项目制约因素下获得最高的效率。本过程需要在整个项目期间开展。

4）**估算活动持续时间**：根据资源估算的结果，估算完成单项活动所需工作时段数。本过程的主要作用是确定完成每个活动所需花费的时间量。本过程需要在整个项目期间开展。

5）**制订进度计划**：分析活动顺序、持续时间、资源需求和进度制约因素，创建项目进度模型，落实项目执行和监控情况。本过程的主要作用是为完成项目活动而制订具有计划日期的进度模型。本过程需要在整个项目期间开展。

6）**控制进度**：监督项目状态，以更新项目进度和管理进度基准的变更。在项目实际进展中，以上各过程会相互交叠和相互作用。本过程的主要作用是在整个项目期间保持对进度基准的维护。本过程在整个项目期间开展。

小型项目中，定义活动、排列活动顺序、估算活动持续时间及制订进度模型形成进度计划等过程的联系非常密切，可以视为一个过程，可以由一个人在较短时间内完成。

（2）项目进度管理的输入、工具与技术、输出见表10-1。

表 10-1 项目进度管理的输入、工具与技术、输出

过程	输入	工具与技术	输出
规划进度管理	1. 项目章程 2. 项目管理计划 3. 事业环境因素 4. 组织过程资产	1. 专家判断 2. 数据分析 3. 会议	项目进度管理计划
定义活动	1. 项目管理计划 2. 事业环境因素 3. 组织过程资产	1. 分解 2. 专家判断 3. 滚动式规划 4. 会议	1. 活动清单 2. 活动属性 3. 里程碑清单 4. 变更请求 5. 项目管理计划（更新）

续表

过程	输入	工具与技术	输出
排列活动顺序	1. 项目管理计划 2. 项目文件（假设日志、活动属性、活动清单、里程碑清单） 3. 事业环境因素 4. 组织过程资产	1. 紧前关系绘图法 2. 箭线图法 3. 提前量与滞后量 4. 确定和整合依赖关系 5. 项目管理信息系统	1. 项目进度网络图 2. 项目文件（更新）（活动属性、活动清单、假设日志、里程碑清单）
估算活动持续时间	1. 项目管理计划 2. 项目文件（假设日志、风险登记册、活动属性、活动清单、里程碑清单、经验教训登记册、资源需求、资源分解结构、资源日历、项目团队派工单） 3. 事业环境因素 4. 组织过程资产	1. 专家判断 2. 类比估算 3. 参数估算 4. 三点估算 5. 自下而上估算 6. 数据分析（备选方案分析、储备分析） 7. 决策 8. 会议	1. 持续时间估算 2. 估算依据 3. 项目文件（更新）（活动属性、假设日志、经验教训登记册）
制订进度计划	1. 项目管理计划 2. 项目文件（假设日志、风险登记册、活动属性、活动清单、里程碑清单、项目进度网络图、估算依据、持续时间估算、经验教训、资源需求、项目团队派工单、资源日历） 3. 协议 4. 事业环境因素 5. 组织过程资产	1. 进度网络分析 2. 关键路径法 3. 资源优化 4. 数据分析（假设情景分析、模拟） 5. 提前量与滞后量 6. 进度压缩 7. 计划评审技术 8. 项目管理信息系统 9. 敏捷或适应型发布规划	1. 进度基准 2. 项目进度计划 3. 进度数据 4. 项目日历 5. 变更请求 6. 项目管理计划（更新） 7. 项目文件（更新）（活动属性、假设日志、持续时间估算、经验教训登记册、资源需求、风险登记册）
控制进度	1. 项目管理计划 2. 项目文件（项目进度计划、资源日历、项目日历、进度数据、经验教训登记册） 3. 工作绩效数据 4. 组织过程资产	1. 数据分析（挣值分析、迭代燃尽图、绩效审查、趋势分析、偏差分析、假设情景分析） 2. 关键路径法 3. 项目管理信息系统 4. 资源优化 5. 提前量与滞后量 6. 进度压缩	1. 工作绩效信息 2. 进度预测 3. 变更请求 4. 项目管理计划（更新） 5. 项目文件（更新）（假设日志、估算依据、经验教训登记册、项目进度计划、资源日历、进度数据、风险登记册）

（3）裁剪考虑因素：生命周期方法、资源可用性、项目维度、技术支持。

（4）敏捷与适应方法：在大型组织中，可能同时存在小规模项目和大规模项目的组合，需要制定长期路线图，通过规模参数（如团队规模、物理分布、法规合规性、组织复杂性和技术复杂性）来管理这些项目组合和项目集。为管理大规模的、全组织系统的、完整的交付生命周期，可能需要采用一系列技术，包括预测型方法、适应型方法或两种方法的混合。

10.3 规划进度管理

【基础知识点】

进度管理计划可以是正式或非正式的，非常详细或高度概括的。内容一般包括：①项目进度模型；②进度计划的发布和迭代长度；③准确度；④计量单位；⑤工作分解结构（WBS）；⑥项目进度模型维护；⑦控制临界值；⑧绩效测量规则；⑨报告格式。

10.4 定义活动

【基础知识点】

（1）滚动式规划：是一种迭代式的规划技术，即详细规划近期要完成的工作，同时在较高层级上粗略规划远期工作。它是一种渐进明细的规划方式。

（2）活动清单：是一份包含项目所需的全部活动的综合清单。

（3）活动属性：是活动清单中的活动描述的扩展。

（4）里程碑清单：是项目中的重要时点或事件。里程碑的持续时间为零，因为它们代表的只是一个重要时间点或事件。

10.5 排列活动顺序

【基础知识点】

（1）紧前关系绘图法（PDM），也称前导图法、单代号网络图、活动节点图（AON），是用于编制项目进度网络图的一种方法，它使用方框或者长方形（被称作节点）代表活动，节点之间用箭头连接，以显示节点之间的逻辑关系，如图 10-3 所示。

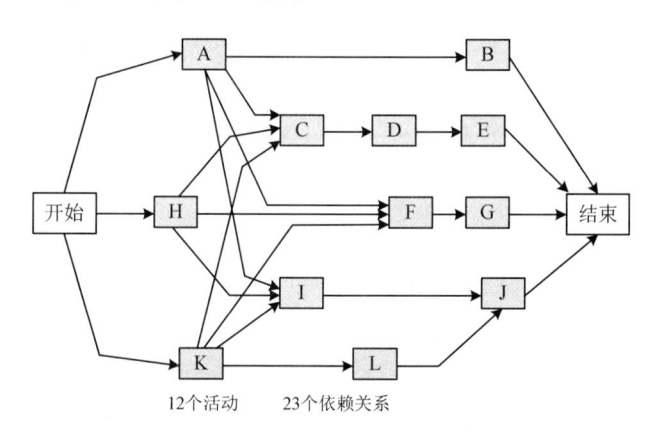

图 10-3　前导图法（单代号网络图）

（2）紧前关系绘图法的四种依赖关系：

1）完成到开始（FS）。前序活动结束后，后续活动才能开始。

2）完成到完成（FF）。前序活动结束后，后续活动才能结束。

3）开始到开始（SS）。前序活动开始后，后续活动才能开始。

4）开始到完成（SF）。前序活动开始后，后续活动才能结束。

四种关系如图 10-4 所示。

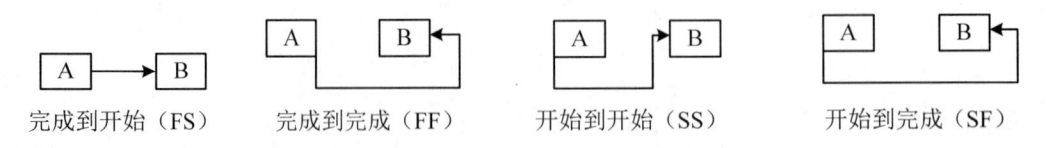

图 10-4 紧前关系绘图法的四种依赖关系

（3）在箭线图法中，有如下三个基本原则。

1）网络图中每一活动和每一事件都必须有唯一的一个代号，即网络图中不会有相同的代号。

2）任两项活动的紧前事件和紧后事件代号至少有一个不相同，节点代号沿箭线方向越来越大。

3）流入（流出）同一节点的活动，均有共同的紧后活动（或紧前活动）。

（4）虚活动：为了方便绘图，在网络图中由一个虚箭线表示虚活动。虚活动不消耗时间，也不消耗资源，用来表达活动依赖关系，如图 10-5 所示。

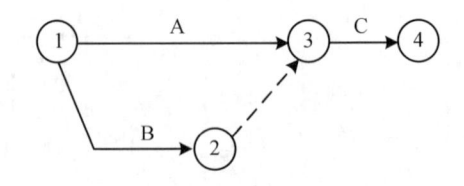

图 10-5 虚活动

注：活动 A 和 B 可以同时进行；只有活动 A 和 B 都完成后，活动 C 才能开始。

（5）四种依赖关系包括：

1）强制性依赖关系：强制性依赖关系是法律或合同要求的或工作内在性质决定的依赖关系，又称硬逻辑关系或硬依赖关系。强制性依赖关系往往与客观限制有关。例如，在建筑项目中，只有在地基建成后，才能建立地面结构。

2）选择性依赖关系：选择性依赖关系有时又称软逻辑关系。选择性依赖关系应基于具体应用领域的最佳实践或项目的特殊性质对活动顺序的要求来创建。例如，根据普遍公认的最佳实践，在建造期间，应先完成卫生管道工程，才能开始电气工程。

3）外部依赖关系：外部依赖关系是项目活动与非项目活动之间的依赖关系，这些依赖关系往往不在项目团队的控制范围内。例如，软件项目的测试活动取决于外部硬件的到货。

4）内部依赖关系：内部依赖关系是项目活动之间的紧前关系，通常在项目团队的控制之中。

例如，只有机器组装完毕，团队才能对其测试，这是一个内部的强制性依赖关系。

（6）提前量与滞后量。

1）提前量是相对于紧前活动，紧后活动可以提前的时间量，一般用负值。

2）滞后量是相对于紧前活动，紧后活动需要推迟的时间量，一般用正值，如图10-6所示。

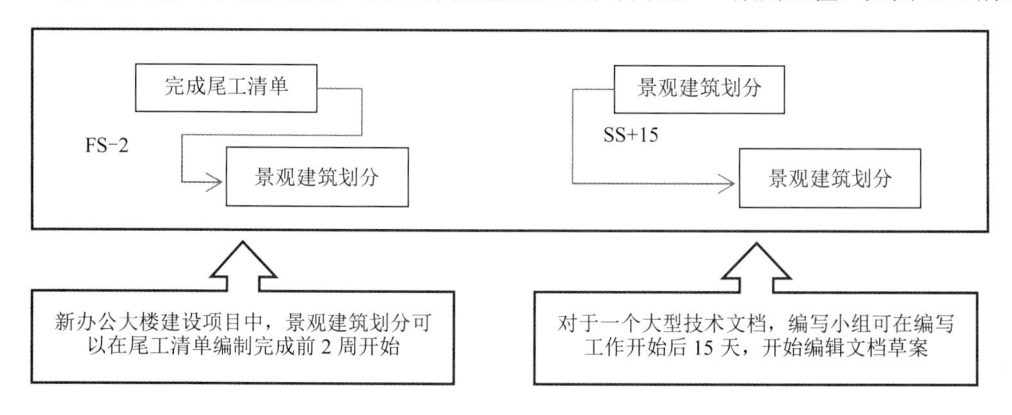

图 10-6 提前量与滞后量示意

10.6 估算活动持续时间

【基础知识点】

（1）估算持续时间时需要考虑的其他因素包括：收益递减规律；资源数量；技术进步；员工激励。

（2）类比估算：是一种使用相似活动或项目的历史数据，来估算当前活动或项目的持续时间或成本的技术，适用于在项目详细信息不足时，类比估算通常成本较低、耗时较少，但准确性也较低。可以针对整个项目或项目中的某个部分。可以与其他估算方法联合使用。

（3）参数估算：是一种基于历史数据和项目参数，使用某种算法来计算成本或持续时间的估算技术。准确性取决于参数模型的成熟度和基础数据的可靠性。参数估算可以针对整个项目或项目中的某个部分，并可与其他估算方法联合使用。

（4）三点估算：通过考虑估算中的不确定性和风险，可以提高活动持续时间估算的准确性。

- PERT 假定持续时间在三种估算值区间内遵循贝塔分布。

期望时间（或估计值）=(乐观时间+4×最可能时间+悲观时间)/6。

- PERT 认为整个项目的完成时间是各个活动完成时间之和，且服从正态分布。

标准差 δ=(悲观时间−乐观时间)/6

我们还要会算在某一个时间段内工作（活动）完成的概率，这就需要用到"面积法"，如图10-7所示。这里需要记住 4 个数据：

1）±1 个 δ 的面积为 68.3%（图中−1SD～1SD 区域面积）。

2）±2个δ的面积为95.4%（图中−2SD～2SD区域面积）。

3）±3个δ的面积为99.7%（图中−3SD～3SD区域面积）。

4）在期望时间内完成的概率为50%。

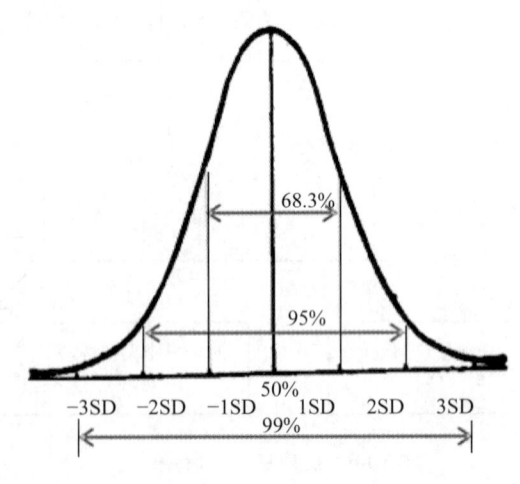

图10-7 PERT面积法

（5）自下而上估算：是一种估算项目持续时间或成本的方法，通过从下到上逐层汇总WBS组件的估算而得到项目估算。

（6）储备分析：用于确定项目所需的应急储备量和管理储备。

1）应急储备：在进行持续时间估算时，需考虑应急储备应对进度方面的不确定性。应急储备包含在进度基准中，与"已知-未知"风险相关，用来应对已经接受的已识别风险，随着项目信息越来越明确，可以动用、减少或取消应急储备。

2）管理储备：是为管理控制的目的而特别留出的项目预算，用来应对项目范围中不可预见的工作。管理储备用来应对会影响项目的"未知-未知"风险，它不包括在进度基准中，但属于项目总持续时间的一部分。

（7）持续时间估算：是对完成某项活动、阶段或项目所需的工作时段数的定量评估，其中并不包括任何滞后量，但可指出一定的变动区间。例如：2周（假定每周工作5天）±2天，表明活动至少需要8天，最多不超过12天。

（8）估算依据：持续时间估算所需的支持信息的数量和种类，因应用领域不同而不同。不论其详细程度如何，支持性文件都应该清晰、完整地说明持续时间估算是如何得出的。持续时间估算的支持信息可包括：关于估算依据的文件（如估算是如何编制的）；关于全部假设条件的文件；关于各种已知制约因素的文件；对估算区间的说明（如"±10%"），以指出预期持续时间的所在区间；对最终估算的置信水平的说明；有关影响估算的单个项目风险的文件等。

10.7 制订进度计划

【基础知识点】

（1）制订可行的项目进度计划是一个反复进行的过程，其关键步骤如下：

1）定义项目里程碑，识别活动并排列活动顺序，估算持续时间，并确定活动的开始和完成日期。

2）由分配至各个活动的项目人员审查其被分配的活动。

3）项目人员确认开始和完成日期与资源日历和其他项目或任务没有冲突，从而确认计划日期的有效性。

4）分析进度计划，确定是否存在逻辑关系冲突，以及在批准进度计划并将其作为基准之前是否需要资源平衡，并同步修订和维护项目进度模型，确保进度计划在整个项目期间一直切实可行。

（2）进度网络分析是创建项目进度模型的一种综合技术，它是一个反复进行的过程，一直持续到创建出可行的进度模型。

1）当多个路径在同一时间点汇聚或分叉时，评估汇总进度储备的必要性，以减少出现进度落后的可能性。

2）审查网络，查看关键路径是否存在高风险活动或具有较多提前量的活动，是否需要使用进度储备或执行风险应对计划来降低关键路径的风险。

（3）关键路线法：是在进度模型中，估算项目最短工期，确定逻辑网络路径的进度灵活性大小的一种方法。关键路径上工作的最早开始时间等于最晚开始时间、最早结束时间等于最晚结束时间。关键活动（关键路径上的活动）的总时差、自由时差都是0。通常，每个节点的活动会有如下几个时间：

1）最早开始时间（ES）。某项活动能够开始的最早时间。

2）最早结束时间（EF）。某项活动能够完成的最早时间。

$$EF=ES+工期$$

3）最迟结束时间（LF）。为了使项目按时完成，某项活动必须完成的最迟时间。

4）最迟开始时间（LS）。为了使项目按时完成，某项活动必须开始的最迟时间。

$$LS=LF-工期$$

这几个时间通常作为每个节点的组成部分，如图10-8所示。

最早开始时间（ES）	工期	最早结束时间（FF）
活动名称		
最迟开始时间（LS）	总浮动时间	最迟结束时间（LF）

图10-8 PDM 图中的节点表示

5）总时差（TF）：本活动的最迟开始时间-本活动的最早开始时间。指一项工作在不影响总工期的前提下所具有的机动时间。总时差 TF=LS-ES=LF-EF。

6）自由时差（FF）：指一项工作在不影响后续工作的情况下所拥有的机动时间。自由时差=紧后活动的最早开始时间-本活动的最早结束时间（如果有多个紧后活动，则紧后活动的最早开始时间是这些活动的最早开始时间的最早者）。

（4）正推法：是按照网络逻辑关系，从项目开始的一刻正向计算所有网络活动中未完成部分最早开始和最早完成日期的过程。如果每一个活动仅有一个紧前活动，那该项目活动的最早开始时间为其紧前活动的最早结束时间；如果某项活动有几个紧前活动，则该项活动的最早开始时间为这些紧前活动最早结束时间的最大值。

正推法：从左至右，取大，求最早完成时间。

- 没有前置活动的，ES等于项目的开始时间；
- 任一活动的最早结束时间，等于该活动的最早开始时间+该活动工期；
- 任一活动的最早开始时间，等于所有前置活动的最早结束时间的**最大者**。

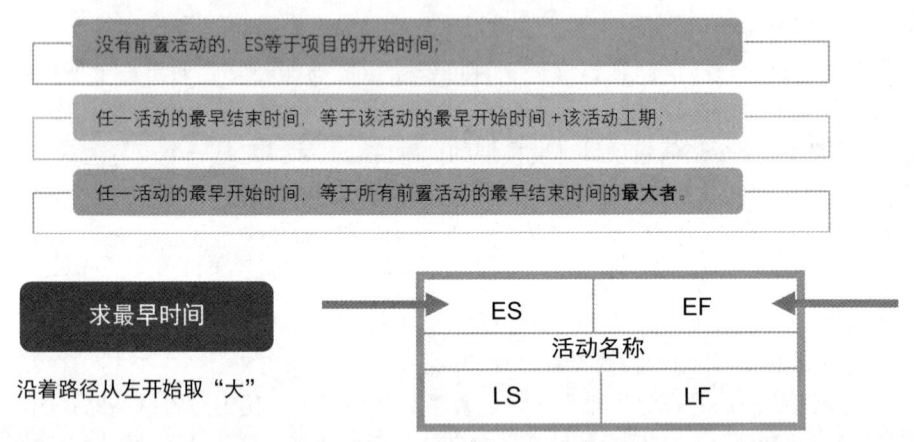

求最早时间

ES	EF
活动名称	
LS	LF

沿着路径从左开始取"大"

（5）逆推法：逆推法是按网络逻辑关系从项目完成日期开始，反向计算网络中所有未完成活动最晚开始日期和最晚完成日期的计算方法。项目完成日期可由正推法计算得到或由客户和项目发起人指定。

逆推法：从后向前，取小，求最晚开始时间。

- 没有后续活动的，LF等于项目的结束时间或者规定的时间；
- 任一活动的最迟开始时间，等于该活动的最迟结束时间-该活动工期；
- 任一活动的最迟结束时间，等于所有后续活动的最迟开始时间的**最小者**。

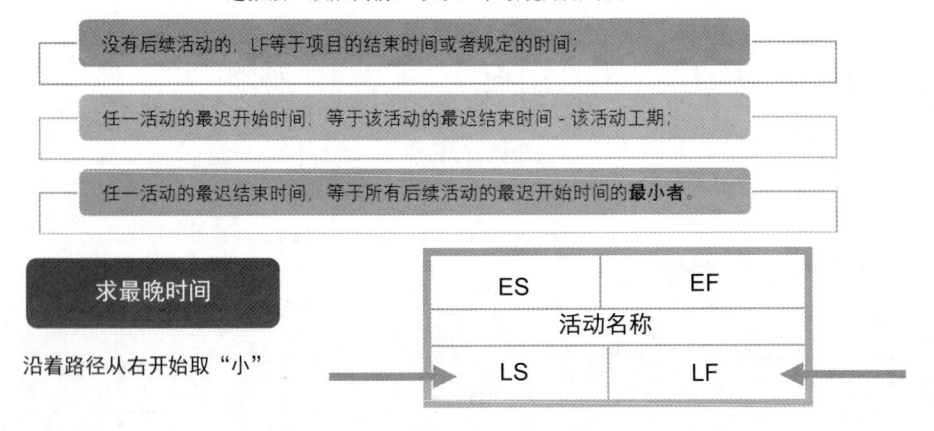

求最晚时间

ES	EF
活动名称	
LS	LF

沿着路径从右开始取"小"

（6）资源优化技术包括资源平衡和资源平滑，见表 10-2。

表 10-2 资源优化技术

资源平衡	资源平滑
资源平衡是根据资源制约对用关键路径法编制的初始进度计划中的活动起止时间进行调整，以使各时间的资源需求量都不超出资源供应量。 因为关键路径法不考虑资源制约，所以用关键路径法编出初步的进度计划后，就需要考虑资源制约，进行资源平衡。 资源平衡通常在以下情况下使用： 1．没有足够的资源来开展进度计划中的相关活动，尤其是关键路径上的活动。 2．某些资源仅在特定时间可用。 3．某些资源被过度分配而不堪重负（如员工在某日被安排 20 个小时的工作）	资源平滑是在浮动时间允许的范围内，对各时期的资源需求量进行"削峰填谷"，使之基本处于均衡水平。如果不同时期的资源（如人力资源）需求量起伏很大，就有 2 个缺点： 1．人员频繁进出，给人员管理带来很大的不便。 2．人员在项目上连续工作的时间太短，不利于提高工作效率。 由于资源平滑是在浮动时间允许的范围内进行的，所以不会导致项目工期延长

（7）假设情景分析：是对各种情景进行评估，预测它们对项目目标的影响（积极的或消极的）。假设情景分析就是对"如果情景 X 出现，情况会怎样？"

（8）模拟：是把单个项目风险和不确定性的其他来源模型化的方法，以评估它们对项目目标的潜在影响。最常见的模拟技术是蒙特卡罗分析。

（9）敏捷或适应型发布规划：基于项目路线图和产品发展愿景，提供了高度概括的发布进度时间轴（通常是 3~6 个月）。该时间轴定义了每次迭代结束时交付的功能，提供了更易于理解的项目进度计划，而这些就是客户真正需要的信息。

（10）进度基准：是经过批准的进度模型，只有通过正式的变更控制程序才能进行变更，用作与实际结果进行比较的依据。

（11）进度压缩包括赶工和快速跟进，见表 10-3。

表 10-3 赶工和快速跟进

赶工	快速跟进
用于进度压缩的一种方法	用于进度压缩的一种方法
在确保工作范围不变的前提下，通过增加资源来缩短活动工期	把关键路径上原来是先后顺序进行的活动调整为至少是部分并行开展，以便缩短项目工期
续会增加直接成本但不会增加项目工作的复杂性	快速跟进会增加项目工作的复杂性和返工风险
一次赶工通常针对单个活动（赶工单位成本最低者）	一次快速跟进则涉及 2 个活动
若增加资源所导致的成本增加在可接受范围内，就赶工	若项目风险较低，且活动之间是软逻辑，则快速跟进

（12）项目日历：规定可以开展活动的工作日和工作班次。它把可用于开展活动的时间段（按天或更小的时间单位）与不可用的时间段区分开来。

10.8 控制进度

【基础知识点】

（1）控制进度作为实施整体变更控制过程的一部分，关注内容包括：
1) 判断项目进度的当前状态。
2) 对引起进度变更的因素施加影响。
3) 重新考虑必要的进度储备。
4) 判断项目进度是否已经发生变更。
5) 在变更实际发生时对其进行管理。

（2）迭代燃尽图：这类图用于追踪迭代未完项中尚待完成的工作，可使用预测趋势线来预测迭代结束时可能出现的偏差，以及在迭代期间应采取的合理行动。燃尽图中先用对角线表示理想的燃尽情况，再画出每天实际剩余工作，最后基于剩余工作计算出趋势线以预测完成情况，如图10-9所示。

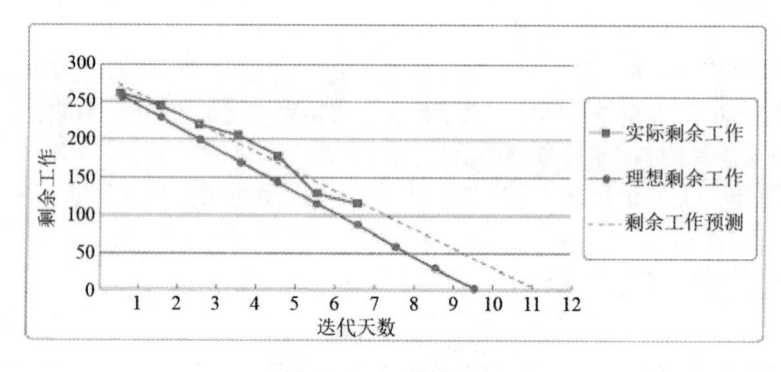

图10-9 迭代燃尽图

10.9 考点实练

1. 关于进度管理的描述，不正确的是（ ）。
   A．项目开展过程中，关键路径可能会发生变化
   B．关键路径上的活动的总浮动时间和自由浮动时间都为0
   C．资源平滑技术通常会导致项目关键路径变长
   D．关键链法在关键路径法基础上，考虑了资源因素

解析：资源平衡是根据资源制约对用关键路径法编制的初始进度计划中的活动起止时间进行调整，以使各时间的资源需求量都不超出资源供应量。因为关键路径法不考虑资源制约，所以用关键路径法编出初步的进度计划后，就需要考虑资源制约，进行资源平衡。资源平衡通常在以下情况下使用：

（1）没有足够的资源来开展进度计划中的相关活动，尤其是关键路径上的活动。
（2）某些资源仅在特定时间可用。
（3）某些资源被过度分配而不堪重负（如员工在某日被安排20个小时的工作）。

资源平滑是在浮动时间允许的范围内，对各时期的资源需求量进行"削峰填谷"，使之基本处于均衡水平。如果不同时期的资源（如人力资源）需求量起伏很大，就有2个缺点：

（1）人员频繁进出，给人员管理带来很大的不便。
（2）人员在项目上连续工作的时间太短，不利于提高工作效率。

由于资源平滑是在浮动时间允许的范围内进行的，所以不会导致项目工期延长。

答案：C

2. 某项目包含A、B、C、D、E、F、G七个活动。各活动的历时估算和活动间的逻辑关系如下表所示。

活动名称	活动历时/天	紧前活动
A	2	—
B	4	A
C	5	A
D	3	A
E	3	B
F	4	B、C、D
G	3	E、F

依据上表内容，活动D的总浮动时间是___(1)___天，该项目工期为___(2)___天。

（1）A. 0　　　　B. 1　　　　C. 2　　　　D. 3
（2）A. 12　　　 B. 13　　　 C. 14　　　 D. 15

解析：根据各活动间的逻辑关系先画出如下所示的图。

解题时按口诀"顺推取最大，逆推取最小"来推算时间。如F活动，它有3个紧前活动，分别为B、C、D，最早完成时间分别为6、7、5，那么顺推取最大，则F的最早开始时间为7；再如B活动，它有2个紧后活动，分别是F、E，最迟开始时间分别是7、8，那么逆推取最小，则B的最迟完成时间是7。

结合下图D的总浮动时间计算方法可以用最迟完成时间减最早完成时间，或者最迟开始时间减最早开始时间，即7-5=2或者4-2=2。

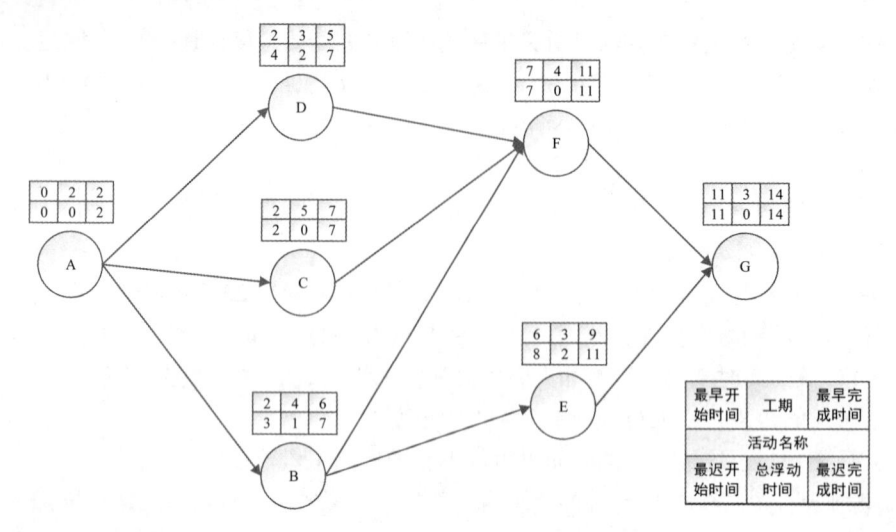

由上图可以看出关键路径为 A-C-F-G，可以计算出项目工期为 14 天。

答案：(1) C (2) C

3. 前导图法可以描述四种关键活动类型的依赖关系，对于接班同事 A 到岗，交班同事 B 才可以下班的交接班过程，可以用（　　）描述。

  A．SF   B．FF   C．SS   D．FS

解析：紧前关系绘图法的四种依赖关系：

（1）完成到开始（FS）。前序活动结束后，后续活动才能开始。例如，只有完成装配 PC 硬件（紧前活动），才能开始在 PC 上安装操作系统（紧后活动）。

（2）完成到完成（FF）。前序活动结束后，后续活动才能结束。例如，只有完成文件的编写（紧前活动），才能完成文件的编辑（紧后活动）。

（3）开始到开始（SS）。前序活动开始后，后续活动才能开始。例如，开始地基浇灌（紧前活动）之后，才能开始混凝土的找平（紧后活动）。

（4）开始到完成（SF）。前序活动开始后，后续活动才能结束。例如，只有启动新应付账款系统（紧前活动），才能关闭旧的应付账款系统（紧后活动）。

答案：A

4. 关于箭线图法的描述，不正确的是（　　）。

  A．网络图中每一活动和每一事件都必须有唯一的一个代号
  B．任两项活动的紧前事件和紧后事件代号至少有一个不相同
  C．流出同一节点的活动，均有共同的紧后活动
  D．网络图中不会有相同的代号

解析：在箭线图法中，有如下 3 个基本原则。

（1）网络图中每一活动和每一事件都必须有唯一的一个代号，即网络图中不会有相同的代号。

（2）任两项活动的紧前事件和紧后事件代号至少有一个不相同，节点代号沿箭线方向越来越大。

（3）流入（流出）同一节点的活动，均有共同的紧后活动（或紧前活动）。

答案：C

5．关于赶工和快速跟进的描述，不正确的是（　　）。

  A．赶工和快速跟进均是进度压缩的方法

  B．赶工会增加直接成本

  C．快速跟进不会增加项目工作的复杂性

  D．一次赶工通常针对单个活动，一次快速跟进则涉及 2 个活动

解析：快速跟进会增加项目工作的复杂性。

答案：C

第 11 小时
项目成本管理

11.0 章节考点分析

第 11 小时主要学习项目成本管理，涉及项目成本管理的 4 个过程：规划成本、估算成本、制订预算、控制成本等内容。本小时内容偏重于概念知识，其重要知识点有：成本基准，成本类型，挣值分析，三点估算，成本管理过程的输入、工具与技术、输出。

根据考试大纲，本小时知识点会涉及单选题型、案例分析题和论文，单选题占 3 分左右。本小时的架构如图 11-1 所示。

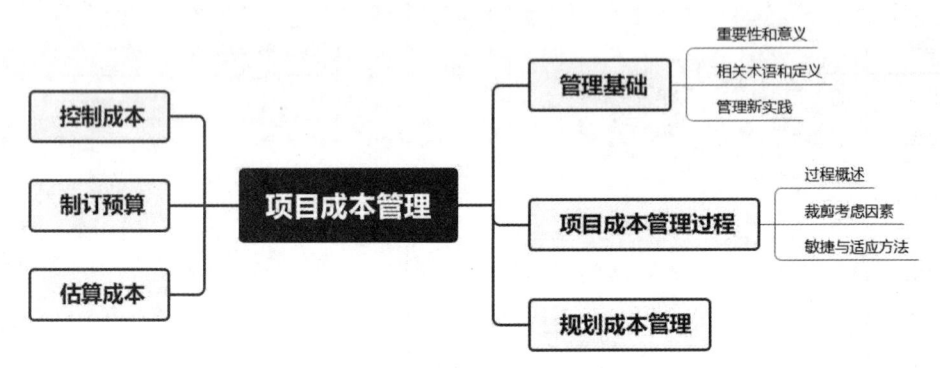

图 11-1 本小时的架构

【导读小贴士】

项目成本管理是为了项目在批准的预算内完成，对成本进行规划、估算、预算、融资、筹资、管理和控制的过程。项目成本管理重点关注完成项目活动所需资源的成本，但同时也考虑项目决策对项目产品、服务或成果的使用成本、维护成本和支持成本的影响。本小时所要讲述的内容，属于信息系统项目管理师需要掌握的相关知识，都是入门的基础知识，侧重于理解。

11.1 管理基础

11.1.1 重要性和意义

【基础知识点】

（1）项目成本管理就是要确保在批准的预算内完成项目。

（2）项目成本失控的原因：对工程项目认识不足；组织制度不健全；方法问题；技术的制约；需求管理不当。

11.1.2 相关术语和定义

【基础知识点】

（1）产品的全生命周期成本不仅要考虑项目全生命周期成本，也要考虑项目的最终产品的全生命周期成本，这有助于人们更精确地制订项目财务收益计划。

（2）成本的分类见表 11-1。

表 11-1 成本的分类

分类	意义
可变成本	随生产量或工作量而变的成本，如人员工资、消耗的原材料等
固定成本	不随生产规模变化的非重复成本，如设备费用、场地租赁费用等
直接成本	能够直接归属于项目工作的成本，如项目组差旅费用、项目组人员工资和奖金、项目使用的物资等
间接成本	一般管理费用科目或几个项目共同分担的成本，如员工福利、保安费用、行政部门和财务部门费用等
沉没成本	• 已发生或承诺、无法回收的成本支出 • 是一种历史成本，对现有决策而言是不可控成本，不会影响当前行为或未来决策 • 在投资决策时应排除沉没成本的干扰
机会成本	选择另一个项目而放弃这一项目收益所引发的成本，为了选择 A，放弃 B，B 的收益就是 A 的机会成本

（3）应急储备、管理储备、成本基准。

1）应急储备是用来应对已知-未知风险的应急时间或应急资金。

2）管理储备是用来应对未知-未知风险的应急时间或应急资金。

113

3）成本基准是经批准的按时间安排的成本支出计划，并随时反映经批准的项目成本的变更，被用于度量和监督项目的实际执行成本。

4）项目资金总需求等于成本基准加上管理储备，即：项目总预算（资金总需求）=BAC+管理储备。项目预算的组成部分如图 11-2 所示。

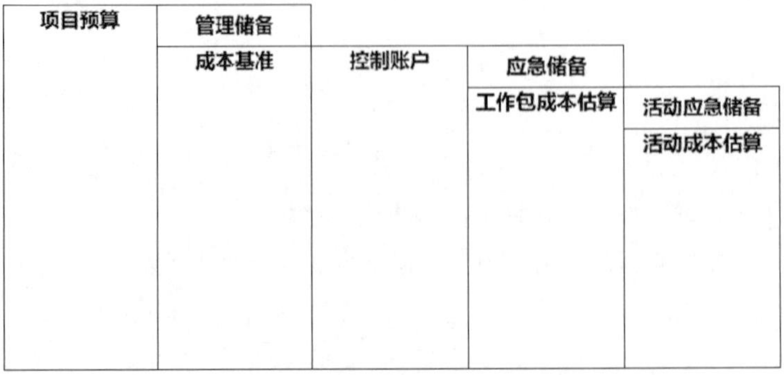

项目预算	管理储备			
	成本基准	控制账户	应急储备	
			工作包成本估算	活动应急储备
				活动成本估算

图 11-2　项目预算的组成部分

11.1.3　管理新实践

【基础知识点】

在项目成本管理的新实践中，通过对挣值管理（EVM）的扩展，引入挣得进度（ES）这一概念。ES 是 EVM 理论和实践的延伸，挣得进度理论用 ES 和实际时间（AT）替代了传统 EVM 所使用的进度偏差测量指标（SV）。

11.2　项目成本管理过程

【基础知识点】

（1）项目成本管理过程包括以下内容。

1）**规划成本管理**：确定如何估算、预算、管理、监督和控制项目成本。本过程的主要作用是在整个项目期间为如何管理项目成本提供指南和方向。

2）**估算成本**：对完成项目活动所需货币资源进行近似估算。本过程的主要作用是确定项目所需的资金。本过程应根据需要在整个项目期间定期开展。

3）**制订预算**：汇总所有单个活动或工作包的估算成本，建立一个经批准的成本基准。本过程的主要作用是确定可以依据其来进行监督和控制项目绩效的成本基准。

4）**控制成本**：监督项目状态，以更新项目成本和管理成本基准的变更。本过程的主要作用是在整个项目期间保持对成本基准的维护。本过程需要在整个项目期间开展。

（2）项目成本管理的输入、工具与技术、输出见表 11-2。

表 11-2 项目成本管理的输入、工具与技术、输出

过程	输入	工具与技术	输出
规划成本管理	1. 项目管理计划 2. 项目章程 3. 事业环境因素 4. 组织过程资产	1. 专家判断 2. 数据分析 3. 会议	成本管理计划
估算成本	1. 项目管理计划 2. 项目文件（风险登记册、经验教训登记册、资源需求、项目进度计划） 3. 事业环境因素 4. 组织过程资产	1. 专家判断 2. 类比估算 3. 参数估算 4. 自下而上估算 5. 三点估算 6. 数据分析（备选方案分析、储备分析、质量成本） 7. 项目管理信息系统 8. 决策（投票）	1. 成本估算 2. 估算依据 3. 项目文件（更新）（假设日志、经验教训登记册、风险登记册）
制订预算	1. 项目管理计划 2. 可行性研究文件 3. 项目文件（估算依据、成本估算、项目进度计划、风险登记册） 4. 协议 5. 事业环境因素 6. 组织过程资产	1. 专家判断 2. 成本汇总 3. 数据分析（储备分析） 4. 历史信息审核 5. 资金限制平衡 6. 融资	1. 成本基准 2. 项目资金需求 3. 项目文件（更新）（成本估算、项目进度计划、风险登记册）
控制成本	1. 项目管理计划 2. 项目资金需求 3. 项目文件（经验教训登记册） 4. 工作绩效数据 5. 组织过程资产	1. 专家判断 2. 数据分析（挣值分析、偏差分析、趋势分析、储备分析） 3. 完工尚需绩效指数 4. 项目管理信息系统	1. 工作绩效信息 2. 成本预测 3. 变更请求 4. 项目文件（更新）（假设日志、估算依据、成本估算、经验教训登记册、风险登记册） 5. 项目管理计划（更新）

（3）裁剪考虑因素：由于每个项目都是独特的，项目经理可能根据需要裁剪项目成本管理过程，裁剪时应考虑的因素包括知识管理；估算和预算；挣值管理；敏捷方法的使用；治理。

（4）敏捷与适应方法：对易变性高、范围并未完全明确、经常发生变更的项目，采用轻量级估算方法快速生成对项目人力成本的高层级预测，以在出现变更时容易调整预测；而详细的估算适用于采用准时制的短期规划。

11.3 规划成本管理

【基础知识点】

在成本管理计划中一般需要规定：计量单位；精确度；准确度；组织程序链接；控制临界值；绩效测量规则；报告格式；其他细节。

11.4 估算成本

【基础知识点】

（1）三点估算（三角分布）：通过考虑估算中的不确定性与风险，使用三种估算值来界定活动成本的近似区间，可以提高活动成本估算的准确性。

- 最可能成本（CM）。对所需进行的工作和相关费用进行比较现实的估算，所得到的活动成本。
- 最乐观成本（CO）。基于活动的最好情况，所得到的活动成本。
- 最悲观成本（CP）。基于活动的最差情况，所得到的活动成本。

基于活动成本在三种估算值区间内的假定分布情况，使用公式来计算预期成本（CE）。基于三角分布和贝塔分布的两个常用公式如下：

$$三角分布\ CE=(CO+CM+CP)/3$$
$$贝塔分布\ CE=(CO+4CM+CP)/6$$

基于三点的假定分布计算出期望成本，并说明期望成本的不确定区间。

（2）成本估算应覆盖项目所使用的全部资源，包括直接人工、材料、设备、服务、设施、信息技术以及一些特殊的成本种类，如融资成本（包括利息）、通货膨胀补贴、汇率或成本应急储备。如果间接成本也包含在项目估算中，则可在活动层次或更高层次上计列间接成本。

（3）成本估算的支持信息可包括：①关于估算依据的文件（如估算是如何编制的）；②关于全部假设条件的文件；③关于各种已知制约因素的文件；④有关已识别的、在估算成本时应考虑的风险的文件；⑤对估算区间的说明（如"10000 元±10%"就说明了预期成本的所在区间）；⑥对最终估算的置信水平的说明等。

11.5 制订预算

【基础知识点】

（1）成本汇总：先把成本估算汇总到 WBS 中的工作包，再由工作包汇总至 WBS 的更高层次（如控制账户），最终得出整个项目的总成本。

（2）历史信息审核：审核历史信息有助于进行参数估算或类比估算，历史信息包括各种项目特征（参数），它们用于建立数学模型预测项目总成本。这些数学模型可以是简单的，也可以是复杂的。

（3）类比和参数模型预测的成本及准确性可能差别很大，满足以下情况时，模型预测最为可靠：①用来建立模型的历史信息准确；②模型中的参数易于量化；③模型可以调整，以便对大项目、小项目和各项目阶段都适用。

（4）资金限制平衡：应该根据对项目资金的限制来平衡资金支出，如果发现资金限制与计划支出之间存在差异，则可能需要调整工作的进度计划，以平衡资金的支出水平，例如可以通过在项目进度计划中添加强制日期来实现。

(5)成本基准是经过批准的、按时间段分配的项目预算,不包括任何管理储备,只有通过正式的变更控制程序才能变更,用作与实际结果进行比较的依据。项目预算=成本基准+管理储备。

(6)项目资金需求:根据成本基准,确定总资金需求和阶段性(如季度或年度)资金需求。成本基准中包括预计支出及预计债务。项目资金通常以增量的方式投入,并且可能是非均衡的。

11.6 控制成本

【基础知识点】

(1)项目成本控制的目标包括:①对造成成本基准变更的因素施加影响;②确保所有变更请求都得到及时处理;③当变更实际发生时,管理这些变更;④确保成本支出不超过批准的资金限额,既不超出按时段、WBS组件和活动分配的限额,也不超出项目总额限;⑤监督成本绩效,找出并分析与成本基准间的偏差;⑥对照资金支出,监督工作绩效;⑦防止在成本或资源使用报告中出现未经批准的变更;⑧向干系人报告所有经批准的变更及其相关成本;⑨设法把预期的成本超支控制在可接受的范围内等。

(2)挣值分析(EVA):将实际进度和成本绩效与绩效测量基准进行比较。挣值分析把范围基准、成本基准和进度基准整合起来,形成绩效测量基准。它针对每个工作包和控制账户,计算并监测计划价值(PV)、挣值(EV)、实际成本(AC)三个关键指标。

1)PV是为计划工作分配的经批准的预算(不包括管理储备)。其总和有时被称为绩效测量基准,项目的总计划价值又被称为完工预算(BAC)。

2)EV是对已完成工作的测量值,用分配给该工作的预算来表示。它是已完成工作的、经批准的预算。

3)AC是在给定时段内,执行某工作而实际发生的成本,是为完成与EV相对应的工作而发生的总成本。

(3)偏差分析:

1)进度偏差(SV):是测量进度绩效的一种指标,表示为挣值与计划价值之差。它是指在某个给定的时点,项目提前或落后的进度。公式:$SV=EV-PV$。$SV>0$,进度超前;$SV<0$,进度滞后。当项目完工时,全部的计划价值都将实现(即成为挣值),进度偏差最终将等于零。

2)成本偏差(CV):是在某个给定时点的预算亏空或盈余量,表示为挣值与实际成本之差。公式:$CV=EV-AC$。$CV>0$,成本节约;$CV<0$,成本超支。CV为负值一般都是不可挽回的。

3)进度绩效指数(SPI):是测量进度效率的一种指标,表示为挣值与计划价值之比,它反映了项目团队利用时间的效率。SPI等于EV与PV的比值。公式:$SPI=EV/PV$。$SPI>1$,进度超前;$SPI<1$,进度滞后。

4)成本绩效指数(CPI):是测量预算资源的成本效率的一种指标,表示为挣值与实际成本之比。公式:$CPI=EV/AC$。$CPI>1$,成本节约;$CPI<1$,成本超支。

5)完工尚需估算和完工估算见表11-3。

表 11-3 完工尚需估算和完工估算

	非典型（知错就改）	典型（一错到底）
ETC（完工尚需估算）	ETC=BAC−EV	ETC=(BAC−EV)/CPI
EAC（完工估算）	EAC=(BAC−EV)+AC	EAC=[(BAC−EV)/CPI]+AC 或 EAC=BAC/CPI

【备注】假设 SPI 与 CPI 将同时影响 ETC 工作。在这种预测中，需要计算一个由成本绩效指数与进度绩效指数综合决定的效率指标，并假设 ETC 工作将按该效率指标完成。公式：

$$EAC=AC+[(BAC-EV)/(CPI\times SPI)]$$

6）VAC（完工偏差）是对预算亏空量或盈余量的一种预测，是完工预算与完工估算之差。公式：

$$VAC（完工偏差）= BAC-EAC$$

（4）TCPI（完工尚需绩效指数）是为了实现特定的管理目标，剩余资源的使用必须达到的成本绩效指标，是完成剩余工作与剩余预算之比。

1）为了按计划完成，必须维持的效率，公式：

$$TCPI=(BAC-EV)/(BAC-AC)$$

TCPI＞1，很难完成；TCPI=1，正好完成；TCPI＜1，很容易完成。

2）为了实现当前的完工估算，必须维持的效率，公式：

$$TCPI=(BAC-EV)/(EAC-AC)$$

TCPI＞1，很难完成；TCPI=1，正好完成；TCPI＜1，很容易完成。

11.7 考点实练

1．（　　）不是发生成本失控的原因。

　　A．对工程项目认识不足　　B．组织制度不健全　　C．自然灾害　　D．方法问题

解析：项目成本失控的原因：①对工程项目认识不足；②组织制度不健全；③方法问题；④技术的制约；⑤需求管理不当。

答案：C

2．关于成本基准管理的描述，不正确的是（　　）。

　　A．成本基准中不包括管理储备

　　B．成本基准中包括预计的支出，但不包括预计的债务

　　C．管理储备用来应对会影响项目的"未知-未知"风险

　　D．成本基准是经过批准且按时间段分配的项目预算

解析：成本基准是经过批准的、按时间段分配的项目预算，不包括任何管理储备，只有通过正式的变更控制程序才能变更，用作与实际结果进行比较的依据。成本基准是不同进度活动经批准的预算的总和。成本基准中既包括预计的支出，也包括预计的债务。应急储备是包含在成本基准内的

一部分预算，用来应对已经接受的已识别风险（"已知-未知"风险），以及已经制定应急或减轻措施的已识别风险。管理储备是为了管理控制的目的而特别留出的项目预算，用来应对项目范围中不可预见的工作（"未知-未知"风险）。

答案：B

3. 项目经理在运行预算方案编制时，收集到的基础数据如下：工作包的成本估算为40万元；工作包的应急储备金为4万元；管理储备金为2万元。该项目的成本基准是（　　）万元。

  A. 40　　　　　　B. 44　　　　　　C. 42　　　　　　D. 46

解析：成本基准包括应急储备，不包括管理储备。

答案：B

4. 某工程项目，完工预算为2000万元。到目前为止，由于某些特殊原因，实际支出800万元，成本绩效指数为0.8，假设后续不再发生成本偏差，则完工估算（EAC）为（　　）万元。

  A. 2500　　　　　B. 2160　　　　　C. 2000　　　　　D. 2800

解析：由题目可知，完工预算（BAC）=2000万元，实际成本（AC）=800万元，成本绩效指数（CPI）=0.8。

可以计算得出：EV=CPI×AC=0.8×800=640（万元）。

后续不再发生成本偏差，完工估算（EAC）=AC+(BAC-EV)=800+(2000-640)=2160（万元）。

答案：B

5. 下表给出了某项目到2019年6月30日为止的成本执行（绩效）数据。如果当前的成本偏差是典型的，则完工估算（EAC）为（　　）元。

活动	完成百分比/%	计划值（PV）/元	实际成本（AC）/元
A	100	2200	2500
B	100	2500	2900
C	100	2500	2800
D	80	1500	1500
E	70	3000	2500
F	60	2500	2200
合计		14200	14400

项目总预算（BAC）：40000元

报告日期：2019年6月30日

  A. 48000　　　　B. 44000　　　　C. 42400　　　　D. 41200

解析：PV=14200，AC=14400

   EV=2200+2500+2500+1500×80%+3000×70%+2500×60%=12000

   EAC=ETC+AC=(BAC−EV)/CPI+AC=(40000−12000)/(12000/14400)+14400=48000

答案：A

第12小时 项目质量管理

12.0 章节考点分析

第 12 小时主要学习项目质量管理,主要涉及项目质量管理的 3 个过程:规划质量管理、管理质量、控制质量等内容。本小时内容偏重于概念知识,重要知识点有:质量管理计划,成本效益分析,质量成本,数据表现技术,审计,面向 X 的设计,数据分析技术,质量管理三个过程的定义和主要作用,质量管理过程的输入、工具与技术、输出。

根据考试大纲,本小时知识点会涉及单选题型、案例分析题和论文,单选题占 3 分左右。本小时的架构如图 12-1 所示。

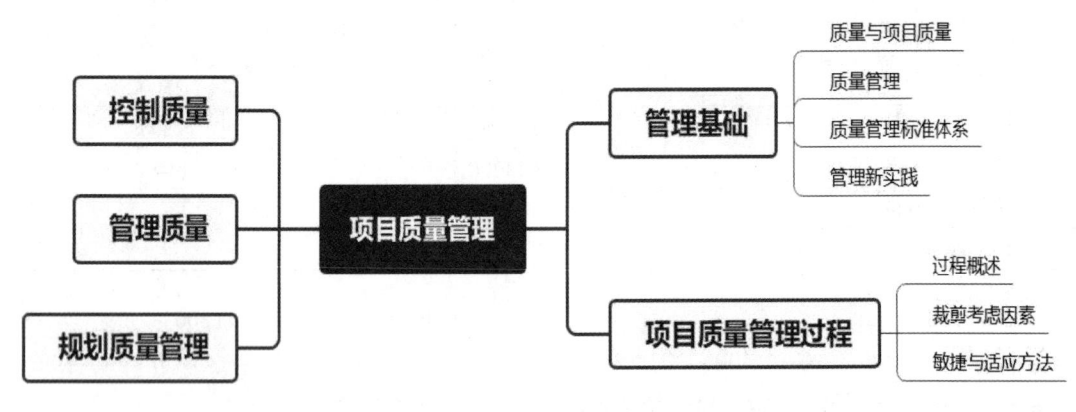

图 12-1 本小时的架构

项目质量管理　第 12 小时

【导读小贴士】

项目质量管理包括把组织的质量政策应用于规划、管理、控制项目和产品质量要求，以满足干系人目标的各个过程。此外，项目质量管理以执行组织的名义支持过程的持续改进活动。项目质量管理需要兼顾项目管理与项目可交付成果两个方面，它适用于所有项目，无论项目的可交付成果具有何种特性。本小时所要讲述的内容，属于信息系统项目管理师需要掌握的相关知识，都是入门的基础知识，侧重于理解。

12.1　管理基础

12.1.1　质量与项目质量

【基础知识点】

1．质量

（1）国际标准化组织（ISO）对质量（Quality）的定义是："反映实体满足主体明确和隐含需求的能力的特性总和"。

（2）国家标准《质量管理体系 基础和术语》（GB/T 19000）对质量的定义为："一组固有特性满足要求的程度"。

（3）质量通常是指产品的质量，广义上的质量还包括工作质量。

- 产品质量是指产品的使用价值及其属性。
- 工作质量则是产品质量的保证，它反映了与产品质量直接有关的工作对产品质量的保证程度。

（4）质量与等级的区别：质量作为实现的性能或成果，是"一系列内在特性满足要求的程度"（ISO 9000）。等级作为设计意图，是对用途相同但技术特性不同的可交付成果的级别分类。例如：一个低等级（功能有限）、高质量（无明显缺陷，用户手册易读）的软件产品适合一般使用，可以被认可。一个高等级（功能繁多）、低质量（有许多缺陷，用户手册杂乱无章）的软件产品的功能会因质量低劣而无效和/或低效，不会被使用者接受。

（5）项目管理团队应了解的与统计相关的术语包括：

- "预防"——保证过程中不出现错误。
- "检查"——保证错误不落到客户手中。
- "公差"——结果的可接受范围。
- "控制界限"——在统计意义上稳定的过程或过程绩效的普通偏差的边界。

121

2. 项目质量

（1）项目的工作质量：项目质量体现在由 WBS 反映出的项目范围内所有的阶段、子项目、项目工作单元的质量构成。

（2）项目的产品质量：从项目作为一项最终产品来看，项目质量体现在其性能或者使用价值上。

12.1.2 质量管理

【基础知识点】

（1）质量管理是指确定质量方针、目标和职责，并通过质量体系中的质量规划、质量保证、质量控制以及质量改进来使其实现所有管理职能的全部活动。质量管理是指为了实现质量目标而进行的所有质量性质的活动。

（2）质量方针与质量目标见表 12-1。

表 12-1 质量方针与质量目标

质量方针	质量目标
由组织的最高管理者正式发布的该组织总的质量宗旨和方向	在质量方面所追求的目的
体现了该组织（项目）的质量意识和质量追求，是组织内部的行为准则，也体现了顾客的期望和对顾客做出的承诺	是落实质量方针的具体要求，它从属于质量方针，应与利润目标、成本目标、进度目标等相协调。质量目标必须明确、具体

（3）按有效性递增排列的五种质量管理水平：

1）通常代价最大的方法是让客户发现缺陷。这种方法可能会导致召回、商誉受损和返工成本。

2）控制质量过程包括先检测和纠正缺陷，再将可交付成果发送给客户。该过程会带来相关成本，主要是评估成本和内部失败成本。

3）通过质量保证检查并纠正过程本身。

4）将质量融入项目和产品的规划和设计中。

5）在整个组织内创建一种关注并致力于实现过程和产品质量的文化。

12.1.3 质量管理标准体系

【基础知识点】

（1）GB/T 19000 系列标准：可帮助各种类型和规模的组织实施并运行有效的质量管理体系，该系列质量管理体系能够帮助组织增进顾客满意。这些标准包括：

- GB/T 19000：表述质量管理体系基础知识并规定质量管理体系术语。
- GB/T 19001：规定质量管理体系要求，用于组织证实其具有提供满足顾客要求和适用的法规要求的产品的能力，目的在于增进顾客满意度。

- GB/T 19002：质量管理体系 GB/T 19001 应用指南。
- GB/T 19004：质量管理 组织的质量 实现持续成功指南，该标准的目的是组织业绩改进和顾客及其他干系人满意。
- GB/T 19011：提供审核质量和环境管理体系指南。

（2）全面质量管理：是一种全员、全过程、全组织的品质管理。4 个核心的特征包括：

1）全员参加的质量管理。

2）全过程的质量管理。

3）全面方法的质量管理。

4）全面结果的质量管理。

12.1.4 管理新实践

【基础知识点】

现代质量管理方法力求缩小差异，交付满足干系人要求的成果，项目质量管理的新趋势和新实践包括：客户满意、持续改进、管理层的责任、与供应商的互利合作关系。

12.2 项目质量管理过程

【基础知识点】

（1）项目质量管理过程包括如下内容。

1）**规划质量管理**：识别项目及其可交付成果的质量要求、标准，并书面描述项目符合质量要求、标准的证明。本过程的主要作用是为在整个项目期间如何管理和核实质量提供指南和方向。质量规划应与其他知识领域规划过程并行开展。

2）**管理质量**：把组织的质量政策用于项目，并将质量管理计划转化为可执行的质量活动。本过程的主要作用：①提高实现质量目标的可能性；②识别无效过程和导致质量低劣的原因。使用控制质量过程的数据和结果向干系人展示项目的总体质量状态。管理质量过程需要在整个项目期间开展。

3）**控制质量**：为了评估绩效，监督和记录质量管理活动的执行结果，确保项目输出完整、正确，且满足客户期望。本过程的主要作用：①核实项目可交付成果和工作已经达到主要干系人的质量要求，可供最终验收；②确定项目输出是否达到预期目的，这些输出需要满足所有适用标准、要求、法规和规范。控制质量过程需要在整个项目期间开展。

（2）项目质量管理的输入、工具与技术、输出见表 12-2。

（3）裁剪时应考虑的因素：每个项目都是独特的，因此项目经理可以根据需要裁剪项目质量管理过程。裁剪时应考虑的因素包括：政策合规与审计、标准与法规合规性、持续改进、干系人参与。

表 12-2　项目质量管理的输入、工具与技术、输出

过程	输入	工具与技术	输出
规划质量管理	1. 项目章程 2. 项目管理计划 3. 项目文件（假设日志、需求文件、需求跟踪矩阵、风险登记册、干系人登记册） 4. 事业环境因素 5. 组织过程资产	1. 专家判断 2. 数据收集（标杆对照、头脑风暴、访谈） 3. 数据分析（成本效益分析、质量成本） 4. 决策技术（多标准决策分析） 5. 数据表现（流程图、逻辑数据模型、矩阵图、思维导图） 6. 测试与检查的规划 7. 会议	1. 质量管理计划 2. 质量测量指标 3. 项目管理计划（更新） 4. 项目文件（更新）（经验教训登记册、需求跟踪矩阵、风险登记册、干系人登记册）
管理质量	1. 项目管理计划 2. 项目文件（经验教训登记册、质量控制测量结果、质量测量指标、风险报告） 3. 组织过程资产	1. 数据收集（核对单） 2. 数据分析（备选方案分析、文件分析、过程分析、根本原因分析） 3. 决策技术（多标准决策分析） 4. 数据表现（亲和图、因果图、流程图、直方图、矩阵图、散点图） 5. 审计 6. 面向 X 的设计 7. 问题解决 8. 质量改进方法	1. 质量报告 2. 测试与评估文件 3. 变更请求 4. 项目管理计划（更新） 5. 项目文件（更新）（问题日志、经验教训登记册、风险登记册）
控制质量	1. 项目管理计划 2. 项目文件（测试与评估文件、质量测量指标、经验教训登记册） 3. 可交付成果 4. 工作绩效数据 5. 批准的变更请求 6. 事业环境因素 7. 组织过程资产	1. 数据收集（核对单、核查表、统计抽样、问卷调查） 2. 数据分析（绩效审查、根本原因分析） 3. 检查 4. 测试/产品评估 5. 数据表现（因果图、控制图、直方图、散点图） 6. 会议	1. 工作绩效信息 2. 质量控制测量结果 3. 核实的可交付成果 4. 变更请求 5. 项目管理计划（更新） 6. 项目文件（更新）（问题日志、经验教训登记册、风险登记册、测试与评估文件）

（4）敏捷与适应型方法：为引导变更，敏捷或适应型方法要求多个质量与审核步骤贯穿整个项目，而不是在面临项目结束时才执行。

- 循环回顾、定期检查质量过程的效果。
- 寻找问题的根本原因。
- 建议实施新的质量改进方法。
- 回顾会议评估试验过程，确定是否可行，是否应继续，做出调整或者直接弃用。

12.3 规划质量管理

【基础知识点】

（1）成本效益分析：是用来估算备选方案优势和劣势的财务分析工具，以确定可以创造最佳效益的备选方案。成本效益分析可帮助项目经理确定规划的质量活动是否有效利用了成本。

（2）质量成本：包含以下一种或多种成本，如图 12-2 所示。

1）预防成本：预防特定项目的产品、可交付成果或服务质量低劣所带来的成本。

2）评估成本：评估、测试、审计和测试特定项目的产品、可交付成果或服务所带来的成本。

3）失败成本（内部/外部）：因产品、可交付成果或服务与干系人的需求或期望不一致而导致的成本。

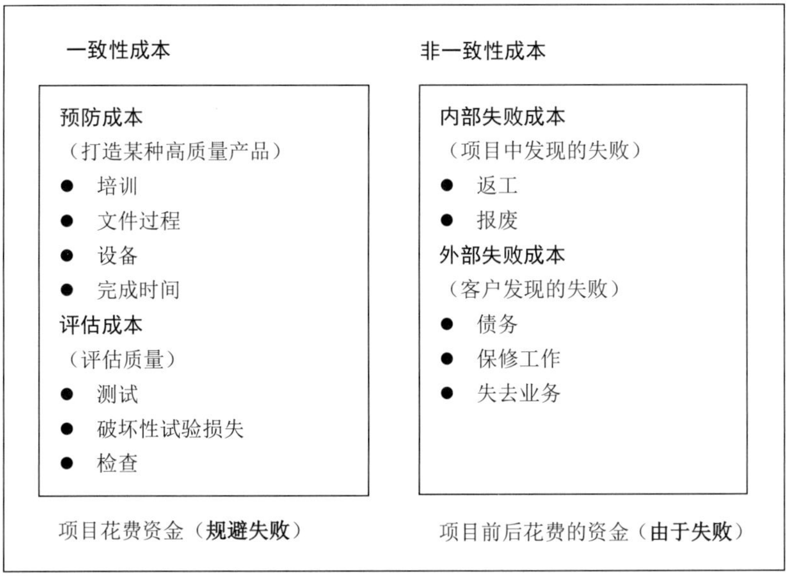

```
一致性成本                          非一致性成本

预防成本                            内部失败成本
（打造某种高质量产品）               （项目中发现的失败）
● 培训                              ● 返工
● 文件过程                          ● 报废
● 设备
● 完成时间                          外部失败成本
                                    （客户发现的失败）
评估成本                            ● 债务
（评估质量）                        ● 保修工作
● 测试                              ● 失去业务
● 破坏性试验损失
● 检查

项目花费资金（规避失败）            项目前后花费的资金（由于失败）
```

图 12-2　质量成本

（3）流程图：流程图也称过程图，用来显示将一个或多个输入转化成一个或多个输出的过程中，所需步骤顺序和可能分支。它通过映射水平价值链的过程细节来显示活动、决策点、分支循环、并行路径及整体处理顺序。它有助于了解和估算一个过程的质量成本。帮助改进过程并识别可能出现质量缺陷或可以纳入质量检查的地方。

（4）逻辑数据模型把组织数据可视化，用业务语言加以描述，不依赖任何特定技术。逻辑数据模型可用于识别会出现数据完整性或其他问题的地方。

（5）矩阵图：在行列交叉的位置展示因素、原因和目标之间的强弱关系。根据可用来比较因素的数量，项目经理可使用不同形状的矩阵，如 L 形、T 形、Y 形、X 形、C 形和屋顶型矩阵，有助于识别对项目成功至关重要的质量测量指标。

（6）思维导图：思维导图是一种用于可视化组织信息的绘图法。质量思维导图通常是基于单个质量概念创建的，是绘制在空白页面中央的图像，之后再增加以图像、词汇或词条形式表现的想法。有助于快速收集项目质量要求、制约因素、依赖关系和联系。

（7）测试与检查的规划：在规划阶段，项目经理和项目团队决定如何测试或检查产品、可交付成果或服务，以满足干系人的需求和期望，以及如何满足产品的绩效和可靠性目标。不同行业有不同的测试与检查，可能包括软件项目的 Alpha 测试和 Beta 测试、建筑项目的强度测试、制造和实地测试的检查，以及工程的无损伤测试。其中，Alpha 测试和 Beta 测试的区别见表 12-3。

表 12-3　Alpha 测试和 Beta 测试的区别

		Alpha 测试	Beta 测试
共同点		1. 都属于验收测试； 2. 不能由测试人员和开发人员完成	
比较	测试环境	开发环境或模拟实际环境	实际使用环境
	测试人员	最终用户或企业内部人员	终端用户
	开发人员是否在场	开发人员在场，是一种受控的测试	开发人员不在场，测试不受控
	关注点	Alpha 测试关注软件产品的功能、可用性、可靠性、性能等，尤其注重产品的界面和特色	Beta 测试侧重于关注产品的支持性，包括文档、客户培训和支持产品的生产能力

（8）质量管理计划描述如何实施适用的政策、程序和指南以实现质量目标。它描述了项目管理团队为实现一系列项目质量目标所需的活动和资源。可以是正式的或非正式的，非常详细的或高度概括的。内容一般包括：①项目采用的质量标准；②项目的质量目标；③质量角色与职责；④需要质量审查的项目可交付成果和过程；⑤为项目规划的质量控制和质量管理活动；⑥项目使用的质量工具；⑦与项目有关的主要程序，例如处理不符合要求的情况、纠正措施程序以及持续改进程序等。

（9）质量测量指标：质量测量指标包括按时完成的任务的百分比、以 CPI 测量的成本绩效、故障率、识别的日缺陷数量、每月总停机时间、每个代码行的错误、客户满意度分数，以及测试计划所涵盖的需求百分比（即测试覆盖度）。

12.4　管理质量

【基础知识点】

（1）管理质量的工作属于质量成本框架中的一致性工作。

（2）管理质量过程有助于：①通过执行有关产品特定方面的设计准则，设计出最优的成熟产品；②建立信心；③确保使用质量过程并确保其使用能够满足项目的质量目标；④提高过程和活动的效率与效果，获得更好的成果和绩效并提高干系人的满意度。

（3）管理质量是所有人的共同职责，包括项目经理、项目团队、项目发起人、执行组织的管理层，甚至是客户。在敏捷型项目中，整个项目期间的质量管理由所有团队成员执行。在传统项目中，质量管理通常是特定团队成员的职责。

（4）过程分析：该分析可以识别过程改进机会，同时检查在过程期间遇到的问题、制约因素以及非增值活动。

（5）根本原因分析（RCA）：该分析是确定引起偏差、缺陷或风险的根本原因的一种分析技术。一项根本原因可能引起多项偏差、缺陷或风险。根本原因分析还可以作为一项技术，用于识别问题的根本原因并解决问题。消除所有根本原因可以杜绝问题再次发生。

（6）适用于管理质量过程的数据表现技术主要包括：

1）亲和图：可以对潜在缺陷成因进行分类，展示最应关注的领域。

2）因果图：因果图又称"鱼骨图""why-why 分析图"和"石川图"，将问题陈述的原因分解为离散的分支，有助于识别问题的主要原因或根本原因。

3）流程图：流程图展示了引发缺陷的一系列步骤。

4）直方图：直方图是一种展示数字数据的条形图，可展示每个可交付成果的缺陷数量、缺陷成因排列、各个过程的不合规次数，或项目或产品缺陷的其他表现形式。

5）矩阵图：矩阵图在行列交叉的位置展示因素、原因和目标之间的关系强弱。

6）散点图：散点图是一种展示两个变量之间关系的图形，它能够展示两支轴的关系，一支轴表示过程、环境或活动的任何要素，另一支轴表示质量缺陷。

（7）审计：是用于确定项目活动是否遵循了组织和项目的政策、过程与程序的一种结构化且独立的过程。

1）质量审计通常由项目外部的团队开展。

2）质量审计目标一般包括：①识别全部正在实施的良好及最佳实践；②识别所有违规做法、差距及不足；③分享所在组织和/或行业中类似项目的良好实践；④积极、主动地提供协助，以改进过程的执行，从而帮助团队提高生产效率；⑤强调每次审计都应对组织经验教训知识库的积累做出贡献等。

3）质量审计还可确认已批准的变更请求（包括更新、纠正措施、缺陷补救和预防措施）的实施情况。

4）质量审计可事先安排，也可随机进行；可由内部或外部审计师进行。

（8）面向 X 的设计（DfX）：是产品设计期间可采用的一系列技术指南，旨在优化设计的特定方面，可以控制或提高产品最终特性。DfX 中的 X 可以是产品开发的不同方面。使用 DfX 可以降低成本、改进质量、提高绩效和客户满意度。

（9）问题解决：发现解决问题或应对挑战的解决方案。它包括收集其他信息、具有批判性思维的、创造性的、量化的和/或逻辑性的解决方法。问题解决方法通常包括以下要素：定义问题、识别根本原因、生成可能的解决方案、选择最佳解决方案、执行解决方案、验证解决方案的有效性等。

（10）质量改进方法：质量改进的开展，可基于质量控制过程的发现和建议、质量审计的发现或管理质量过程的问题解决。计划—实施—检查—行动和六西格玛是最常用的分析和评估改进机会的两种质量改进工具。

（11）质量报告：质量报告可能是图形、数据或定性文件，其中包含的信息可帮助其他过程和部门采取纠正措施，以实现项目质量期望。

质量报告的信息可以包含团队上报的质量管理问题，针对过程、项目和产品的改善建议，纠正措施建议（包括返工、缺陷/漏洞补救等），以及在控制质量过程中发现的情况的概述。

（12）测试与评估文件：是控制质量过程的输入，用于评估质量目标的实现情况。这些文件可能包括专门的核对单和详尽的需求跟踪矩阵。

12.5　控制质量

【基础知识点】

（1）适用于控制质量过程的数据收集技术包括：

1）核对单：有助于以结构化的方式管理控制质量活动。

2）核查表：又称计数表，用于合理排列各种事项，以便有效地收集关于潜在质量问题的有用数据。在开展检查以识别缺陷时，用核查表收集属性数据就特别方便。

3）统计抽样：是指从目标总体中选取部分样本用于检查。样本用于测量控制和确认质量。抽样的频率和规模应在规划质量管理过程中确定。

4）问卷调查：可用于在部署产品或服务之后收集关于客户满意度的数据。在问卷调查中识别的缺陷相关成本可被视为COQ模型中的外部失败成本，给组织带来的影响会超出成本本身。

（2）绩效审查：针对实际结果测量、比较和分析规划质量管理过程中定义的质量测量指标。

（3）根本原因分析（RAC）：根本原因分析用于识别缺陷成因。

（4）检查是指检验工作产品，以确定是否符合书面标准。检查的结果通常包括相关的测量数据。检查可在任何层次上进行，例如可以检查单个活动的成果，或者项目的最终产品。检查也可称为审查、同行审查、审计或巡检等。检查也可用于确认缺陷补救。

（5）测试/产品评估：

1）测试是一种有组织的、结构化的调查，旨在根据项目需求提供有关被测产品或服务质量的客观信息。

2）测试的目的是找出产品或服务中存在的错误、缺陷、漏洞或其他不合规问题。

3）测试可以贯穿于整个项目，可以随着项目的不同组成部分变得可用时进行，也可以在项目结束（即交付最终可交付成果）时进行。

4）不同应用领域需要不同的测试。例如，软件测试可能包括单元测试、集成测试、黑盒测试、白盒测试、接口测试、回归测试、Alpha测试等；硬件开发中，测试可能包括环境应力筛选、老化测试、系统测试等。

（6）控制图：用于确定一个过程是否稳定，或者是否具有可预测的绩效。规格上限和下限是根据要求制定的，反映了可允许的最大值和最小值。

（7）控制质量的测量结果：是对质量控制活动结果的书面记录，应以质量管理计划所确定的格式加以记录。

（8）核实的可交付成果：控制质量过程的一个目的就是确定可交付成果的正确性。开展控制质量过程的结果是核实的可交付成果，后者又是确认范围过程的一项输入，以便正式验收。

12.6 考点实练

1. 关于质量的描述，不正确的是（　　）。
   A. 质量是反映实体满足主体明确和隐含需求的能力的特性总和
   B. 质量是一组固有特性满足要求的程度
   C. 一个高等级、低质量的软件产品会被使用者接受
   D. 广义上的质量还包括工作质量

解析：国际标准化组织对质量的定义是："反映实体满足主体明确和隐含需求的能力的特性总和"。国家标准《质量管理体系 基础和术语》（GB/T 19000）对质量的定义为："一组固有特性满足要求的程度"。

质量通常是指产品的质量，广义上的质量还包括工作质量。

质量与等级是两个不同的概念。例如：

一个低等级（功能有限）、高质量（无明显缺陷，用户手册易读）的软件产品适合一般使用，可以被认可。

一个高等级（功能繁多）、低质量（有许多缺陷，用户手册杂乱无章）的软件产品的功能会因质量低劣而无效和/或低效，不会被使用者接受。

答案：C

2. 全面质量管理的 4 个核心特征不包括（　　）。
   A. 全员参加的质量管理　　　　　　B. 全方位的质量管理
   C. 全过程的质量管理　　　　　　　D. 全面结果的质量管理

解析：全面质量管理 4 个核心的特征包括：
（1）全员参加的质量管理。
（2）全过程的质量管理。
（3）全面方法的质量管理。
（4）全面结果的质量管理。

答案：B

3. 为打造高质量的软考答疑服务，薛大龙老师对所有答疑老师进行了统一的培训，支出了一定的成本，该成本属于（　　）。

A．预防成本 　　　　　　　　　B．评估成本

C．内部失败成本 　　　　　　　D．外部失败成本

解析：培训属于一致性成本中的预防成本。

答案：A

4．适用于控制质量过程的数据收集技术，不包括（　　）。

A．核对单　　　B．因果图　　　C．统计抽样　　　D．问卷调查

解析：适用于控制质量过程的数据收集技术包括：核对单；核查表；统计抽样；问卷调查。

答案：B

5．（　　）用于确定一个过程是否稳定，或者是否具有可预测的绩效。规格上限和下限是根据要求制定的，反映了可允许的最大值和最小值。

A．因果图　　　B．流程图　　　C．控制图　　　D．散点图

解析：控制图用于确定一个过程是否稳定，或者是否具有可预测的绩效。规格上限和下限是根据要求制定的，反映了可允许的最大值和最小值。

答案：C

第 13 小时 项目资源管理

13.0 章节考点分析

第 13 小时主要学习项目资源管理的内容。

根据考试大纲，本小时知识点会涉及单项选择题和案例分析题以及论文写作，按以往全国计算机技术与软件专业技术资格考试的出题规律，上午单选题约占 2~3 分，本小时内容属于基础知识范畴，考查的知识点多来源于教材，扩展内容较少。本小时的架构如图 13-1 所示。

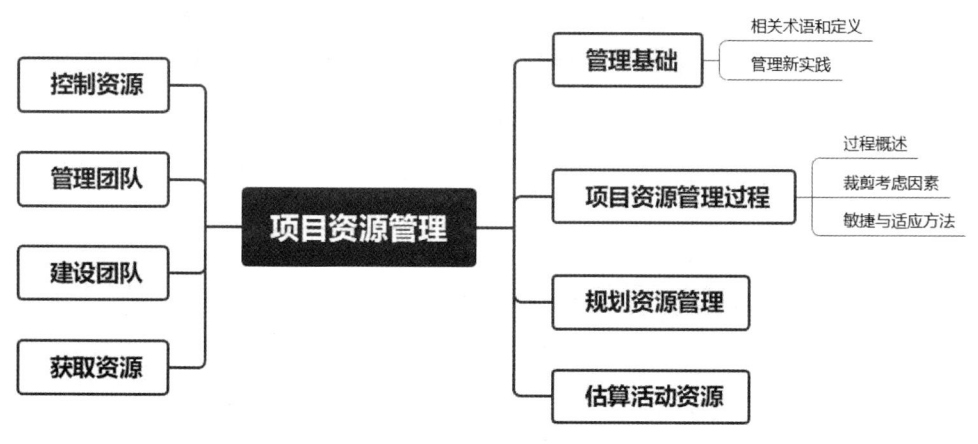

图 13-1 本小时的架构

【导读小贴士】

项目资源管理包括识别、获取和管理所需资源以成功完成项目的各个过程,这些过程有助于确保项目经理和项目团队在正确的时间和地点使用正确的资源,本小时所要讲述的内容,属于信息系统项目管理师需要掌握的相关知识,都是入门的基础知识,侧重于理解。

13.1 管理基础

【基础知识点】

(1)项目团队:是执行项目工作,以实现项目目标的,承担不同角色与职责的人员组成。具备的技能不同,可以全职也可以兼职。让他们都参与项目的规划和决策有利于项目的完成。

(2)项目管理团队(也称核心团队或领导团队):是直接参与项目管理活动的项目团队成员,负责项目管理和领导活动。对于小型项目,项目管理职责可由整个项目团队分担,或者由项目经理独自承担。

(3)项目经理:是由执行组织委派,领导项目团队实现项目目标的个人,既是项目团队的领导者,又是项目团队的管理者。

(4)领导者与管理者的区别见表 13-1。

表 13-1 领导者与管理者的区别

领导者	管理者
工作主要涉及 3 个方面:①确定方向;②统一思想;③激励和鼓舞	组织赋予其职位和权力,负责某件事情的管理或实现某个目标
领导者设定目标	管理者率众实现目标
尊重和信任,是有效领导力的关键要素	主要关心持续不断地为干系人创造他们所期望的成果
项目经理具有领导者和管理者的双重身份。对项目经理而言,管理能力和领导能力二者均不可或缺。对于大型复杂项目,领导能力尤为重要	

(5)项目经理的五种权力见表 13-2。

前面三种权力来源于组织的授权,后面两种权力来源于管理者自身。

(6)冲突与竞争见表 13-3。

(7)团队发展阶段见表 13-4。

表 13-2　项目经理的五种权力

权力类别	描述
职位权力	来源于管理者在组织中的职位和职权
惩罚权力	使用降职、扣薪、惩罚、批评、威胁等负面手段的能力，需谨慎使用
奖励权力	给予下属奖励的能力
专家权力	来源于个人的专业技能
参照权力	由于成为别人学习参照的榜样所拥有的力量

表 13-3　冲突与竞争

冲突	竞争
冲突是指两个或两个以上的社会单元在目标上互不相容或互相排斥，从而产生心理上的或行为上的矛盾。 冲突并不一定是有害的，"一团和气"的集体不一定是一个高效率的集体。对于有害的冲突要设法加以解决或减少；对有益的冲突要加以利用	双方具有同一个目标，不需要发生势不两立的争夺

表 13-4　团队发展阶段

发展阶段	意义
形成阶段	一个个独立的个体成员转变为团队成员，开始形成共同目标，对未来团队往往有美好的期待
震荡阶段	团队成员开始执行分配的项目任务，一般会遇到超出预想的困难，希望被现实打破。个体之间开始争执，互相指责，并且开始怀疑项目经理的能力
规范阶段	经过一定时间的磨合，团队成员开始协同工作，并调整各自的工作习惯和行为来支持团队，团队成员开始相互信任，项目经理能够得到团队的认可
发挥阶段	随着相互之间的配合默契和对项目经理的信任，成员积极工作，努力实现目标。这时集体荣誉感非常强，常将团队换成第一称谓，如"我们那个组""我们部门"等，并会努力捍卫团队声誉
解散阶段	所有工作完成后，项目结束，团队解散

（8）激励理论包括：马斯洛需求层次理论、赫茨伯格的双因素理论、麦格雷戈的 X 理论和 Y 理论、期望理论。

1）马斯洛需求层次理论是一个 5 层的金字塔结构，如图 13-2 所示。

2）赫茨伯格的双因素理论见表 13-5。

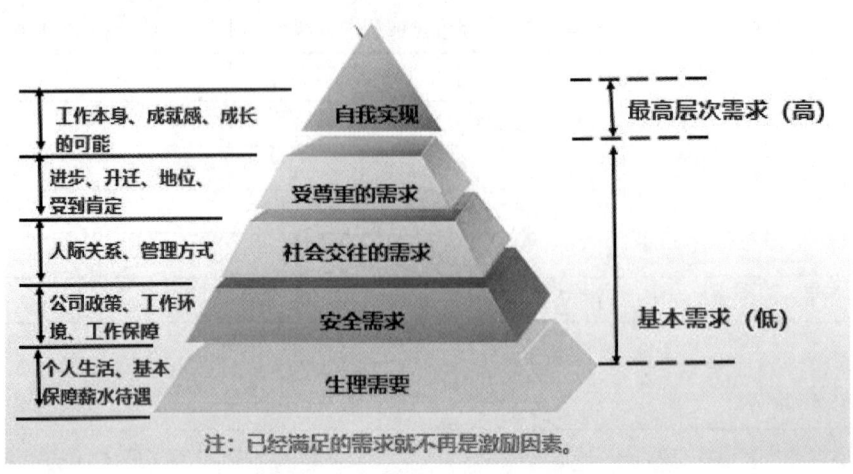

图 13-2 马斯洛需求层次理论

表 13-5 赫茨伯格的双因素理论

保健因素	激励因素
保健因素（外在因素）包括：工作环境、工资薪水、组织政策、个人生活、管理监督、人际关系	激励因素（内在因素）包括：成就、承认、工作本身、责任、发展机会
不管保健因素健全还是不健全，都会产生不满意感，这些因素无法起到激励作用	激励因素才能真正地激励员工

3）麦格雷戈的 X 理论和 Y 理论见表 13-6。

表 13-6 麦格雷戈的 X 理论和 Y 理论

	X 理论（性本恶）	Y 理论（性本善）
基本论点	人之初，性本懒；每个人都好逸恶劳	人之初，性本勤；每个人都希望创造价值
企业特点	等级森严 气氛紧张 管理者是监工 管理者职责：监督、管理	环境宽松 气氛和谐 管理者是服务者 管理者职责：创造良好的环境平台
管理手段	严厉的惩罚手段：末位淘汰	激励、目标导向、股东分红
背景场景	工业化时代，对蓝领进行管理	知识时代，对白领进行管理

4）期望理论：期望理论认为，一个目标对人的激励程度受两个因素影响。
- 目标效价，指实现该目标对个人有多大价值的主观判断。如果实现该目标对个人来说很有价值，个人的积极性就高；反之，积极性就低。
- 期望值，指个人对实现该目标可能性大小的主观估计。只有个人认为实现该目标的可能性很大，才会去努力争取实现，从而在较高程度上发挥目标的激励作用；如果个人认为实现该目标的可能性很小，甚至完全没有可能，目标激励作用则小，以至完全没有。

- 激励水平等于目标效价和期望值的乘积；激发力量=目标效价×期望值。

（9）项目资源管理的趋势和新实践包括：资源管理方法；情商；自组织团队；虚拟团队/分布式团队。

13.2 项目资源管理过程

【基础知识点】

（1）项目资源管理过程包括如下内容。

1）**规划资源管理**：定义如何估算、获取、管理和利用实物以及团队项目资源。**本过程的主要作用**是根据项目类型和复杂程度确定适用于项目资源的管理方法和管理程度。本过程仅开展一次或仅在项目的预定义点开展。

2）**估算活动资源**：估算执行项目所需的团队资源，材料、设备和用品的类型和数量。**本过程的主要作用**是明确完成项目所需的资源种类、数量和特性。本过程应根据需要在整个项目期间定期开展。

3）**获取资源**：获取项目所需的团队成员、设施、设备、材料、用品和其他资源。**本过程的主要作用**：①概述和指导资源的选择；②将选择的资源分配给相应的活动。本过程应根据需要在整个项目期间定期开展。

4）**建设团队**：提高工作能力，促进团队成员互动，改善团队整体氛围，提高绩效。**本过程的主要作用**是改进团队协作、增强人际关系技能、激励员工、减少摩擦以及提升整体项目绩效。本过程需要在整个项目期间开展。

5）**管理团队**：跟踪团队成员工作表现，提供反馈，解决问题并管理团队变更，以优化项目绩效。本过程的主要作用是影响团队行为、管理冲突以及解决问题。本过程需要在整个项目期间开展。

6）**控制资源**：确保按计划为项目分配实物资源，以及根据资源使用计划监督资源实际使用情况，并采取必要纠正措施。**本过程的主要作用**：①确保所分配的资源适时、适地可用于项目；②资源在不再需要时被释放。本过程需要在整个项目期间开展。

（2）项目资源管理的输入、工具与技术和输出见表13-7。

（3）由于每个项目都是独特的，项目经理可以根据需要对项目资源管理过程进行裁剪。裁剪时应考虑的因素包括：多元化；物理位置；行业特定资源；团队成员的获得；团队管理；生命周期方法。

（4）敏捷与适应方法：对于易变性高的项目，更适合采用能够最大限度地集中和协作的团队结构形式。

表 13-7 项目资源管理的输入、工具与技术和输出

过程	输入	工具与技术	输出
规划资源管理	1. 项目章程 2. 项目管理计划 3. 项目文件（需求文件、项目进度计划、风险登记册、干系人登记册） 4. 事业环境因素 5. 组织过程资产	1. 专家判断 2. 数据表现（层级型：工作分解结构、组织分解结构、资源分解结构；矩阵型：责任分配矩阵；文本型） 3. 组织理论 4. 会议	1. 资源管理计划 2. 团队章程 3. 项目文件（更新）（假设日志、风险登记册）
估算活动资源	1. 项目管理计划 2. 项目文件（假设日志、风险登记册、活动属性、活动清单、成本估算、资源日历） 3. 事业环境因素 4. 组织过程资产	1. 专家判断 2. 自下而上估算 3. 类比估算 4. 参数估算 5. 数据分析（备选方案分析） 6. 项目管理信息系统 7. 会议	1. 资源需求 2. 估算依据 3. 资源分解结构 4. 项目文件（更新）（假设日志、活动属性、经验教训登记册）
获取资源	1. 项目管理计划 2. 项目文件（项目进度计划、资源需求、干系人登记册） 3. 事业环境因素 4. 组织过程资产	1. 决策（多标准决策分析） 2. 人际关系与团队技能（谈判） 3. 预分派 4. 虚拟团队	1. 物质资源分配单 2. 项目团队派工单 3. 资源日历 4. 变更请求 5. 项目管理计划（更新） 6. 项目文件（更新）（经验教训登记册、项目进度计划、资源分解结构、资源需求、风险登记册、干系人登记册） 7. 事业环境因素（更新） 8. 组织过程资产（更新）
建设团队	1. 项目管理计划 2. 项目文件（团队章程、项目进度计划、项目团队派工单、资源日历、经验教训登记册） 3. 事业环境因素 4. 组织过程资产	1. 集中办公 2. 虚拟团队 3. 沟通技术 4. 人际关系与团队技能（冲突管理、影响力、激励、谈判、团队建设） 5. 认可与奖励 6. 培训 7. 个人和团队评估 8. 会议	1. 团队绩效评价 2. 变更请求 3. 项目管理计划（更新） 4. 项目文件（更新）（经验教训登记册、项目进度计划、项目团队派工单、资源日历、团队章程） 5. 事业环境因素（更新） 6. 组织过程资产（更新）
管理团队	1. 项目管理计划 2. 项目文件（团队章程、问题日志、经验教训登记册、项目团队派工单） 3. 工作绩效报告 4. 团队绩效评价 5. 事业环境因素 6. 组织过程资产	1. 项目管理信息系统 2. 人际关系与团队技能（冲突管理、制定决策、情商、影响、领导力）	1. 变更请求 2. 项目管理计划（更新） 3. 项目文件（更新）（问题日志、经验教训登记册、项目团队派工单） 4. 事业环境因素（更新）

续表

过程	输入	工具与技术	输出
控制资源	1．项目管理计划 2．项目文件（项目进度计划、问题日志、资源需求、资源分解结构、经验教训登记册、物质资源分配单、风险登记册） 3．工作绩效数据 4．协议 5．组织过程资产	1．问题解决 2．数据分析（备选方案分析、成本效益分析、绩效审查、趋势分析） 3．人际关系与团队技能（谈判、影响力） 4．项目管理信息系统	1．工作绩效信息 2．变更请求 3．项目管理计划（更新） 4．项目文件（更新）（假设日志、问题日志、经验教训登记册、物质资源分配单、资源分解结构、风险登记册）

13.3 规划资源管理

【基础知识点】

（1）适用于规划资源管理的数据表现技术是图表：多种格式来记录和阐明团队成员的角色与职责，大多数格式属于层级型、矩阵型或文本型。

1）层级型：可采用传统的组织结构图，自上而下地显示各种职位及其相互关系。

工作分解结构（WBS）：用来显示如何把项目可交付成果分解为工作包，有助于明确高层级的职责。

组织分解结构（OBS）：按照组织现有的部门、单元或团队排列，并在每个部门下列出项目活动或工作包。例如，运营部门只需找到其所在的OBS位置，就能看到自己的全部项目职责。

资源分解结构：按资源类别和类型，对团队和实物资源的层级列表，用于规划、管理和控制项目工作，每向下一个层级代表对资源的更详细描述，直到信息细到可以与工作分解结构（WBS）相结合。

2）矩阵型：展示项目资源在各个工作包中的任务分配。矩阵型图表的一个例子是职责分配矩阵（RAM），它显示了分配给每个工作包的项目资源，用于说明工作包或活动与项目团队成员之间的关系。在大型项目中，可以制定多个层次的RAM。

RAM的一个例子是RACI（执行、负责、咨询和知情）矩阵，适用团队由内部和外部人员组成，见表13-8。

3）文本型：如果需要详细描述团队成员的职责，就可以采用文本型。文本型文件通常以概述的形式，提供诸如职责、职权、能力和资格等方面的信息。这种文件有多种名称，如职位描述、角色-职责-职权表。

（2）组织理论：阐述个人、团队和组织部门的行为方式。有效利用组织理论中的常用技术，可以节约规划资源管理过程的时间、成本及人力投入，提高规划工作的效率。组织的结构和文化会直接影响项目的组织结构。

表 13-8 RACI 矩阵

活动	人员				
	薛博士	刘老师	夏老师	余老师	古老师
需求定义	A	R	I	I	I
系统设计	I	A	R	C	C
系统开发	I	A	R	R	C
测试	A	I	I	I	R

注：R=执行；A=负责；C=咨询；I=知情。

（3）资源管理计划的内容主要包括：识别资源；获取资源；角色与职责；项目组织图；项目团队资源管理；培训；团队建设；资源控制；认可计划。

（4）团队章程：是为团队创建团队价值观、共识和工作指南的文件。

- 团队章程包括团队价值观、沟通指南、决策标准和过程、冲突处理过程、会议指南和团队共识。
- 团队章程对项目团队成员的可接受行为确定了明确的期望，尽早认可并遵守明确的规则，有助于减少误解，提高生产力。
- 由团队制订或参与制订的团队章程可发挥最佳效果，所有项目团队成员都分担责任，确保遵守团队章程中规定的规则。
- 可定期审查和更新团队章程，确保团队成员始终了解团队基本规则，并指导新成员融入团队。

13.4 估算活动资源

【基础知识点】

（1）资源需求：识别了各个工作包或工作包中每项活动所需的资源类型和数量，可以汇总这些需求，以估算每个工作包、每个 WBS 分支以及整个项目所需的资源。

（2）项目管理信息系统：给项目提供了 IT 软件工具，例如进度计划软件工具、工作授权系统、配置管理系统、信息收集与发布系统，以及进入其他在线信息系统（如知识库）的登录界面，支持自动收集和报告关键绩效指标（KPI）。

13.5 获取资源

【基础知识点】

（1）适用于获取资源过程的决策技术是多标准决策分析。根据标准的相对重要性对标准进行加权，加权值可能因资源类型的不同而发生变化。可使用的选择标准包括：可用性；成本；能力；经验；知识；技能；态度；国际因素。

（2）适用于获取资源过程的人际关系与团队技能是谈判。项目管理团队需要与下列各方谈判：职能经理；执行组织中的其他项目管理团队；外部组织和供应商。

（3）预分派指事先确定项目的实物或团队资源，在如下情况时可采用预分派：

1）在竞标过程中承诺分派特定人员进行项目工作。

2）项目取决于特定人员的专有技能。

3）在完成资源管理计划的前期工作之前，制定项目章程过程或其他过程已经指定了某些团队成员的工作。

（4）虚拟团队为团队成员的招募提供了新的途径。虚拟团队可以被定义为有共同目标、在完成各自任务过程中很少有时间或者没有时间能面对面工作的一组人员。虚拟团队模式使人们有可能：

1）在组织内部地处不同地理位置的员工之间组建团队。

2）为项目团队增加特殊技能，即使相应的专家不在同一地理区域。

3）将在家办公的员工纳入团队。

4）在工作班次、工作小时或工作日不同的员工之间组建团队。

5）将行动不便者或残疾人纳入团队。

6）执行那些原本会因差旅费用过高而被搁置或取消的项目。

7）节省员工所需的办公室和所有实物设备的开支等。

（5）项目团队派工单：记录了团队成员及其在项目中的角色和职责，可包括项目团队名录，还需要把人员姓名插入项目管理计划的其他部分，如项目组织图和进度计划。

（6）资源日历表示出各个阶段到位的项目团队成员可以在项目上工作的时间。

13.6 建设团队

【基础知识点】

（1）可实现团队的高效运行的行为有：①使用开放与有效的沟通；②创造团队建设机遇；③建立团队成员间的信任；④以建设性方式管理冲突；⑤鼓励合作型的问题解决方法；⑥鼓励合作型的决策方法。

（2）集中办公是指把许多或全部最活跃的项目团队成员安排在同一个地点工作，以增强团队工作能力。

（3）沟通技术包括：共享门户；视频会议；音频会议；电子邮件/聊天软件。

（4）适用于建设团队过程的人际关系与团队技能主要包括：冲突管理；影响力；激励；谈判；团队建设。

（5）认可与奖励：在建设项目团队过程中，需要对成员的优良行为给予认可与奖励。最初的奖励计划是在规划资源管理过程中编制的，只有能满足被奖励者的某个重要需求的奖励，才是有效的奖励。

（6）个人和团队评估：能让项目经理和项目团队洞察成员的优势和劣势。

（7）团队效率评估可以包含以下几方面：提高个人技能，可以使专业人员更高效地完成所分配的活动；提高团队能力，可以帮助团队更好地共同工作；较低的员工流动率；团队凝聚力的加强，可使团队成员公开分享信息和经验，并互相帮助，来提高项目绩效。

13.7 管理团队

【基础知识点】

（1）适用于管理团队过程的人际关系与团队技能包括：冲突管理、制定决策、情商、影响、领导力。

（2）冲突管理。在项目环境中，冲突不可避免。

影响冲突解决的因素包括：①冲突的重要性与激烈程度；②解决冲突的紧迫性；③涉及冲突的人员的相对权力；④维持良好关系的重要性；⑤永久或暂时解决冲突的动机等。

冲突的五种处理方法见表 13-9。

表 13-9　冲突的五种处理方法

解决方式	特点	说明	其他
合作/解决问题	赢-赢	综合考虑不同的观点和意见，采用合作的态度和开放式对话引导各方达成共识和承诺，这种方法可以带来双赢局面	最好的冲突解决方式
妥协/调解	各让一步 不输不赢	为了暂时或部分解决冲突，寻找能让各方都在一定程度上满意的方案，但这种方法有时会导致"双输"局面	冲突各方都有一定程度的满意、但冲突各方没有任何一方完全满意
缓和/包容	求同存异	强调一致而非差异；为维持和谐与关系而退让一步，考虑其他方的需要	保持一种友好的气氛，但是回避了解决冲突的根源
撤退/回避	双输，矛盾被搁置"离他远点"	从实际或潜在冲突中退出，将问题推迟到准备充分的时候，或者将问题推给其他人员解决	短期可以，长远来看不好。解决问题条件不成熟
强迫/命令	赢-输 单赢-"我就要赢！"	以牺牲其他方为代价，推行某一方的观点；只提供赢-输方案	通常是利用权力来强行解决紧急问题，会破坏团队气氛

（3）情商：是指识别、评估和管理个人情绪、他人情绪及团体情绪的能力。

（4）影响力的主要体现：说服别人，以及清晰地表达观点和立场的能力；积极且有效地倾听；了解并综合考虑各种观点；收集相关且关键的信息，以解决重要问题，维护相互信任，达成一致意见。

（5）领导力：成功的项目需要强有力的领导技能，领导力是领导团队、激励团队做好本职工作的能力。它包括各种不同的技巧、能力和行动。领导力对沟通愿景及鼓舞项目团队高效工作十分重要。

13.8 控制资源

【基础知识点】

（1）应在所有项目阶段和整个项目生命周期持续开展控制资源过程，且适时、适地和适量地分配和释放资源，使项目能够持续进行。控制资源过程重点关注实物资源，例如设备、材料、设施和基础设施。

（2）控制资源过程关注：①监督资源支出；②及时识别和处理资源缺乏/剩余情况；③确保根据计划和项目需求使用并释放资源；④出现资源相关问题时通知相应干系人；⑤影响可以导致资源使用变更的因素；⑥在变更实际发生时对其进行管理等。

13.9 考点实练

1. 关于团队建设和管理的描述，不正确的是（　　）。
   A．在团队发展的五个阶段中，震荡阶段之后是规范阶段
   B．团队发展不一定按五个阶段顺序进行，可能会跳过某个阶段
   C．项目经理注重运用奖励权力和惩罚权力，尽量避免使用专家权力
   D．成功的冲突管理可以提高生产力，改进工作关系

解析：职位权力、惩罚权力、奖励权力来自组织的授权，专家权力和参照权力来自管理者自身。项目经理更注重运用奖励权力、专家权力和参照权力，尽量避免使用惩罚权力。

答案：C

2. 在马斯洛需求层次理论中，位于金字塔结构第三层的是（　　）需求。
   A．安全　　　　　B．社会交往　　　　　C．受尊重　　　　　D．自我实现

解析：马斯洛需求层次理论一共有五层，第三层是社会交往的需求。

答案：B

3. 赫茨伯格的双因素理论中的激励因素类似于马斯洛需求层次理论中的（　　）。
   A．安全和自我实现　　　　　　　　　　B．尊重和自我实现
   C．安全和社会认可　　　　　　　　　　D．社会认可和尊重

解析：赫茨伯格的双因素理论中的激励因素是与员工的工作本身或工作内容有关的、能激励人们努力地工作，以达到公司的目标和员工自我实现的满足感和责任感，类似于马斯洛需求层次中的受尊重和自我实现的需求。

答案：B

4. 一个为期 2 年的项目已经实施了 1 年，在项目期间不同的项目成员进进出出，团队成员已

经发生了较大的变化，而相应的团队职责分工已经与原计划有了很多出入。最近团队成员在为一个工作包由谁来负责产生了分歧，项目经理查看了项目计划，他发现很多工作包都没有规定负责人，或者是原定的负责人已经发生了变更。针对这种情况，项目经理应该首先（ ）以加强对项目的管控。

  A．为该工作包指定负责人   B．重新制订责任分配矩阵

  C．重新分解项目工作包   D．重新制订人力资源计划

解析：重新制订责任分配矩阵，明确每个人的角色和职责是要做的第一步。

答案：B

5．关于领导者和管理者的描述，正确的是（ ）。

  A．管理者的主要工作是确定方向、统一思想、激励和鼓舞

  B．领导者负责某件具体事情的管理或实现某个具体目标

  C．管理者设定目标，领导者率众实现目标

  D．项目经理具有领导者和管理者的双重身份

解析：项目经理具有领导者和管理者的双重身份。

答案：D

6．有关建设项目团队的描述，不正确的是（ ）。

  A．通过各种活动提高团队成员之间的信任和认同感，增进协作

  B．借助管理层和相关干系人的帮助，使项目组获得有效的资源支持

  C．通过有效手段提高团队成员的知识和技能，实现有效交付

  D．通过塑造良好的团队文化，提高个人和团队的生产率

解析：建设团队：提高工作能力，促进团队成员互动，改善团队整体氛围，提高绩效。本过程的主要作用是改进团队协作、增强人际关系技能、激励员工、减少摩擦以及提升整体项目绩效。

  B选项"借助管理层和相关干系人的帮助，使项目组获得有效的资源支持"是管理干系人的内容，不是建设团队的内容。

答案：B

7．（ ）不属于建设团队的工具和技术。

  A．事先分派 B．培训 C．集中办公 D．认可和奖励

解析：事先分派是组建项目团队的工具与技术。

答案：A

第14小时 项目沟通管理

14.0 章节考点分析

第 14 小时主要学习项目沟通管理的内容。

根据考试大纲，本小时知识点会涉及单项选择题和案例分析题以及论文写作，按以往全国计算机技术与软件专业技术资格考试的出题规律，上午单选题约占 2~3 分，本小时内容属于基础知识范畴，考查的知识点多来源于教材，扩展内容较少。本小时的架构如图 14-1 所示。

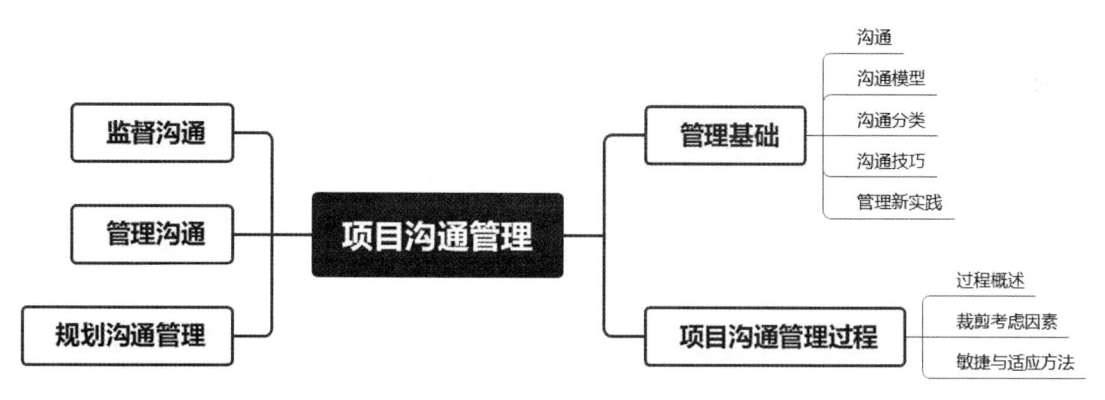

图 14-1 本小时的架构

【导读小贴士】

项目沟通管理是确保及时、正确地产生、收集、分发、存储和最终处理项目信息所需的过程，本小时所要讲述的内容，属于信息系统项目管理师需要掌握的相关知识，都是入门的基础知识，侧重于理解。

14.1 管理基础

【基础知识点】

（1）沟通是指用各种可能的方式来发送或接收信息。具体形式包括：书面形式；口头形式；正式或非正式形式；手势动作；媒体形式；遣词造句。

（2）沟通模型关键要素包括：

1）编码：把思想或想法转化为他人能理解的语言。

2）信息和反馈信息：编码过程所得到的结果。

3）媒介：用来传递信息的方法。

4）噪声：干扰信息传输和理解的一切因素（如距离、新技术、缺乏背景信息等）。

5）解码：把信息还原成有意义的思想或想法。

（3）沟通模型包含五种状态：

1）已发送：信息已发送。当你传送信息给他人时，并不表示对方已经读取或听到了，电子邮件和电话也只是帮助我们快速传递信息，却不能保证对方一定已经读取。

2）已收到：对方信息已收到，但这并不表示对方有意图去读取、理解或解决信息。

3）已理解：正确地消化和理解信息中的内容是简单接收信息中关键的一环。

4）已认可：理解了传达的信息并不代表对方已同意这个观点，达成一致仍然是做出项目决策和有效沟通的关键一环。

5）已转化为积极的行动：正确地理解和达成一致的认可比较难，但更加困难的是让对方转化为实际的、积极的行动，而且是方向正确无误的行动。这是整个过程中最难的一环，通常需要反复地沟通，在一定的监督或帮助下才能较好地完成。

（4）沟通活动可按多种维度进行分类，主要包括：内部沟通；外部沟通；正式沟通；非正式沟通；层级沟通；官方沟通；非官方沟通；书面与口头沟通。

（5）有效的沟通活动和成果创建具有如下三个基本属性：①沟通目的明确；②尽量了解沟通接收方，满足其需求及偏好；③监督并衡量沟通的效果。

（6）书面沟通的 5C 原则包括：正确的语法和拼写（Correctness）；简洁的表述（Concise）；清晰的目的和表述（Clarity）；连贯的思维逻辑（Coherent）；善用控制语句和承接（Controlling）。

（7）项目经理除了要掌握书面沟通的 5C 原则，还需配合下列沟通技巧：①积极倾听；②理解文化和个人差异；③识别、设定并管理干系人期望；④强化技能。

（8）项目沟通管理的新趋势和新兴的实践主要包括：将干系人纳入项目评审范围；让干系人参加项目会议；社交工具的使用日益增多；多面性沟通方法。

（9）沟通渠道计算公式为 $n(n-1)/2$，其中 $n \geq 1$（n 为参与者的数量）。

14.2 项目沟通管理过程

【基础知识点】

（1）项目沟通管理过程包括如下内容。

1）**规划沟通管理**：是基于每个干系人或干系人群体的信息需求、可用的组织资产，以及具体项目的需求，为项目沟通活动制订恰当的方法和计划的过程。**本过程的主要作用**：①及时向干系人提供相关信息；②引导干系人有效参与项目；③编制书面沟通计划。本过程应根据需要在整个项目期间定期开展。

2）**管理沟通**：是确保项目信息及时且恰当地收集、生成、发布、存储、检索、管理、监督和最终处置的过程。**本过程的主要作用**是促成项目团队与干系人之间的有效信息流动。本过程需要在整个项目期间开展。

3）**监督沟通**：是确保满足项目及其干系人的信息需求的过程。**本过程的主要作用**是按沟通管理计划和干系人参与计划的要求优化信息传递流程。本过程需要在整个项目期间开展。

（2）项目沟通管理的输入、工具与技术和输出见表 14-1。

表 14-1 项目沟通管理的输入、工具与技术和输出

过程	输入	工具与技术	输出
规划沟通管理	1. 项目章程 2. 项目管理计划 3. 项目文件（需求文件、干系人登记册） 4. 事业环境因素 5. 组织过程资产	1. 专家判断 2. 沟通需求分析 3. 沟通技术 4. 沟通模型 5. 沟通方法 6. 人际关系与团队技能（沟通风格评估、政策意识、文化意识） 7. 数据表现（干系人参与度评估矩阵） 8. 会议	1. 沟通管理计划 2. 项目管理计划（更新） 3. 项目文件（更新）（项目进度计划、干系人登记册）
管理沟通	1. 项目管理计划 2. 项目文件（变更日志、问题日志、经验教训登记册、质量报告、风险报告、干系人登记册） 3. 工作绩效报告 4. 事业环境因素 5. 组织过程资产	1. 沟通技术 2. 沟通方法 3. 沟通技能（沟通胜任力、反馈、非口头技能、演示） 4. 项目管理信息系统 5. 项目报告 6. 人际关系与团队技能（积极倾听、冲突管理、文化意识、会议管理、人际交往、政策意识） 7. 会议	1. 项目沟通记录 2. 项目管理计划（更新） 3. 项目文件（更新）（问题日志、经验教训登记册、项目进度计划、风险登记册、干系人登记册） 4. 组织过程资产（更新）

续表

过程	输入	工具与技术	输出
监督沟通	1. 项目管理计划 2. 项目文件（问题日志、经验教训登记册、项目沟通记录） 3. 工作绩效数据 4. 事业环境因素 5. 组织过程资产	1. 专家判断 2. 项目管理信息系统 3. 数据表现（干系人参与度评估矩阵） 4. 人际关系与团队技能（观察和交谈） 5. 会议	1. 工作绩效信息 2. 变更请求 3. 项目管理计划（更新） 4. 项目文件（更新）（问题日志、经验教训登记册、干系人登记册）

（3）因为项目的独特性，项目团队可以根据需要裁剪项目沟通管理过程。裁剪时应考虑的因素一般包括：干系人；物理地点；语言；知识管理。

（4）敏捷与适应方法：在模糊不定的项目环境中，必然需要对不断演变和出现的细节情况进行更频繁和快速地沟通。应该尽量简化团队成员获取信息的通道，要经常进行团队检查，并让团队成员集中办公；为了促进与高级管理层和干系人的沟通，还需要以透明的方式发布项目成果，并定期邀请干系人评审项目成果。

14.3 规划沟通管理

【基础知识点】

（1）在进行沟通需求分析的时候，需要的信息包括：①干系人登记册及干系人参与计划中的相关信息和沟通需求；②潜在沟通渠道或途径的数量，包括一对一、一对多和多对多沟通；③组织结构图；④项目组织与干系人的职责、关系及相互依赖；⑤开发方法；⑥项目所涉及的学科、部门和专业；⑦有多少人在什么地点参与项目；⑧内部信息需求；⑨外部信息需求；⑩法律要求等。

（2）沟通技术用于项目干系人的信息传递，常见方法包括：对话、会议、书面文件、数据库、社交媒体和网站。

（3）影响沟通技术的选择的因素包括：信息需求的紧迫性；技术的可用性与可靠性；易用性；项目环境；信息的敏感性和保密性。

（4）沟通模型可以是最基本的线性（发送方和接收方）沟通过程，也可以是增加了反馈元素（发送方、接收方和反馈）更具互动性的沟通形式，甚至可以是融合了发送方或接收方的人性因素、试图考虑沟通复杂性的更加复杂的沟通模型，如图 14-2 所示。

（5）项目干系人之间用于分享信息的沟通方法见表 14-2。

（6）可以采用如下方法来实现沟通管理计划所规定的主要的沟通需求：

- 人际沟通：个人之间交换信息，通常以面对面的方式进行。
- 小组沟通：在 3~6 人的小组内部开展。
- 公众沟通：单个演讲者面向一群人。

- 大众传播：信息发送人员或小组与大量目标受众（有时为匿名）之间只有最低程度的联系。
- 网络和社交工具沟通：借助社交工具和媒体，开展多对多的沟通。

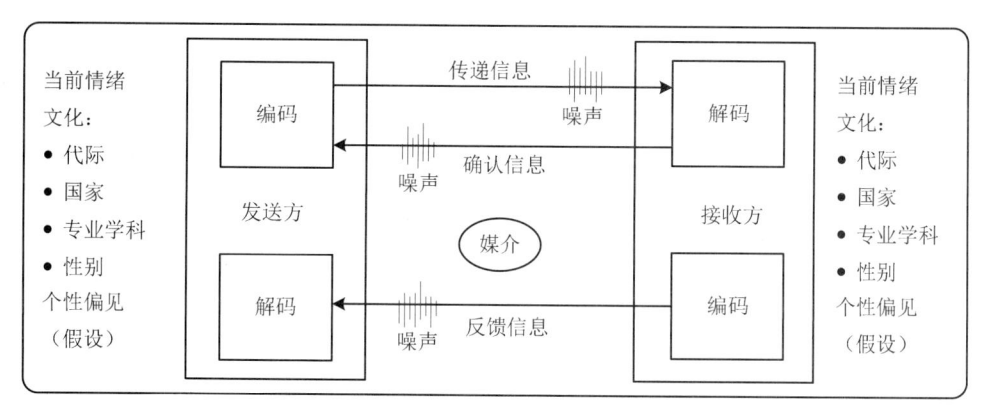

图 14-2 适用于跨文化沟通的沟通模型

表 14-2 沟通的三种方法

互动沟通	推式沟通	拉式沟通
沟通双方或多方多方位地交流信息。 例如：会议、电话、即时信息、社交媒体和视频会议	向需要接收信息的特定接收方发送或发布信息。 这种方法可以确保信息的发送，但不能确保信息送达目标受众或被目标受众理解。 例如：信件、备忘录、报告、电子邮件、传真、语音邮件、博客和新闻稿	适用于大量复杂信息或大量信息受众的情况。 它要求接收方在遵守有关安全规定的前提之下自行访问相关内容。 例如：门户网站、组织内网、电子在线课程、经验教训数据库或知识库

（7）可用于沟通的方法或成果主要包括：公告板；新闻通讯、内部杂志和电子杂志；致员工或志愿者的信件；新闻稿；年度报告；电子邮件和内部局域网；门户网站和其他信息库（适用于拉式沟通）；电话交流、演示；团队简述或小组会议；焦点小组；干系人之间的正式或非正式的面对面会议；咨询小组或员工论坛；社交工具和媒体等。

（8）适用于规划沟通管理过程的人际关系与团队技能主要包括：沟通风格评估；政策意识；文化意识。

（9）干系人参与度评估矩阵：显示了个体干系人当前和期望参与度之间的差距。在本过程中，可进一步分析该评估矩阵，以便为填补参与度差距而识别额外的沟通需求（除常规报告以外的），如图 14-3 所示。

（10）沟通管理计划主要包括：干系人的沟通需求；需沟通的信息，包括语言、形式、内容和详细程度；上报步骤；发布信息的原因；发布所需信息、确认已收到或作出回应（若适用）的时限和频率；负责沟通相关信息的人员；负责授权保密信息发布的人员；接收信息的人员或群体，包括他们的需要、需求和期望；用于传递信息的方法或技术，如备忘录、电子邮件、新闻稿或社交媒体；

为沟通活动分配的资源，包括时间和预算；随着项目进展（如项目不同阶段干系人社区的变化）而更新与优化沟通管理计划的方法；通用术语表；项目信息流向图、工作流程（可能包含审批程序）、报告清单和会议计划等；来自法律法规、技术、组织政策等的制约因素等。

干系人	不知晓	抵制	中立	支持	领导
干系人1	C				D
干系人2			C	D	
干系人3				DC	

图 14-3　相关方参与程度评估矩阵

注：不知晓：对项目和潜在影响不知晓。

抵制：知晓项目和潜在影响，抵制变革。

中立：知晓项目，既不支持，也不反对。

支持：知晓项目和潜在影响，支持变革。

领导：知晓项目和潜在影响，积极致力于保证项目成功。

C 表示当前状态，D 表示需要的状态。

14.4　管理沟通

【基础知识点】

（1）有效的沟通管理的技术主要包括：发送方-接收方模型；媒介选择；写作风格；会议管理；演示；引导；积极倾听。

（2）适用于管理沟通过程的沟通技能主要包括：沟通胜任力；反馈；非口头技能；演示。

（3）项目报告发布是收集和发布项目信息的行为。

（4）适用于管理沟通过程的人际关系与团队技能主要包括：积极倾听；冲突管理；文化意识；会议管理；人际交往；政策意识。

（5）规划会议时的一般步骤包括：①准备并发布会议议程（其中包含会议目标）；②确保会议在规定的时间开始和结束；③确保适当参与者受邀并出席；④切题；⑤处理会议中的期望、问题和冲突；⑥记录所有行动以及所分配的行动责任人。

14.5　监督沟通

【基础知识点】

（1）适用于监督沟通过程的人际关系与团队技能主要包括观察和交谈。

（2）监督沟通可能需要采取各种方法，例如，开展客户满意度调查、整理经验教训、开展团队观察、审查问题日志和评估变更。

14.6 考点实练

1. 在沟通模型中，与干系人达成一致仍然是做出项目决策和有效沟通的关键一环是（　　）。
   A．已发送　　　B．已理解　　　C．已认可　　　D．已转化为积极的行动

   解析：已认可：理解了传达的信息并不代表对方已同意这个观点。达成一致仍然是做出项目决策和有效沟通的关键一环。

   答案：C

2. 书面沟通的 5C 原则包括（　　）。
   ①正确的语法和拼写　　②简洁的表述　　　　　③清晰的目的和表述
   ④连贯的思维逻辑　　　⑤善用控制语句和承接　⑥高情商
   A．①②③④⑤　　B．①③④⑤⑥　　C．②③④⑤⑥　　D．①②③④⑥

   解析：书面沟通的 5C 原则包括：正确的语法和拼写（Correctness）；简洁的表述（Concise）；清晰的目的和表述（Clarity）；连贯的思维逻辑（Coherent）；善用控制语句和承接（Controlling）。

   答案：A

3. 在沟通管理中，（　　）过程的主要作用是按沟通管理计划和干系人参与计划的要求优化信息传递流程。
   A．识别沟通　　B．规划沟通管理　　C．管理沟通　　D．监督沟通

   解析：监督沟通是确保满足项目及其干系人的信息需求的过程。本过程的主要作用是按沟通管理计划和干系人参与计划的要求优化信息传递流程。本过程需要在整个项目期间开展。

   答案：D

4. 某项目沟通协调会共有 9 人参加会议，此次会议沟通渠道有（　　）条。
   A．42　　　　B．28　　　　C．45　　　　D．36

   解析：沟通渠道计算公式为 $n(n-1)/2$，其中 $n \geq 1$（n 为参与者的数量），代入公式得 $9×(9-1)/2=72/2=36$。

   答案：D

5. 信件、备忘录、报告、电子邮件、传真、语音邮件、博客和新闻稿属于沟通方法中的（　　）。
   A．拉式沟通　　B．交互式沟通　　C．推式沟通　　D．会议

   解析：推式沟通是向需要接收信息的特定接收方发送或发布信息。这种方法可以确保信息的发送，但不能确保信息送达目标受众或被目标受众理解。在推式沟通中，可以用于沟通的有：信件、备忘录、报告、电子邮件、传真、语音邮件、博客和新闻稿。

   答案：C

6. 管理沟通的输出不包括（　　）。
   A．项目沟通记录　　　　　　B．风险登记册
   C．经验教训登记册　　　　　D．变更日志

解析：管理沟通的输出如下：

（1）项目沟通记录主要包括：绩效报告、可交付成果的状态、进度进展、产生的成本、演示，以及干系人需要的其他信息。

（2）项目管理计划（更新）主要包括：沟通管理计划和干系人参与计划。

（3）项目文件（更新）主要包括：问题日志；经验教训登记册；项目进度计划；风险登记册；干系人登记册。

（4）组织过程资产（更新）主要包括：项目记录。

答案：D

第15小时 项目风险管理

15.0 章节考点分析

第 15 小时主要学习项目风险管理的内容。

根据考试大纲，本小时知识点会涉及单项选择题和案例分析题以及论文写作，按以往全国计算机技术与软件专业技术资格考试的出题规律，上午单选题约占 2~3 分，本小时内容属于基础知识范畴，考查的知识点多来源于教材，扩展内容较少。本小时的架构如图 15-1 所示。

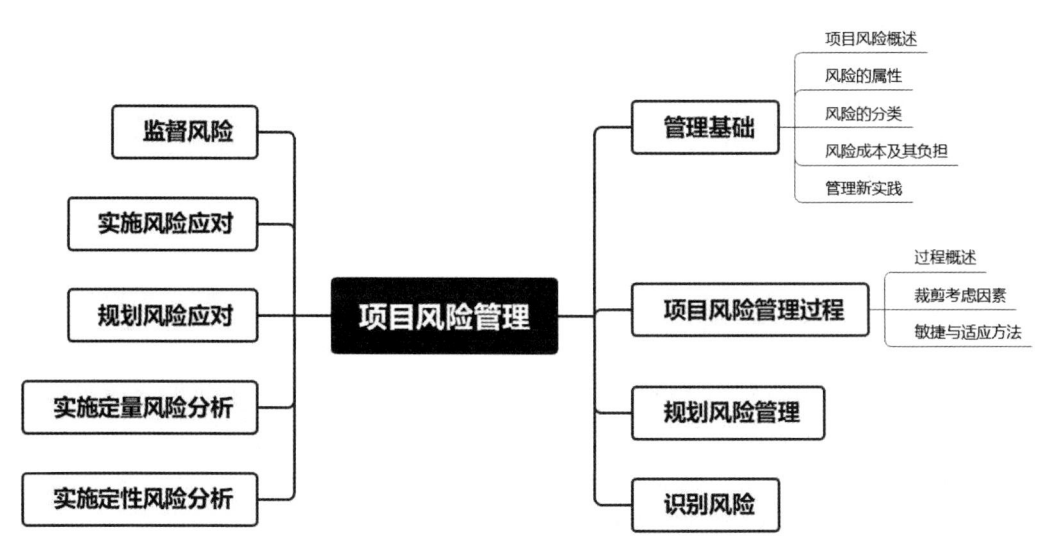

图 15-1 本小时的架构

【导读小贴士】

项目风险是一种不确定的事件或条件，一旦发生，会对项目目标产生某种正面或负面的影响，本小时所要讲述的内容，属于信息系统项目管理师需要掌握的相关知识，都是入门的基础知识，侧重于理解。

15.1 管理基础

【基础知识点】

（1）每个项目都存在两个方面的风险：单个风险和整体项目风险。项目风险会对项目目标产生负面或正面的影响，也就是风险与机会。项目风险管理旨在利用或强化正面风险（机会），规避或减轻负面风险（威胁）。

（2）风险的属性：随机性；相对性；可变性（包括风险性质和风险后果的变化，出现新的风险）。

（3）风险的分类。

1）按性质分为纯粹风险和投机风险。纯粹风险只有两种可能的后果：造成损失和不造成损失。投机风险有三种可能的后果：一是没有损失；二是有损失；三是收益。纯粹风险和投机风险在一定条件下可以相互转化。风险不是零和游戏。很多情况下，涉及风险的各个方面都要蒙受损失，无一幸免。

2）按来源分为自然风险和人为风险。

3）按是否可管理分为可管理的风险和不可管理风险。

4）按风险影响范围分为局部风险和总体风险。

5）按风险后果的承担者分为项目业主风险、政府风险、承包商风险、投资方风险、设计单位风险、监理单位风险、供应商风险、担保方风险和保险公司风险等。

6）按风险的可预测分为已知风险（已知风险发生概率高，但一般后果轻微，不严重）、可预测风险（这类风险的后果有时可能相当严重）和不可预测风险（有时也称未知风险或未识别的风险）。它们是新的、以前未观察到或很晚才显现出来的风险，例如地震、百年不遇的暴雨、通货膨胀和政策变化等）。

（4）风险成本：风险事件造成的损失或减少的收益以及为防止发生风险采取预防措施而支付的费用。风险成本包括有形成本（包括直接损失和间接损失）、无形成本以及预防与控制风险的成本。

（5）风险成本承担的主体分为个体负担成本（项目主体）和社会负担成本（其他方面）。

（6）项目风险管理的关注面正在扩大，其发展趋势和新实践主要包括：非事件类风险和项目韧性。

（7）整合式风险管理：在项目、项目集、项目组合和组织这些层面上，都存在风险。

较高层面识别出的某些风险，可以及时授权给项目团队去管理。

较低层面识别出的某些风险，可以交给较高层面去管理。

利用组织级的风险管理方法来确保所有层面的风险管理工作的一致性和连贯性，能使项目集和项目组合的结构具有风险控制的效率，有利于在给定的风险忍受程度下创造最大的整体价值。

15.2 项目风险管理过程

【基础知识点】

（1）项目风险管理的过程包括如下内容。

1）**规划风险管理**：是定义如何实施项目风险管理活动的过程。**本过程的主要作用**是确保风险管理的水平、方法和可见度与项目风险程度相匹配，与对组织和其他干系人的重要程度相匹配。

2）**识别风险**：是识别单个项目风险以及整体项目风险的来源，并记录风险特征的过程。**本过程的主要作用**：①记录现有的单个项目风险，以及整体项目风险的来源；②汇总相关信息，以便项目团队能够恰当地应对已识别的风险。本过程应在整个项目期间开展。

3）**实施定性风险分析**：通过评估单个项目风险发生的概率和影响及其他特征，对风险进行优先级排序，从而为后续分析或行动提供基础的过程。**本过程的主要作用**是重点关注高优先级的风险。本过程需要在整个项目期间开展。

4）**实施定量风险分析**：就已识别的单个项目风险和不确定性的其他来源对整体项目目标的影响进行定量分析的过程。**本过程的主要作用**：①量化整体项目风险最大可能性；②提供额外的定量风险信息，以支持风险应对规划。本过程并非每个项目必需，但如果采用，它会在整个项目期间持续开展。

5）**规划风险应对**：为了应对项目风险，而制订可选方案、选择应对策略并商定应对行动的过程。**本过程的主要作用**：①制订应对整体项目风险和单个项目风险的适当方法；②分配资源，并根据需要将相关活动添加进项目文件和项目管理计划中。本过程需要在整个项目期间开展。

6）**实施风险应对**：是执行商定的风险应对计划的过程。**本过程的主要作用**：①确保按计划执行商定的风险应对措施；②管理整体项目风险入口、最小化单个项目威胁，以及最大化单个项目机会。本过程需要在整个项目期间开展。

7）**监督风险**：在整个项目期间，监督风险应对计划的实施，并跟踪已识别风险、识别和分析新风险，以及评估风险管理有效性的过程。**本过程的主要作用**是保证项目决策是在整体项目风险和单个项目风险当前信息的基础上进行。本过程需要在整个项目期间开展。

（2）项目风险管理的输入、工具与技术和输出见表 15-1。

（3）每个项目都有其独特性，因此必要时，可以对项目风险管理过程进行裁剪。裁剪结果将被记录在风险管理计划中，裁剪时应考虑的因素主要包括：项目规模；项目复杂性；项目重要性；开发方法。

表 15-1　项目风险管理的输入、工具与技术和输出

过程	输入	工具与技术	输出
规划风险管理	1．项目章程 2．项目管理计划 3．项目文件（干系人登记册） 4．事业环境因素 5．组织过程资产	1．专家判断 2．数据分析（干系人分析法） 3．会议	风险管理计划
识别风险	1．项目管理计划 2．项目文件（假设日志、干系人登记册、需求文件、持续时间估算、成本估算、资源需求、问题日志、经验教训登记册） 3．采购文件 4．协议 5．事业环境因素 6．组织过程资产	1．专家判断 2．数据收集（头脑风暴、核查单、访谈） 3．数据分析（根本原因分析、假设条件和制约因素分析、SWOT分析、文件分析） 4．人际关系与团队技能 5．提示清单 6．会议	1．风险登记册 2．风险报告 3．项目文件（更新）（假设日志、问题日志、经验教训登记册）
实施定性风险分析	1．项目管理计划 2．项目文件（假设日志、风险登记册、干系人登记册） 3．事业环境因素 4．组织过程资产	1．专家判断 2．数据收集（访谈） 3．数据分析（风险数据质量评估、风险概率和影响评估、其他风险参数评估） 4．人际关系与团队技能（引导） 5．风险分类 6．数据表现（概率和影响矩阵、层级图） 7．会议	项目文件（更新）（假设日志、问题日志、风险登记册、风险报告）
实施定量风险分析	1．项目管理计划 2．项目文件（假设日志、里程碑清单、估算依据、持续时间估算、成本估算、资源需求、成本预测、风险登记册、风险报告、进度预测） 3．事业环境因素 4．组织过程资产	1．专家判断 2．数据收集（访谈） 3．人际关系与团队技能（引导） 4．不确定性表现方式 5．数据分析（模拟、敏感性分析、决策树分析、影响图）	项目文件（更新）（风险报告）
规划风险应对	1．项目管理计划 2．项目文件（干系人登记册、风险登记册、风险报告、资源日历、项目团队派工单、项目进度计划、经验教训登记册） 3．事业环境因素 4．组织过程资产	1．专家判断 2．数据收集（访谈） 3．人际关系与团队技能（引导） 4．威胁应对策略 5．机会应对策略 6．应急应对策略 7．整体项目风险应对策略 8．数据分析（备选方案分析、成本效益分析） 9．决策（多标准决策分析）	1．变更请求 2．项目管理计划（更新） 3．项目文件（更新）（假设日志、成本预测、经验教训登记册、项目进度计划、项目团队派工单、风险登记册、风险报告）

续表

过程	输入	工具与技术	输出
实施风险应对	1．项目管理计划 2．项目文件（经验教训登记册、风险登记册、风险报告） 3．组织过程资产	1．专家判断 2．人际关系与团队技能（影响力） 3．项目管理信息系统	1．变更请求 2．项目文件（更新）（问题日志、经验教训登记册、项目团队派工单、风险登记册、风险报告）
监督风险	1．项目管理计划 2．项目文件（问题日志、经验教训登记册、风险登记册、风险报告） 3．工作绩效数据 4．工作绩效报告	1．数据分析（技术绩效分析、储备分析） 2．审计 3．会议	1．工作绩效信息 2．变更请求 3．项目管理计划（更新） 4．项目文件（更新）（假设日志、问题日志、经验教训登记册、风险登记册、风险报告） 5．组织过程资产（更新）

（4）敏捷与适应方法：要应对快速变化，就需要采用敏捷或适应型方法管理项目，如经常审查增量的工作产品、加快知识的分享来确保对风险的认知和管理。在选择每个迭代期的工作内容时都要考虑风险；在每个迭代期间应该识别、分析和管理风险。应根据对当前风险忍受度的深入理解，定期更新需求文件，并随项目进展重新排列工作优先级。

15.3 规划风险管理

【基础知识点】

（1）风险管理计划内容主要包括：风险管理策略；方法论；角色与职责；资金；时间安排；风险类别（经常采用风险分解结构）；干系人风险偏好；风险概率和影响；概率和影响矩阵；报告格式；跟踪。

（2）风险概率和影响：根据具体的项目环境、组织和关键干系人的风险偏好和临界值，来制定风险概率和影响。

（3）概率和影响矩阵：组织可在项目开始前确定优先级排序规则，并将其纳入组织过程资产，也可为具体项目量身定制优先级排序规则。

（4）报告格式：确定将如何记录、分析和沟通项目风险管理过程的结果。

15.4 识别风险

【基础知识点】

（1）风险识别活动的关键参与者：项目经理、项目团队成员、项目风险专家（若已指定）、客户、项目团队外部的主题专家、最终用户、其他项目经理、运营经理、干系人和组织内的风险管理专家。

（2）**识别风险是一个迭代的过程**，因此风险识别中鼓励所有项目干系人参与，而且采用统一的风险描述格式清晰地、明确地描述和记录项目风险。

（3）提示清单：是关于可能引发项目风险来源的风险类别的预设清单，示例见表 15-2。

表 15-2 提示清单示例

编号	风险名称	发生概率	风险影响	风险等级
1	用户需求变更	中	大	中
……	……	……	……	……

（4）**SWOT 分析**：从项目的每个优势（Strength）、劣势（Weakness）、机会（Opportunity）和威胁（Threat）出发，对项目进行考察，把产生于内部的风险都包括在内，从而更全面地考虑风险。

（5）风险登记册：记录已识别项目风险的详细信息。其主要内容包括：已识别风险的清单；潜在风险责任人；潜在风险应对措施清单。

（6）风险报告：提供关于整体项目风险的信息，以及关于已识别的单个项目风险的概述信息。风险报告的编制是一项渐进式的工作。风险报告内容主要包括：整体项目风险的来源和关于已识别单个项目风险的概述信息。

15.5 实施定性风险分析

【基础知识点】

（1）适用于实施定性风险分析过程的数据分析技术主要包括：

1）风险数据质量评估。风险数据是开展定性风险分析的基础。风险数据质量评估旨在评价关于单个项目风险的数据的准确性和可靠性。

2）风险概率和影响评估。

3）其他风险参数评估。在对单个项目风险进行优先级排序时，项目团队可能考虑（除概率和影响以外的）如下其他风险特征：紧迫性；邻近性；潜伏期；可管理性；可控性；可监测性；连通性；战略影响力；密切度。

（2）**层级图**：如果使用了两个以上的参数对风险进行分类，就不能使用概率和影响矩阵，而需要使用其他图形。例如，气泡图能显示三维数据。在气泡图中，把每个风险都绘制成一个气泡，并用 X（横）轴值、Y（纵）轴值和气泡大小来表示风险的三个参数。气泡图示例如图 15-2 所示，其中，X 轴代表可监测性，Y 轴代表邻近性，影响值则以气泡大小表示。

图 15-2　气泡图示例

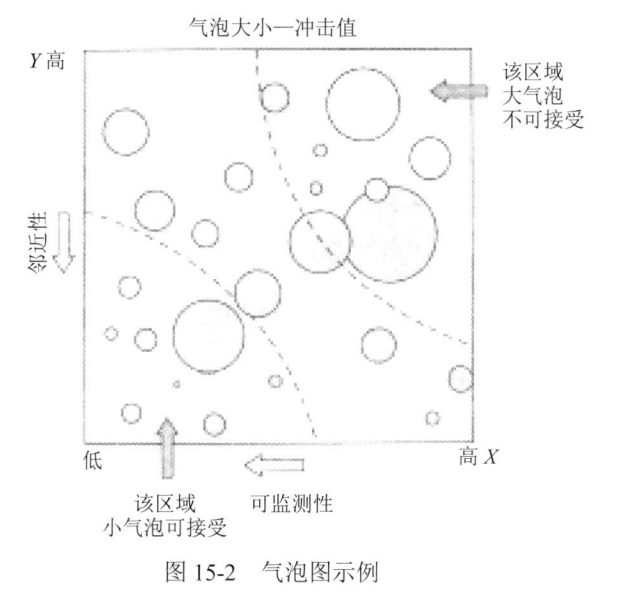

15.6　实施定量风险分析

【基础知识点】

（1）**不确定性表现方式**：如果活动的持续时间、成本或资源需求是不确定的，就可以在模型中用概率分布来表示其数值的可能区间。概率分布可能有多种形式，最常用的有三角分布、正态分布、对数正态分布、贝塔分布、均匀分布或离散分布。

（2）适用于实施定量风险分析过程的数据分析技术主要包括：

1）**模拟**：在定量风险分析中，使用模型来模拟单个项目风险和其他不确定性来源的综合影响，以评估它们对项目目标的潜在影响。模拟通常采用**蒙特卡洛分析**。

2）**敏感性分析**：有助于确定哪些单个项目风险或不确定性来源对项目结果具有最大的潜在影响。它在项目结果变化与定量风险分析模型中的要素变化之间建立联系。敏感性分析的结果通常用龙卷风图来表示。

3）**决策树分析**：用决策树在若干备选行动方案中选择一个最佳方案。在决策树中，用不同的分支代表不同的决策或事件，即项目的备选路径。每个决策或事件都有相关的成本和单个项目风险（包括威胁和机会），示例如图 15-3 所示。

4）**影响图**：不确定条件下进行决策的图形辅助工具。它将一个项目或项目中的一种情境表现为一系列实体、结果和影响，以及它们之间的关系和相互影响。影响图分析可以得出类似于其他定量风险分析的结果，如 S 曲线图和龙卷风图。

（3）可作为实施定量风险分析过程输出的项目文件是风险报告。更新风险报告可以反映定量风险分析的结果。其主要内容包括：

1）对整体项目风险最大可能性的评估结果。
2）项目详细概率分析的结果。
3）单个项目风险优先级清单。
4）定量风险分析结果的趋势。
5）风险应对建议。

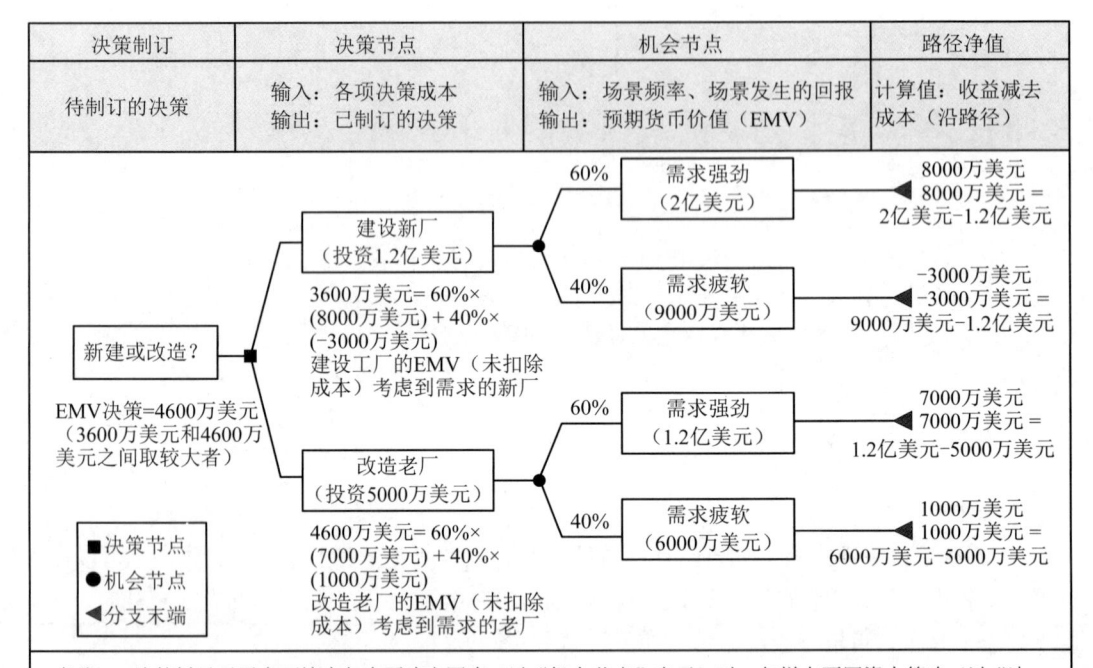

决策制订	决策节点	机会节点	路径净值
待制订的决策	输入：各项决策成本 输出：已制订的决策	输入：场景频率、场景发生的回报 输出：预期货币价值（EMV）	计算值：收益减去成本（沿路径）

```
                              60%   需求强劲       8000万美元
                          ┌────────(2亿美元)───── 8000万美元=
              建设新厂    │                        2亿美元-1.2亿美元
             (投资1.2亿美元)●
                          │   40%   需求疲软      -3000万美元
                          └────────(9000万美元)── -3000万美元=
                                                   9000万美元-1.2亿美元
    3600万美元=60%×
    (8000万美元)+40%×
    (-3000万美元)
    建设工厂的EMV（未扣除
    成本）考虑到需求的新厂

新建或改造？■
                              60%   需求强劲       7000万美元
                          ┌────────(1.2亿美元)─── 7000万美元=
              改造老厂    │                        1.2亿美元-5000万美元
             (投资5000万美元)●
EMV决策=4600万美元         │   40%   需求疲软       1000万美元
（3600万美元和4600万       └────────(6000万美元)── 1000万美元=
 美元之间取较大者）                                 6000万美元-5000万美元

    4600万美元=60%×
    (7000万美元)+40%×
    (1000万美元)
    改造老厂的EMV（未扣除
    成本）考虑到需求的老厂

■ 决策节点
● 机会节点
◀ 分支末端
```

备注1：决策树显示了在环境中包含不确定因素（以"机会节点"表示）时，怎样在不同资本策略（以"决策节点"表示）之间制订决策。

备注2：本例中，在投资1.2亿美元建设新厂和投资5000万美元改造老厂之间制订决策。两种决策都必须考虑需求（不确定，因此以"机会节点"表示）。例如，在需求强劲的情况下，建设新厂可带来2亿美元的收入；如改造老厂则可能由于产能的限制，仅可带来1.2亿美元的收入。两个分支末端都显示了收益减去成本的净效益。两个决策分支中，将所有效果叠加，决定决策的整体预期货币价值（EMV）。

请不要忘记考虑投资成本。计算表明，改造老厂的EMV较高（4600万美元），整体决策的EMV也较高。这种选择的风险也较小，避免了最差情况下损失3000万美元的可能。

图 15-3　决策树示例

15.7　规划风险应对

【基础知识点】

（1）威胁应对策略见表 15-3。

（2）机会应对策略见表 15-4。

表 15-3 威胁应对策略

类型	名称	定义	备注
威胁风险	上报	如果项目团队或项目发起人认为某威胁不在项目范围内,或提议的应对措施超出了项目经理的权限,就应该采用上报策略	超出范围的工作,超出项目经理的权限
	规避	指项目团队采取行动来消除威胁,或保护项目免受威胁的影响	适用于发生概率较高,且具有严重负面影响的高优先级的威胁。规避措施可能包括消除威胁的原因、延长进度计划、改变项目策略,或缩小范围
	转移	转移涉及将应对威胁的责任转移给第三方,让第三方管理风险并承担威胁发生的影响	主要包括购买保险、使用履约保函、使用担保书和使用保证书等,通过签订协议,把具体风险的归属和责任转移给第三方
	减轻	指采取措施来降低威胁发生的概率和影响	减轻措施包括采用较简单的流程、进行更多次测试和选用更可靠的卖方。例如,在一个系统中加入冗余部件,可减轻原始部件故障所造成的影响
	接受	指承认威胁的存在。接受策略又分为主动或被动方式	可用于低优先级威胁,也可用于无法以任何其他方式经济有效地应对的威胁。最常见的主动接受策略是建立应急储备,包括预留时间、资金或资源以应对出现的威胁;被动接受策略则不会主动采取行动,而只是定期对威胁进行审查,确保其并未发生重大改变

表 15-4 机会应对策略

类型	名称	定义	备注
机会风险	上报	如果项目团队或项目发起人认为某机会不在项目范围内,或提议的应对措施超出了项目经理的权限,就应该采取上报策略	超出范围的工作,超出项目经理的权限
	开拓	如果组织想确保把握住高优先级的机会,就可以选择开拓策略	开拓措施可能包括:把组织中最有能力的资源分配给项目来缩短完工时间,或采用全新技术或技术升级来节约项目成本并缩短项目持续时间
	分享	分享涉及将应对机会的责任转移给第三方,使其享有机会所带来的部分收益	分享措施包括建立合伙关系、合作团队、特殊公司和合资企业分享机会
	提高	用于提高机会出现的概率和影响	机会提高措施包括为早日完成活动而增加资源
	接受	接受机会是指承认机会的存在。接受策略又分为主动接受策略和被动接受策略	最常见的主动接受策略是建立应急储备,包括预留时间、资金或资源,以便在机会出现时加以利用;被动接受策略则不会主动采取行动,而只是定期对机会进行审查,确保其并未发生重大改变

（3）整体项目风险应对策略见表15-5。

表15-5 整体项目风险应对策略

类型	名称	定义	备注
整体项目风险	规避	如果整体项目风险有严重的负面影响，并已超出商定的项目风险临界值，就可以采用规避策略	例如，取消项目范围中的高风险工作，就是一种整个项目层面的规避措施
	开拓	如果整体项目风险有显著的正面影响，并已超出商定的项目风险临界值，就可以采用开拓策略	例如，在项目范围中增加高收益的工作，以提高项目对干系人的价值或效益；可以与关键干系人协商修改项目的风险临界值，以便将机会包含在内
	转移或分享	如果整体项目风险的级别很高，组织无法有效加以应对，就可能需要让第三方代表组织对风险进行管理	整体项目风险的转移和分享策略主要包括：建立买方和卖方分享整体项目风险的协作式业务结构、成立合资企业或特殊目的公司，或对项目的关键工作进行分包
	减轻或提高	本策略涉及变更整体项目风险的级别，以优化实现项目目标的可能性	减轻或提高策略包括重新规划项目、改变项目范围和边界、调整项目优先级、改变资源配置、调整交付时间等
	接受	整体项目风险已超出商定的临界值，如果无法针对整体项目风险采取主动的应对策略，组织可能选择继续按当前的定义推动项目进展	最常见的主动接受策略是为项目建立整体应急储备，包括预留时间、资金或资源，以便在项目风险超出临界值时使用；被动接受策略则不会主动采取行动，而只是定期对整体项目风险的级别进行审查，确保其未发生重大改变

（4）**应急应对策略**：可以设计一些仅在特定事件发生时才采用的应对措施。**采用此技术制订的风险应对计划通常称为应急计划**，其中包括已识别的、用于启动计划的触发事件。

15.8 实施风险应对

【基础知识点】

（1）只有风险责任人以必要的努力去实施商定的应对措施，项目的整体风险入口和单个威胁及机会才能得到主动管理。

（2）适用于实施风险应对过程的人际关系与团队技能是**影响力**。如果应对策略是团队以外的人员执行，或由存在其他竞争性需求的人员执行，负责引导风险管理过程的项目经理或人员就需要施展影响力，去鼓励指定的风险责任人采取所需的行动。

15.9 监督风险

【基础知识点】

（1）**技术绩效分析**：把项目执行期间所取得的技术成果与取得相关技术成果的计划进行比较。

技术绩效测量指标可能包括处理时间、缺陷数量和储存容量等。

（2）**风险审计**：是一种审计类型，可用于评估风险管理过程的**有效性**。

15.10 考点实练

1．关于项目风险管理的描述，不正确的是（   ）。
   A．纯粹风险和人为风险在一定条件下可以相互转化
   B．项目风险既包括对项目目标的威胁，也包括促进项目目标的机会
   C．风险大多数随着项目的进展而不断变化，不确定性会逐渐减小
   D．风险后果包括后果发生的频率、收益或损失大小

解析：按风险造成的后果可将风险划分为纯粹风险和机会风险，两者在一定条件下可以相互转化，但管理人员必须避免机会风险转化为纯粹风险。

答案：A

2．关于风险的描述，正确的是（   ）。
   A．不能带来机会、无获利可能的风险叫投机风险
   B．根据经验可以预见其发生，但不可预见其后果的风险叫已知风险
   C．地震、百年不遇的暴雨等属于不可预测风险
   D．风险是零和游戏，有人受损就有人获利

解析：不可预测风险有时也称未知风险或未识别的风险。例如，地震、百年不遇的暴雨、通货膨胀、政策变化等。

答案：C

3．关于风险识别的描述，不正确的是（   ）。
   A．应鼓励所有项目人员参与风险的识别
   B．风险登记册的内容可能包括潜在应对措施清单
   C．可以跳过定性风险分析过程直接进入定量风险分析
   D．识别风险是一次性工作

解析：识别风险是一个迭代的过程，因此不是一次性工作，而是一个反复进行的工作。

答案：D

4．在风险识别时，可以用到多种工具与技术。其中，（   ）指的是从项目的优势、劣势、机会和威胁出发，对项目进行考察，从而更全面地考虑风险。
   A．头脑风暴法   B．因果图   C．SWOT 分析法   D．专家判断法

解析：SWOT 分析：从项目的每个优势（Strength）、劣势（Weakness）、机会（Opportunity）和威胁（Threat）出发，对项目进行考察，把产生于内部的风险都包括在内，从而更全面地考虑风险。

答案：C

5. 某公司正在准备竞标一个系统集成项目，为了估算项目的收益，技术总监带领风险管理团队，对项目可选的两种集成实施方案进行了决策树分析，分析图如下图所示。以下说法中，正确的是（ ）。

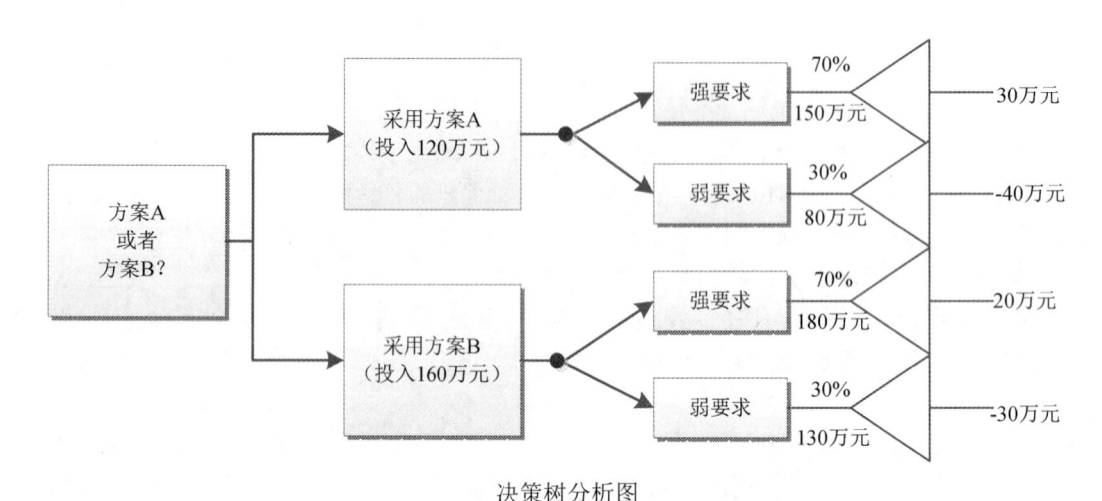

决策树分析图

  A．以上进行的是风险定性分析，根据分析，该公司应采用方案 B
  B．以上进行的是风险定量分析，根据分析，该公司应采用方案 B
  C．以上进行的是风险定性分析，根据分析，该公司应采用方案 A
  D．以上进行的是风险定量分析，根据分析，该公司应采用方案 A

解析：
方案 A：EMV=(150×0.7+80×0.3)-120=9（万元）；
方案 B：EMV=(180×0.7+130×0.3)-160=5（万元）；
根据决策树，方案 A 的值大于方案 B，因此选择方案 A。

答案：D

6. （ ）不属于实施风险应对过程的依据。
  A．成本管理计划 B．风险管理计划 C．风险登记册 D．风险报告

解析：实施风险应对过程的依据有风险管理计划、经验教训登记册、风险登记册和风险报告。

答案：A

7. 某信息系统建设项目中，为防范系统宕机风险，项目经理建议采购服务器时均配置冗余电源和冗余风扇。项目经理采用的风险应对策略为（ ）。
  A．减轻   B．转移   C．规避   D．接受

解析：风险减轻是指设法把不利的风险事件的概率或后果降低到一个可接受的临界值。提前采取行动减少风险发生的概率或者减少其对项目所造成的影响，比在风险发生后亡羊补牢进行补救要有效得多。例如，设计时在子系统中设置冗余组件有可能减轻原有组件故障所造成的影响。

答案：A

8.（　　）是检查并记录风险应对措施在处理已识别风险及其根源方面的有效性，以及风险管理过程的有效性。

  A．技术绩效分析　　B．风险审计　　　C．储备分析　　　D．会议

解析：风险审计是检查并记录风险应对措施在处理已识别风险及其根源方面的有效性，以及风险管理过程的有效性。

答案：B

第16小时 项目采购管理

16.0 章节考点分析

第 16 小时主要学习项目采购管理的内容。

根据考试大纲,本小时知识点会涉及单项选择题和案例分析题以及论文写作,按以往全国计算机技术与软件专业技术资格考试的出题规律,上午单选题约占 2~3 分,本小时内容属于基础知识范畴,考查的知识点多来源于教材,扩展内容较少。本小时的架构如图 16-1 所示。

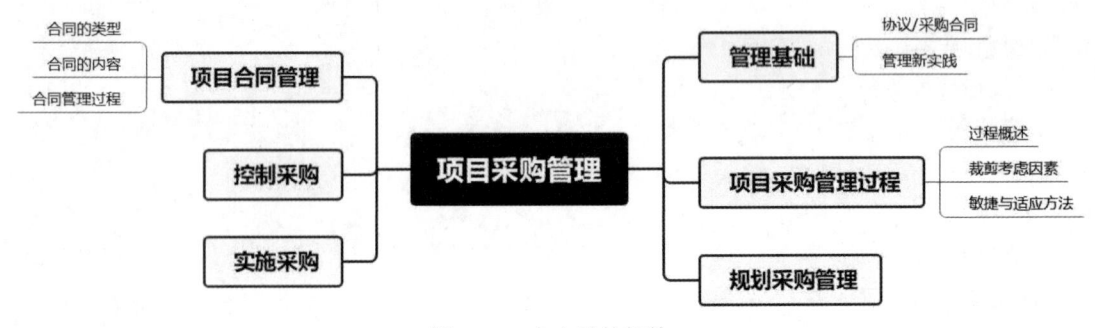

图 16-1 本小时的架构

【导读小贴士】

项目采购管理包括从项目团队外部采购或获取所需产品、服务或成果的各个过程。项目采购管理包括编制和管理协议所需的管理和控制过程。本小时所要讲述的内容，属于信息系统项目管理师需要掌握的相关知识，都是入门的基础知识，侧重于理解。

16.1 管理基础

【基础知识点】

（1）协议：可以很简单，如以特定人工单价购买所需的工时，也可以很复杂，如多年的国际施工合同。因应用领域不同，协议可以是合同、服务水平协议（SLA）、谅解备忘录、协议备忘录（MOA）或订购单。

（2）不同行业各方面（软件工具、风险、过程、物流和技术）的一些重大趋势，会影响项目的成功率。项目采购管理的发展趋势和新实践主要包括：工具的改进；更先进的风险管理；变化中的合同签署实践；物流和供应链管理；技术和干系人关系；试用采购。

16.2 项目采购管理过程

【基础知识点】

（1）项目采购管理的过程包括以下内容。

1）**规划采购管理**：记录项目采购决策、明确采购方法，及识别潜在卖方的过程。**本过程的主要作用**是确定是否从项目外部获取货物和服务，如果是，则还要确定将在什么时间、以什么方式获取什么货物和服务。货物和服务可从执行组织的其他部门采购，或者从外部渠道采购。本过程仅开展一次或仅在项目的预定义点开展。

2）**实施采购**：获取卖方应答、选择卖方并授予合同的过程。**本过程的主要作用**是选定合格卖方并签署关于货物或服务交付的法律协议。本过程的最后成果是签订的协议，包括正式合同。本过程应根据需要在整个项目期间定期开展。

3）**控制采购**：管理采购关系、监督合同绩效、实施必要的变更和纠偏，以及关闭合同的过程。**本过程的主要作用**是确保买卖双方履行法律协议，满足项目需求。本过程应根据需要在整个项目期间开展。

（2）项目采购管理的输入、工具与技术和输出见表 16-1。

（3）因为每个项目都是独特的，所以项目经理可以根据需要裁剪项目采购管理过程。裁剪时应考虑的因素主要包括：采购的复杂性；治理和法规环境；承包商的可用性。

（4）敏捷与适应方法：在敏捷或适应型环境中，可能需要与特定卖方进行协作来扩充团队。这种协作关系能够营造风险共担式采购模型，让买方和卖方共担项目风险和共享项目收益。

表 16-1 项目采购管理的输入、工具与技术和输出

过程	输入	工具与技术	输出
规划采购管理	1. 立项管理文件 2. 项目章程 3. 项目管理计划 4. 项目文件（风险登记册、干系人登记册、需求文件、需求跟踪矩阵、里程碑清单、资源需求、项目团队派工单） 5. 事业环境因素 6. 组织过程资产	1. 专家判断 2. 数据收集（市场调研） 3. 数据分析（自制或外购分析） 4. 供方选择分析 5. 会议	1. 采购管理计划 2. 采购策略 3. 采购工作说明书 4. 招标文件 5. 自制或外购决策 6. 独立成本估算 7. 供方选择标准 8. 变更请求 9. 项目文件（更新）（经验教训登记册、里程碑清单、需求文件、需求跟踪矩阵、风险登记册、干系人登记册） 10. 组织过程资产（更新）
实施采购	1. 项目管理计划 2. 项目文件（需求文件、项目进度计划、风险登记册、干系人登记册、经验教训登记册） 3. 采购文档 4. 卖方建议书 5. 事业环境因素 6. 组织过程资产	1. 专家判断 2. 广告 3. 投标人的会议 4. 数据分析（建议书评估） 5. 人际关系与团队技能（谈判）	1. 选定的卖方 2. 协议 3. 变更请求 4. 项目管理计划（更新） 5. 项目文件（更新）（经验教训登记册、需求文件、需求跟踪矩阵、资源日历、风险登记册、干系人登记册） 6. 组织过程资产（更新）
控制采购	1. 项目管理计划 2. 项目文件（假设日志、需求文件、需求跟踪矩阵、里程碑清单、风险登记册、干系人登记册、质量报告、经验教训登记册） 3. 采购文档 4. 协议 5. 工作绩效数据 6. 批准的变更请求 7. 事业环境因素 8. 组织过程资产	1. 专家判断 2. 索赔管理 3. 数据分析（绩效审查、挣值分析、趋势分析） 4. 检查 5. 审计	1. 采购关闭 2. 采购文档（更新） 3. 工作绩效信息 4. 变更请求 5. 项目管理计划（更新） 6. 项目文件（更新）（经验教训登记册、资源需求、需求跟踪矩阵、风险登记册、干系人登记册） 7. 组织过程资产（更新）

16.3 规划采购管理

【基础知识点】

（1）一般的采购步骤为：

1）准备采购工作说明书（SOW）或工作大纲（TOR）。

2）准备高层级的成本估算，制订预算。
3）发布招标广告。
4）确定合格卖方的名单。
5）准备并发布招标文件。
6）由卖方准备并提交建议书。
7）对建议书开展技术（包括质量）评估。
8）对建议书开展成本评估。
9）准备最终的综合评估报告（包括质量及成本），选出中标建议书。
10）结束谈判，买方和卖方签署合同。

（2）市场调研：包括考察行业情况和具体卖方的能力。采购团队可运用从会议、在线评论和各种其他渠道得到的信息来了解市场情况。

（3）自制或外购分析：用于确定某项工作或可交付成果最好是由项目团队自行完成，还是应该从外部采购。制订自制或外购决策时应考虑的因素包括：组织当前的资源配置及其技能和能力，对专业技术的需求，不愿承担永久雇用的义务，以及对独特技术专长的需求；还要评估与每个自制或外购决策相关的风险。

（4）供方选择分析：应该在采购文件中写明评估方法，让投标人了解将会被如何评估。常用的选择方法包括：最低成本；仅凭资质；基于质量或技术方案得分；基于质量和成本；唯一来源；固定预算。

（5）采购管理计划可包括以下内容：
1）如何协调采购与项目的其他工作，例如项目进度计划制订和控制。
2）开展重要采购活动的时间表。
3）用于管理合同的采购测量指标。
4）与采购有关的干系人角色和职责，如果执行组织有采购部，项目团队拥有的职权和受到的限制。
5）可能影响采购工作的制约因素和假设条件。
6）司法管辖权和付款货币。
7）是否需要编制独立估算，以及是否应将其作为评价标准。
8）风险管理事项，包括对履约保函或保险合同的要求，以减轻某些项目风险。
9）拟使用的预审合格的卖方（如果有）等。

（6）采购策略：规定项目交付方法、具有法律约束力的协议类型，以及如何在采购阶段推动采购进展。
1）交付方法。
- 专业服务项目的交付方法：主要涉及的项目类型包括买方或服务提供方不得分包、买方或服务提供方可以分包、买方和服务提供方设立合资企业、买方或服务提供方仅充当代表。

- 工业或商业施工项目的交付方法：主要涉及的项目类型包括交钥匙式、设计-建造（DB）、设计-招标-建造（DBB）、设计-建造-运营（DBO）、建造-拥有-运营-转让（BOOT）及其他。

2）合同支付类型。合同支付类型与项目交付方法无关，需要与采购组织的内部财务系统相协调。
- 总价合同适用于工作类型可预知、需求能清晰定义且不太可能变更的情况。
- 成本补偿合同适用于工作不断演进、很可能变更或未明确定义的情况。
- 激励和奖励费用可用于协调买方和卖方的目标。

3）采购阶段。采购策略也可以包括与采购阶段有关的信息，这种信息可能包括采购工作的顺序安排或阶段划分、每个阶段的描述，以及每个阶段的具体目标；用于监督的采购绩效指标和里程碑；从一个阶段过渡到下一个阶段的标准；用于追踪采购进展的监督和评估计划；向后续阶段转移知识的过程。

（7）采购工作说明书：充分详细地描述拟采购的产品、服务或成果，以便潜在卖方确定是否有能力提供此类产品、服务或成果。主要内容包括规格、所需数量、质量水平、绩效数据、履约期间、工作地点和其他要求。

（8）工作大纲通常包括以下内容：
1）承包商需要执行的任务，以及所需的协调工作。
2）承包商必须达到的适用标准。
3）需要提交批准的数据。
4）合同应履行的全部数据和服务的详细清单。
5）关于初始成果提交和审查（或审批）的进度计划。

（9）招标文件：用于向潜在卖方征求建议书。如果主要依据价格来选择卖方（如购买商业或标准产品时），通常就使用标书、投标或报价等术语。招标文件可以是信息邀请书、报价邀请书、建议邀请书，或其他适当的采购文件。

（10）使用不同文件的条件如下：
- 信息邀请书（RFI）：如果需要卖方提供关于拟采购货物和服务的更多信息，就使用信息邀请书。随后一般还会使用报价邀请书或建议邀请书。
- 报价邀请书（RFQ）：如果需要供应商提供关于将如何满足需求和（或）将需要多少成本的更多信息，就使用报价邀请书。
- 建议邀请书（RFP）：如果项目中出现问题且解决办法难以确定，就使用建议邀请书。这是最正式的"邀请书"文件，需要遵守与内容、时间表，以及卖方应答有关的严格的采购规则。

（11）供方选择标准主要包括：能力和潜能；产品成本和生命周期成本；交付日期；技术专长和方法；具体的相关经验；用于响应工作说明书的工作方法和工作计划；关键员工的资质、可用性和胜任力；组织的财务稳定性；管理经验；知识转移计划，包括培训计划等。

（12）采购文件内容比较见表 16-2。

表 16-2 采购文件内容比较

采购管理计划	采购策略	工作说明书	招标文件
采购工作将与其他项目工作协调和整合，特别是资源、进度计划和预算工作	采购交付方法	采购项目描述	信息邀请书（RFI） 报价邀请书（RFQ） 建议邀请书（RFP）
关键采购活动的时间表	协议类型	规格、质量要求和绩效指标	
用于管理合同的采购指标	采购阶段	所需附加服务描述	
所有干系人的职责		验收方法和验收标准	
采购假设和制约因素		绩效数据和其他所需报告质量	
法律管辖和支付货币		履约时间和地点	
独立估算信息		货币；支付进度计划	
风险管理事项		担保	

16.4 实施采购

【基础知识点】

（1）**采购文档**：用于达成法律协议的各种书面文件，其中可能包括当前项目启动之前的较旧文件。采购文档可包括招标文件；采购工作说明书；独立成本估算；供方选择标准。

（2）**卖方建议书**：是卖方为响应采购文件包而编制的建议书，其中包含的基本信息将被评估团队用于选定一个或多个投标人（卖方）。如果卖方将提交价格建议书，最好要求他们将价格建议书与技术建议书分开。

（3）**广告**：是就产品、服务或成果与用户或潜在用户进行的沟通。在大众出版物（如指定的报纸）或专门行业出版物上刊登广告，往往可以扩充现有的潜在卖方名单。**大多数政府机构都要求公开发布采购广告，或在网上公布拟签署的政府合同的信息。**

（4）**投标人会议**（又称承包商会议、供应商会议或投标前会议）：是在卖方提交建议书之前，在买方和潜在卖方之间召开的会议，其目的是确保所有潜在投标人对采购要求都有清楚且一致的理解，并确保没有任何投标人会得到特别优待。

（5）**选定的卖方**：是在建议书评估或投标评估中被判断为最有竞争力的投标人。对于较复杂、高价值和高风险的采购，在授予合同前，要把选定卖方报给组织高级管理人员审批。

（6）合同是对双方都有约束力的协议，主要内容包括：

1）采购工作说明书或主要的可交付成果。

2）进度计划、里程碑，或进度计划中规定的日期。
3）绩效报告。
4）定价和支付条款。
5）检查、质量和验收标准。
6）担保和后续产品支持。
7）激励和惩罚。
8）保险和履约保函。
9）下属分包商批准。
10）一般条款和条件。
11）变更请求处理。
12）终止条款和替代争议解决方法等。

16.5 控制采购

【基础知识点】

（1）**检查**：是指对承包商正在执行的工作进行结构化审查，可能涉及对可交付成果的简单审查或对工作本身的实地审查。

（2）**审计**：是对采购过程的结构化审查。应该在采购合同中明确规定与审计有关的权利和义务。买卖双方的项目经理都应该关注审计结果，以便对项目进行必要的调整。

（3）**采购关闭**：买方通常通过其授权的采购管理员，向卖方发出合同已经完成的正式书面通知。关于正式关闭采购的要求，通常已在合同条款和条件中规定，包括在采购管理计划中。内容包括：已按时按质按技术要求交付全部可交付成果；没有未决索赔或发票，全部最终款项已付清；项目管理团队应该在关闭采购之前批准所有的可交付成果。

16.6 项目合同管理

【基础知识点】

（1）按项目范围划分的合同分类见表 16-3。

表 16-3　按项目范围划分的合同分类

合同名称	定义	适用
总承包合同	总承包合同也称"交钥匙合同"，发包人把信息系统工程建设从开始立项、论证、设计、采购、施工到竣工的全部任务，一并发包给一个具备资质的承包人	采用总承包合同的方式**一般适用于经验丰富、技术实力雄厚且组织管理协调能力强的卖方**，这样有利于发挥卖方的专业优势，保证项目的质量和进度，提高投资效益。**采用这种方式，买方只需与一个卖方沟通，容易管理与协调**

续表

合同名称	定义	适用
单项工程承包合同	发包人将信息系统工程建设的不同工作任务，分别发包给不同的承包人	采用项目单项承包合同的方式有利于吸引更多的卖方参与投标竞争，使买方可以选择在某一单项上实力强的卖方。同时也有利于卖方专注于自身经验丰富且技术实力雄厚的部分的建设，但**这种方式对于买方的组织管理协调能力提出了较高的要求**
分包合同	总承包单位将其承包的部分项目，再发包给子承包单位。它是指工程总承包人承包建设工程以后，将其承包的某一部分或某几部分工程，再发包给其他承包人，与其签订承包合同项下的分包合同	订立项目分包合同必须同时满足 5 个条件：①经过买方认可；②分包的部分必须是项目非主体工作；③只能分包部分项目，而不能转包整个项目；④分包方必须具备相应的资质条件；⑤分包方不能再次分包

（2）按项目付款方式划分的合同分类见表 16-4。

表 16-4　按项目付款方式划分的合同分类

合同名称	定义	适用
总价合同	总价合同又称固定价格合同，是指在合同中确定一个完成项目的总价，承包人据此完成项目全部合同内容的合同	**适用于工程量不太大且能精确计算、工期较短、技术不太复杂、风险不大的项目**，同时要求发包人必须准备详细全面的设计图纸和各项说明，使承包人能准确计算工程量
成本补偿合同	成本补偿合同是由发包人向承包人支付为完成工作而发生的全部合法实际成本（可报销成本），并且按照事先约定的某一种方式外加一笔费用作为卖方的利润	**(1) 需立即开展工作的项目。** **(2) 对项目内容及技术经济指标未确定的项目。** **(3) 风险大的项目**
工料合同	工料合同是兼具成本补偿合同和总价合同的某些特点的混合型合同。在不能很快编写出准确工作说明书的情况下，经常使用工料合同来增加人员、聘请专家和寻求其他外部支持	这类合同的**适用范围比较宽**，其风险可以得到合理的分摊，并且能鼓励承包人通过提高工效等手段从成本节约中提高利润。**这类合同履行中需要注意的问题是双方对实际工作量的确定**

（3）总价合同的分类见表 16-5。

表 16-5　总价合同的分类

合同名称	定义
固定总价（FFP）	这是最常用的合同类型。大多数买方都喜欢这种合同，因为货物采购的价格在一开始就已确定，并且不允许改变（除非工作范围发生变更）

续表

合同名称	定义
总价加激励费用（FPIF）	这种总价合同为买方和卖方提供了一定的灵活性，允许一定的绩效偏离，并对实现既定目标给予相关的财务奖励（通常取决于卖方的成本、进度或技术绩效）。FPIF合同中会设置价格上限，高于此价格上限的全部成本将由卖方承担
总价加经济价格调整（FPEPA）	这种合同适用于卖方履约期将跨越几年时间，或将以不同货币支付价款两种情况。它是总价合同的一种类型，但合同中包含了特殊条款，允许根据条件变化，如通货膨胀、某些特殊商品的成本增加（或降低），以事先确定的方式对合同价格进行最终调整
订购单	当非大量采购标准化产品时，通常可以由买方直接填写卖方提供的订购单，卖方照此供货。由于订购单通常不需要谈判，所以又称为单边合同

（4）成本补偿合同的分类见表16-6。

表16-6 成本补偿合同的分类

合同名称	定义
成本加固定费用（CPFF）	为卖方报销履行合同工作所发生的一切可列支成本，并向卖方支付一笔固定费用。该费用以项目初始估算成本的某一百分比计列。除非项目范围发生变更，否则费用金额维持不变
成本加激励费用（CPIF）	为卖方报销履行合同工作所发生的一切可列支成本，并在卖方达到合同规定的绩效目标时，向卖方支付预先确定的激励费用。在CPIF合同中，如果最终成本低于或高于原始估算成本，则买方和卖方需要根据事先商定的成本分摊比例来分享节约部分或分担超支部分
成本加奖励费用（CPAF）	为卖方报销一切合法成本，但只有在卖方满足合同规定的、笼统主观的绩效标准的情况下，才向卖方支付大部分费用。奖励费用完全由买方根据自己对卖方绩效的主观判断来决定，并且通常不允许申诉

（5）要根据项目的实际情况和外界条件的约束来选择合同类型：

1）如果工作范围很明确，且项目的设计已具备详细的细节，则使用总价合同。

2）如果工作性质清楚，但范围不是很清楚，而且工作不复杂，又需要快速签订合同，则使用工料合同。

3）如果工作范围尚不清楚，则使用成本补偿合同。

4）如果双方分担风险，则使用工料合同；如果买方承担成本风险，则使用成本补偿合同；如果卖方承担成本风险，则使用总价合同。

5）如果是购买标准产品，且数量不大，则使用单边合同等。

（6）项目合同应包括以下内容：

1）项目名称。

2）标的内容和范围。

3）项目的质量要求。

4）项目的计划、进度、地点、地域和方式。

5）项目建设过程中的各种期限。

6）技术情报和资料的保密。

7）风险责任的承担。

8）技术成果的归属。

9）验收的标准和方法。

10）价款、报酬（或使用费）及其支付方式。

11）违约金或者损失赔偿的计算方法。

12）解决争议的方法。

13）名词术语解释。

（7）合同管理包括合同的签订管理、履行管理、变更管理、档案管理和索赔管理。

1）**合同签订管理的重要内容。**

在合同签订之前，应当做好以下三项工作：①**市场调查**，主要了解产品的技术发展状况，市场供需情况和市场价格等；②**进行潜在合作伙伴或者竞争对手的资信调查**，准确把握对方的真实意图，正确评判竞争的激烈程度；③**了解相关环境**，做出正确的风险分析判断。

为了使签约各方对合同有一致的理解，建议如下：①使用国家或行业标准的合同格式；②为避免因条款的不完备或歧义而引起合同纠纷，卖方应认真审阅买方拟订的合同条款；③对合同中质量条款应具体写清规格、型号、适用的标准等；④对于合同中需要变更、转让和解除等内容也应详细说明；⑤如果合同有附件，对于附件的内容也应精心准备，并注意保持与主合同一致，不要相互之间产生矛盾；⑥对于既有投标书，又有正式合同书、附件等包含多项内容的合同，要在条款中列明适用顺序；⑦避免合同纠纷，保证合同订立的合法性和有效性，当事人可以执签订的合同到公证机关进行公证；⑧避免方案变更导致工程变更，从而引发新的误解；⑨注意合同内容的前后一致性。

2）**合同履行管理的重要内容。**

对合同的履行情况进行跟踪管理，主要指对合同当事人按合同规定履行应尽的义务和应尽的职责进行检查，及时、合理地处理和解决合同履行过程中出现的问题，包括合同争议、合同违约和合同索赔等事宜。

在解决合同争议的方法中，其优先顺序为谈判（协商）、调解、仲裁、诉讼。

3）**合同变更管理的重要内容。**

合同变更指由于一定的法律事实而改变合同的内容的法律行为，具有的特征：①项目合同的双方当事人必须协商一致；②改变了合同的内容；③变更的法律后果是将产生新的债权和债务关系。

一般具备以下条件才可以变更合同：①双方当事人协商，并且不损坏国家和社会利益；②由于不可抗力导致合同义务不能执行；③由于另一方在合同约定的期限内没有履行合同，并且在被允许的推迟履行期限内仍未履行。

合同变更的文件必须是以书面的形式提出。

4）合同档案管理的重要内容。

合同档案管理（文本管理）是整个合同管理的基础。它作为项目管理的组成部分，是被统一整合为一体的一套具体的过程、相关的控制职能和信息化工具。

合同档案管理还包括正本和副本管理、合同文件格式等内容。

5）合同索赔管理的重要内容。

合同索赔：指在项目合同的履行过程中，由于当事人一方未能履行合同所规定的义务而导致另一方遭受损失时，受损失方向过失方提出赔偿的权利要求。

常见的分类方式有按索赔的目的分类、按索赔的依据分类、按索赔的业务性质分类和按索赔的处理方式分类等。

- 按索赔的目的分类，可分为工期索赔和费用索赔。
- 按索赔的依据分类，可分为合同规定的索赔和非合同规定的索赔。
- 按索赔的业务性质分类，可分为工程索赔和商务索赔。
- 按索赔的处理方式分类，可分为单项索赔和总索赔。

合同索赔的起因主要包括两个方面。

- 索赔事件造成了项目成本的额外支出或者直接工期损失。
- 索赔事件造成费用增加或工期损失的原因，按合同约定不属于索赔方应承担的行为责任或风险责任。

索赔原则：①索赔必须以合同为依据；②必须注意资料的积累；③及时、合理地处理索赔；④加强索赔的前瞻性。

索赔流程见表16-7。

表16-7 索赔流程

步骤	说明
1. 提出索赔要求	当出现索赔事项时，索赔方以书面的索赔通知书形式，在索赔事项发生后的28天以内，向监理工程师正式提出索赔意向通知
2. 报送索赔资料	在索赔通知发出后的28天内，向监理工程师提出延长工期和（或）补偿经济损失的索赔报告及有关资料
3. 监理工程师答复	监理工程师在收到送交的索赔报告有关资料后，于28天内给予答复，或要求索赔方进一步补充索赔理由和证据
4. 监理工程师逾期答复后果	监理工程师在收到承包人送交的索赔报告的有关资料后28天未答复或未对承包人作进一步要求，视为该项索赔已经认可
5. 持续索赔	当索赔事件持续进行时，索赔方应当阶段性地向监理工程师发出索赔意向，在索赔事件终了后28天内，向监理工程师送交索赔的有关资料和最终索赔报告，监理工程师应在28天内给予答复或要求索赔方进一步补充索赔理由和证据。逾期未答复，视为该项索赔成立
6. 仲裁与诉讼	监理工程师对索赔的答复，索赔方或发包人不能接受，即进入仲裁或诉讼程序

合同解释原则：主导语言原则；适用法律原则；整体解释原则；公平诚信原则。

16.7 考点实练

1. 项目外包是承接项目可能采取的方式，但只有（　　）是允许的。
   A．部分外包　　　　B．整体外包　　　　C．主体外包　　　　D．层层转包

解析：分包只能将项目的部分非主体、非关键工作分包，并且分包商不能再次分包。

答案：A

2. 采购管理的过程中，（　　）选定合格卖方并签署关于货物或服务交付的法律协议。本过程的最后成果是签订的协议，包括正式合同。
   A．规划采购　　　　B．实施采购　　　　C．控制采购　　　　D．结束采购

解析：实施采购：获取卖方应答、选择卖方并授予合同的过程。本过程的主要作用是选定合格卖方并签署关于货物或服务交付的法律协议。本过程的最后成果是签订的协议，包括正式合同。本过程应根据需要在整个项目期间定期开展。

答案：B

3. 如果项目中出现问题且解决办法难以确定，就使用（　　）。
   A．信息邀请书　　　B．报价邀请书　　　C．建议邀请书　　　D．协议

解析：建议邀请书（RFP）：如果项目中出现问题且解决办法难以确定，就使用建议邀请书。这是最正式的"邀请书"文件，需要遵守与内容、时间表，以及卖方应答有关的严格的采购规则。

答案：C

4. 实施采购的输出不包括（　　）。
   A．工作绩效信息　　B．选定的卖方　　　C．协议　　　　　　D．变更请求

解析：工作绩效信息是控制采购的输出。

答案：A

5. 在成本加激励费用合同下，实际成本大于目标成本，卖方可得的付款总数为（　　）。
   A．目标成本+目标费用−买方应负担的成本超支
   B．目标成本+目标费用+买方应负担的成本超支
   C．目标成本+目标费用+卖方应负担的成本超支
   D．目标成本+目标费用−卖方应负担的成本超支

解析：在 CPIF 合同下，如果实际成本大于目标成本，卖方可以得到的付款总数为"目标成本+目标费用+买方应负担的成本超支"；如果实际成本小于目标成本，则卖方可以得到的付款总数为"目标成本+目标费用−买方应享受的成本节约"。

答案：B

6. 某系统集成商中标一个县政府办公系统的开发项目，该项目在招标时已经明确确定该项目

的经费不超过 150 万元，此项目适合签订（　　）。

　　　A．工料合同　　　　　　　　　B．成本补偿合同
　　　C．分包合同　　　　　　　　　D．总价合同

解析：总价合同又称固定价格合同，是指在合同中确定一个完成项目的总价，承包人据此完成项目全部合同内容的合同。

答案：D

7．关于合同管理的描述，不正确的是（　　）。

①合同管理包括合同签订管理、合同履行管理、合同变更管理、合同档案管理、合同索赔管理。
②对于合同中需要变更、转让、解除等内容应有详细说明。
③如果合同中有附件，对于附件的内容也应精心准备，当主合同与附件产生矛盾时，以附件为主。
④为了使签约各方对合同有一致的理解，合同一律使用行业标准合同。
⑤签订合同前应了解相关环境，做出正确的风险分析判断。

　　　A．①②　　　　B．③④　　　　C．②⑤　　　　D．①⑤

解析：如果合同有附件，对于附件的内容也应精心准备，并注意保持与主合同一致，不要相互之间产生矛盾。所以题干中"③"错误。为了保证签约各方对合同有一致的理解，建议如下：

（1）使用国家或行业标准的合同格式。

（2）为避免因条款的不完备或歧义而引起合同纠纷，卖方应认真审阅买方拟订的合同条款。除法律的强制性规定外，其他合同条款都应与买方在充分协商并达成一致的基础上进行约定。所以题干中"④"错误。

答案：B

第17小时 项目干系人管理

17.0 章节考点分析

第 17 小时主要学习项目干系人管理的内容。

根据考试大纲，本小时知识点会涉及单项选择题和案例分析题以及论文写作，按以往全国计算机技术与软件专业技术资格考试的出题规律，上午单选题约占 2~3 分，本小时内容属于基础知识范畴，考查的知识点多来源于教材，扩展内容较少。本小时的架构如图 17-1 所示。

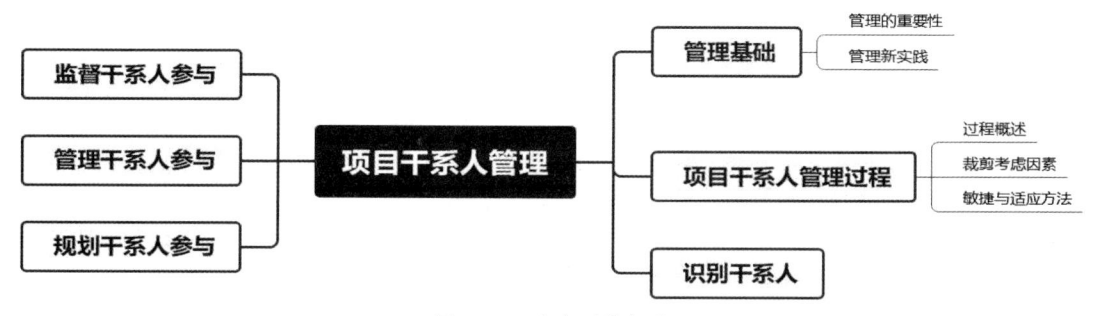

图 17-1 本小时的架构

【导读小贴士】

项目干系人管理包括识别能够影响项目或会受项目影响的人员、团体或组织，分析干系人对项目的期望和影响，制订管理策略有效调动干系人参与项目决策和执行，本小时所要讲述的内容，属于信息系统项目管理师需要掌握的相关知识，都是入门的基础知识，侧重于理解。

17.1 管理基础

【基础知识点】

（1）每个项目都有干系人，干系人会受到项目积极或消极的影响，或者能对项目施加积极或消极的影响。为提高项目成功的概率，应尽早开始识别干系人并引导干系人参与。

（2）应该经常开展识别干系人、排列其优先级以及引导其参与项目等相关活动。至少要在以下时点开展这些活动：①项目进入其生命周期的不同阶段；②当前干系人不再与项目工作有关，或者在项目干系人群体中出现了新的干系人成员；③组织内部或更大领域的干系人群体发生重大变化。

（3）项目干系人管理的发展趋势和新实践主要包括：识别所有干系人，而非在限定范围内；确保所有团队成员都涉及引导干系人参与的活动；定期审查干系人群体，可与单个项目风险的审查工作并行开展；应用"共创"概念，咨询受项目工作或成果影响最大的干系人，视其为合作伙伴；关注干系人有效参与程度的正面（支持与效益）与负面（不参与）价值。

17.2 项目干系人管理过程

【基础知识点】

（1）项目干系人管理的过程包括以下内容：

1）**识别干系人**：定期识别项目干系人，分析和记录他们的利益、参与度、相互依赖性、影响力和对项目成功的潜在影响的过程。**本过程的主要作用**是使项目团队能够建立对每个干系人或干系人群体的适度关注。本过程应根据需要在整个项目期间定期开展。

2）**规划干系人参与**：根据干系人的需求、期望、利益和对项目的潜在影响，制订项目干系人参与项目的方法的过程。**本过程的主要作用**是提供与干系人进行有效互动的可行计划。本过程应根据需要在整个项目期间定期开展。

3）**管理干系人参与**：通过与干系人进行沟通协作，以满足其需求与期望、处理问题，并促进干系人合理参与的过程。**本过程的主要作用**是尽可能提高干系人的支持度，并降低干系人的抵制程度。本过程需要在整个项目期间开展。

4）**监督干系人参与**：监督项目干系人的关系，并通过修订参与策略和计划来引导干系人合理参与项目的过程。**本过程的主要作用**是随着项目的进展和环境变化，维持或提升干系人参与活动的效率和效果。本过程需要在整个项目期间开展。

（2）项目干系人管理的输入、工具与技术和输出见表17-1。

表 17-1 项目干系人管理的输入、工具与技术和输出

过程	输入	工具与技术	输出
识别干系人	1．立项管理文件 2．项目章程 3．项目管理计划 4．项目文件（需求文件、问题日志、变更日志） 5．协议 6．事业环境因素 7．组织过程资产	1．专家判断 2．数据收集（问卷调查、头脑风暴） 3．数据分析（干系人分析、文件分析） 4．数据表现（权力利益方格、干系人立方体、凸显模型、影响方向、优先级排序） 5．会议	1．干系人登记册 2．变更请求 3．项目管理计划（更新） 4．项目文件（更新）（假设日志、问题日志、风险登记册）
规划干系人参与	1．项目章程 2．项目管理计划 3．项目文件（假设日志、风险登记册、干系人登记册、项目进度计划、变更日志、问题日志） 4．协议 5．事业环境因素 6．组织过程资产	1．专家判断 2．数据收集（标杆对照） 3．数据分析（假设条件和制约因素分析、根本原因分析） 4．决策（优先级排序/分级） 5．数据表现（思维导图、干系人参与度评估矩阵） 6．会议	干系人参与计划
管理干系人参与	1．项目管理计划 2．项目文件（变更日志、问题日志、经验教训登记册、干系人登记册） 3．事业环境因素 4．组织过程资产	1．专家判断 2．沟通技能 3．人际关系与团队技能（冲突管理、文化意识、谈判、观察和交谈、政策意识） 4．基本规则 5．会议	1．变更请求 2．项目管理计划（更新） 3．项目文件（更新）（变更日志、问题日志、经验教训登记册、干系人登记册）
监督干系人参与	1．项目管理计划 2．项目文件（问题日志、经验教训登记册、项目沟通记录、风险登记册、干系人登记册） 3．工作绩效数据 4．事业环境因素 5．组织过程资产	1．数据分析（备选方案分析、根本原因分析、干系人分析） 2．决策（多标准决策分析、投票） 3．数据表现（干系人参与度评估矩阵） 4．沟通技能（反馈、演示） 5．人际关系与团队技能（积极倾听、文化意识、领导力、人际交往、政策意识） 6．会议	1．工作绩效信息 2．变更请求 3．项目管理计划（更新） 4．项目文件（更新）（问题日志、经验教训登记册、风险登记册、干系人登记册）

（3）因为项目的独特性，项目经理可以根据需要裁剪项目干系人管理过程。**裁剪时应考虑的因素主要包括**干系人多样性；干系人关系的复杂性；沟通技术。

（4）**敏捷与适应方法**：频繁变化的项目更需要项目干系人的有效互动和参与。为了开展及时

且高效的讨论并制定决策，适应型团队会直接与干系人互动，而不是通过层层的管理级别。为加快组织内部和组织之间的信息分享，敏捷型方法提倡高度透明。

17.3 识别干系人

【基础知识点】

（1）适用于识别干系人过程的数据分析技术主要包括以下内容。

1）**干系人分析**：会产生干系人清单和关于干系人的各种信息。干系人的利害关系组合主要包括：①兴趣；②权利；③所有权；④知识；⑤贡献。

2）**文件分析**：评估现有项目文件及以往项目的经验教训，以识别干系人和其他支持性信息。

（2）适用于识别干系人过程的数据表现技术是**干系人映射分析和表现**。

1）**权力利益方格、权力影响方格，或作用影响方格**：基于干系人的职权级别（权力）、对项目成果的关心程度（利益）、对项目成果的影响能力（影响），或改变项目计划或执行的能力，每一种方格都可用于对干系人进行分类。权力影响方格如图17-2所示。

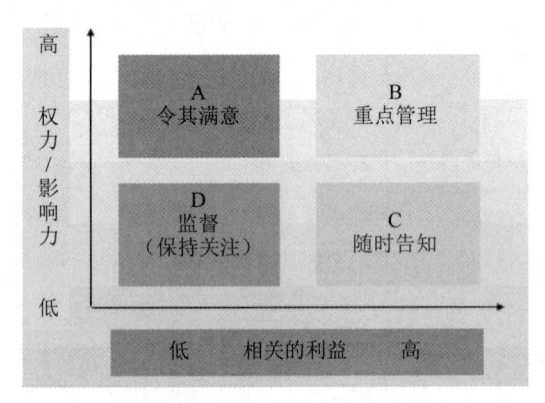

图 17-2 权力影响方格

2）**干系人立方体**：上述方格模型的改良形式。立方体把上述方格中的要素组合成三维模型，便于分析，从而有助于沟通策略的制订。

3）**凸显模型**：通过评估干系人的权力（职权级别或对项目成果的影响能力）、紧迫性（因时间约束或干系人对项目成果有重大利益诉求而导致需立即加以关注）和合法性（参与的适当性），对干系人进行分类。**适用于复杂的干系人大型群体**，或在干系人群体内部存在复杂的关系网络。**凸显模型可用于确定已识别干系人的相对重要性**。

4）**影响方向**：可以根据干系人对项目工作或项目团队本身的影响方向，对干系人进行分类。可以把干系人分为：

a. **向上**。执行组织或客户组织、发起人和指导委员会的高级管理层。

b. **向下**。临时贡献知识或技能的团队或专家。

c. **向外**。项目团队外的干系人群体及其代表,如供应商、政府机构、公众、最终用户和监管部门。

　　d. **横向**。项目经理的同级人员,如其他项目经理或中层管理人员,他们与项目经理竞争稀缺项目资源或者合作共享资源或信息。

　　5)**优先级排序**:如果项目有大量干系人、干系人群体的成员频繁变化、干系人和项目团队之间或干系人群体内部的关系复杂,则有必要对干系人进行优先级排序。

　　(3)**干系人登记册**:记录已识别干系人的信息,主要包括:

　　1)**身份信息**:姓名、组织职位、地点、联系方式,以及在项目中扮演的角色。

　　2)**评估信息**:主要需求、期望、影响项目成果的潜力,以及干系人最能影响或冲击的项目生命周期阶段。

　　3)**干系人分类**:用内部或外部,作用、影响、权力或利益,上级、下级、外围或横向,或者项目经理选择的其他分类模型进行分类的结果等。

　　干系人登记册如图17-3所示。

基本信息			评估信息			干系人分类	
姓名	职位	项目中的角色	主要需求	对项目的影响	与项目哪个阶段密切相关	干系人分类(外部/内部)	对项目的影响(支持/中立/反对)
薛大龙	51CTO总监	发起人	项目成功	大	项目全过程	外部	支持
唐总	项目经理	乙方	完成项目	大	项目全过程	内部	支持
刘工	技术骨干	乙方	完成项目	大	项目全过程	内部	支持
夏工	技术骨干	乙方	完成项目	大	项目全过程	内部	支持
胡工	技术骨干	乙方	完成项目	大	项目全过程	内部	支持
余工	技术骨干	乙方	完成项目	大	项目全过程	内部	支持
……							

图17-3　干系人登记册

17.4　规划干系人参与

【基础知识点】

　　(1)**干系人参与度评估矩阵**:用于将干系人当前参与水平与期望参与水平进行比较。对干系人参与水平进行分类的方式之一。干系人参与水平可分为以下几类。

　　1)**不了解型**:不知道项目及其潜在影响。

　　2)**抵制型**:知道项目及其潜在影响,但抵制项目工作或成果可能引发的任何变更。此类干系人不会支持项目工作或项目成果。

3）中立型：了解项目，但既不支持，也不反对。

4）支持型：了解项目及其潜在影响，并且会支持项目工作及其成果。

5）领导型：了解项目及其潜在影响，而且积极参与以确保项目取得成功。

干系人参与度评估矩阵如图 17-4 所示。

干系人	不知晓	抵制	中立	支持	领导
小王	C			D	
小胡			C	D	
小余				D、C	

C代表每个干系人的当前参与水平。
D代表项目团队评估出来的、为确保项目成功所必不可少的参与水平（期望的）。

图 17-4　干系人参与度评估矩阵

（2）干系人参与计划：制订了干系人有效参与和执行项目决策的策略和行动。干系人参与计划可以是正式的或非正式的，非常详细的或高度概括的。干系人参与计划主要包括调动干系人个人或群体参与的特定策略或方法。

17.5　管理干系人参与

【基础知识点】

（1）在管理干系人参与过程中，需要开展多项活动，包括：

1）在适当的项目阶段引导干系人参与，以便获取、确认或维持他们对项目成功的持续承诺。

2）通过谈判和沟通的方式管理干系人期望。

3）处理与干系人管理有关的任何风险或潜在关注点，预测干系人可能在未来引发的问题。

4）澄清和解决已识别的问题等。

（2）在开展管理干系人参与过程时，应该根据沟通管理计划，针对每个干系人采取相应的沟通方法。

（3）会议用于讨论和处理与干系人参与有关的问题或关注点。在本过程中需要召开的会议类型 主要包括决策、问题解决、经验教训和回顾总结、项目开工会、迭代规划和状态更新会议。

17.6　监督干系人参与

【基础知识点】

（1）适用于监督干系人参与过程的沟通技能主要包括反馈和演示。

1）反馈：用于确保发送给干系人的信息被接收和理解。

2）演示：为干系人提供清晰的信息。

（2）可用于监督干系人参与的会议类型包括为监督和评估干系人的参与水平而召开的状态会议、站会、回顾会以及干系人参与计划中规定的其他任何会议。

17.7 考点实练

1. 关于项目干系人的描述，正确的是（　　）。
    A．项目干系人是从项目中获利的个人、群体或组织
    B．自认为受项目决策、活动或结果影响的个人、群体或组织也是干系人
    C．干系人分析是在项目计划阶段实施的工作，在项目其他阶段不涉及
    D．干系人之间的关系不是干系人分析的工作内容

解析：项目干系人包括项目当事人和其利益受该项目影响（受益或受损）的个人和组织；也可以把他们称作项目的利害关系者。除上述的项目当事人外，项目干系人还可能包括政府的有关部门、社区公众、项目用户、新闻媒体、市场中潜在的竞争对手和合作伙伴等；甚至项目班子成员的家属也应视为项目干系人。在项目或者阶段的早期就识别干系人，并分析他们的利益层次、个人期望、重要性和影响力对项目的成功非常重要。

答案：B

2. 某大型环保信息系统工程建设项目，项目发起人与项目经理一起识别出如下三类项目干系人：甲方信息系统管理人员、项目组主要技术人员、监理方，并准备针对他们编制干系人管理计划。对此，您的建议是（　　）。
    A．重新识别干系人　　　　　　　B．编制干系人管理计划
    C．召开干系人管理沟通会议　　　D．编制项目进度计划

解析：项目干系人包括项目当事人和其利益受该项目影响（受益或受损）的个人和组织；也可以把他们称作项目的利害关系者。除上述的项目当事人外，项目干系人还可能包括政府的有关部门、社区公众、项目用户、新闻媒体、市场中潜在的竞争对手和合作伙伴等；甚至项目班子成员的家属也应视为项目干系人。

本题的描述中提到该项目是大型项目，但是识别的干系人较少（只识别出三类项目干系人），因此需要重新识别干系人，保证项目干系人识别的完整性和准确性。

答案：A

3. （　　）不属于管理干系人参与的输入。
    A．沟通管理计划　　　　　　　　B．工作绩效信息
    C．变更日志　　　　　　　　　　D．问题日志

解析：管理干系人参与的输入有：项目管理计划（主要包括沟通管理计划、风险管理计划、干系人参与计划、变更管理计划）、项目文件（主要包括问题日志、干系人登记册、变更日志、经验教训登记册）、事业环境因素、组织过程资产。

工作绩效信息不是管理干系人参与的输入，工作绩效报告是管理干系人参与的输入。

答案：B

4. 管理干系人参与过程的主要作用是（　　）。

　　A．维持或提升干系人参与活动的效率和效果

　　B．提高干系人对项目的支持度，并尽可能降低干系人对项目的抵制

　　C．提供与干系人进行有效互动的可行计划

　　D．项目团队能够建立对每个干系人或干系人群体的适度关注

解析：管理干系人参与是通过与干系人进行沟通协作，以满足其需求与期望、处理问题，并促进干系人合理参与的过程。本过程的主要作用是尽可能提高干系人的支持度，并降低干系人的抵制程度。本过程需要在整个项目期间开展。

答案：B

5. （　　）通过评估干系人的权力、紧迫性和合法性，对干系人进行分类。

　　A．权力影响方格　　　　　　　　B．干系人立方体

　　C．凸显模型　　　　　　　　　　D．影响方向

解析：凸显模型通过评估干系人的权力、紧迫性和合法性，对干系人进行分类。

答案：C

第18小时 项目绩效域

18.0 章节考点分析

第 18 小时主要学习项目绩效域的内容。

根据考试大纲，本小时知识点会涉及单项选择题和案例分析题以及论文写作，按以往全国计算机技术与软件专业技术资格考试的出题规律，上午单选题约占 2~3 分，本小时内容属于基础知识范畴，考查的知识点多来源于教材，扩展内容较少。本小时的架构如图 18-1 所示。

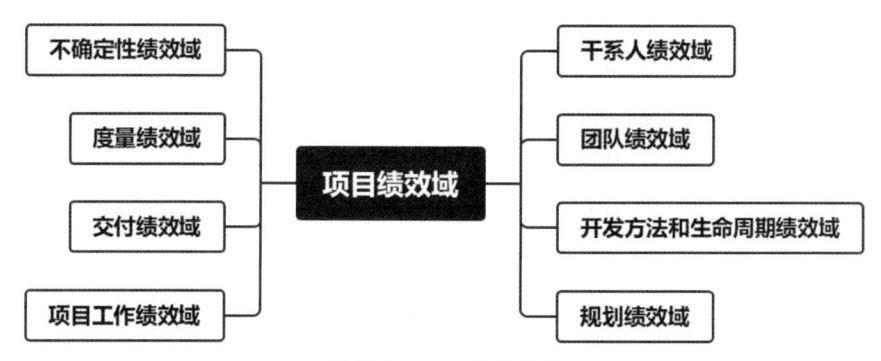

图 18-1 本小时的架构

【导读小贴士】

项目绩效域共同构成了一个统一的整体，作为一个完整系统，在项目生命周期过程中运行，系统内的每个绩效域相互作用、相互关联和相互依赖,并协调一致、共同运作,支撑项目目标和价值的实现,本小时所要讲述的内容,属于信息系统项目管理师需要掌握的相关知识,都是入门的基础知识,侧重于理解。

18.1 干系人绩效域

【基础知识点】

（1）**项目绩效域定义**：是一组对有效地交付项目成果至关重要的活动。包括干系人、团队、开发方法和生命周期、规划、项目工作、交付、测量、不确定性八个项目绩效域,构成一个整体,相互依赖,并没有特定的执行顺序和权重。

（2）**干系人绩效域的绩效要点**：重点促进干系人的参与。为了让干系人有效地参与,项目经理可带领项目团队按照图 18-2 所示步骤开展工作。

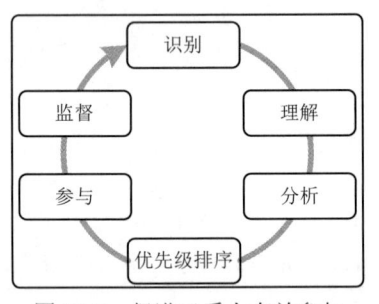

图 18-2 促进干系人有效参与

（3）干系人绩效域的预期目标主要包含：①与干系人建立高效的工作关系；②干系人认同项目目标；③支持项目的干系人提高了满意度,并从中受益；④反对项目的干系人没有对项目产生负面影响。

（4）干系人绩效域与其他绩效域的**相互作用**如图 18-3 所示。

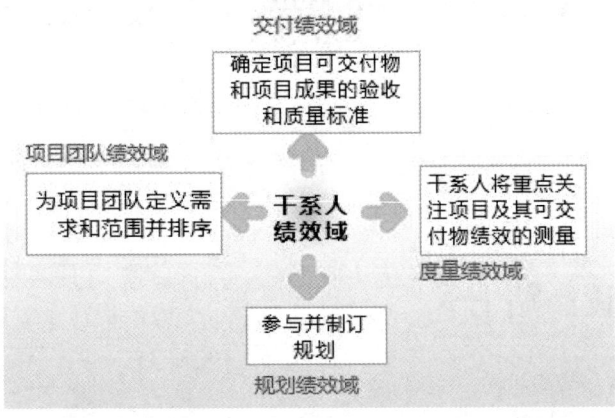

图 18-3 干系人绩效域与其他绩效域的相互作用

（5）干系人绩效域的检查方法见表 18-1。

表 18-1　干系人绩效域的检查方法

预期目标	指标及检查方法
建立高效的工作关系	**干系人参与的连续性**：通过观察、记录方式，对干系人参与的连续性进行衡量
干系人认同项目目标	**变更的频率**：对项目范围、产品需求的大量变更或修改可能表明干系人没有参与进来或与项目目标不一致
提高支持项目的干系人的满意度，减少反对者的负面影响	• **干系人行为**：干系人的行为可表明项目受益人是否对项目感到满意和表示支持，或者他们是否反对项目 • **干系人满意度**：可通过调研、访谈和焦点小组方式，确定干系人满意度，判断干系人是否感到满意和表示支持，或者他们对项目及其可交付物是否表示反对 • **干系人相关问题和风险**：对项目问题日志和风险登记册的审查可以识别与单个干系人有关的问题和风险

18.2　团队绩效域

【基础知识点】

（1）**团队绩效域定义**：涉及项目团队人员有关的活动和职能。在项目整个生命周期过程中，有效执行本绩效域可以实现预期目标，主要包含：①共享责任；②建立高绩效团队；③所有团队成员都展现出相应的领导力和人际关系技能。

（2）**团队绩效域的绩效要点**：项目团队文化（主要包括透明、诚信、尊重、积极的讨论、支持、勇气和庆祝成功）；高绩效项目团队（采用方式有开诚布公地沟通、共识、共享责任、信任、协作、适应性、韧性、赋能、认可）；领导力技能［主要特征和活动包括建立和维护愿景；批判性思维；激励；人际关系技能（情商、决策、冲突管理）］。

（3）团队绩效域与其他绩效域的**相互作用**：已经融入了项目的各个方面，例如，在进行规划时和干系人沟通项目愿景和收益；在参与项目工作时运用批判性思维解决问题和决策。

（4）团队绩效域的检查方法见表 18-2。

表 18-2　团队绩效域的检查方法

预期目标	指标及检查方法
共享责任	**目标和责任心**：所有项目团队成员都了解愿景和目标。项目团队对项目的可交付物和项目成果承担责任
建立高绩效团队	• **信任与协作程度**：项目团队彼此信任，相互协作 • **适应变化的能力**：项目团队适应不断变化的情况，并在面对挑战时有韧性 • **彼此赋能**：项目团队感到被赋能，同时项目团队对其成员赋能并认可
所有团队成员都展现出相应的领导力和人际关系技能	**管理和领导力风格适宜性**：项目团队成员运用批判性思维和人际关系技能；项目团队成员的管理和领导力风格适合项目的背景和环境

18.3 开发方法和生命周期绩效域

【基础知识点】

（1）开发方法和生命周期绩效域定义：涉及与项目的开发方法、节奏和生命周期相关的活动和职能。**预期目标主要包含**：①开发方法与项目可交付物相符合；②将项目交付与干系人价值紧密关联；③项目生命周期由促进交付节奏的项目阶段和产生项目交付物所需的开发方法组成。

（2）开发方法和生命周期绩效域的**绩效要点**：交付节奏（一次性、多次交付、定期交付和持续交付）；开发方法（是预测型方法、混合型方法和适应型方法）；开发方法的选择（产品、服务或成果；项目；组织）；协调交付节奏和开发方法。

（3）开发方法的三个类型见表18-3。

表18-3 开发方法的三个类型

开发方法	特点	适用项目
预测型方法	相对稳定，范围、进度、成本、资源和风险可以在项目生命周期的**早期阶段进行明确定义**；能够在项目早期降低很多不确定性因素并提前完成大部分规划工作。少发生变更。可以借鉴以前类似项目的模板	一开始时可以定义、收集和分析项目和产品的需求，涉及重大投资和高风险的项目，需要频繁审查、改变控制机制以及在开发阶段之间重新规划时的项目
混合型方法	是适应型方法和预测型方法的结合体，该方法中预测型方法的要素和适应型方法的要素均会涉及。混合型方法的适应性比预测型方法强，但比纯粹的适应型方法的适应性弱。常使用迭代型方法或增量型方法	当需求存在不确定性或风险时，当交付物可以模块化时，或者由不同项目团队开发可交付物时的项目
适应型方法	适应型方法在项目开始时确立了明确的愿景，之后在项目进行过程中在最初已知需求的基础上，按照用户反馈、环境或意外事件来不断完善、说明、更改或替换。敏捷方法可以视为一种适应型方法	当需求面临高度的不确定性和易变性，且在整个项目期间不断变化时的项目

（4）迭代型方法和增量型方法的区别：

- 迭代型方法适合于澄清需求和调查各种可选项，在最后一个迭代之前，迭代型方法可以完成可接受的全部功能。
- 增量型方法用于在一系列迭代过程中生成可交付物，每个迭代都会在预先确定的时间期限（时间盒）内增加功能，该可交付物包含的功能只有在最后一个迭代结束后才被完成。

（5）开发方法和生命周期绩效域与其他绩效域的**相互作用**：开发方法和生命周期绩效域与干系人绩效域、规划绩效域、不确定性绩效域、交付绩效域、项目工作绩效域和团队绩效域相互作用。

（6）开发方法和生命周期绩效域的检查方法见表18-4。

表 18-4 开发方法和生命周期绩效域的检查方法

预期目标	指标及检查方法
开发方法与项目可交付物相符合	**产品质量和变更成本**：采用适宜的开发方法（预测型、混合型或适应型），可交付物的产品变量比较高，变更成本相对较小
将项目交付与干系人价值紧密联系	**价值导向型项目阶段**：按照价值导向将项目工作从启动到收尾划分为多个项目阶段，项目阶段中包括适当的退出标准
项目生命周期由促进交付节奏的项目阶段和产生项目交付物所需的开发方法组成	**适宜的交付节奏和开发方法**：如果项目具有多个可交付物，且交付节奏和开发方法不同，可将生命周期阶段进行重叠或重复

18.4 规划绩效域

【基础知识点】

（1）**规划绩效域定义**：涉及整个项目期间组织与协调相关的活动与职能，这些活动和职能是最终交付项目和成果所必需的。**预期目标主要包含**：①项目以有条理、协调一致的方式推进；②应用系统的方法交付项目成果；③对演变情况进行详细说明；④规划投入的时间成本是适当的；⑤规划的内容对管理干系人的需求而言是充分的；⑥可以根据新出现的和不断变化的需求进行调整。

（2）规划绩效域的**绩效要点**包括：规划的影响因素；项目估算；项目团队的组成和结构规划；沟通规划；实物资源规划；采购规划；变更规划；度量指标和一致性。

（3）项目估算方法包括：确定性估算和概率估算、绝对估算和相对估算、基于工作流的估算、对不确定性的调整估算。

（4）**规划绩效域与其他绩效域的相互作用**：①项目开始时，会确定预期成果，并制订实现这些成果的高层级计划；②在项目团队规划如何应对不确定性和风险时，不确定性绩效域和规划绩效域会相互作用；③在整个项目执行过程中，规划将指导项目工作、成果和价值的交付。

（5）规划绩效域的检查方法见表 18-5。

表 18-5 规划绩效域的检查方法

预期目标	指标及检查方法
项目以有条理、协调一致的方式推进	绩效偏差：对照项目基准和其他度量指标对项目结果进行绩效审查表明项目正在按计划进行，绩效偏差处于临界值范围内
应用系统的方法交付项目成果	规划的整体性：交付进度、资金提供、资源可用性、采购等表明项目是以整体方式进行规划的，没有差距或不一致之处
对演变情况进行详细说明	规划的详尽程度：与当前信息相比，可交付物和需求的初步信息是适当的、详尽的；与可行性研究与评估相比，当前信息表明项目可以生成预期的可交付物和成果
规划投入的时间成本是适当的	规划适宜性：项目计划和文件表明规划水平适合于项目

续表

预期目标	指标及检查方法
规划的内容对管理干系人的需求而言是充分的	规划的充分性：沟通管理计划和干系人信息表明沟通足以满足干系人的期望
可以根据新出现的和不断变化的需求进行调整	可适应变化：采用待办事项列表的项目，在整个项目期间会对各个计划做出调整。采用变更控制过程的项目具有变更控制委员会，会议的变更日志和文档表明变更控制过程正在得到应用

18.5 项目工作绩效域

【基础知识点】

（1）**项目工作绩效域**定义：涉及项目工作相关的活动和职能。项目工作可使项目团队保持专注，并使项目活动顺利进行。**预期目标**主要包含：①高效且有效的项目绩效；②适合项目和环境的项目过程；③干系人适当的沟通和参与；④对实物资源进行了有效管理；⑤对采购进行了有效管理；⑥有效处理了变更；⑦通过持续学习和过程改进提高了团队能力。

（2）项目工作绩效域的**绩效要点**包括：项目过程；项目制约因素；专注于工作过程和能力；管理沟通和参与；管理实物资源；处理采购事宜；监督新工作和变更；学习与持续改进。

（3）**项目工作绩效域与项目的其他绩效域的相互作用**：①项目工作可促进并支持有效率且有效果的规划、交付和度量；②项目工作可为项目团队互动和干系人参与提供有效的环境；③项目工作可为驾驭不确定性、模糊性和复杂性提供支持，平衡其他项目制约因素。

（4）项目工作绩效域的检查方法见表18-6。

表18-6 项目工作绩效域的检查方法

预期目标	指标及检查方法
高效且有效的项目绩效	**状态报告**：通过状态报告可以表明项目工作有效率且有效果
适合项目和环境的项目过程	**过程的适宜性**：证据表明，项目过程是为满足项目和环境的需要而裁剪的相关性和有效性；过程审计和质量保证活动表明，过程具有相关性且正得到有效使用
干系人适当的沟通和参与	**沟通有效性**：项目沟通管理计划和沟通文件表明，所计划的信息与干系人进行了沟通，如有新的信息沟通需求或误解，可能表明干系人的沟通和参与活动缺乏成效
对实物资源进行了有效管理	**资源利用率**：所用材料的数量、抛弃的废料和返工量表明，资源正得到高效利用
对采购进行了有效管理	**采购过程适宜**：采购审计表明，所采用的适当流程足以开展采购工作，而且承包商正在按计划开展工作

续表

预期目标	指标及检查方法
有效处理了变更	**变更处理情况**：使用预测型方法的项目已建立变更日志，该日志表明，正在对变更做出全面评估，同时考虑了范围、进度、预算、资源、干系人和风险的影响；采用适应型方法的项目已建立待办事项列表，该列表显示完成范围的比率和增加新范围的比率
通过持续学习和过程改进提高了团队能力	**团队绩效**：团队状态报告表明错误和返工减少，而效率提高

18.6 交付绩效域

【基础知识点】

（1）**交付绩效域**定义：涉及与交付项目相关的活动和职能。**预期目标主要包含**：①项目有助于实现业务目标和战略；②项目实现了预期成果；③在预定时间内实现了项目收益；④项目团队对需求有清晰的理解；⑤干系人接受项目可交付物和成果，并对其满意。

在项目整个生命周期过程中，为了有效执行交付绩效域，项目经理需要重点关注价值的交付、可交付物、质量。

（2）交付绩效域的**绩效要点**包括：价值的交付；可交付物；质量。

（3）**交付绩效域与其他绩效域的相互作用**：交付绩效域是在规划绩效域中所执行所有工作的**终点**。交付节奏基于开发方法和生命周期绩效域中工作的结构方式。项目工作绩效域通过建立各种过程、管理实物资源、管理采购等促使交付工作。项目团队成员在此绩效域中执行工作，工作性质会影响项目团队驾驭不确定性的方式。

（4）交付绩效域的检查方法见表18-7。

表18-7 交付绩效域的检查方法

预期目标	指标及检查方法
项目有助于实现业务目标和战略	目标一致性：组织的战略计划、可行性研究报告以及项目授权文件表明，项目可交付物和业务目标保持一致
项目实现了预期成果	项目完成度：项目基础数据表明，项目仍处于正轨，可实现预期成果
在预定时间内实现了项目收益	项目收益：进度表明财务指标和所规划的交付正在按计划实现
项目团队对需求有清晰的理解	需求稳定性：在预测型项目中，初始需求的变更很少，表明对需求的真正理解度较高。在需求不断演变的适应型项目中，项目进展中阶段性需求确认反映了干系人对需求的理解
干系人接受项目可交付物和成果，并对其满意	干系人满意度：访谈、观察和最终用户反馈可表明干系人对可交付物的满意度；质量问题：投诉或退货等质量相关问题的数量也可用于表示满意度

18.7 度量绩效域

【基础知识点】

（1）**度量绩效域定义**：涉及评估项目绩效和采取应对措施相关的活动和职能。度量是评估项目绩效，并采取适当的应对措施，以保持最佳项目绩效的过程。**预期目标主要包含**：①对项目状况充分理解；②数据充分，可支持决策；③及时采取行动，确保项目最佳绩效；④能够基于预测和评估作出决策，实现目标并产生价值。

（2）度量绩效域的**绩效要点**包括：制订有效的度量指标；度量内容及相应指标；展示度量信息和结果；度量陷阱；基于度量进行诊断；持续改进。

（3）**度量绩效域与规划绩效域、项目工作绩效域和交付绩效域的相互作用**：①规划构成了交付和规划比较的基础；②度量绩效域通过提供最新信息来支持规划绩效域的活动；③在项目团队成员制订计划并创建可度量的可交付物时，团队绩效域和干系人绩效域会相互作用；④当不可预测的事件发生时，它们会影响项目绩效，从而影响项目的度量指标；⑤作为项目工作的一部分，应与项目团队和其他干系人合作，以便制订度量指标、收集数据、分析数据、做出决策并报告项目状态。

（4）度量绩效域的检查方法见表 18-8。

表 18-8 度量绩效域的检查方法

预期目标	指标及检查方法
对项目状况充分理解	度量结果和报告：通过审计度量结果和报告，可表明数据是否可靠
数据充分，可支持决策	度量结果：度量结果可表明项目是否按预期进行，或者是否存在偏差
及时采取行动，确保项目最佳绩效	度量结果：度量结果提供了提前指标以及当前状态，可导致及时的决策和行动
能够基于预测和评估作出决策，实现目标并产生价值	工作绩效数据：回顾过去的预测和当前的工作绩效数据可发现，以前的预测是否准确地反映了目前的情况。将实际绩效与计划绩效进行比较，并评估业务文档，可表明项目实现预期价值的可能性

18.8 不确定性绩效域

【基础知识点】

（1）不确定性的意义包含风险、模糊性和复杂性。

（2）**不确定性绩效域定义**：涉及与不确定性相关的活动和职能。**预期目标主要包含**：①了解项目的运行环境，包括技术、社会、政治、市场和经济环境等；②积极识别、分析和应对不确定性；③了解项目中多个因素之间的相互依赖关系；④能够对威胁和机会进行预测，了解问题的后果；

⑤最小化不确定性对项目交付的负面影响；⑥能够利用机会改进项目的绩效和成果；⑦有效利用成本和进度储备，与项目目标保持一致等。

（3）不确定性绩效域的**绩效要点**包括：风险；模糊性；复杂性；不确定性的应对方法。

（4）**不确定性绩效域与其他绩效域的相互作用**：①随着规划的进行，可将减少不确定性和风险的活动纳入计划。这些活动是在交付绩效域中执行的，度量可以表明随着时间的推移风险级别是否会有所变化；②在应对各种形式的不确定性方面，项目团队成员和其他干系人可以提供信息、建议和协助；③生命周期和开发方法的选择将影响不确定性的应对方式。

（5）不确定性绩效域的检查方法见表 18-9。

表 18-9　不确定性绩效域的检查方法

预期目标	指标及检查方法
了解项目的运行环境，包括技术、社会、政治、市场和经济环境等	环境因素：团队在评估不确定性、风险和应对措施时考虑了环境因素
积极识别、分析和应对不确定性	风险应对措施：与项目制约因素的优先级排序保持一致
了解项目中多个因素之间的相互依赖关系	应对措施适宜性：应对风险、复杂性和模糊性的措施适合于项目
能够对威胁和机会进行预测，了解问题的后果	风险管理机制或系统：用于识别、分析和应对风险的系统非常强大
最小化不确定性对项目交付的负面影响	项目绩效处于临界值内：满足计划的交付日期，预算执行情况处于偏差临界值内
能够利用机会改进项目的绩效和成果	利用机会的机制：团队使用既定机制来识别和利用机会
有效利用成本和进度储备，与项目目标保持一致	储备使用：团队采取步骤主动预防威胁，有效使用成本或进度储备

18.9　考点实练

1. 促进干系人参与的步骤是（　　）。
①识别　②理解　③分析　④优先级排序　⑤参与　⑥监督
　A．①②③④⑤⑥　　　　　　　　B．②①③④⑤⑥
　C．③②①④⑤⑥　　　　　　　　D．③①②④⑤⑥

解析：促进干系人参与的步骤是识别→理解→分析→优先级排序→参与→监督。

答案：A

2. 在团队绩效域中，下列（　　）属于高绩效项目团队采用的方式。
①支持　②共识　③韧性　④认可　⑤共享责任　⑥勇气
　A．①②③④⑤⑥　　　　　　　　B．①②③④

C．①④⑤⑥ D．②③④⑤

解析：高绩效项目团队采用的方式有开诚布公的沟通、共识、共享责任、信任、协作、适应性、韧性、赋能、认可。

答案：D

3．在开发方法的选择中，一开始时可以定义、收集和分析项目与产品的需求的项目，涉及重大投资和高风险的项目，需要频繁审查、改变控制机制以及在开发阶段之间重新规划时的项目，通常采用（ ）方法。

A．预测型 B．混合型 C．适应型 D．迭代型

解析：预测型适用于开始时可以定义、收集和分析项目与产品的需求的项目，涉及重大投资和高风险的项目，需要频繁审查、改变控制机制以及在开发阶段之间重新规划时的项目。

答案：A

4．下列（ ）不属于规划绩效域的预期目标。

A．项目以有条理、协调一致的方式推进

B．应用系统的方法交付项目成果

C．所有团队成员都展现出相应的领导力和人际关系技能

D．规划投入的时间成本是适当的

解析：**规划绩效域定义**：涉及整个项目期间组织与协调相关的活动与职能，这些活动和职能是最终交付项目和成果所必需的。**预期目标主要包含**：①项目以有条理、协调一致的方式推进；②应用系统的方法交付项目成果；③对演变情况进行详细说明；④规划投入的时间成本是适当的；⑤规划的内容对管理干系人的需求而言是充分的；⑥可以根据新出现的和不断变化的需求进行调整。

答案：C

5．下列（ ）不是项目工作绩效域与项目的其他绩效域的相互作用。

A．项目工作可促进并支持有效率且有效果的规划、交付和度量

B．为项目团队定义需求和范围，并对其进行优先级排序

C．项目工作可为项目团队互动和干系人参与提供有效的环境

D．项目工作可为驾驭不确定性、模糊性和复杂性提供支持，平衡其他项目制约因素

解析：项目工作绩效域与项目的其他绩效域相互作用：①项目工作可促进并支持有效率且有效果的规划、交付和度量；②项目工作可为项目团队互动和干系人参与提供有效的环境；③项目工作可为驾驭不确定性、模糊性和复杂性提供支持，平衡其他项目制约因素。

答案：B

6．在度量绩效域中，（ ）是评估项目成功与否的量化的指标。

A．项目的关键绩效指标 B．SMART

C．工作绩效指标 D．项目绩效指标

解析：项目的关键绩效指标（KPI）是评估项目成功与否的量化的指标，KPI 有提前指标和滞

后指标两种类型。

答案：A

7. 下列（ ）不是不确定性包含的意义。

  A．风险   B．易变性   C．模糊性   D．复杂性

解析：不确定性的意义包含风险、模糊性和复杂性。

答案：B

第19小时 配置与变更管理

19.0 章节考点分析

第 19 小时主要学习配置管理、变更管理、项目文档管理等内容。

根据考试大纲，本小时知识点会涉及单项选择题和案例分析题以及论文写作，按以往全国计算机技术与软件专业技术资格考试的出题规律，上午单选题约占 2~3 分，本小时内容属于基础知识范畴，考查的知识点多来源于教材，扩展内容较少。本小时的架构如图 19-1 所示。

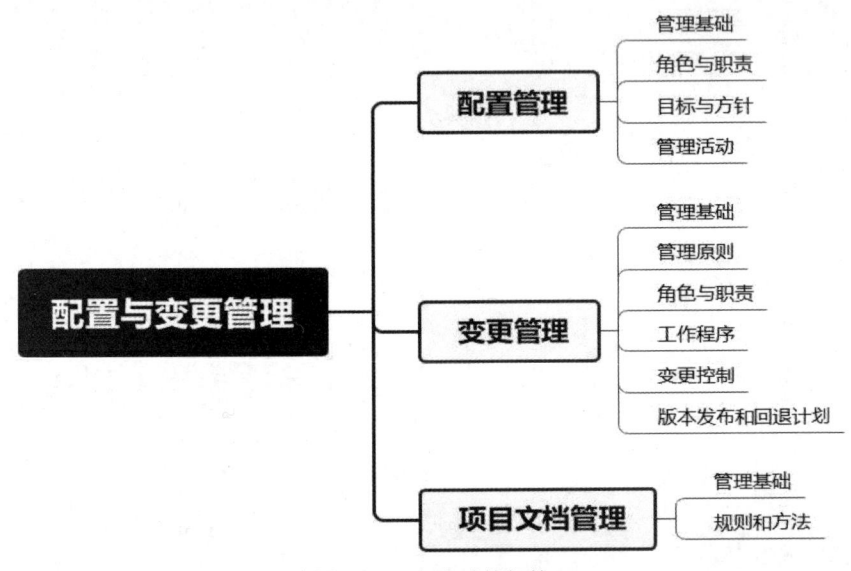

图 19-1 本小时的架构

配置与变更管理　第 19 小时

【导读小贴士】

在组织实施信息系统项目过程中，常常会遇到变更的发生，为了系统地控制配置变更，引入了配置管理、变更管理、项目文档管理相关概念。本小时所要讲述的内容，属于信息系统项目管理师需要掌握的相关知识，都是入门的基础知识，侧重于理解。

19.1 配置管理

【基础知识点】

（1）定义：配置管理是为了系统地控制配置变更，在信息系统项目的整个生命周期中维持配置的完整性和可跟踪性，而标识信息系统建设在不同时间点上配置的学科。

（2）配置管理包含配置库的建立和配置管理数据库（Configuration Management Databases，CMDB）准确性的维护，以支持信息系统项目的正常运行。

（3）配置项定义：为配置管理设计的硬件、软件或二者的集合，在配置管理过程中作为一个单个实体来对待。典型的配置项包括项目计划书、技术解决方案、需求文档、设计文档、源代码、可执行代码、测试用例、运行软件所需的各种数据、设备型号及其关键部件等，它们经评审和检查通过后进入配置管理。所有配置项都应按照相关规定统一编号后以一定的目录结构保存在 CMDB 中。

（4）所有配置项的操作权限应由配置管理员严格管理，基本原则是：基线配置项向开发人员开放读取的权限；非基线配置项向项目经理、CCB 及相关人员开放。

（5）配置项的状态可分为"草稿""正式"和"修改"三种。配置项刚建立时，其状态为"草稿"。配置项通过评审后，其状态变为"正式"。此后若更改配置项，则其状态变为"修改"。当配置项修改完毕并重新通过评审时，其状态又变为"正式"，如图 19-2 所示。

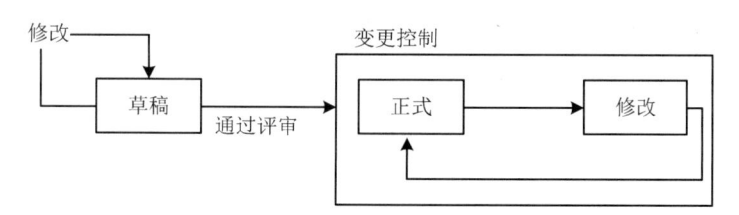

图 19-2　配置项状态变化

（6）配置项版本号。

1）处于"草稿"状态的配置项的版本号格式为 0.YZ，YZ 的数字范围为 01~99。随着草稿的修正，YZ 的取值应递增。YZ 的初值和增幅由用户自己把握。

2）处于"正式"状态的配置项的版本号格式为 X.Y，X 为主版本号，取值范围为 1~9。Y 为次版本号，取值范围为 0~9。

配置项第一次成为"正式"文件时，版本号为 1.0。

如果配置项升级幅度比较小，可以将变动部分制作成配置项的附件，附件版本依次为 1.0、1.1、…当附件的变动积累到一定程度时，配置项的 Y 值可适量增加，Y 值增加一定程度时，X 值将适量增加。当配置项升级幅度比较大时，才允许直接增大 X 值。

3）处于"修改"状态的配置项的版本号格式为 X.YZ。配置项正在修改时，一般只增大 Z 值，X.Y 值保持不变。当配置项修改完毕，状态成为"正式"时，将 Z 值设置为 0，增加 X.Y 值，参见 2）。

（7）对配置项的任何修改都将产生新的版本。同时不能抛弃旧版本。

（8）配置基线由一组配置项组成，这些配置项构成一个相对稳定的逻辑实体。基线中的配置项被"冻结"了，不能再被任何人随意修改。对基线的变更必须遵循正式的变更控制程序。

（9）一组拥有唯一标识号的需求、设计、源代码文卷以及相应的可执行代码、构造文卷和用户文档构成一条基线。一个产品可以有多条基线，也可以只有一条基线。交付给外部顾客的基线一般称为发行基线，内部开发使用的基线一般称为构造基线。

（10）对于每一个基线，要定义下列内容：建立基线的事件、受控的配置项、建立和变更基线的程序、批准变更基线所需的权限。

（11）建立基线的价值可包括：

1）基线为项目工作提供了一个定点和快照。

2）新项目可以在基线提供的定点上建立。新项目作为一个单独分支，将与随后对原始项目（在主要分支上）所进行的变更进行隔离。

3）当认为更新不稳定或不可信时，基线为团队提供一种取消变更的方法。

4）可以利用基线重新建立基于某个特定发布版本的配置，以重现已报告的错误。

（12）配置管理数据库是指包含每个配置项及配置项之间重要关系的详细资料的数据库。配置管理数据库主要内容包括：①发布内容，包括每个配置项及其版本号；②经批准的变更可能影响到的配置项；③与某个配置项有关的所有变更请求；④配置项变更轨迹；⑤特定的设备和软件；⑥计划升级、替换或弃用的配置项；⑦与配置项有关的变更和问题；⑧来自于特定时期特定供应商的配置项；⑨受问题影响的所有配置项。

（13）配置库存放配置项并记录与配置项相关的所有信息，是配置管理的有力工具。配置库可以分开发库、受控库、产品库三种类型。

1）开发库，也称动态库、程序员库或工作库，用于保存开发人员当前正在开发的配置实体。动态库是开发人员的个人工作区，由开发人员自行控制，无须对其进行配置控制。

2）受控库，也称主库，包含当前的基线加上对基线的变更。受控库中的配置项被置于完全的配置管理之下。在信息系统开发的某个阶段工作结束时，将当前的工作产品存入受控库。可以修改，需要走变更流程。

3）产品库，也称静态库、发行库、软件仓库，包含已发布使用的各种基线的存档，被置于完全的配置管理之下。在开发的信息系统产品完成系统测试之后，作为最终产品存入产品库内，等待交付用户或现场安装。一般不再修改，真要修改的话需要走变更流程。

（14）配置库的建库模式有两种：按配置项的类型建库和按开发任务建库。

1）按配置项的类型建库。这种模式适用于通用软件的开发组织。其特点是产品的继承性较强，工具比较统一，对并行开发有一定的需求。优点是有利于对配置项的统一管理和控制，同时也能提高编译和发布的效率。缺点是会造成开发人员的工作目录结构过于复杂，带来一些不必要的麻烦。

2）按开发任务建库。这种模式适用于专业软件的开发组织。其特点是使用的开发工具种类繁多，开发模式以线性发展为主。其优点是库结构设置策略比较灵活。

（15）配置管理角色与职责。

1）配置管理负责人也称配置经理，负责管理和决策整个项目生命周期中的配置活动，具体有：①管理所有活动，包括计划、识别、控制、审计和回顾；②负责配置管理过程；③通过审计过程确保配置管理数据库的准确和真实；④审批配置库或配置管理数据库的结构性变更；⑤定义配置项责任人；⑥指派配置审计员；⑦定义配置管理数据库范围、配置项属性、配置项之间的关系和配置项状态；⑧评估配置管理过程并持续改进；⑨参与变更管理过程评估；⑩对项目成员进行配置管理培训。

2）配置管理员负责在整个项目生命周期中进行配置管理的主要实施活动，具体有：①建立和维护配置管理系统；②建立和维护配置库或配置管理数据库；③配置项识别；④建立和管理基线；⑤版本管理和配置控制；⑥配置状态报告；⑦配置审计；⑧发布管理和交付。

3）配置项负责人确保所负责的配置项的准确和真实：①记录所负责配置项的所有变更；②维护配置项之间的关系；③调查审计中发现的配置项差异，完成差异报告；④遵从配置管理过程；⑤参与配置管理过程评估。

（16）配置管理的目标与方针。

1）配置管理的目标具体包括：①所有配置项能够被识别和记录；②维护配置项记录的完整性；③为其他管理过程提供有关配置项的准确信息；④核实有关信息系统的配置记录的正确性并纠正发现的错误；⑤配置项当前和历史状态得到汇报；⑥确保信息系统的配置项的有效控制和管理。

2）配置管理关键成功因素主要包括：①所有配置项应该记录；②配置项应该分类；③所有配置项要编号；④应该定期对配置库或配置管理数据库中的配置项信息进行审计；⑤每个配置项在建立后，应有配置负责人负责；⑥要关注配置项的变化情况；⑦应该定期对配置管理进行回顾；⑧能够与项目的其他管理活动进行关联。

（17）配置管理的日常管理活动主要包括：制订配置管理计划、配置项识别、配置项控制、配置状态报告、配置审计、配置管理回顾与改进等。

1）配置管理计划：配置管理计划是对如何开展项目配置管理工作的规划，是配置管理过程的基础，应该形成文件并在整个项目生命周期内处于受控状态。CCB 负责审批该计划。

2）配置项识别：包括为配置项分配标识和版本号等。要确定配置项的范围、属性、标识符、基准线以及配置结构和命名规则等。配置项命名规则应能体现：①配置结构内各配置项间的层级关系；②每个配置及其相关文档间的关系；③各配置项及其相关文档间的关系；④文档与变更间的关系等。

3）配置项控制：配置项控制即对配置项和基线的变更控制，包括标识和记录变更申请、分析和评价变更、批准或否决申请、实现、验证和发布已修改的配置项等任务。

    a. 变更申请。它主要就是陈述要做什么变更，为什么要变更，以及打算怎样变更。

    b. 变更评估。CCB 负责组织对变更申请进行评估并确定：变更对项目的影响；变更的内容是否必要；变更的范围是否考虑周全；变更的实施方案是否可行；变更工作量估计是否合理。CCB 决定是否接受变更，并将决定通知相关人员。

    c. 通告评估结果。CCB 把关于每个变更申请的批准、否决或推迟的决定通知受此处置意见影响的每个干系人。

    d. 变更实施。项目经理组织修改相关的配置项，并在相应的文档、程序代码或配置管理数据中记录变更信息。

    e. 变更验证与确认。项目经理指定人员对变更后的配置项进行测试或验证。项目经理应将变更与验证的结果提交给 CCB，由其确认变更是否已经按要求完成。

    f. 变更的发布。配置管理员将变更后的配置项纳入基线。配置管理员将变更内容和结果通知相关人员，并做好记录。

    g. 基于配置库的变更控制流程如图 19-3 所示。

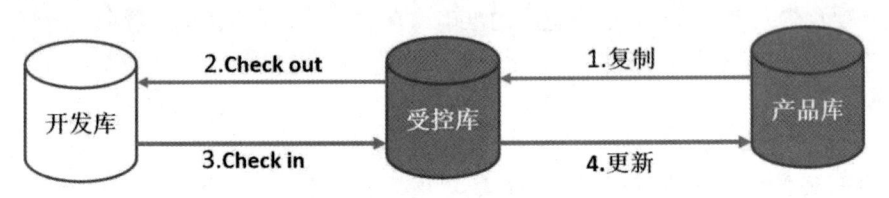

图 19-3　基于配置库的变更控制流程

4）配置状态报告：也称配置状态统计，其任务是有效地记录和报告管理配置所需要的信息，目的是及时、准确地给出配置项的当前状况，供相关人员了解，以加强配置管理工作。配置状态报告应该主要包含：每个受控配置项的标识和状态；每个变更申请的状态和已批准的修改的实施状态；每个基线的当前和过去版本的状态以及各版本的比较；其他配置管理过程活动的记录等。

5）配置审计：配置审计的实施是为了确保项目配置管理的有效性，体现了配置管理的最根本要求，不允许出现任何混乱现象：①防止向用户提交不适合的产品，如交付了用户手册的不正确版本；②发现不完善的实现，如开发出不符合初始规格说明或未按变更请求实施变更；③找出各配置项间不匹配或不相容的现象；④确认配置项已在所要求的质量控制审核之后纳入基线并入库保存；

⑤确认记录和文档保持着可追溯性等。

功能配置审计：是审计配置项的一致性（配置项的实际功效是否与其需求一致），具体验证主要包括：①配置项的开发已圆满完成；②配置项已达到配置标识中规定的性能和功能特征；③配置项的操作和支持文档已完成并且是符合要求的等。

物理配置审计：是审计配置项的完整性（配置项的物理存在是否与预期一致），具体验证主要包括：①要交付的配置项是否存在；②配置项中是否包含了所有必需的项目等。

一般来说，配置审计应当定期进行，应当进行配置审计的场景包括：①实施新的配置库或配置管理数据库之后；②对信息系统实施重大变更前后；③在一项软件发布和安装被导入实际运作环境之前；④灾难恢复之后或事件恢复正常之后；⑤发现未经授权的配置项后；⑥任何其他必要的时候等。

6）配置管理回顾与改进具体包括：①对本次配置管理回顾进行准备；②召开配置管理回顾会议；③根据会议结论，制订并提交服务改进计划；④根据过程改进计划，协调、落实改进等。

19.2 变更管理

【基础知识点】

（1）变更管理的实质是根据项目推进过程中越来越丰富的项目认知，不断调整项目努力方向和资源配置，最大限度地满足项目需求，提升项目价值。

（2）变更的常见原因包括：①产品范围（成果）定义的过失或者疏忽；②项目范围（工作）定义的过失或者疏忽；③增值变更；④应对风险的紧急计划或回避计划；⑤项目执行过程与基准要求不一致带来的被动调整；⑥外部事件等。

（3）变更分类。根据变更性质可分为重大变更、重要变更和一般变更，通过不同审批权限进行控制。根据变更的迫切性可分为紧急变更、非紧急变更。

（4）管理原则。变更管理的原则是项目基准化和变更管理过程规范化。主要内容包括：
- 基准管理：基准是变更的依据。每次变更通过评审后，都应重新确定基准。
- 变更控制流程化：所有变更都必须遵循变更控制流程。
- 明确组织分工：至少应明确变更相关工作的评估、评审、执行的职能。
- 评估变更的可能影响。
- 妥善保存变更产生的相关文档。

（5）变更角色与职责。

1）项目经理在变更中的作用是：响应变更提出者的需求；评估变更对项目的影响及应对方案；将需求由技术要求转化为资源需求，供授权人决策；根据评审结果实施（即调整基准），确保项目基准反映项目实施情况。

2）变更管理负责人，也称变更经理，通常是变更管理过程解决方案的负责人，其主要职责包括：①负责整个变更过程方案的结果；②负责变更管理过程的监控；③负责协调相关的资源，保障所有变更按照预定过程顺利运作；④确定变更类型，组织变更计划和日程安排；⑤管理变更的日程安排；⑥变更实施完成之后的回顾和关闭；⑦承担变更相关责任，并且具有相应权限；⑧可能以逐级审批形式或团队会议的形式参与变更的风险评估和审批等。

3）变更请求者负责记录与提交变更请求单，具体为：①提交初步的变更方案和计划；②初步评价变更的风险和影响，给变更请求设定适当的变更类型；③对理解变更过程有能力要求等。

4）变更顾问委员会负责对重大变更行使审批，提供专业意见和辅助审批，具体为：①在紧急变更时，其中被授权者行使审批权限；②定期听取变更经理汇报，评估变更管理执行情况，必要时提出改进建议等。

（6）变更工作程序。

1）变更申请。变更提出应当及时以正式方式进行，并留下书面记录。变更的提出可以是各种形式，但在评估前应以书面形式提出。一般项目经理或者项目配置管理员负责该相关信息的收集，以及对变更申请的初审。

2）对变更的初审。变更初审的目的主要包括：①对变更提出方施加影响，确认变更的必要性，确保变更是有价值的；②格式校验，完整性校验，确保评估所需信息准备充分；③在干系人间就提出供评估的变更信息达成共识等。变更初审的常见方式为变更申请文档的审核流转。

3）变更方案论证。变更方案的主要作用，首先是对变更请求是否可实现进行论证，如果可能实现，则将变更请求由技术要求转化为资源需求，以供 CCB 决策。常见的方案内容包括技术评估和经济与社会效益评估。

4）变更审查。审查通常采用文档、会签形式，重大的变更审查可以采用正式会议形式。对于涉及项目目标和交付成果的变更，客户和服务对象的意见应放在核心位置。

5）发出通知并实施。变更通知不只是包括项目实施基准的调整，更要明确项目的交付日期、成果对相关干系人的影响。如果变更造成交付期调整，应在变更确认时发布，而非在交付前公布。

6）实施监控。通常由项目经理负责基准的监控。CCB 监控变更明确的主要成果、进度里程碑等，也可以通过监理单位完成监控。

7）效果评估。变更评估的关注内容主要包括：①评估依据是项目的基准；②结合变更的目标，评估变更所要达到的目的是否已达成；③评估变更方案中的技术论证、经济论证内容与实施过程的差距，并促使解决。

8）变更收尾。变更收尾是判断发生变更后的项目是否已纳入正常轨道。

（7）项目的变更控制主要关注变更申请的控制及变更过程的控制。

（8）对合同变更的控制。合同变更控制是规定合同修改的过程，它包括文书工作、跟踪系统、争议解决程序以及批准变更所需的审批层次。合同变更控制应当与整体变更控制相结合。

（9）版本发布前的准备工作包括：①进行相关的回退分析；②备份版本发布所涉及的存储过程、函数等其他数据的存储及回退管理；③备份配置数据，包括数据备份的方式；④备份在线生产平台接口、应用、工作流等版本；⑤启动回退机制的触发条件；⑥对变更回退的机制职责的说明。

（10）回退步骤通常包括：①通知相关用户系统开始回退；②通知各关联系统进行版本回退；③回退存储过程等数据对象；④配置数据回退；⑤应用程序、接口程序、工作流等版本回退；⑥回退完成通知各周边关联系统；⑦回退后进行相关测试，保证回退系统能够正常运行；⑧通知用户回退完成等。

19.3 项目文档管理

【基础知识点】

（1）信息系统相关信息（文档）是指某种数据媒体和其中所记录的数据。它具有永久性，并可以由人或机器阅读，通常仅用于描述人工可读的东西。

（2）对于信息系统开发项目来说，其文档一般分为开发文档、产品文档和管理文档。

1）开发文档描述开发过程本身，基本的开发文档包括：可行性研究报告和项目任务书、需求规格说明、功能规格说明、设计规格说明（包括程序和数据规格说明、开发计划、软件集成和测试计划、质量保证计划、安全和测试信息等）。

2）产品文档描述开发过程的产物，基本的产品文档包括：培训手册、参考手册和用户指南、软件支持手册、产品手册和信息广告。

3）管理文档记录项目管理的信息，例如：开发过程的每个阶段的进度和进度变更的记录；软件变更情况的记录；开发团队的职责定义、项目计划、项目阶段报告；配置管理计划。

（3）文档的质量通常可以分为四级，如图19-4所示。

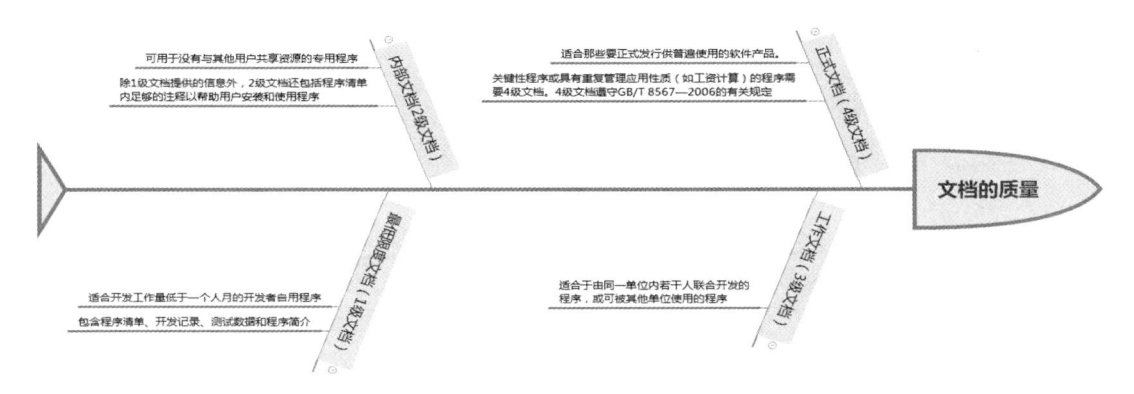

图19-4 文档按质量分级

（4）管理信息系统文档的规范化主要体现在文档书写规范、图表编号规则、文档目录编写标准和文档管理制度等几个方面。根据生命周期法的五个阶段，分类编号规则如图19-5所示。

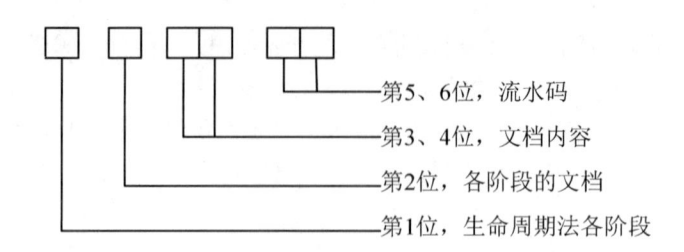

```
┌─┐┌─┐┌─┬─┐┌─┬─┐
│ ││ ││ │ ││ │ │──── 第5、6位，流水码
└─┘└─┘└─┴─┘└─┴─┘
 │  │  │       └──── 第3、4位，文档内容
 │  │  └──────────── 第2位，各阶段的文档
 │  └─────────────── 第1位，生命周期法各阶段
```

图 19-5　分类编号规则

19.4　考点实练

1．配置管理是为了系统地控制配置变更，在信息系统项目的整个生命周期中维持配置的（　　）和（　　）。

　　A．完整性和可跟踪性　　　　　　B．完整性和真实性
　　C．高效性和可跟踪性　　　　　　D．高效性和真实性

解析：配置管理是为了系统地控制配置变更，在信息系统项目的整个生命周期中维持配置的完整性和可跟踪性，而标识信息系统建设在不同时间点上配置的学科。

答案：A

2．状态为"草稿"的配置项修改后，其状态为（　　）。

　　A．修改　　　　B．正式　　　　C．草稿　　　　D．待审

解析：可将配置项状态分为"草稿""正式"和"修改"三种。配置项刚建立时，其状态为"草稿"。配置项通过评审后，其状态变为"正式"。此后若更改配置项，则其状态变为"修改"，当配置项修改完毕并重新通过评审时，其状态又变为"正式"。

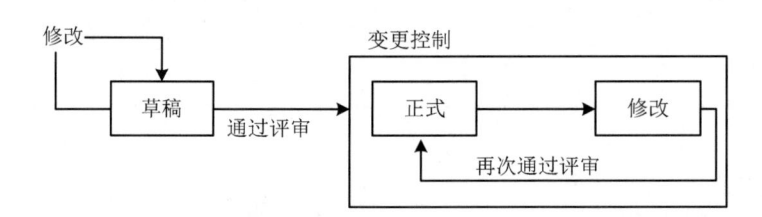

```
         修改
          │◄──────┐      变更控制
          ▼       │    ┌──────────────────┐
       ┌─────┐    │    │ ┌─────┐    ┌─────┐│
       │草稿 │────┼───►│ │正式 │───►│修改 ││
       └─────┘ 通过评审│ └─────┘    └─────┘│
                      │    ▲          │   │
                      │    └──────────┘   │
                      │      再次通过评审  │
                      └──────────────────┘
```

答案：B

3．在信息系统开发的某个阶段工作结束时，将当前的工作产品存入（　　）。

　　A．开发库　　　B．受控库　　　C．产品库　　　D．配置管理数据库

解析：配置库可以分为开发库、受控库、产品库三种类型。其中，受控库也称主库，包含当前的基线以及对基线的变更。受控库中的配置项被置于完全的配置管理之下。在信息系统开发的某个阶段工作结束时，将当前的工作产品存入受控库。

答案：B

4. （   ）负责对项目成员进行配置管理培训。
   A．项目经理　　　　　　　　　　　B．CCB
   C．配置管理员　　　　　　　　　　D．配置管理负责人

解析：配置管理负责人也称配置经理，负责管理和决策整个项目生命周期中的配置活动，具体有：①管理所有活动，包括计划、识别、控制、审计和回顾；②负责配置管理过程；③通过审计过程确保配置管理数据库的准确和真实；④审批配置库或配置管理数据库的结构性变更；⑤定义配置项责任人；⑥指派配置审计员；⑦定义配置管理数据库范围、配置项属性、配置项之间关系和配置项状态；⑧评估配置管理过程并持续改进；⑨参与变更管理过程评估；⑩对项目成员进行配置管理培训。

答案：D

5. 功能配置审计验证内容不包括（   ）。
   A．配置项的开发是否已圆满完成
   B．配置项中是否包含了所有必需的项目
   C．配置项是否已达到配置标识中规定的性能和功能特征
   D．配置项的操作和支持文档是否已完成并且是符合要求的

解析：
（1）功能配置审计是审计配置项的一致性（配置项的实际功效是否与其需求一致），具体验证主要包括：①配置项的开发已圆满完成；②配置项已达到配置标识中规定的性能和功能特征；③配置项的操作和支持文档已完成并且是符合要求的等。
（2）物理配置审计是审计配置项的完整性（配置项的物理存在是否与预期一致），具体验证主要包括：①要交付的配置项是否存在；②配置项中是否包含了所有必需的项目等。

答案：B

6. 变更管理原则的主要内容不包括（   ）。
   A．基准管理　　　　　　　　　　　B．明确组织分工
   C．对变更产生的因素施加影响　　　D．妥善保存变更产生的相关文档

解析：变更管理的原则是项目基准化和变更管理过程规范化。主要内容包括：
● 基准管理：基准是变更的依据。每次变更通过评审后，都应重新确定基准。
● 变更控制流程化：所有变更都必须遵循变更控制流程。
● 明确组织分工：至少应明确变更相关工作的评估、评审、执行的职能。
● 评估变更的可能影响。
● 妥善保存变更产生的相关文档。

答案：C

7. 根据信息系统项目文档的分类，质量保证计划属于（   ）。
   A．开发文档　　B．产品文档　　C．操作文档　　D．管理文档

解析：对于信息系统开发项目来说，其文档一般分为开发文档、产品文档和管理文档。

（1）开发文档描述开发过程本身，基本的开发文档包括：可行性研究报告和项目任务书、需求规格说明、功能规格说明、设计规格说明（包括程序和数据规格说明、开发计划、软件集成和测试计划、质量保证计划、安全和测试信息等）。

（2）产品文档描述开发过程的产物，基本的产品文档包括：培训手册、参考手册和用户指南、软件支持手册、产品手册和信息广告。

（3）管理文档记录项目管理的信息，例如：开发过程的每个阶段的进度和进度变更的记录；软件变更情况的记录；开发团队的职责定义、项目计划、项目阶段报告；配置管理计划。

答案：A

第三篇
高级项目管理知识

第 20 小时 高级项目管理

20.0 章节考点分析

第 20 小时主要学习高级项目管理知识,包括项目集管理、项目组合管理、组织级项目管理、量化项目管理和项目管理实践模型等内容。

根据考试大纲,本小时知识点会涉及单项选择题和案例分析题以及论文写作,按以往全国计算机技术与软件专业技术资格考试的出题规律,上午单选题约占 2~4 分,本小时内容属于基础知识范畴,考查的知识点多来源于教材,扩展内容较少。本小时的架构如图 20-1 所示。

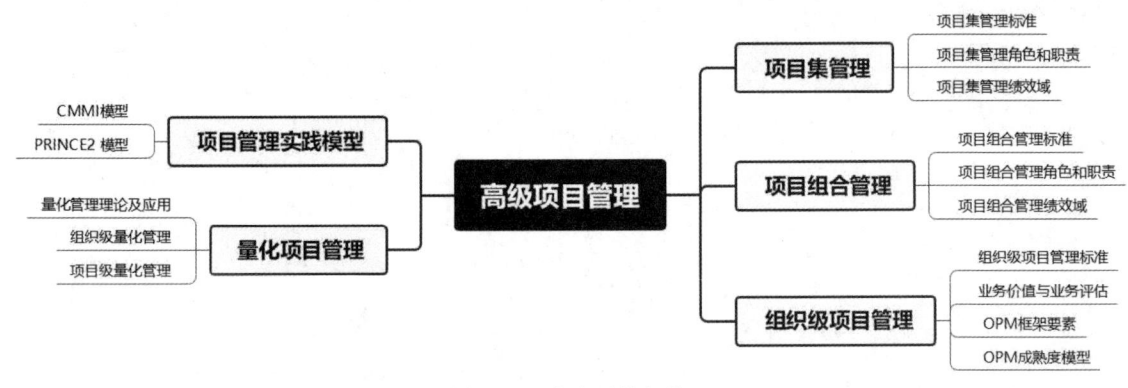

图 20-1 本小时的架构

【导读小贴士】

在信息系统项目管理工作中,组织管理者和项目管理者会面临多项目的管理或组织级的项目管理、项目的量化管理等。项目集管理、项目组合管理和组织级项目管理为组织当中的多项目管理和组织级管理提供了有效的指导。量化项目管理为组织及项目管理的量化、数字化提供了指导。PMI、ITSS、CMMI 和 PRINCE2 等为各类信息系统项目管理提供了最佳实践,并提供了对组织的项目管理能力进行持续改进和评估的方法。

20.1 项目集管理

【基础知识点】

(1) 项目集定义:项目集是一组相互关联且被协调管理的项目、子项目集和项目集活动,目的是为了获得分别管理无法获得的利益。

(2) 项目集管理角色和职责。

1) 项目集发起人和收益人:是负责承诺将组织的资源应用于项目集,并致力于使项目集取得成功的人。项目集发起人角色往往由项目集指导委员会的高管担任。其典型职责包括:为项目集提供资金,确保项目集目标与战略愿景保持一致;使效益实现交付;消除项目集管理与交付的困难和障碍。

2) 项目集指导委员会:通常由个人或集体认可的、具备组织洞察力和决策权的高层管理者组成。其典型职责包括:

- 为项目集提供治理支持,包括监督、控制、整合和决策职能。
- 提供有能力的治理资源,监督与效益交付相关的项目集的不确定性和复杂性。
- 确保项目集目标和规划的效益符合组织战略和运营目标。
- 举行计划会议,确认项目集,并对项目集进行优先级排序和提供资金。
- 支持或批准项目集的建议和变更。
- 解决并补救上报的项目集问题和风险。
- 提供监督,使项目集效益得以规划、衡量并最终达成。
- 管理决策的制订、施行、执行和沟通。
- 定义要传达给干系人的关键信息,并确保其保持一致、透明。
- 审查预期效益和效益交付。
- 批准项目集收尾和终止。

3) 项目集经理:是由执行组织授权,组建并带领团队实现项目集目标的人员。项目集经理对项目集的管理、实施和绩效负责。

（3）项目集管理绩效域包括项目集战略一致性、项目集效益管理、项目集干系人参与、项目集治理和项目集生命周期管理。项目集生命周期与项目集效益管理的绩效域的关系如图 20-2 所示。

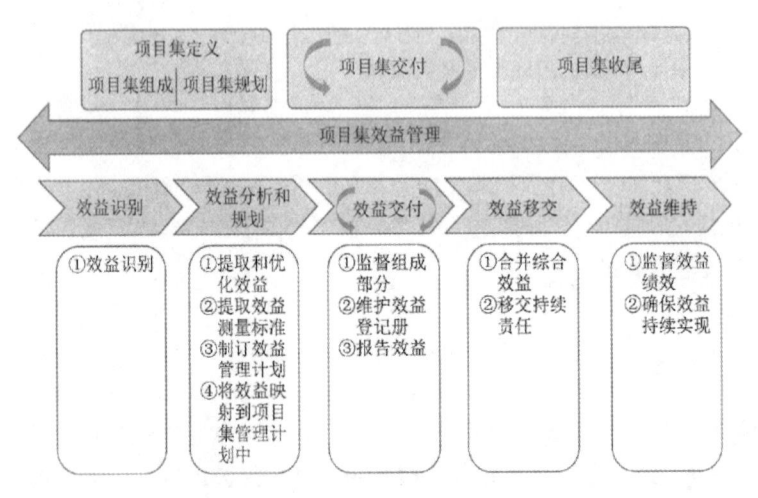

图 20-2　项目集生命周期与项目集效益管理的绩效域的关系

1）项目集干系人参与的主要活动包括项目集干系人识别、项目集干系人分析、项目集干系人参与规划、项目集干系人参与和项目集干系人沟通。

2）项目集治理是实现和执行项目集决策，为支持项目集而制订实践，并维护项目集监督的绩效域。

（4）项目集生命周期分为 3 个主要阶段，包括项目集定义阶段、项目集交付阶段和项目集收尾阶段。

1）项目集定义阶段。为达成预期成果构建和批准项目集，制订项目集线路图，制订项目评估和项目集章程。上述内容批准后，则要制订项目集管理计划。

2）项目集交付阶段。为产生项目集管理计划各组件的预期成果而进行的项目集活动，包括：①组件授权与规划；②组件监督与整合；③组件移交与收尾。

3）项目集收尾阶段。在项目集收尾阶段主要工作包括项目集移交和收尾或提前终止，或者将工作移交给另一个项目集。

20.2　项目组合管理

【基础知识点】

（1）定义：项目组合是指为实现战略目标而组合在一起管理的项目、项目集、子项目组合和运营工作。项目组合中的项目集或项目<u>不一定存在彼此依赖或直接相关的关联关系</u>。

（2）项目组合管理的角色和职责。

1）项目组合经理：负责建立和实施项目组合管理。项目组合经理通常扮演许多重要角色，包括项目组合管理原则、过程和实践的架构师、促成者和引导者，以及担当项目组合分析师的角色。项目组合经理应该具有 PMI 人才三角模型所描述的能力（技术项目管理技能、领导力，以及战略和商务业务管理专业知识）。

项目组合经理需要具备的专业知识包括：①项目组合的战略管理和一致性；②项目组合管理方法和技术；③干系人参与；④决策与管理技能；⑤风险管理；⑥组织变革管理；⑦系统思考。

2）项目组合管理中的其他角色包括：

a. 发起人。为项目组合提供资源和支持，对资源分配和项目组合的成功负责。发起人通常会参与到项目组合治理机构中，在项目组合及其流程建立和持续管理方面与项目组合经理密切合作。

b. 项目组合治理机构。由一个或多个具有必要权限、知识和经验的人员组成，用来指导和监督项目组合管理活动，评估项目组合绩效，并且对项目组合的投资和优先级做出决策，确保项目组合管理过程可控。

c. 项目组合、项目集和项目管理办公室（PMO）。一个提供多种能力和流程、支持项目组合管理的组织实体，集中管理和协调其控制下的项目、项目集或项目组合。

d. 项目组合分析师。负责识别、分析和追踪项目组合组件间的依赖关系是否被解决和管理，对项目组合管理过程的差距推荐改进方案并帮助实施。项目组合分析师可以与其他角色相结合并进行相应的裁剪，以满足组织需求。

e. 项目集经理。负责确保整个项目集结构和项目集管理过程与项目组合管理计划相一致。

f. 项目经理。负责根据相应的目标和规范，有效地启动、规划、执行、监控、收尾项目组合内的指定项目。项目经理直接或间接地向项目组合经理、PMO 或治理机构提供项目绩效指标。

g. 变更控制委员会。负责审查变更请求，并做出批准、否决或其他决定。

（3）项目组合管理绩效域包括<u>项目组合生命周期、项目组合战略管理、项目组合治理、项目组合产能与能力管理、项目组合干系人参与、项目组合价值管理和项目组合风险管理</u>，如图 20-3 所示。

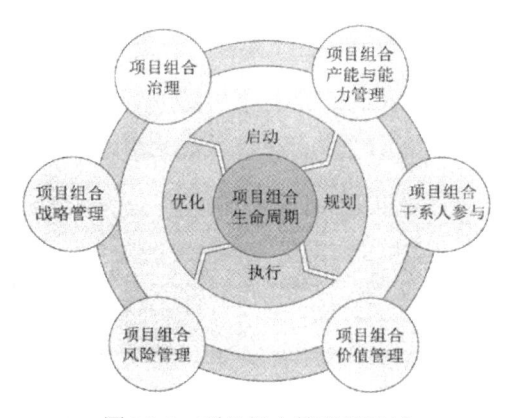

图 20-3 项目组合管理绩效域

1）项目组合生命周期：由启动、规划、执行与优化四个阶段组成，<u>一个项目组合可能反复进行几轮规划</u>，转入一个短时间框架内执行。在相同的业务变更生命周期里，随着增加、剔除、修改项目组合组件，项目组合可能会被刷新。各阶段的主要活动如图20-4所示。

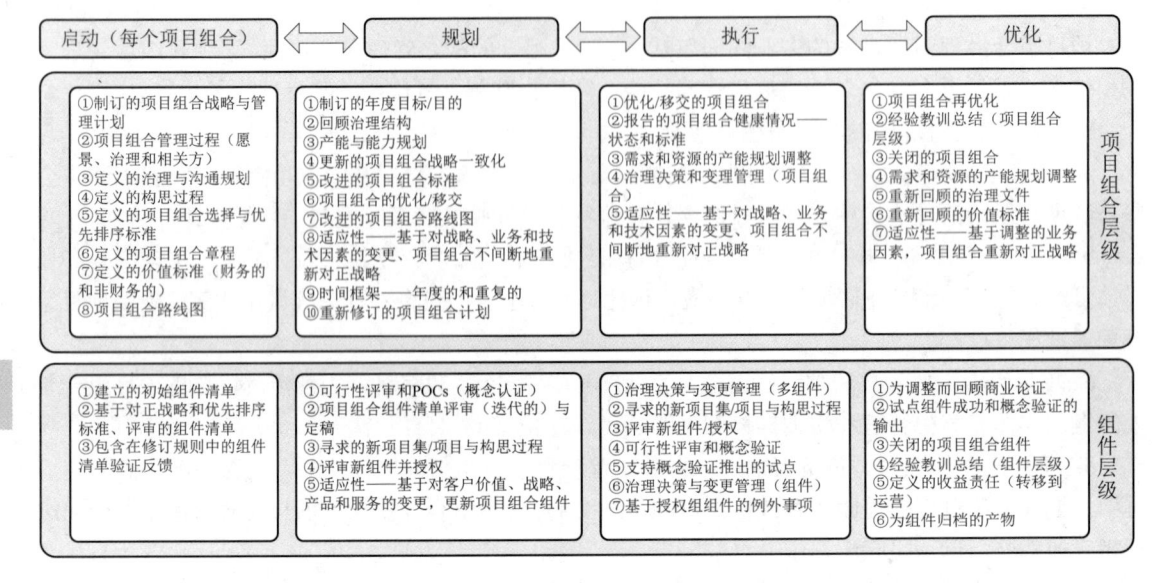

启动（每个项目组合）	规划	执行	优化	
①制订的项目组合战略与管理计划 ②项目组合管理过程（愿景、治理和相关方） ③定义的治理与沟通规划 ④定义的构思过程 ⑤定义的项目组合选择与优先排序标准 ⑥定义的项目组合章程 ⑦定义的价值标准（财务的和非财务的） ⑧项目组合路线图	①制订的年度目标/目的 ②回顾治理结构 ③产能与能力规划 ④更新的项目组合战略一致化 ⑤改进的项目组合标准 ⑥项目组合的优化/移交 ⑦改进的项目组合路线图 ⑧适应性——基于对战略、业务和技术因素的变更，项目组合不间断地重新对正战略 ⑨时间框架——年度的和重复的 ⑩重新修订的项目组合计划	①优化/移交的项目组合 ②报告的项目组合健康情况——状态和标准 ③需求和资源的产能规划调整 ④治理决策和变理管理（项目组） ⑤适应性——基于对战略、业务和技术因素的变更，项目组合不间断地重新对正战略	①项目组合再优化 ②经验教训总结（项目组合层级） ③关闭的项目组合 ④需求和资源的产能规划调整 ⑤重新回顾的治理文件 ⑥重新回顾的价值标准 ⑦适应性——基于调整的业务因素，项目组合重新对正战略	项目组合层级
①建立的初始组件清单 ②基于对正战略和优先排序标准、评审的组件清单 ③包含在修订规则中的组件清单验证反馈	①可行性评审和POCs（概念认证） ②项目组合组件清单评审（迭代）与定稿 ③寻求的新项目集/项目与构思过程 ④评审新组件并授权 ⑤适应性——基于对客户价值、战略、产品和服务的变更，更新项目组合组件	①治理决策与变更管理（多组件） ②寻求的新项目集/项目与构思过程 ③评审新组件/授权 ④可行性评审和概念验证 ⑤支持概念验证推出的试点 ⑥治理决策与变更管理（组件） ⑦基于授权组组件的例外事项	①为调整而回顾商业论证 ②试点组件成功和概念验证的输出 ③关闭的项目组合组件 ④经验教训总结（组件层级） ⑤定义的收益责任（转移到运营） ⑥为组件归档的产物	组件层级

图20-4 项目组合生命周期各阶段的主要活动

2）项目组合战略管理：战略管理与项目组合管理保持一致，使组织的行动能够一贯地符合高级管理层和干系人的期望。项目组合战略管理应该被视为<u>一个双向的过程</u>，除了在执行层面上要持续地监督战略和投资决策，还应该就这些战略决策和潜在产物的影响及可实现性提供反馈。

3）项目组合治理：是在某个框架内的一套实践、职能与过程，以一套引领项目组合管理活动的基本规范、规则或价值作为框架基础，优化投资并满足组织战略和运营目的。治理与管理不同，<u>治理与决策制订、监管、控制和整合有关。管理则被描述为在治理框架所设定的界限内工作，以达成组织目标</u>。

4）项目组合产能与能力管理：是以一系列指导原则为基础建立的综合框架，包括以一系列的工具与实践来识别、分配和优化资源，以便在项目组合实施中<u>最大化资源应用并最小化资源冲突</u>。

产能主要涉及4个类别：①人力资本；②财务成本；③资产；④智力资本。

产能管理主要涉及：①产能规划；②供应与需求管理；③供应与需求优化。

5）项目组合干系人参与：项目组合的干系人主要解决交付策略和分配资源，而项目集的干系人主要涉及收益管理，项目的干系人则要处理质量、时间、成本等交付范围。

干系人参与和沟通的关键迭代步骤包括：<u>干系人的定义和识别、项目组合干系人分析、规划干系人参与、识别沟通管理方法、管理项目组合沟通</u>。

6）项目组合价值管理需要的关键活动主要包括：<u>协商期望的价值、最大化价值、实现价值、</u>

测量价值和报告价值等。

7）项目组合风险管理中有 4 个关键要素：①风险管理规划；②风险识别；③风险评估；④风险应对。

20.3　组织级项目管理

【基础知识点】

（1）定义：组织级项目管理（Organizational Project Management，OPM）通过整合项目组合、项目集和项目管理，连接其与组织驱动因素和组织流程来提升组织能力，从而实现战略目标。组织驱动因素是指可被执行组织用来实现战略目标的结构、文化、技术或人力资源实践。

（2）业务价值的实现始于全面的战略规划和管理，组织战略通过愿景和使命来表达，包括市场、定位、竞争和其他环境因素。

（3）业务评估是建立 OPM 框架的必要组件。组织管理层或发起人需要说明实施 OPM 解决的业务问题、OPM 特征和关键绩效指标的定义。尽可能通过财务量化的方式确定收益，确定 OPM 实施成本和投资回报。

（4）OPM 框架的关键要素包括：OPM 治理、OPM 方法论、知识管理和人才管理，如图 20-5 所示。在 OPM 治理框架下，确保上述要素与组织战略保持一致。OPM 方法论属于 OPM 治理的管辖范围，在许多情况下，人才管理和知识管理可能并不完全属于 OPM 治理的管辖范围。

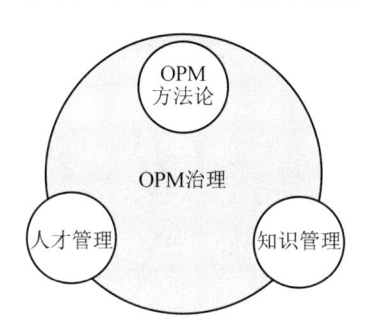

图 20-5　OPM 框架的关键要素

（5）OPM 方法论是针对在特定组织内从事项目管理的人员使用的实践、技术、程序和规则所构成的体系。OPM 方法论都需要裁剪，裁剪可以在任意阶段进行。

（6）知识管理应涵盖完整的知识管理生命周期。在 OPM 的知识管理中应关注：增加 OPM 知识所需的文档、需要获取知识所需的资源、个人增强确保 OPM 成功所必需的知识。

（7）治理不是"一刀切"，根据组织不同，治理可能有不同的层次。基于组织成熟度的治理实体通常包括：①高管治理实体；②OPM 治理实体；③项目组合和项目集治理实体；④项目管理治理实体。

（8）OPM 成熟度是指组织以可预测、可控制和可靠的方式交付期望战略成果的能力水平。

（9）OPM3 定义了 OPM 成熟度和评估工具的每个级别的要求，是用于组织测量、比较、改进项目管理能力的方法和工具。OPM3 包括组织项目管理过程和改进的步骤和阶梯，其基本构成要素包括：①用于支持项目组合、项目集和项目管理的最佳实践；②能力整合形成最佳实践的路径与关联；③可见结果与组织能力间的确定关系；④能测量每个结果的一个或多个绩效指标。

（10）OPM 成熟度级别特征的一般描述，可应用于项目组合、项目集和项目。具体如下：

1）级别 1：初始或临时的 OPM。项目绩效无法可靠预测。项目管理极不稳定，高度依赖于执行工作的人员的经验和能力。存在的 OPM 流程是临时的或无序的。

2）级别 2：项目层级采用 OPM。根据行业最佳实践，在项目或职能层级上计划、执行、监督和控制项目。但是 OPM 流程和实践并非从组织角度统一应用或管理，并且可能存在项目差异。

3）级别 3：组织定义的 OPM。项目管理是主动的，组织项目绩效是可预测的。项目团队遵循组织建立的 OPM 流程，这些流程可裁剪。OPM 流程在组织上是标准化的、可测量的、可控制的，并可由组织进行分析，以监控 OPM 流程绩效。

4）级别 4：量化管理的 OPM。组织中的项目管理决策和流程管理是由数据驱动的。OPM 流程绩效的管理方式能够实现量化改进目标。

5）级别 5：持续优化的 OPM。组织稳定且专注于持续改进。在优化的组织中，已建立了有效的持续改进，以及一系列测量和度量指标。项目集和项目的成功率很好，项目组合经过优化以确保业务价值。

20.4 量化项目管理

【基础知识点】

（1）量化管理是指以数据为基础，用统计或其他量化的方法来分析和研究事物的运行状态和性能，对关键的决策点及操作流程进行管理监控，以求对事物存在和发展的规模、程度等做出精确的数字描述和科学控制，实施标准化操作的管理模式。

（2）量化管理理论是一种从目标出发，使用科学、量化的手段进行组织管理体系的设计并为具体工作建立工作标准的理论。

（3）科学管理的五大原则［由美国工程师和管理学家弗雷德里克·泰勒（F.Taylor）提出］：①工时定额化；②分工合理化；③程序标准化；④薪酬差额化；⑤管理职能化。

（4）量化管理理论包括：①任务定额化；②程序标准化；③薪酬差额化。

（5）统计过程控制（Statistical Process Control，SPC）强调整个过程，重点在于过程。

（6）统计过程控制（SPC）理论：1924 年，统计学家休哈特（W.A.Shewhart）将数理统计用于制造过程的质量控制，以控制图为核心所创立。统计过程控制使用的控制图基于正态分布的原理。

（7）基于数据统计分析的量化管理行为可分为 3 个层面：①描述和分析组织或项目的特征（现状、结构、因素之间的关系等）；②分析组织或项目的运行规律与发展趋势（动态数据）；③对组织或项目的未来状态进行预测（建立预测模型）。

（8）六西格玛是一种改善组织质量流程管理的技术，强调"零缺陷"的预防控制和过程控制，其代表特征是管理流程、管理指标的量化。六西格玛认为业务流程改进遵循 5 步循环改进法，即 DMAIC 模式：①定义（Define）；②度量（Measure）；③分析（Analyze）；④改进（Improve）；⑤控制（Control）。

（9）高成熟度组织的主要特征包括：①建立量化的目标管理机制；②建立过程能力量化监控机制；③建立目标的量化预测能力；④建立基于量化的持续优化机制。

（10）目标定义过程中可应用 SMART（S=Specific、M=Measurable、A=Attainable、R=Relevant、T=Time-bound）原则检验目标是否合适。

（11）组织在管理能力判定时，可采用过程能力指数（Process Capability Index，CPK）的方式判定目标的可达成性：当 CPK 大于或等于 1.33 时，可满足目标能力要求，过程能力良好，状态稳定；当 CPK 为 1.00～1.33 时，可满足目标能力要求，但过程能力状态一般；当 CPK 为 0.67～1.00 时，满足目标能力要求存在不稳定性，达成目标存在一定的风险；当 CPK 低于 0.67 时，不能满足目标能力要求，且达成目标存在较大风险。

（12）技术过程可大致分为两类：开发性活动和验证性活动。

（13）为确保度量属性的可用性，选择度量时需要考虑的准则主要包括：

- 应选取与组织质量和过程性能目标适合的度量项。
- 度量属性必须全面覆盖产品的全生命周期。
- 该度量项是可操作的。
- 清晰地定义度量数据的收集频率。
- 度量属性是可控的。
- 该度量项可代表使用者对有效过程的观点。

（14）量化管理使用到的技术通常包括：过程性能基线、过程性能模型、控制图、变异分析、回归分析、置信区间或预测区间、敏感度分析、蒙特卡洛模拟和假设检验等。

（15）数据质量审查方式：包括基准对照、溯源分析、数据自回归等方式。

（16）建立过程性能基线的步骤主要包括：获取所需数据、分析数据特征、建立过程性能基线、发布和维护过程性能基线。

（17）识别因子与目标结果相关性关系如下：

- 当 $0.8 \leq |r| \leq 1$ 时，认为该因子与目标结果存在强相关关系。
- 当 $0.5 \leq |r| < 0.8$ 时，认为该因子与目标结果存在中度相关关系。
- 当 $0.3 \leq |r| < 0.5$ 时，认为该因子与目标结果存在弱相关关系。
- 当 $0 \leq |r| < 0.3$ 时，认为该因子与目标结果基本不相关。

（18）项目级量化管理包括：①项目过程性能目标定义；②过程优化组合；③过程性能监控；④项目性能预测。

20.5 项目管理实践模型

【基础知识点】

（1）CMMI 将所有收集并论证过的最佳实践按逻辑归为 4 大能力域类别：行动；管理；使能；提高。

（2）4 大能力域类别共包含了 9 个能力域。CMMI 模型将共 196 条实践分组，形成 20 个实践域，并将 20 个实践域分别归属于 9 个能力域。

（3）CMMI 级别与表示方法：CMMI 共划分了 5 个成熟度级别，分为 1~5 级。每个等级的提升都基于之前的等级，随着成熟度级别的提升，组织的管理能力和效率效能也随之提升。1~5 级成熟度分别见表 20-1。

表 20-1 1~5 级成熟度

成熟度级别	表现	特征
第 1 级（初始级）	各个实践域的活动应该能够在组织中得到基本的执行	● 满足实践域意图的初步方法能够得到基本实现； ● 没有一套完整的实践来满足实践域的全部意图； ● 开始专注于能力问题
第 2 级（管理级）	在第 1 级的基础上，组织在项目实施上能够遵守项目团队既定的工作计划与流程，能够实现相应的管理，对整个流程进行监测与控制	● 能够满足实践域的全部目的； ● 不需要使用组织资产或标准； ● 对项目的各个方面实现了管理； ● 实践的意图可以得到满足
第 3 级（定义级）	在第 2 级的基础上，组织能够根据自身的情况定义适用于自身的标准过程，将这套管理体系与流程实现制度化。同时，要求组织能够建立过程资产并得到有效复用	● 采用组织标准流程开展各项工作； ● 能够对组织的标准流程进行裁剪； ● 项目能够使用和向组织贡献过程资产
第 4 级（量化管理级）	在第 3 级的基础上，组织的管理实现了量化，实现了可预测。降低项目在过程能力和质量上的波动	● 使用统计和其他量化技术，从而实现组织或项目的质量与过程性能目标； ● 以统计和量化管理的方式了解组织或项目的效率效能变化，并根据质量和过程性能目标的情况管理组织和项目的效率效能
第 5 级（优化级）	在第 4 级的基础上，组织能够充分利用其管理数据和量化的方法对组织在项目实施的过程中可能出现的不符合策划的内容进行预防。组织能够主动地改进标准过程，运用新技术和方法实现流程的持续优化	● 使用统计和其他量化技术来优化效率效能并改善组织目标的实现，包括业务、度量和效率效能以及质量与过程性能目标； ● 能够通过基于量化的持续优化来持续支持组织业务目标的达成

1）组织基于 CMMI 的改进工作主要包括：①定义改进目标；②建立改进团队；③开展差距分

析；④导入培训和过程定义；⑤过程部署。

2）CMMI V2.0 有 3 种评估方法，分别是基准评估（Benchmark Appraisal）、维持性评估（Sustainment Appraisal）和评价评估（Evaluation Appraisal）。

3）受控环境下的项目管理（PRoject IN Controlled Environment，PRINCE2）是一个基于经验的结构化项目管理方法。PRINCE2 结构包括原则、主题、流程和项目环境。

4）PRINCE2 的 7 个原则：①持续的业务验证；②吸取经验教训；③明确定义的角色和职责；④按阶段管理；⑤例外管理；⑥关注产品；⑦根据项目剪裁。

5）PRINCE2 的 7 个主题：①立项评估；②组织；③质量；④计划；⑤风险；⑥变更；⑦进展。

20.6　考点实练

1．下列有关项目集的描述，不正确的是（　　）。
　　A．项目集战略一致性贯穿项目集生命周期始终
　　B．项目集效益管理在整个项目集期间为自上而下的形式
　　C．由项目集指导委员会根据授权，通过治理实践为项目集提供指导、支持和审批
　　D．项目集生命周期包括项目集定义阶段、收益交付阶段和收尾阶段

解析：项目集效益管理在整个项目集期间，各绩效域都要持续性、周期性交互，在项目集初期为自上而下的形式，在项目集后期则为自下而上的形式。

答案：B

2．项目组合风险管理中有 4 个关键要素不包括（　　）。
　　A．风险管理规划　　B．风险识别　　C．风险应对　　D．风险监控

解析：项目组合风险管理中有 4 个关键要素：①风险管理规划；②风险识别；③风险评估；④风险应对。

答案：D

3．以下描述中，（　　）是不正确的。
　　A．OPM 框架的关键要素包括：OPM 治理、OPM 方法论、知识管理和人才管理
　　B．在 OPM 治理框架下，要确保关键要素与组织战略保持一致
　　C．人才管理和知识管理属于 OPM 治理的管辖范围
　　D．OPM 治理不是"一刀切"，根据组织不同，治理可能有不同的层次

解析：OPM 方法论属于 OPM 治理的管辖范围，在许多情况下，人才管理和知识管理可能并不完全属于 OPM 治理的管辖范围。

答案：C

4．组织管理体系与流程实现制度化。同时，组织能够建立过程资产并得到有效复用。根据 CMMI 模型，该组织成熟度级别达到了（　　）。
　　A．第 2 级　　　　B．第 3 级　　　　C．第 4 级　　　　D．第 5 级

解析：CMMI 模型第 3 级（定义级）：所有第 2 级实践的意图和价值都已经达到，并且组织能够根据自身的情况定义适用于自身的标准过程，将这套管理体系与流程实现制度化。同时，要求组织能够建立过程资产，基于历史项目的可复用过程资产（包括管理资产和技术资产）得到有效的复用。其级别特征主要包括：

- 采用组织标准流程开展各项工作。
- 能够依据项目特征对组织的标准流程进行裁剪以解决特定的项目和工作特征。
- 项目能够使用和向组织贡献过程资产。

答案：B

5．PRINCE2 结构包括（　　）。
①原则　②主题　③流程　④项目环境　⑤关注产品
　A．①②③④　　　　B．②③④⑤　　　　C．①②③⑤　　　　D．①②④⑤

解析：PRINCE2 结构包括原则、主题、流程和项目环境。

答案：A

第21小时 项目管理科学基础

21.0 章节考点分析

第 21 小时主要学习科学管理相关内容，包括工程经济学、运筹学等内容。根据考试大纲，本小时知识点会涉及单项选择题，按历年考试出题规律占 5 分。本小时内容属于基础知识范畴，除了书本上的知识以外，也有一些涉及扩展知识。本小时的架构如图 21-1 所示。

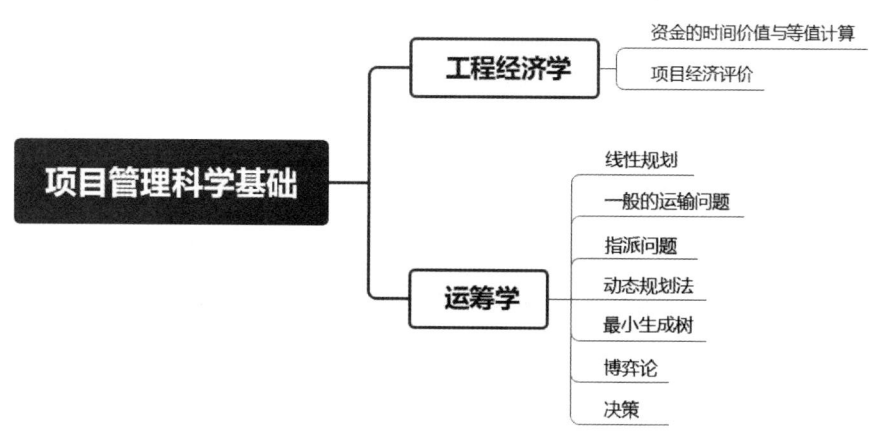

图 21-1 本小时的架构

【导读小贴士】

管理科学是为管理决策提供科学方法的一门学科，科学管理的实质是反对凭经验、直觉、主观判断进行管理，主张用最好的方法、最少的时间和支出，达到最高的工作效率和最大的效果。本章节通过统计判断、线性规划、排队论、博弈论、统筹法、模拟法、系统分析等工程经济学、运筹学内容的学习，帮助项目经理减少决策中的风险，提高决策的质量，保证投入的资源发挥最大的经济效益。

21.1 工程经济学

【基础知识点】

（1）管理科学其实就是管理中的一种数量分析方法，它主要用于解决能以数量表现的管理问题，其作用在于通过管理科学的方法，减少决策中的风险，提高决策的质量，保证投入的资源发挥最大的经济效益。

（2）资金的时间价值是指不同时间发生的等额资金在价值上的差别。盈利和利息是资金时间价值的两种表现形式。资金时间价值从投资角度看，主要取决于投资收益率、通货膨胀率和项目投资的风险。

（3）资金等值是指在时间因素的作用下，在不同的时期（时点），绝对值不等的资金具有相等的价值。

（4）本利和的计算公式为

$$F_n = P + I_n$$

式中，F 为本利和；P 为本金；I 为利息（n 表示计算利息的周期数）；计息周期通常为"年""季""月"等。

（5）利率计算公式为

$$i = I_1/p \times 100\%$$

式中，i 为利率；I_1 为 1 个计息周期的利息；P 为本金。

1）单利法是每期均按原始本金计息，即不管计息周期为多少，每经过一期，按原始本金计息 1 次，利息不生利息。单利计息的计算公式为

$$I_n = P \times n \times i$$

式中，I_n 为 n 个计息期的总利息；n 为计息期数；i 为利率。

n 个计息周期后的本利和计算公式为

$$F_n = P + P \times n \times i = P(1 + i \times n)$$

2）复利法按上一期的本利和计息，除本金计息外，利息也生利息，每一计息周期的利息都要并入下一期的本金，再计利息。复利计算公式为

$$F_n = P(1+i)^n$$

式中，P 为本金；n 为计息期数；i 为利率。

（6）根据是否考虑资金的时间价值，投资项目经济评价方法可分为两类：静态评价和动态评价。

（7）静态投资回收期的计算公式为

$$\sum_{t=0}^{P_t}(CI-CO)_t = 0$$

式中，CI 为现金流入量；CO 为现金流出量；$(CI-CO)_t$ 为第 t 年的净现金流量；P_t 为静态投资回收期（年）。

P_t=(累计净现金流量开始出现正值或零的年份数-1)+上年累计净现金流量的绝对值/当年净现金流量。

用投资回收期评价投资项目时，需要与根据同类项目的历史数据和投资者意愿确定的基准投资回收期相比。设基准投资回收期为 P_c，判别准则：若 $P_t \leq P_c$，则项目可以考虑接受；若 $P_t > P_c$，则项目应予以拒绝。

（8）静态投资回收期指标的优点包括：①概念清晰，反映问题直观，计算方法简单；②能反映项目的风险大小。为了减少这种风险，<u>投资回收期越短越好</u>。静态投资回收期指标的缺点包括：①没有反映资金的时间价值；②不能全面反映项目在寿命期内的真实状态，难以对不同方案的比较选择提供有力支撑。

（9）投资收益率：是指项目达到设计生产能力后的一个正常年份的年息税前利润与项目总投资的比率。对生产期内各年的年息税前利润变化幅度较大的项目，则应计算生产期内平均年息税前利润与项目总投资的比率。总投资收益率（Return on Investment，ROI）的计算公式为

$$ROI = EBIT/TI \times 100\%$$

式中，TI 为投资总额，包括固定资产投资和流动资金投资等；$EBIT$ 为项目达产后正常年份的年息税前利润或平均年息税前利润，包括组织的利润总额和利息支出。

用投资收益率指标评价投资方案的经济效果，需要与同类项目的历史数据及投资者意愿等确定的基准投资收益率（R_b）做比较，判别准则为：若 $ROI \geq R_b$，则项目可以考虑接受；若 $ROI < R_b$，则项目应予以拒绝。

（10）净现值（Net Present Value，NPV）是反映投资方案在计算期内获利能力的动态评价指标。投资方案的净现值是指用一个预定的基准收益率（或设定的折现率）i_0 分别将整个计算期内各年所发生的净现金流量都折现到投资方案开始实施时的现值之和。计算公式为

$$NPV = \sum_{t=0}^{n}(CI-CO)_t (1+i_0)^{-t}$$

式中，NPV 为净现值；$(CI-CO)_t$ 为第 t 年的净现金流量（应注意"+""−"号）；i_0 为基准收益率；n 为投资方案计算期。

（11）净现值法的优点是反映了投资项目在整个项目寿命期的收益；考虑了投资项目在整个寿命期内更新或追加的投资；反映了纳税后的投资效果；既能对一个方案进行费用效益的可行性评价，也能对多个投资方案进行比较。净现值法的缺点包括：①需要预先确定基准折现率 i；②没有考虑各方案投资额的大小，不能反映资金的利用效率。

（12）为了考查资金的利用效率，可采用净现值率作为净现值的补充指标。净现值率是按基准折现率求得的，净现值率的计算公式为

$$NPVR = \frac{NPV}{K_p}$$

式中，$NPVR$ 为净现值率；K_p 为项目总投资现值。

净现值率法的判别准则如下：

当 $NPVR \geq 0$ 时，方案可行；当 $NPVR<0$ 时，方案不可行。

（13）费用现值：是不同方案在计算期内的各年成本，按基准收益率换算到基准年的现值与方案的总投资现值的和。费用现值越小，其方案经济效益越好。<u>这种方法只能比较方案的优劣，而不能用于判断方案是否可行</u>。其计算公式为

$$PC = \sum_{t=0}^{n} CO_t(P/F, i_0, t) = \sum_{t=0}^{n}(K+C-S_V-W)_t(P/F, i_0, t)$$

式中，PC 为费用现值或现值成本；C 为年经营成本；W 为计算期末回收的固定资产余值；S_V 为计算期末回收的流动资金。

（14）动态投资回收期是将投资各年的净现金流量按基准收益率折成现值之后，再来推算投资回收期，这是它与静态投资回收期的根本区别。动态投资回收期就是投资累计净现值等于零时的时间（年份），公式为

动态投资回收期 = (累计净现金流量现值出现正值的年份数 -1) $+$

$$\frac{\text{上一年累计净现金流量现值的绝对值}}{\text{出现正值年份净现金流量的现值}}$$

设基准动态投资回收期为 P_d，判别准则为：若 $P_d \leq P_b$（静态投资回收期），项目可以被接受；否则应予以拒绝。

（15）内部收益率是指项目在计算期内各年净现金流量现值累计值（净现值）等于零时的折现率。内部收益率公式为

$$\sum_{t=0}^{n}(CI-CO)_t(1+IRR)^{-t} = 0$$

内部收益率的判别准则：求得的内部收益率 IRR 要与项目的基准收益率相比较，当 $IRR \geq i_0$ 时，表明项目可行；当 $IRR<i_0$ 时，表明项目不可行。

21.2 运筹学

【基础知识点】

3. 线性规划

线性规划主要研究和解决以下两类问题：一是在有限资源（人力、物力、财力）的条件下，如何制订一个最优的经营方案，以取得最佳的经济效益；二是在任务确定的前提下，怎样合理安排，统筹规划，使完成该项任务所消耗的资源最少。线性规划问题的数学模型包含三个要素，即决策变量、目标函数和约束条件。

【例题】 某工厂计划生产甲、乙两种产品。生产每套产品所需的设备台时，A、B两种原材料，可获取的利润以及可利用资源数量见表21-1，则应按（　　）方案来安排计划以使该工厂获利最多。

表21-1　设备、原材料资源表

	甲	乙	可利用资源
设备/台时	2	3	14
原材料A/千克	8	0	16
原材料B/千克	0	3	12
利润/万元	2	3	

A．生产甲2套，乙3套　　　　B．生产甲1套，乙4套
C．生产甲3套，乙4套　　　　D．生产甲4套，乙2套

【例题解析】 设甲生产 x 套，乙生产 y 套，则有：

$$\begin{cases} 2x+3y \leq 14 & ① \\ x \leq 2 & ② \\ y \leq 4 & ③ \end{cases}$$

3. 图解法。将三个不等式均转化为方程，并在二维直角坐标系中表达为对应的直线，则这三条直线与 x 轴和 y 轴围成的公共区间即为解区间。根据不等号判定，解区间是在三条直线的左方、下方，据此画图如图21-2所示。利润 $N=2x+3y$，若 N 是一个常数，则该式表现为一条等值直线，当 N 变化时该式为一组平滑移动的等值线族。

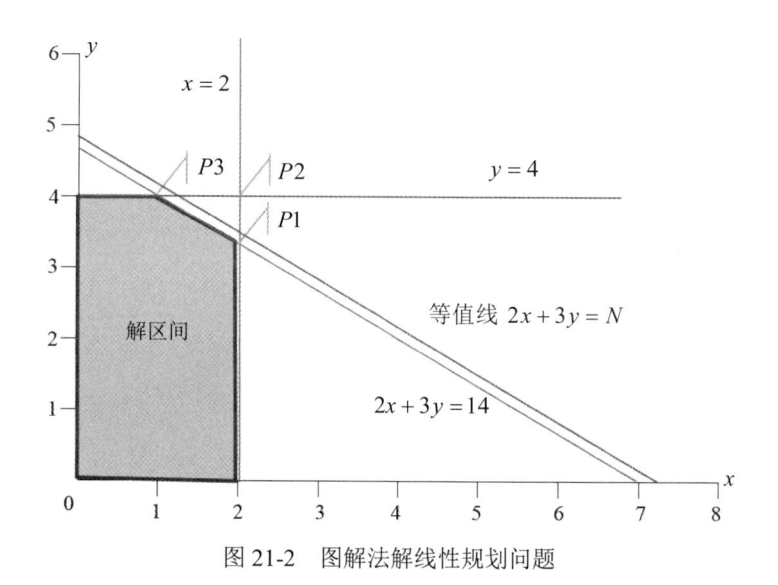

图21-2　图解法解线性规划问题

三条直线有 P1、P2、P3 三个交点，其中 P2 在解区间以外，显示是不可行解。P1、P3 均为可

行解，又在同一条等值线上（N 相同，均为 14），因此均为数学最优解。

而根据题意，x 与 y 均应为整数，所以 $P1$ 不符合，只有 $P3(1,4)$ 符合，对应的答案为 B。

（2）联立方程组法。

1）将不等式①、②变形为等式，并联立解方程得

$$\begin{cases} x = 2 \\ y = 10/3 \end{cases}$$

代入不等式③，符合，表明这是一组可行解。

代入表达式 $N=2x+3y$，得到 N 为 14。

2）同样联立等式②、③解得

$$\begin{cases} x = 2 \\ y = 4 \end{cases}$$

代入不等式①，不符合，表明这是一组不可行解。

3）同样联立等式①、③解得

$$\begin{cases} x = 1 \\ y = 4 \end{cases}$$

代入不等式②，符合，表明这是一组可行解。

代入表达式 $N=2x+3y$，得到 N 为 14。

显然，1）、3）两组解在数学上均能得到最大获利，但是 10/3 套显然并不符合题意要求，只有 x 取 1，y 取 4 时，利润最大，是 14 万元。答案为 B。

总结： 图解法很直观，有解、无解、最优解所在位置一目了然，不会丢失正解；而联立方程组法可能丢失正解（例如最优解在 x 轴或 y 轴交点上，而不在各直线之间的交点上）。同时，如果条件不等式很多（$n>3$），图解法也有明显的计算优势，其计算量是 $O(n)$；而联立方程组法的计算量是 $O(n^2)$。但是，如果未知数为 3 个或 3 个以上，则图解法的难度将增大，这时联立方程组法将成为主要的方法。

线性规划问题的解有以下可能：

（1）有唯一最优解，在解区间多边形的某个顶点上。

（2）有无穷多最优解，只要能找到两个不同的最优解，则一定有无穷多个最优解。

（3）无界解，有无穷多的解，但是没有最优解，原因是缺少必要的约束条件。

（4）无可行解，原因是约束条件互相矛盾。

2．一般的运输问题

一般的运输问题就是要解决以下问题：把某种产品从若干个产地调运到若干个销地，在每个产地的供应量与每个销地的需求量已知，并知道各地之间的运输单价的前提下，如何确定一个使得总运输费用最低的方案。

【例题】 假设某产品有三个产地 A1、A2、A3，四个销地 B1、B2、B3、B4，其供应量、需求量和单位产品运价见表 21-2。试求使总运费最低的运输方案。

表 21-2　单位产品运价

产地	销地				供应量
	B1	B2	B3	B4	
A1	2	3	2	1	3
A2	10	8	5	4	7
A3	7	6	6	8	5
需求量	4	3	4	4	

【例题解析】 伏格尔法求运输问题。

步骤一： 先找出每一列最小的 2 个数值相减求出差值，选择差值最大的那一个优先法安排运力。计算结果见表 21-3，B1 列优先安排，B1 列中最小为 A1=2，A1 供应量为 3。
B1 有 4 个，安排给 A1 3 个，A1 安排完毕，**B1 的需求量还有 1 个**。

表 21-3　步骤一

产地	销地				供应量
	B1	B2	B3	B4	
A1	2	3	2	1	3
A2	10	8	5	4	7
A3	7	6	6	8	5
需求量	**4**	**3**	**4**	**4**	15
按照步骤一	7-2=5	6-3=3	5-2=3	4-1=3	

步骤二： 此时 A1 已经安排完毕，剩下 A2、A3 继续按照**步骤一**找差值安排顺序。

B4 对应的差值最大，此轮就先安排 B4，B4 对运费 4 最小，安排给 A2，因为 A2 需要 7 个，而 B4 只有 4 个，全部供应给 A2 后，B4=0，此时 A2 还需要 3 个，见表 21-4。

表 21-4　步骤二

产地	销地				供应量
	B1	B2	B3	B4	
A1					
A2	10	8	5	4	7
A3	7	6	6	8	5
需求量	**1**	**3**	**4**	**4**	12
按照步骤一	10-7=3	8-6=2	6-5=1	8-4=4	

步骤三：继续求差，B1 最大，安排 B1，因为 B1 只剩下 1 个，安排给运费更小的 A3，此时 B1=0，A3 安排 1 个，尚有 4 个需要安排，见表 21-5。

表 21-5 步骤三

产地	销地				供应量
	B1	B2	B3	B4	
A1					
A2	10	8	5		3
A3	7	6	6		5
需求量	1	3	4		8
	10−7=3	8−6=2	6−5=1		

步骤四：继续求差，B2 优先安排，B2 有 3 个，安排给运费小的 A3，A3 需要 4 个，B2 全部安排给 A3，此时 B2=0 供应完毕，见表 21-6。

表 21-6 步骤四

产地	销地				供应量
	B1	B2	B3	B4	
A1					
A2		8	5		3
A3		6	6		4
需求量		3	4		7
		8−6=2	6−5=1		

步骤五：目前只剩下 B3 需要安排，供应 A2 3 个，供应 A3 1 个，安排完毕，见表 21-7。

表 21-7 步骤五

产地	销地				供应量
	B1	B2	B3	B4	
A1					
A2			5		3
A3			6		1
需求量			4		4

最后安排见表 21-8。

表 21-8 最后安排

产地	销地 B1	B2	B3	B4	供应量
A1	3×2				3
A2			3×5	4×4	7
A3	1×7	3×6	1×6		5
需求量	4	3	4	4	15

运费：3×2(A1B1) + 1×7(A3B1)+ 3×6(A3B2)+ 3×5(A2B3)+ 1×6(A3B3)+ 4×4(A2B4)
=6+7+18+15+6+16=13+18+15+22=68

3. 指派问题

所谓指派问题是指这样一类问题：有 n 项任务，恰好有 n 个人可以分别去完成其中任何一项，由于任务的性质和每个人的技术专长各不相同，因此，各人去完成不同任务的效率也不一样。于是提出如下问题：应当指派哪个人去完成哪项任务，才能使总的效率最高？

【例题】某项目有 I、II、III、IV 四项不同的任务，恰有甲、乙、丙、丁 4 个人去完成各项不同的任务。由于任务性质及每个人的技术水平不同，他们完成各项任务所需的时间也不同，具体见表 21-9。项目要求每个人只能完成一项任务，应如何安排才能使项目花费的总时间最短？花费的总时间最短为多少小时？

表 21-9 完成任务情况　　　　　　　　　　　　　　　　　　　　单位：小时

完成人	任务 I	II	III	IV
甲	2	15	13	4
乙	10	4	14	15
丙	9	14	16	13
丁	7	8	11	9

【例题解析】第一步：找出效率矩阵每行的最小元素，并分别从每行中减去该行的最小元素，这称为行变换。

$$\begin{bmatrix} 2 & 15 & 13 & 4 \\ 10 & 4 & 14 & 15 \\ 9 & 14 & 16 & 13 \\ 7 & 8 & 11 & 9 \end{bmatrix} \begin{matrix} Min \\ 2 \\ 4 \\ 9 \\ 7 \end{matrix} \xrightarrow{行变换} \begin{bmatrix} 0 & 13 & 11 & 2 \\ 6 & 0 & 10 & 11 \\ 0 & 5 & 7 & 4 \\ 0 & 1 & 4 & 2 \end{bmatrix}$$

第二步：找出效率矩阵每列的最小元素，并分别从每列中减去该列的最小元素，这称为列变换。

$$\begin{bmatrix} 0 & 13 & 11 & 2 \\ 6 & 0 & 10 & 11 \\ 0 & 5 & 7 & 4 \\ 0 & 1 & 4 & 2 \end{bmatrix} \xrightarrow{\text{列变换}} \begin{bmatrix} 0 & 13 & 7 & 0 \\ 6 & 0 & 6 & 9 \\ 0 & 5 & 3 & 2 \\ 0 & 1 & 0 & 0 \end{bmatrix}$$
$$\text{Min} \quad 0 \quad 0 \quad 4 \quad 2$$

第三步：用最少的直线覆盖所有的"0"（横竖均可）。

第四步：如果所用直线数等于矩阵的维度，即至少需要4根直线才能覆盖所有的0，则说明最优分配已经产生，可以停止行变换和列变换。

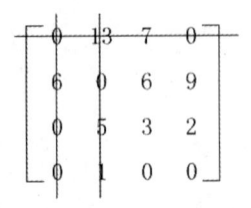

$$\begin{bmatrix} 0 & 13 & 7 & 0 \\ 6 & 0 & 6 & 9 \\ 0 & 5 & 3 & 2 \\ 0 & 1 & 0 & 0 \end{bmatrix}$$

第五步：寻找4个独立的0（这4个0中的任意2个都不能出现在同一行或同一列中）。

$$\begin{bmatrix} 0 & 13 & 7 & (0) \\ 6 & (0) & 6 & 9 \\ (0) & 5 & 3 & 2 \\ 0 & 1 & (0) & 0 \end{bmatrix} \quad \text{最优解为：} \quad \begin{bmatrix} 0 & 0 & 0 & 1 \\ 0 & 1 & 0 & 0 \\ 1 & 0 & 0 & 0 \\ 0 & 0 & 1 & 0 \end{bmatrix}$$

第六步：独立的0对应着最优分配。

甲完成任务Ⅳ、乙完成任务Ⅱ、丙完成任务Ⅰ、丁完成任务Ⅲ，花费的总时间=4+4+9+11=28小时。

4. 动态规划法

动态规划法是决策分析中的一种常用方法，是解决多阶段决策过程问题的一种最优化方法。所谓多阶段决策过程就是将问题分成若干个相互联系的阶段，每个阶段都作出决策，从而使整个过程达到最优化。动态规划的实质是分治思想和解决冗余，因此，动态规划是一种将问题实例分解为更小的、相似的子问题，并存储子问题的解而避免计算重复的子问题，以解决最优化问题的算法策略。

【例题】下图中，从 A 到 E 的最短长度是（　　）（图中每条边旁的数字为该条边的长度）。

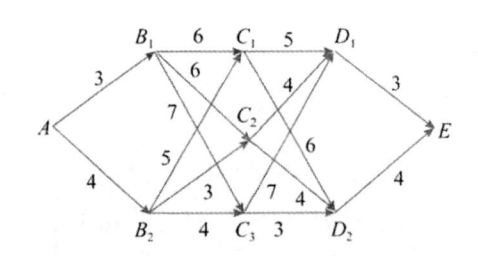

【例题解析】解题思路是：从终点 E 出发，反向求出倒数第一阶段，倒数第二阶段，……，直到起点 A 的各最短子路径。最终求出从起点到终点的最短路径，这种算法称为逆序法。具体步骤如下。

（1）先考虑最后一个阶段的最短子路径。

从 D_1 或 D_2 到 E 各有一条路径，因此，如果在本阶段的起点站为 D_1，则在本阶段的决策必然为 $D_1 \rightarrow E$。其距离为 $d(D_1,E)=3$，并记作 $f_4(D_1)=3$；如果在本阶段起点站为 D_2，则在本阶段的决策必然为 $D_2 \rightarrow E$，这时 $d(D_2,E)=4$，记作 $f_4(D_2)=4$。

注意：本例约定用 $f(X)$ 表示从第 k 阶段的起点 X 到终点 E 的最短距离。

（2）综合考虑后两个阶段的最短子路径。

从 C_1、C_2 或 C_3 出发到 E，要经过中间站 D_i，而 C_i 到 D_i 的距离为 $d(C_i,D_i)$，所以有：

$$f_3(C_1) = \min \begin{cases} d(C_1,D_1)+f_4(D_1) \\ d(C_1,D_2)+f_4(D_2) \end{cases} = \min \begin{cases} 5+3 \\ 6+4 \end{cases} = 8$$

$$f_3(C_2) = \min \begin{cases} d(C_2,D_1)+f_4(D_1) \\ d(C_2,D_2)+f_4(D_2) \end{cases} = \min \begin{cases} 4+3 \\ 4+4 \end{cases} = 7$$

$$f_3(C_3) = \min \begin{cases} d(C_3,D_1)+f_4(D_1) \\ d(C_3,D_2)+f_4(D_2) \end{cases} = \min \begin{cases} 7+3 \\ 3+4 \end{cases} = 7$$

因此，从 C_1、C_2 或 C_3 到 E 的最短子路径分别为

$C_1 \rightarrow D_1 \rightarrow E$，且 $f_3(C_1)=8$

$C_2 \rightarrow D_1 \rightarrow E$，且 $f_3(C_2)=7$

$C_3 \rightarrow D_2 \rightarrow E$，且 $f_3(C_3)=7$

（3）考虑后 3 个阶段综合起来的最短子路径。仿照步骤（2），可求得：

$$f_2(B_1) = \min \begin{cases} d(B_1,C_1)+f_3(C_1) \\ d(B_1,C_2)+f_3(C_2) \\ d(B_1,C_3)+f_3(C_3) \end{cases} = \min \begin{cases} 6+8 \\ 6+7 \\ 7+7 \end{cases} = 13$$

$$f_2(B_2) = \min \begin{cases} d(B_2,C_1)+f_3(C_1) \\ d(B_2,C_2)+f_3(C_2) \\ d(B_2,C_3)+f_3(C_3) \end{cases} = \min \begin{cases} 5+8 \\ 3+7 \\ 4+7 \end{cases} = 10$$

于是，从 B_1 或 B_2 到 E 的最短子路径分别为

$B_1 \rightarrow C_2 \rightarrow D_1 \rightarrow E$，且 $f_2(B_1)=13$

$B_2 \rightarrow C_2 \rightarrow D_1 \rightarrow E$，且 $f_2(B_2)=10$

（4）4 个阶段综合考虑时，从 A 到 E 的最优选择为

$$f_1(A) = \min \begin{cases} d(A,B_1)+f_2(B_1) \\ d(A,B_2)+f_2(B_2) \end{cases} = \min \begin{cases} 3+13 \\ 4+10 \end{cases} = 14$$

即从 A 到 E 的最短路径为 $A \to B_2 \to C_2 \to D_1 \to E$，距离为 14。

【例题】某公司计划将 500 万元研发经费投入 3 个研究方向，各方向投入金额和未来能获得的利润见表 21-10，为获得最大利润，公司在方向 A 和方向 B 分别应投入（　　）万元。

表 21-10　研发经费投入情况

投资额/万元	方向 A	方向 B	方向 C
0	0	0	0
100	200	500	400
200	600	800	700
300	1000	900	900
400	1300	1200	1100
500	1800	1600	1100

【例题解析】方向 B 100 万元的投入产出比为 5，优先选，方向 C 100 万元的投入产出比次之，剩下的选方向 A 的。投入产出比见表 21-11。

表 21-11　投入产出比

投资额/万元	方向 A 投入产出比	方向 B 投入产出比	方向 C 投入产出比
0	0	0	0
100	2	5	4
200	3	4	3.5
300	3.3	3	3
400	3.25	3	2.75
500	3.6	3.2	2.2

因此 A 方向投入 300 万元，B 方向和 C 方向分别投入 100 万元。

5. 最小生成树

在连通的带权图的所有生成树中，权值和最小的那棵生成树（包含图中所有顶点的树）称作最小生成树。一个有 N 个节点的连通图的生成树是原图的极小连通子图，且包含原图中的所有 N 个节点，并且有保持图连通的最少的边。最小生成树可以采用 Kruskal（克鲁斯卡尔）算法。

【例题】下图为某地区的通信线路图，图中节点为 8 个城市，节点间标识的数字为城市间拟铺设通信线路的长度（单位为 km），为了保持 8 个城市通信连接，则至少铺设（　　）km 的线路。

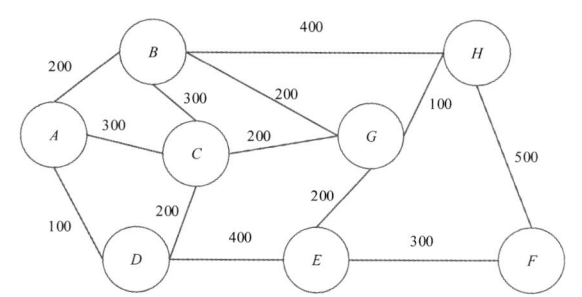

【例题解析】 采用 Kruskal 算法解题：由题可知 A~H 总共有 8 个顶点，即 N=8，然后先从小边长开始，再到小的边长，直到得到 8-1=7 个边长是最短的。

第一步：从图可以知道 AD 和 GH 是 100，这两者之间的距离是图中最短的，得到下图。

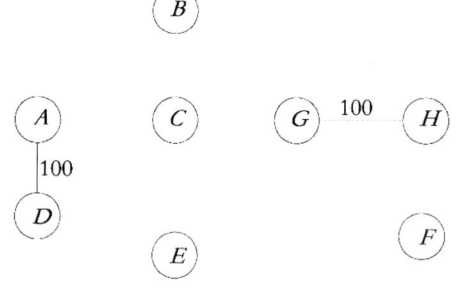

第二步：然后根据题干中的图，知道 AB、DC、CG、GE、BG 是 200，是次小的，得到下图。

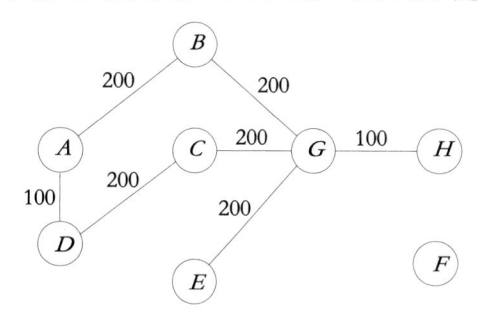

第三步：根据第二步的图可以知道，已经有 6 个边了，还差 1 个边，这个时候就差到 F 的，因为 EF 是 300，HF 是 500，因此我们取最小的 EF，得到下图。

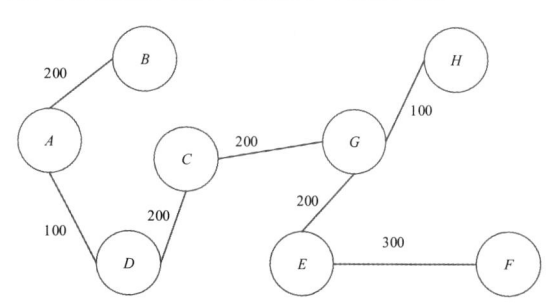

第四步：根据第三步的图，将图中的边长相加，得到最小的生成树，把图中的边长相加，$AB+AD+DC+CG+GH+GE+EF=200+100+200+200+100+200+300=1300$（km）。至少要铺设 1300km 的线路。

【易错点】容易被复杂的图形迷惑，不能准确地知道需要多少边长，就从大选到小或从小选到大。

【思路总结】用 Kruskal 算法求最小生成树的思想：设最小生成树为 $T=(V, TE)$（注：V 是所选路径数值的集合；TE 是所选路径的集合），设置 TE 的初始状态为空集。将图中的边按权值从小到大排好序，然后从小的边开始依次选取，若选取的边使生成树 T 不形成回路，则把它并入 TE 中，保留作为 T 的一条边；若选取的边使生成树形成回路，则将其舍弃；如此进行下去，直到 TE 中包含 $N–1$ 条边为止。最后的 T 即为最小生成树。

6. 博弈论

博弈论（Game Theory），也称对策论，是研究利益冲突情况下决策主体理性行为的选择和决策分析的理论，即是研究理性的决策者之间冲突与合作的理论，是"交互的决策论"。博弈论是一门研究竞争局势的数学理论。以该理论为基础可以进一步分析和研究各种竞争现象，为决策奠定理论基础和方法依据。

每个对策模型都有 3 个基本要素。对于矩阵对策模型来说，只要确定了甲方赢得矩阵，也就确定了其矩阵对策模型。赢得矩阵中的每一行代表了局中人甲的一个策略，每一列代表了局中人乙的一个策略；行的数目表示了甲的策略集的策略数目，列的数目表示了乙的策略集的策略数目；赢得矩阵的第 i 行第 j 列的数值表示了甲出第 i 个策略，乙出第 j 个策略时，甲所得的益损值（乙所得的益损值应为该数值的相反数）。

【例题】甲乙乒乓球队进行团体对抗赛，每队由 3 名球员组成，双方都可排成 3 种不同的阵容，每一种阵容可以看成一种策略，双方各选一种策略参赛。比赛共赛三局，规定每局胜者得 1 分，输者得 -1 分，可知三赛三胜得 3 分，三赛二胜得 1 分，三赛一胜得 -1 分，三赛三负得 -3 分，甲队的策略集为 $S_1=\{a_1,a_2,a_3\}$，乙队的策略集为 $S_2=\{\beta_1, \beta_2, \beta_3\}$，根据以往比赛得分资料，可得甲队的赢得矩阵为 A。试问这次比赛各队采用哪种阵容上场最为稳妥。

$$A = \begin{cases} 1 & 1 & 1 \\ 1 & -1 & -3 \\ 3 & -1 & 3 \end{cases}$$

【例题解析】由赢得矩阵 A 可看出，局中人甲队的最大赢得为 3，要得到这个赢得，就应该选择策略 a_3，由于假定局中人乙队也是理智的，考虑到甲队打算出策略 a_3 的心理，于是准备用策略 β_2 来对付甲队，这样使得甲队反而失掉 1 分。双方都考虑到对方为使自己尽可能地少得分而所做的努力，所以双方都不存在侥幸心理，而是从各自可能出现的最不利的情形中选择一种最为有利的情况作为决策的依据，这就是所谓"理智行为"，也就是对策双方实际上都能接受的一种稳妥方法。

甲队（局中人甲方）的 a_1、a_2、a_3 三种策略可能带来的最少赢得，即矩阵 A 中每行的最小元素分别为 1、-3、-1。

在这些最少赢得中最好的结果是 1，即甲队应采取策略 a_1，无论对手采用什么策略，甲队至少得 1 分，而出其他策略，都有可能使甲队的赢得少于 1 甚至输给乙方；同理，对乙队来说，策略 β_1、β_2、β_3 可能带来的最少赢得，即矩阵 A 中每列的最大元素（因为甲队得分越多，就使得乙队得分越少），分别为 3、1、3。

其中，乙队最好的结果为甲队得 1 分，这时乙队采取 β_2 策略，不管甲队采用什么策略甲队的得分不会超过 1 分（即乙队的失分不会超过 1）。上述分析表明，双方的理智行为分别是甲队应采用 a_1 策略，乙队应采用 β_2 策略，这时甲队的赢得值和乙队的损失值都是 1，相互的竞争使对策出现了一个最稳妥的结果，我们把 a_1 和 β_2 分别称为局中人甲队和乙队的最优策略。由于甲队无论乙队采用什么策略都采用一种策略 a_1，而乙队也无论甲队采用什么策略都采用一种策略 β_2，我们把这种最优策略 a_1 和 β_2，分别称为局中人甲队和乙队的最优纯策略。只有当赢得矩阵 $A=(a_{ij})$ 中等式

$$\max_i \min_j a_{ij} = \min_j \max_i a_{ij}$$

成立时，局中人甲、乙两方才有最优纯策略，(a_1, β_2) 称为对策 G 在纯策略下的解，又称 (a_1, β_2) 为对策 G 的鞍点，其值 V 称为对策 $G=\{S_1,S_2,A\}$ 的值，在此例中 $V=1$。

7. 决策

决策就是为了达到一定的目标，采用一定的科学方法和手段，从两个以上的方案中选择一个满意方案的分析判断过程。它是一门与经济学、数学、心理学和组织行为学密切相关的综合性学科。它的研究对象是决策，它的研究目的是帮助人们提高决策质量，减少决策的时间和成本。因此，决策论是一门创造性的管理技术，它包括发现问题、确定目标、确定评价标准、方案制订、方案选优和方案实施等过程。最常用的解题技术是 EMV。它利用了概率论的原理，并且利用一种树形图作为分析工具。其基本原理是用决策点代表决策问题，用方案分支代表可供选择的方案，用概率分支代表方案可能出现的各种结果，经过对各种方案在各种结果条件下损益值的计算比较，为决策者提供决策依据。

【例题 1】某工厂计划根据市场需求调整 ERP 系统，经初步估算形成以下决策路线，按照决策树分析计算，以下结论正确的是（　　）。

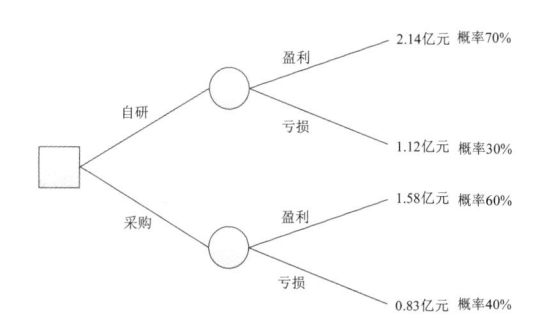

A. 自研的加权平均值为 1.162 亿元，采购的加权平均值为 1.211 亿元，因此选择采购
B. 自研的加权平均值为 1.162 亿元，采购的加权平均值为 0.616 亿元，因此选择自研
C. 自研的加权平均值为 1.581 亿元，采购的加权平均值为 0.881 亿元，因此选择自研

D. 采购与自研的加权平均值相当，都可以选择

【例题解析】第一步：在题干中有两个决策路线，因此我们要分别计算自研和采购的EMV（加权平均值）。

EMV（自研的加权平均值）=(2.14×70%)+(-1.12×30%)=1.498-0.336=1.162

EMV（采购的加权平均值）=(1.58×60%)+(-0.83×40%)=0.948-0.332=0.616

第二步：因为根据自研的加权平均值大于采购的加权平均值，因此选择自研。

【易错点】亏损要记为负值，有几个决策路线都需要计算出来，然后进行比较。

【思路总结】预期货币价值分析（EMV）是一个统计概念，用以计算在将来某种情况发生或不发生情况下的平均结果（不确定状态下的分析）。机会的预期货币价值一般表示为正数，而风险的预期货币价值一般表示为负数。每个可能结果的数值与其发生概率相乘之后加总，即得出预期货币价值。这种分析最通常的用途是用于决策树分析收入为正值，损失为负值，累加得出结果。然后比较大小，取最大值。

【参考答案】B

【例题2】某商店打算经销一种商品，其进货单价为20元，销售价为25元。如果每周进货商品本周内售不完，则每件损失5元。根据以往的销售情况，每周的销售量可能是10件、20件、30件、40件4种状态（进货方案也分进货10件、20件、30件、40件4种）。

（1）根据乐观主义准则分析，商店的经理应怎样进货？

（2）根据悲观主义准则分析，商店的经理应怎样进货？

（3）根据平均值决策法分析，商店的经理应怎样进货？

（4）根据后悔值决策法分析，商店的经理应怎样进货？

（5）假如每周销售10件、20件、30件、40件的概率分别为0.1、0.3、0.5、0.1，根据期望值决策法分析，商店的经理应怎样进货才使利润最大？

（6）假如每周销售10件、20件、30件、40件的概率分别为0.1、0.3、0.5、0.1，根据期望值与标准差决策法分析，商店的经理应怎样进货？

（7）假如每周销售10件、20件、30件、40件的概率分别为0.1、0.3、0.5、0.1，根据最小后悔值与期望值决策法分析，商店的经理应怎样进货？

【例题解析】

（1）根据乐观主义准则分析（大中取大），持这种准则思想的决策者对事物总抱有乐观和冒险的态度，他决不放弃任何获得最好结果的机会，争取以"好中之好"的态度来选择决策方案。决策表见表21-12。

则商店的经理应选择利润最大的，进货40件。

（2）悲观主义准则也称为最大最小准则（maxmin 准则），其决策的原则是"小中取大"。这种决策方法的思想是对事物抱有悲观和保守的态度，在各种最坏的可能结果中选择最好的。决策表见表21-13。

表 21-12 乐观主义决策表

进货量	利润				最大利润
	销 10 件	销 20 件	销 30 件	销 40 件	
进 10 件	50	50	50	50	50
进 20 件	0	100	100	100	100
进 30 件	−50	50	150	150	150
进 40 件	−100	0	100	200	200

表 21-13 悲观主义决策表

进货量	利润				最坏结果
	销 10 件	销 20 件	销 30 件	销 40 件	
进 10 件	50	50	50	50	50
进 20 件	0	100	100	100	0
进 30 件	−50	50	150	150	−50
进 40 件	−100	0	100	200	−100

根据表 21-13，在各种最坏的可能结果中选择最好的，则商店的经理应选择利润最大的，进货 10 件。

（3）平均值决策法也称等可能决策法。当决策者认为各种未来事件的发生为等可能时，可采用等概率计算各个方案的期望结果值，然后选择期望结果值最优的方案作为最优方案。决策表见表 21-14。

表 21-14 平均值决策法

进货量	利润				平均值
	销 10 件	销 20 件	销 30 件	销 40 件	
进 10 件	50	50	50	50	(50+50+50+50)/4=50
进 20 件	0	100	100	100	(0+100+100+100)/4=75
进 30 件	−50	50	150	150	(−50+50+150+150)/4=75
进 40 件	−100	0	100	200	(−100+0+100+200)/4=50

根据表 21-14 平均值决策法可知，每周进货 20 件或 30 件为最优方案。

（4）后悔值（遗憾值）准则也称为萨维奇（Savage）准则、最小机会损失准则。决策者在制定决策之后，如果不能符合理想情况，必然有后悔的感觉。这种方法的特点是每个自然状态的最大收益值（损失矩阵取为最小值），作为该自然状态的理想目标，并将该状态的其他值与最大值相减所得的差作为未达到理想目标的后悔值。这样，从收益矩阵就可以计算出后悔值矩阵。最后按照最大后悔值达到最小的方法进行决策，因此，也称为最小最大后悔值（minmax）。利润表见表 21-15。

表 21-15 利润表

进货量	利润			
	销 10 件	销 20 件	销 30 件	销 40 件
进 10 件	50	50	50	50
进 20 件	0	100	100	100
进 30 件	−50	50	150	150
进 40 件	−100	0	100	200

根据表 21-15 可知，销 10 件状态最大收益是 50 元，销 20 件状态最大收益是 100 元，销 30 件状态最大收益是 150 元，销 40 件状态最大收益是 200 元。把各态最大收益减去各策略该状态下的收益后即可得到后悔值，制成后悔值矩阵如下：

销 10 件	销 20 件	销 30 件	销 40 件
50	50	50	50
0	100	100	100
−50	50	150	150
−100	0	100	200
用 50 减	用 100 减	用 150 减	用 200 减

→

后悔值				最大后悔值
销 10 件	销 20 件	销 30 件	销 40 件	
0	50	100	150	150
50	0	50	100	100
100	50	0	50	100
150	100	50	0	150

根据后悔值法则，在最大后悔值中选最小的方法进行决策，每周应进货 20 件或 30 件。

（5）期望值决策法是把每个方案的期望值求出来，然后根据期望值的大小确定最优策略。期望值等于每种状态下收益与概率相乘后的积进行累加。

进货 10 件的期望值=50×0.1+50×0.3+50×0.5+50×0.1=50

进货 20 件的期望值=0×0.1+100×0.3+100×0.5+100×0.1=90

进货 30 件的期望值=−50×0.1+50×0.3+150×0.5+150×0.1=100

进货 40 件的期望值=−100×0.1+0×0.3+100×0.5+200×0.1=60

因此，由期望值决策法可知，最优方案为每周进货 30 件。

（6）由于决策系统因各种因素的限制，只能或暂时处于短期运行之下，所以对状态发生的概率估计的不准确性，会导致决策失误，期望值决策法就不能使用。为了减少决策失误的可能性，人们不仅要求期望值达到最优，而且要求结果值偏离期望值的程度也小。这时可用标准差来度量，从而确定最优方案。这种方法称为期望值与标准差决策法。

第一步：先计算出各方案的期望值。

进货 10 件的期望值=50×0.1+50×0.3+50×0.5+50×0.1=50

进货 20 件的期望值=0×0.1+100×0.3+100×0.5+100×0.1=90

进货 30 件的期望值=−50×0.1+50×0.3+150×0.5+150×0.1=100

进货 40 件的期望值=-100×0.1+0×0.3+100×0.5+200×0.1=60

第二步：计算出各方案的标准差。各方案的标准差等于各种方案在各种状态下的收益减去期望值后的平方与概率相乘后再累加，最后再开方。

进货 10 件的标准差 $= \sqrt{(50-50)^2 \times 0.1+(50-50)^2 \times 0.3+(50-50)^2 \times 0.1+(50-50)^2 \times 0.1} = 0$

进货 20 件的标准差 $= \sqrt{(0-90)^2 \times 0.1+(100-90)^2 \times 0.3+(100-90)^2 \times 0.5+(100-90)^2 \times 0.1} = 30$

进货 30 件的标准差 $= \sqrt{(-50-100)^2 \times 0.1+(50-100)^2 \times 0.3+(150-100)^2 \times 0.5+(150-100)^2 \times 0.1}$
$= 67$

进货 40 件的标准差 $= \sqrt{(-100-60)^2 \times 0.1+(0-60)^2 \times 0.3+(100-60)^2 \times 0.5+(200-60)^2 \times 0.1} = 80$

第三步：计算期望值与标准差的差。

进货 10 件的期望值与标准差的差=50-0=50

进货 20 件的期望值与标准差的差=90-30=60

进货 30 件的期望值与标准差的差=100-67=33

进货 40 件的期望值与标准差的差=60-80=-20

第四步：选用期望值减去标准差以后最大的，方案为每周进货 20 件。

（7）最小后悔值与期望值决策法：在非确定型决策中可计算出某种状态下的后悔值 r，如果考虑到各种状态发生的概率，可以计算出每一种方案的后悔值与期望值，在这些后悔值与期望值中选出最小的，它对应的方案就是最优方案，这就是最小后悔值与期望值决策法。

该方法即后悔值与期望值法的综合应用，先算出各方案的后悔值，再用后悔值乘以各种状态下的概率，再累加，得出期望后悔值，最后选期望后悔值最小的方案。

销 10 件状态最大收益是 50 元，销 20 件状态最大收益是 100 元，销 30 件状态最大收益是 150 元，销 40 件状态最大收益是 200 元。制成后悔值矩阵如下：

销 10 件	销 20 件	销 30 件	销 40 件	后悔值				期望后悔值
				销 10 件 概率 0.1	销 20 件 概率 0.3	销 30 件 概率 0.5	销 40 件 概率 0.1	
50	50	50	50	0	50	100	150	80
0	100	100	100	50	0	50	100	40
-50	50	150	150	100	50	0	50	30
-100	0	100	200	150	100	50	0	70

进货 10 件的期望后悔值=0×0.1+50×0.3+100×0.5+150×0.1=80

进货 20 件的期望后悔值=50×0.1+0×0.3+50×0.5+100×0.1=40

进货 30 件的期望后悔值=100×0.1+50×0.3+0×0.5+50×0.1=30

进货 40 件的期望后悔值=150×0.1+100×0.3+50×0.5+0×0.1=70

选期望后悔值最小的,即进货 30 件。

21.3 考点实练

1. 项目经理制定了项目资产负债表(表 21-16,单位:元),假如贴现率为 10%。该项目的静态投资回收期为___(1)___年,动态投资回收期为___(2)___年(保留 1 位小数)。

表 21-16 资产负债表

项目年度	0	1	2	3	4	5
支出	35000	1000	1500	2000	1000	2000
收入		20000	10000	12000	15000	20000

(1) A. 2　　　　B. 2.4　　　　C. 2.75　　　　D. 3
(2) A. 3.2　　　B. 3.3　　　　C. 3.5　　　　D. 3.6

解析:计算投资回收期的相关内容见表 21-17。

表 21-17 计算投资回收期的相关内容

项目年度	0	1	2	3	4	5
支出	35000	1000	1500	2000	1000	2000
收入		20000	10000	12000	15000	20000
净现金流量	-35000	19000	8500	10000	14000	18000
净现金流量现值	-35000	17273	7025	7513	9562	11177

静态投资回收期 = (累计净现金流量出现正值的年份数 -1) $+ \dfrac{\text{上一年累计净现金流量的绝对值}}{\text{出现正值年份的净现金流量}}$

$= (3-1) + |-35000+19000+8500|/10000 = 2.75$

动态投资回收期 = (累计净现金流量现值出现正值的年份数 -1) $+ \dfrac{\text{上一年累计净现金流量现值的绝对值}}{\text{出现正值年份净现金流量的现值}}$

$= (4-1) + |-35000+17273+7025+7513|/9562 = 3.3$

答案:(1) C　(2) B

2. 已知某公司生产 A、B 两种产品,其中生产 1 件 A 产品需要 1 个单位的甲资源和 3 个单位的丙资源;生产 1 件 B 产品需要 2 个单位的乙资源和 2 个单位的丙资源,见表 21-18。已知现有甲、乙、丙 3 种资源 4 个单位、12 个单位和 18 个单位。通过市场预测可知,A 产品的单位市场利润为 2 元,B 产品的单位市场利润为 5 元。该公司要获得最大的市场利润应生产 A 产品___(1)___件,此时___(2)___资源仍有剩余。

(1) A. 0　　　　　B. 2　　　　　C. 4　　　　　D. 6
(2) A. 甲　　　　　B. 乙　　　　　C. 丙　　　　　D. 甲及丙

表 21-18　生产某种产品的资源需求表

产品	甲资源	乙资源	丙资源
A	1		3
B		2	2

解析：
假设生产 A 为 X，B 为 Y，得到以下不等式：

$3X+2Y \leq 18$　①
$X \leq 4$　②
$2Y \leq 12$　③

利润 $MAX=2X+5Y$，因为 Y 的利润是最大，因此首先满足 Y 取最大值，综合以上根据③求得 $Y \leq 6$，Y 取最大值，可以得到 $Y=6$。把 $Y=6$ 代入不等式①，求得 $X=2$，当 $X=2$ 的时候，满足不等式②，综合以上求得 A 生产 2 件的时候利润最大，此时甲资源还有剩余。

答案：（1）B　（2）A

3. 某公司准备将新招聘的 4 名销售员分配到下属 3 个销售点甲、乙和丙。各销售点增加若干名销售员后可增加的月销售额见表 21-19。根据此表，只要人员分配适当，公司每月最多可以增加销售额（　　）元。

表 21-19　增加若干销售员后可增加的月销售额

增加销售额/元	增1人	增2人	增3人	增4人
甲	12000	22000	30000	38000
乙	11000	20000	24000	30000
丙	13000	25000	30000	36000

A. 43000　　　　B. 47000　　　　C. 48000　　　　D. 49000

解析： 计算单位投入的收益见表 21-20。

表 21-20　单位投入的收益

增加销售额（元/人）	增加 1 人	增加 2 人	增加 3 人	增加 4 人
甲	12000	11000	10000	9500
乙	11000	10000	8000	7500
丙	13000	12500	10000	9000

将有限的资源优先投放到单位收益高的销售点：2 人到丙、1 人到甲、1 人到乙，总收益

=2×12500+12000+11000=48000（元）。

答案：C

4．下图中从 A 到 E 的最短路线是___（1）___，其长度是___（2）___。

（1）A. $A—B_1—C_1—D_2—E$　　　　　　B. $A—B_2—C_1—D_1—E$

　　　C. $A—B_3—C_2—D_2—E$　　　　　　D. $A—B_2—C_2—D_3—E$

（2）A. 70　　　　　　B. 80　　　　　　C. 90　　　　　　D. 100

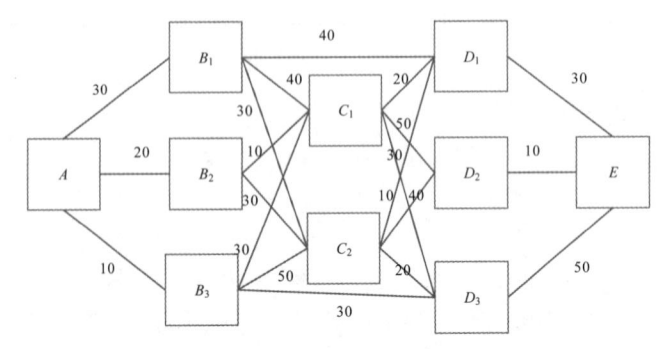

解析：第一步，已知起点是 A，因此根据题干，分为 4 个部分去找，第一部分是 B_1、B_2、B_3；第二部分是 C_1、C_2；第三部分是 D_1、D_2、D_3；第四部分是 E。算出各部分点的最小值。

第二步，根据题干，得到下图：

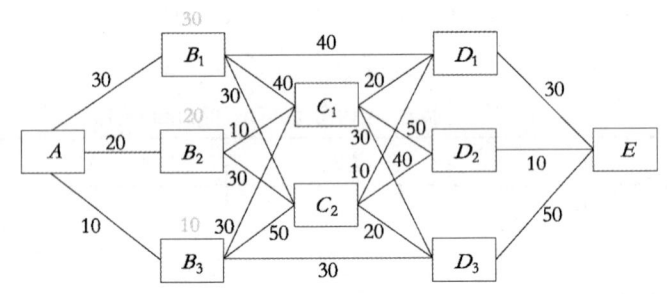

第三步，接着算第二部分，到 C_1 点的值有：$B_1C_1=30+40=70$，$B_2C_1=20+10=30$，$B_3C_1=10+30=40$。因 B_2C_1 的距离是最小的，C_1 取 30。然后算到 C_2 点的值有：$B_1C_2=30+30=60$，$B_2C_2=20+30=50$，$B_3C_2=10+50=60$。因 B_2C_2 的距离是最小的，C_2 取 50，得到下图：

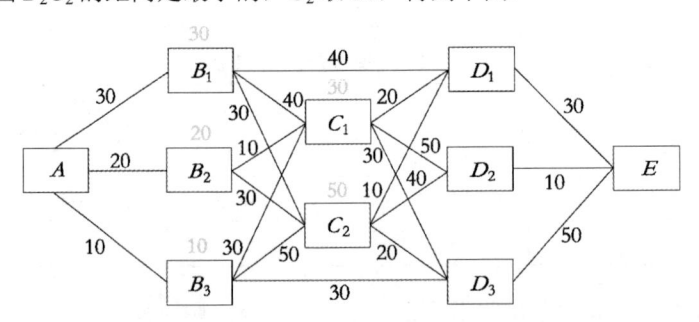

240

第四步，再算第三部分的最短距离。D_1 的距离有：$B_1D_1=30+40=70$，$C_1D_1=30+20=50$，$C_2D_1=50+10=60$，因 C_1D_1 距离最小，因此 D_1 取 50。D_2 的距离有 $C_1D_2=30+50=80$，$C_2D_2=50+40=90$，因 C_1D_1 的距离最短，因此 D_2 取 80。D_3 的距离有：$C_1D_3=30+30=60$，$C_2D_3=50+20=70$，$B_3D_3=10+30=40$，因 B_3D_3 距离最短，D_3 取 40，得到下图：

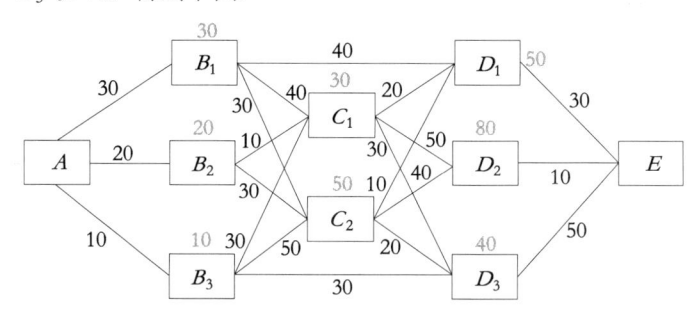

第五步，再算第四部分 E，$D_1E=50+30=80$，$D_2E=80+10=90$，$D_3E=40+50=90$，因 D_1E 的距离最短，可以知道起点 A 到终点 E 的最短距离是 80。最短路径是 $A—B_2—C_1—D_1—E$。得到下图：

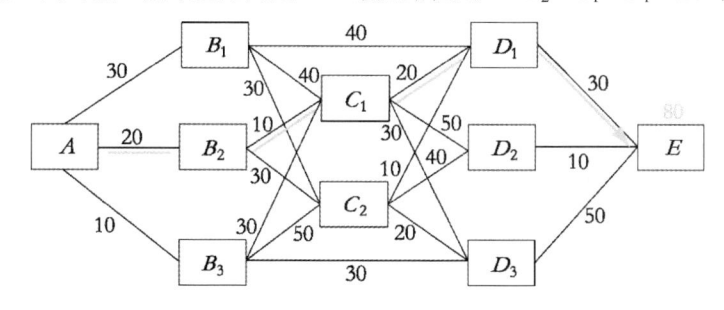

答案：（1）B　（2）B

5. 3 个备选投资方案的决策损益见表 21-21，如果采用后悔值决策标准，则选择方案（　　）。

表 21-21　决策损益表

可行方案	收益值/万元			
	销路好	销路一般	销路差	销路极差
A	50	25	−25	−45
B	70	30	−40	−80
C	30	15	−5	−10
D	60	40	−30	−20

A．方案 A　　　B．方案 B　　　C．方案 C　　　D．方案 D

解析：根据题意，制成后悔值表（表 21-22）：

表 21-22 后悔值表

可行方案	收益值/万元			
	销路好后悔值	销路一般后悔值	销路差后悔值	销路极差后悔值
A	20	15	20	35
B	0	10	35	70
C	40	25	0	0
D	10	0	25	10

由表 21-22 可知，方案 A 的最大后悔值是 35，方案 B 的最大后悔值是 70，方案 C 的最大后悔值是 40，方案 D 的最大后悔值是 25，所以选择方案 D。

答案：D

第22小时 组织通用治理

22.0 章节考点分析

第 22 小时主要学习组织战略、绩效考核、转型升级等组织通用治理相关内容。

根据考试大纲，本小时知识点会涉及单项选择题，约占 1~2 分。本小时内容属于基础知识范畴，考查的知识点多来源于教材，扩展内容较少。本小时的架构如图 22-1 所示。

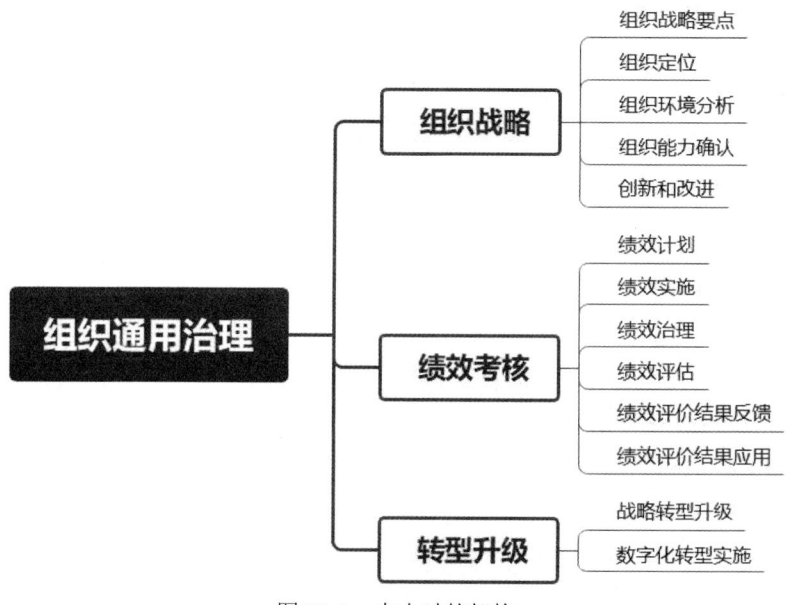

图 22-1 本小时的架构

【导读小贴士】

组织治理是协调组织利益相关者之间关系的一种制度安排,目标是为了确保组织的高效决策,实现利益相关者之间的利益均衡,提高组织的绩效,确保组织运行的可持续发展。良好的组织治理可为组织高质量和可持续发展提供重要支撑。作为项目经理,应掌握组织通用治理相关知识。

22.1 组织战略

【基础知识点】

(1)组织治理是协调组织利益相关者之间关系的一种制度安排,目标是为了确保组织的高效决策,实现利益相关者之间的利益均衡,提高组织的绩效,确保组织运行的可持续发展。

(2)组织战略是指组织针对其发展进行的全局性、长远性、纲领性目标的策划和选择。组织战略体现了组织的使命、愿景和价值观,反映管理者对于行动、环境和业绩之间关键联系的理解。它是组织策划具体行动计划的起点。确定了组织发展目标以及实现该目标的路径、方式和方法。

(3)战略目标是组织在一定的战略期内总体发展的总水平和总任务。它决定了组织在该战略期间的总体发展的主要行动方向,是组织战略的核心。组织的战略目标是多元化的,包含经济性目标和非经济性目标,也包含定量目标和定性目标。

(4)常见的组织总体战略类型主要包括:

- 发展型战略:是指组织从现有战略基础水平上向更高一级的目标发展的战略。
- 稳定型战略:是指组织由于其运行环境和内部条件的限制,在整个战略期内基本保持战略起点的运行绩效范围和水平的一种战略。这是一种风险相对较低的战略。当组织较为满意过去的运行绩效和方法,选择延续基本相同的产品和服务时,可以采取这类战略。
- 紧缩型战略:是指组织从当前战略运行领域和基础水平收缩和撤退,与战略起点偏离较大的一种运行战略。紧缩型战略是一种消极的发展战略,一般作为短期性的过渡战略。
- 其他类型战略:组织的总体战略还包括复合型战略、联盟战略、成本领先战略、差异化战略、集中化战略等。

(5)组织战略通常具备的特性包括:

- 全局性:从全局性角度确定了组织的战略目标,规范和指导其运行管理活动。
- 长远性:组织战略着眼于组织的未来,从长远利益出发。
- 纲领性:组织战略是组织运行的行动纲领。
- 指导性:组织战略规定了一定时期内组织的基本发展目标及实现该目标的路线和途径。
- 竞争性:通过制定和实施适合组织的有效战略,保持核心竞争力。

- 风险性：组织战略是通过当前信息分析，对未来做出的一种预测性决策。因此组织战略具有不确定性和风险性。
- 相对稳定性：战略是长远的规划，实现战略目标需要比较长的时间，因此要保持相对稳定。但组织的战略也可进行调整和修正。

（6）组织定位包括应有清晰的使命、愿景和目标，有明确的价值观和组织文化来帮助组织实现战略要点，并能够向组织的内外部传达清晰的定位。组织定位还应包括对业务单元的定位战略。

（7）组织愿景是在汇集组织每个员工个人心愿的基础上形成的全体员工共同心愿的美好愿景，描述了组织发展的目标和对如何达到目标的理性认知。组织愿景是组织制定战略不可或缺的因素。

（8）愿景的制定和传达需要注意：
- 要明确说明组织的定位，清晰地表达组织目标，避免笼统宽泛的陈述。
- 表述应尽量鲜明和形象化，使其可靠且易于传达。

（9）组织使命是管理者为组织确定的较长时期的业务发展的总方向、总目标、总特征和总的指导思想，描述了组织所处的社会价值范畴、当前的业务和宗旨。体现了组织的宗旨、核心价值观和未来方向。其陈述通常涵盖的要素包括：
- 产品或服务。
- 客户和服务对象。
- 行业或领域。
- 公众形象。
- 自我认知。

此外，组织在生存、增长和盈利、价值观、技术、员工等方面的目标也可以纳入使命的陈述。

（10）组织文化是组织发展过程中凸显的精神特质与内涵，是组织区别于其他组织的关键因素。组织文化是组织最为本质的体现之一，是组织发展的原动力。组织文化支撑战略的执行。组织文化有两个基本特征：①组织文化具有浓厚的文化属性和良好的执行性；②组织文化为日常工作提供了具体的实践方法。

（11）组织环境分析。

1）组织外部环境分析的基本内容包括：政治环境分析、经济环境分析、社会-文化-技术环境分析、资源环境分析、市场需求分析和行业环境分析等。

2）组织内部环境分析的内容通常包括：理清组织自身的优势和劣势、查清造成劣势的原因、挖出内部的潜力、产品和服务竞争能力分析、技术开发能力分析、生产能力和服务效能分析、营销能力分析、产品和服务增值能力分析等。

常用的组织成功关键因素分析方法有 PEST 模型分析和 SWOT 分析法等。

（12）组织的基本能力包括：

1）核心能力的管理。

2）领导力。

3）组织结构。

4）信息技术。

（13）人才发现的基本条件包括：树立爱才之心、提高识才之能、具备护才之胆、掌握选才之法。

（14）组织的产品和服务战略的类型通常可以分为：技术密集型、成本导向型和目标动态型。

（15）组织战略必须具备动态适应性。在分析和回顾战略实施过程中进行创新和改进的要素主要包括：

- 内外部发展环境对战略规划的影响。
- 在业务增长、发展趋势等方面的预测及其与实际的差异。
- 提升业务增长和盈利的措施。
- 竞争优势和发展水平分析及措施。
- 风险分析及措施。

实施创新和改进还应包括战略绩效管理体系和人力资源系统的整合优化。

22.2 绩效考核

【基础知识点】

（1）绩效计划是确定部门或员工在考核期内应该完成什么样的工作和达到什么样绩效的过程。绩效计划的设计从组织最高层开始依次向下。是有效实施绩效管理的主要平台和关键手段。

（2）绩效计划制订的原则：目标导向原则、价值驱动原则、全员参与原则、流程系统化原则、可行性原则、重点突出原则、足够激励原则和职位特色原则等。

（3）制订绩效计划，作为绩效管理体系的第一个关键步骤，是实施绩效管理的重要手段。绩效计划包括绩效标准、绩效目标和绩效内容 3 方面的要素。

（4）绩效计划按照计划主体分为：组织绩效计划、部门绩效计划与个人绩效计划。按时间可分为：年度绩效计划、季度绩效计划和月度绩效计划。

（5）绩效目标的确定一般有传统目标设定方法和参与性目标设定方法两种。传统目标设定方法是由上级给下级规定目标的单向传递过程。参与性目标设定方法是由上级与下级经过沟通，共同决定具体的绩效目标。组织管理者不是用目标来控制员工，而是用目标来激励员工。

（6）绩效项目一般包括 3 项：工作业绩、工作能力和工作态度，这是对员工进行绩效考核的具体内容。工作业绩在设定指标时，通常包含数量、质量、成本和时间 4 个方面。绩效指标一般可细化为 6 项：分析判断能力、协调沟通能力、组织指挥能力、开拓创新能力、公共关系能力及决策行动能力。绩效指标的合理确定直接关系到绩效考核的客观性。

（7）营业绩效计划的要素包含：绩效计划及评估内容、权重、目标值设定、绩效评估周期。

（8）员工绩效计划制订包含的内容：被评估者信息、评估者信息、关键职责、绩效计划及评估内容、权重、指标值设定、绩效评估周期、能力发展计划。

（9）绩效实施 3 大关键点：①统一思维；②引发热情；③训练能力。

（10）绩效实施的主要特征包括：
1）绩效实施是一个动态的过程。
2）绩效实施的核心是持续沟通式的绩效辅导。
3）绩效实施结果为绩效评估提供依据。
（11）绩效实施的具体内容一般包括两个方面：一是持续不断的绩效沟通；二是绩效信息的记录和收集。
（12）绩效治理是指为实现组织制定的战略和目标，采用科学的方式，通过对员工个人或群体的行为表现、劳动态度、工作业绩以及综合素养的全面监测、考核、评估、分析，充分调动员工工作的积极性、主动性和创造性，不断改善员工和组织的行为，提高员工和组织的素养，挖掘其潜力的活动进程。绩效考核不等同于绩效治理。
（13）绩效治理通常包括以下 8 个步骤：
1）统一组织目标。
2）明确职位职责。
3）提炼绩效考核指标。一个职位的关键考核指标一般 3～5 条为宜。
4）设定职位考核指标值。
5）执行中的跟踪、监督和指导。
6）绩效评估。
7）分析问题和建议方法。管理者要通过发现的问题，了解问题内容，分析问题原因，调查问题根源，提出解决办法，这是绩效治理的核心步骤。
8）绩效反馈。
（14）绩效评估主要包括 3 方面内容：
1）对上一周期内实际完成的绩效进行回顾及评估。
2）为下一绩效周期制订或改进、调整绩效标准、绩效目标、绩效内容。
3）确定报酬调整和奖励方案。
（15）绩效评估是绩效治理各环节中技术性最强的，包括 6 个因素：
1）被评估者。
2）评估者。
3）评估时间和周期。
4）评价指标。
5）评定形式。一般从定性和定量两种维度进行评定。常见的评定形式主要有关键绩效指标评估、目标管理评估、平衡计分卡法、全方位（360°）绩效评估反馈制度、主管述职评价等。
6）绩效评估数据的收集。
（16）根据绩效评估的内容，其类型一般可分为：效果主导型、品质主导型、行为主导型。
（17）绩效评估的方法包括：
1）排序法。对具有相同工作性质的员工进行排序的方法，适用于工作内容单一或工作内容相同的员工较多时进行绩效评估。

2）硬性分布法。指将绩效评估结果进行分档。这种评估方法成本相对较低，但绩效评估标准模糊，主观性较高。

3）尺度评价表法。通过评估表的形式对被评估者的工作绩效进行考评打分。适用于对组织管理人员的绩效评估。

4）关键事件法。评估相关的"重要事件"。该方法通常与其他方法结合使用，不单独使用。

5）平衡计分卡法。平衡计分卡法是指通过财务、客户、内部运营、学习与成长4个角度进行综合考评的方法。这种方法广泛应用于团队和个人的绩效评估。

6）目标管理法。通过对事先设定的目标完成情况进行绩效评估。目标管理一般包括目标确定、计划执行、检查调整、完成评价等几个步骤。这种方法也广泛用于对团队和个人的绩效评估。

（18）绩效评估的程序。

1）通常由人力资源部门牵头负责编制绩效评估实施方案，设计绩效评估工具，拟订评估的计划和流程等。

2）被评估者根据绩效评估工作的要求，提交评估材料并进行自我评价。

3）所有被评估者对本人在评估周期内的工作业绩及行为表现进行总结。

4）评估者对被评估者进行考核评价，并指出对被评估者的后续发展或工作建议，交上级审核。

5）评估者负责与被评估者进行绩效面谈。

6）人力资源部门牵头负责所有绩效评估结果的收集和汇总并形成评估结果报告，提交组织负责人或评估委员会审核。

7）组织负责人或评估委员会将安排并听取部门或团队工作汇报，确定最后的评估结果。

8）人力资源部门负责最终绩效评估结果的整理和汇总，进行结果兑现，分类建立绩效评估档案。

9）评估者负责与被评估者就绩效评估的最终结果进行面谈沟通。

10）人力资源部门负责对本次绩效评估成效进行分析总结。

（19）绩效反馈通常包括以下内容：

1）通报被评估人当期绩效评估结果。

2）分析被评估人的绩效差距与确定改进措施。

3）沟通协商下一个绩效评估周期的工作任务与目标。

4）确定与工作任务和目标相匹配的资源配置。

（20）组织价值链涵盖了价值创造、价值评价和价值分配3个方面，价值评价通过绩效治理和评价来实现，而薪酬治理则体现组织价值分配体系。

（21）绩效评价结果的应用包含两层内容：①价值评价；②绩效改进。

（22）通常绩效评价结果会应用于如下方面：①员工荣誉；②绩效改进；③薪酬调整；④人事调整；⑤在职培训；⑥员工职业生涯规划。

22.3 转型升级

【基础知识点】

（1）转型升级是组织提升竞争优势和价值以及达到新形态的<u>必然过程</u>。大多数组织的转型<u>主要是战略转型</u>。组织转型升级首先要解决的是<u>战略选择问题</u>。

（2）常见的战略升级主线包括：技术战略；市场战略；产品战略；组织架构。

（3）组织文化转型升级包括以下几点。
- 以组织战略为基础和原则，建立适应组织发展的组织文化体系。
- 引进国内外先进实践经验，建立文化管理制度，构建学习型组织。
- 打造知识获取能力、知识共享能力和知识创造能力，为转型奠定认知与观念基础。
- 对人员进行培训和教育，提升知识技能和专业水平。
- 建立人才评价机制，根据个人综合素质、履职情况等对人才进行评价。

（4）<u>转型结果主要用经济指标衡量</u>，<u>转型过程主要用非经济指标衡量</u>。转型升级阶段则更关注中长期发展目标的实现，<u>强调发展品质而不仅仅是速度</u>，更关注客户和服务对象的体验，以及对社会的发展适应性。

（5）常见数字化转型的驱动因素主要包括：新技术的强势发展；低"交互成本"运作；业务运行的透明化；个性化需求的满足。

（6）数字化转型组织架构及工作机制的建议可分为 4 个层次。

1）规划层：顶层设计、具有全局观。

2）实施层：围绕数字化产品和服务进行实施推进。

3）能力层：构建数字化相关的支撑实施层的能力。

4）资源层：组织与传统业务、传统 IT 链接。

（7）组织数字化转型战略与愿景的<u>核心是制订数字化转型规划</u>，并设立与业务目标相符合的转型目标。

（8）<u>数据</u>是开展数字化转型的重要基石，组织可以利用数据的价值来释放新机遇，包括支持新的业务模式、改进产品和服务等。

（9）数字化转型的内容重点包括：组织数字文化、数字人才队伍、数字化绩效评价、业务模式创新、数字化产品和服务、数字化营销。

（10）数字化转型 KPI 的制定应遵循以下原则：KPI 应涵盖组织数字化转型业务发展的各个阶段；数字化转型指标不宜过多也不宜过少；数字化转型指标不是独立的，<u>应与组织其他业绩评估指标相辅相成</u>。

22.4 考点实练

1. 关于常见组织总体战略类型的描述,不正确的是( )。
   A. 稳定型战略适用于组织较为满意过去的运行绩效和方法,选择延续基本相同的产品和服务
   B. 发展型战略是指组织从现有战略基础水平上向更高一级的目标发展的战略
   C. 紧缩型战略一般作为短期性的过渡战略使用
   D. 紧缩型战略是与战略起点偏离较小的一种运行战略

解析:常见的组织总体战略类型主要包括:

发展型战略:是指组织从现有战略基础水平上向更高一级的目标发展的战略。

稳定型战略:是指组织由于其运行环境和内部条件的限制,在整个战略期内基本保持战略起点的运行绩效范围和水平的一种战略。这是一种风险相对较低的战略。当组织较为满意过去的运行绩效和方法,选择延续基本相同的产品和服务时,可以采取这类战略。

紧缩型战略:是指组织从当前战略运行领域和基础水平收缩和撤退,与战略起点偏离较大的一种运行战略。紧缩型战略是一种消极的发展战略,一般作为短期性的过渡战略。

其他类型战略:组织的总体战略还包括复合型战略、联盟战略、成本领先战略、差异化战略、集中化战略等。

答案:D

2. 工作业绩在设定指标时,通常包含( )几个方面。
   ①数量   ②质量   ③成本   ④时间   ⑤范围
   A. ①②③④   B. ②③④⑤   C. ①③④⑤   D. ①②④⑤

解析:工作业绩在设定指标时,通常包含数量、质量、成本和时间4个方面。绩效指标一般可细化为6项:分析判断能力、协调沟通能力、组织指挥能力、开拓创新能力、公共关系能力及决策行动能力。

答案:A

3. 绩效治理通常包括8个步骤,其中第一步是( )。
   A. 明确职位职责   B. 统一组织目标
   C. 设定职位考核指标值   D. 提炼绩效考核指标

解析:绩效治理通常包括以下8个步骤:
(1)统一组织目标。
(2)明确职位职责。
(3)提炼绩效考核指标。一个职位的关键考核指标一般3~5条为宜。
(4)设定职位考核指标值。
(5)执行中的跟踪、监督和指导。

（6）绩效评估。

（7）分析问题和建议方法。管理者要通过发现的问题，了解问题内容，分析问题原因，调查问题根源，提出解决办法，这是绩效治理的核心步骤。

（8）绩效反馈。

答案：B

4．下列关于绩效评估方法的描述，正确的是（ ）。

    A．排序法适用于工作内容单一或工作内容不同的员工较多时进行绩效评估

    B．硬性分布法适用于对组织管理人员绩效评估

    C．关键事件法一般情况下不单独使用

    D．平衡计分卡法是通过财务、员工、内部运营、效率 4 个角度进行综合考评的方法

解析：绩效评估的方法：

（1）排序法。对具有相同工作性质的员工进行排序的方法，适用于工作内容单一或工作内容相同的员工较多时进行绩效评估。

（2）硬性分布法。指将绩效评估结果进行分档。这种评估方法成本相对较低，但绩效评估标准模糊，主观性较高。

（3）尺度评价表法。通过评估表的形式对被评估者的工作绩效进行考评打分。这种方法一般适用于对组织管理人员的绩效评估。

（4）关键事件法。评估相关的"重要事件"。一般情况下这种方法与其他方法结合使用，不单独使用。

（5）平衡计分卡法。平衡计分卡法是指通过财务、客户、内部运营、学习与成长 4 个角度进行综合考评的方法。这种方法广泛应用于团队和个人的绩效评估。

（6）目标管理法。通过对事先设定的目标完成情况进行绩效评估。目标管理一般包括目标确定、计划执行、检查调整、完成评价等几个步骤。这种方法也广泛用于对团队和个人的绩效评估。

答案：C

5．数字化转型组织架构及工作机制的建议的 4 个层次不包括（ ）。

    A．规划层   B．实施层   C．管理层   D．资源层

解析：数字化转型组织架构及工作机制的建议可分为 4 个层次。

- 规划层：顶层设计、具有全局观。
- 实施层：围绕数字化产品和服务进行实施推进。
- 能力层：构建数字化相关的支撑实施层的能力。
- 资源层：组织与传统业务、传统 IT 链接。

答案：C

第 23 小时 组织通用管理

23.0 章节考点分析

第 23 小时主要学习人力资源管理、流程管理、知识管理和市场营销的基本知识。

根据考试大纲，本小时知识点会涉及单项选择题，约占 2~3 分。本小时内容侧重于概念知识，根据以往全国计算机技术与软件专业技术资格考试的出题规律，考查的知识点多来源于教材，扩展内容较少。本小时的架构如图 23-1 所示。

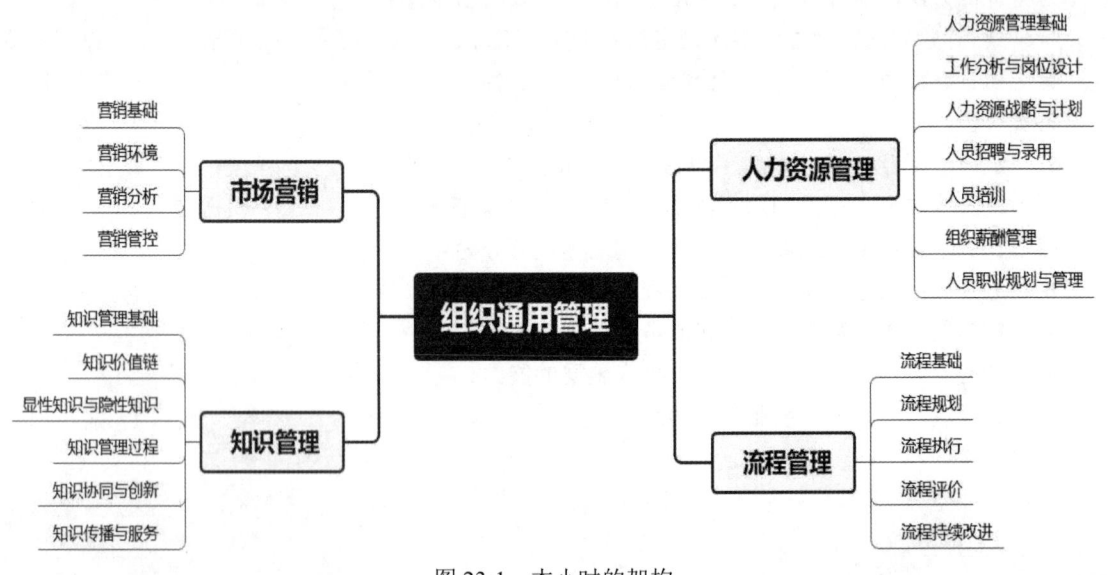

图 23-1 本小时的架构

【导读小贴士】

组织通用管理是项目管理的关键前提和基础，它为项目管理提供思想路线和基本原则与方法，项目管理则是通用管理方法在特定场景下的具体表现。人力资源管理（非十大管理人力资源管理）和市场营销管理属于新版教材新增内容，流程管理和知识管理与旧版教材比也有所变化，所以需要加以关注。

23.1 人力资源管理

【基础知识点】

（1）组织通用管理是项目管理的<u>关键前提和基础</u>，它为项目管理提供思想路线和基本原则与方法，<u>项目管理则是通用管理方法在特定场景下的具体表现</u>。

（2）人力资源管理目标包括：①建立员工招聘和选择体系，以便获得最符合组织需要的员工；②充分挖掘每个员工的潜能，使其既服务于组织的发展目标，也能满足员工的事业发展需求；③留住那些通过自己的工作绩效助力组织实现目标的员工，同时淘汰那些无法满足组织发展需要的员工；④确保组织遵守人力资源方面的法律、法规、政策和标准等。

（3）人力资源管理的广义目标是充分利用组织中的人员使组织的各项工作效率水平达到最高，狭义目标是帮助各团队负责人更加有效地管理团队成员。人力资源管理主要包括：

- 规划：主要进行工作分析和岗位策划。
- 招聘：根据工作需要确定最合适人选的过程。
- 维护：维护员工有效工作的积极性，维护安全健康的工作环境。
- 提升：提高员工的知识、技能和经验等方面的能力，保持和增强员工的工作素养。
- 评价：对员工的工作结果和工作表现与人力资源管理相关策略执行情况的观察、测量和评估。

（4）工作分析是对组织分工和分工内容进行清晰的界定，让任职者更清楚工作的内容，甚至未从事过某项工作的人也能清楚该工作是怎样完成的。岗位设计是确定完成工作的方式、所需要完成的任务，以及界定该项工作在组织中与其他岗位工作的关系的过程。

（5）工作分析的作用：招聘和选择员工、发展和评价员工、制订薪酬政策、组织与岗位设计。

（6）工作分析通常划分为 4 个阶段，包括 10 个具体步骤，见表 23-1。

（7）工作分析的方法分为定性和定量两类。定性的工作分析方法主要有<u>工作实践法、直接观察法、面谈法、问卷法和典型事例法</u>；定量的工作分析方法主要有<u>职位分析问卷法、管理岗位描述问卷法和功能性工作分析法</u>等。

表 23-1　工作分析的 4 个阶段和 10 个步骤

阶段	步骤
第一阶段：明确工作分析范围	1.确立工作分析的目的；2.确定工作分析的对象
第二阶段：确定工作分析方法	3.确定所需信息的类型；4.识别工作信息的来源；5.明确工作分析的具体步骤
第三阶段：工作信息收集和分析	6.收集工作信息；7.分析所收集的信息；8.向组织报告结果；9.定期检查工作分析情况
第四阶段：评价工作分析方法	10.以收益、成本、合规性和合法性等为标准评价工作分析结果

（8）岗位设计的主要内容包括工作内容设计、工作职责设计和工作关系设计 3 个方面。

（9）工作内容设计是岗位设计的重点，一般包括工作的广度、工作的深度、工作的完整性、工作的自主性和工作的反馈性 5 个方面。工作职责设计主要包括工作的责任、权利、方法以及工作中的相互沟通等方面。工作关系设计则表现为岗位之间的协作关系、监督关系等各个方面。

（10）岗位设计方法包括科学管理方法、人际关系方法、工作特征模型、高绩效工作系统等。

（11）战略性人力资源管理的目标就是有效运用人力资源去实现组织的战略性要求和目标。战略性人力资源管理强调整合适应性，它致力于保证：

1）人力资源管理充分与组织的战略和战略性需求相整合。

2）人力资源政策应该涵盖政策本身和各个层级。

3）人力资源实践作为一线管理者和员工日常工作的一部分不断得到调整、接受和运用。

（12）战略性人力资源管理被分成两个部分：一是人力资源战略；二是人力资源管理系统。战略性人力资源管理过程包括两个相辅相成的阶段：战略制定和战略执行。

（13）戴尔（Dyer）和霍德（Holder）的人力资源战略模式把人力资源战略分为 3 种类型：透因战略、投资战略和参与战略；巴伦（Baron）和克雷普斯（Kreps）的人力资源战略模式分为 3 种类型：内部劳动力市场战略、高承诺战略和混合战略。

（14）人力资源需求预测的解释变量一般包括以下几个方面：①组织的业务量；②预期的流动率；③提高业务质量，或者进入新行业的决策对人力需求的影响；④技术水平或管理方式的变化对人力需求的影响；⑤组织所拥有的财务资源对人力需求的约束。

（15）人力资源需求预测一般有集体预测、回归分析和转换比率等方法。内部人力资源供给预测的方法有人才盘点与技能清单、管理人员置换图、人力接续计划、转移矩阵法、人力资源信息系统和外部人力资源供给等。

（16）人员的招聘活动通常包括招聘计划制订、招聘信息发布、应聘者申请、人员甄选与录用和招聘评估与反馈等。

（17）按照面试问题的结构化程度，可以将招聘面试类型分为非结构化面试、半结构化面试和结构化面试。

（18）常用的招聘效果主要从如下 5 个方面进行评估：①招聘周期；②用人部门满意度；③招聘成功率；④招聘达成率；⑤招聘成本。

（19）员工培训的4个基本步骤：①评估组织开展员工培训的需求；②设定员工培训的目标，培训目标应该是可以衡量的和不断变化的；③设计培训项目；④培训的实施和评估。

（20）培训迁移重点关注的是知识、技能和态度等能否转变为行为和结果。

（21）薪酬体系构成如图23-2所示。

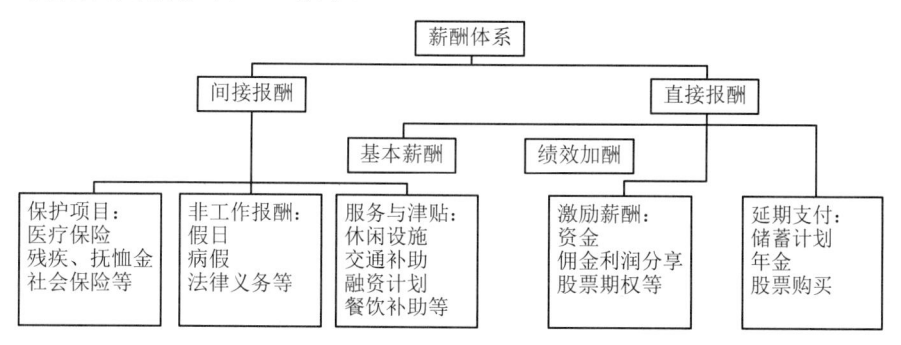

图 23-2　员工薪酬构成的内容

（22）薪酬体系设计流程主要有4个步骤：①进行工作分析；②编写职位说明书；③工作评价；④建立职位薪酬结构。

（23）实施工作评价从是否进行量化比较的角度看分为量化和非量化评价。非量化评价方法有<u>工作排序法和工作分类法</u>；量化评价方法有<u>因素比较法、点数法和海氏系统法</u>。

（24）薪酬等级结构的构成要素包括：①薪酬等级数；②目标薪酬；③薪酬级差；④薪酬幅度；⑤薪酬重叠情况。

（25）对员工职业道路的要求是：①应该代表员工职业发展的真实可能性，发展不应该以通常的速度为依据；②应该具有尝试性，能够根据工作的内容、任职的顺序、组织的形式和管理的需要进行相应调整，同时也不要过分集中于一个领域；③具有灵活性；④说明每个职位要求员工具备的技能、知识和其他品质，以及具备这些条件的方法。

（26）职业规划与管理组织和管理人员应承担的工作与责任见表23-2。

表 23-2　职业规划与管理组织和管理人员应承担的工作与责任

组织		管理人员	
职业规划应该承担的工作	职业管理中的责任	职业规划应该承担的工作	职业管理中的责任
①为员工制订自己的职业规划指供指导；②为员工和管理人员提供职业规划培训；③提供技能培训和在职培训	①为管理人员的决策过程提供信息和程序；②负责组织内信息的更新；③确保信息利用的有效性；④监控和评价员工职业管理过程的执行效果	①充当催化剂；②评估员工发展目标的现实性和需要的合理性；③辅导员工行动方案；④跟踪员工的职业规划	①发挥员工提供的信息的作用；②向员工提供自己负责的职位空缺的信息；③管理人员要综合有关的信息，为职位空缺确定合格的候选人并进行选择，同时为员工发现职位空缺、培训项目和工作轮换等职业发展机会

23.2 流程管理

【基础知识点】

（1）业务流程是一组将输入转化为输出的相互关联或相互作用的活动。流程的基本要素包括：流程的输入资源、流程中的若干活动、活动的相互作用、输出结果、客户、最终流程创造的价值。

（2）流程的特点主要包括：目标性、内在性、整体性、层次性。

（3）组织战略执行保障体系包括以下三层：

第一层：以会议管理、运行分析、预算考核为基础建立组织发展计划，形成以执行和控制为目标的战略控制层。

第二层：以业务流程、岗位描述、绩效测评为基础架构，对研发、采购、生产与交付、销售、客服等各职能领域构建稳定的流程执行层，是战略执行落地的核心枢纽，在整个战略执行保障体系中起承上启下的作用。

第三层：以 ERP（组织资源规划）、CRM（客户关系管理）、PDM（产品数据管理）等大量的信息技术应用为基础的系统支撑层。

（4）流程生命周期包括：导入期、成长期、成熟期、衰退期或变革期。

（5）流程不是简单的岗位职责流转，也不是独立的活动流，而是以活动流为主线将组织管理体系的其他要素有机地结合在一起，所以流程实质是一个系统，包括了人、财、物等各种要素。

（6）流程导向的管理模式具有以战略目标为导向、以流程为主线和强化流程的管理等特征。

（7）端到端的流程要从目的而不是从任务出发，关注最终结果；以战略为导向进行全局管理、系统管理，追求整体最优。

（8）美国生产与质量中心（APQC）流程框架如图 23-3 所示。

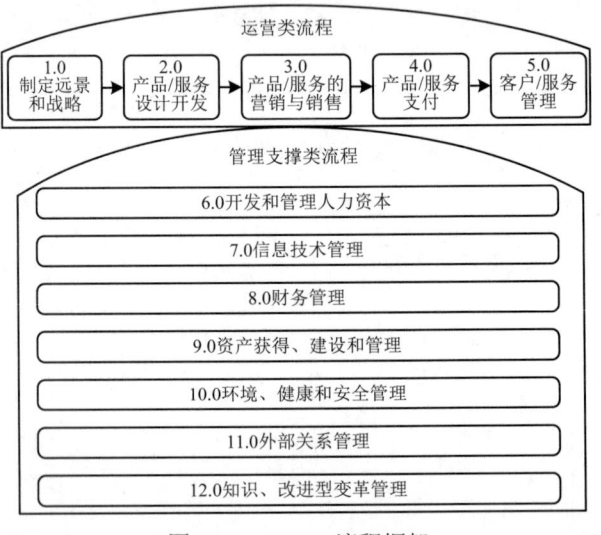

图 23-3　APQC 流程框架

（9）流程规划参考方法的具体内容见表 23-3。

表 23-3　流程规划参考方法的具体内容

描述	工作路径	优缺点
岗位职责开始（从下到上）	（1）流程管理部门先确定每个部门的代表性岗位； （2）流程管理部门与每个代表性岗位进行工作访谈； （3）分解出主要工作并评价其重要度； （4）流程管理部门梳理出工作中包含的流程及其关键控制要点； （5）与各部门负责人访谈，补充和完善访谈结果； （6）汇总各部门的流程信息，完成流程清单和流程框架等	方法的优点： （1）工作分析细致透彻，不容易遗漏； （2）因整个过程中流程管理部门起主导作用，对被访谈人的流程管理方面专业知识、技能和经验要求不高； （3）各级流程干系人充分参与，工作成果容易被接受，流程规划成果应较容易推进 方法的缺点： （1）工作量比较大； （2）工作质量容易受访谈人的工作经验及描述工作能力影响
业务模型开始（从上到下）	（1）流程管理部门根据组织业务绘制业务模式简易模型； （2）流程管理部门进行模型分解； （3）流程管理部门与流程干系人就模型与现有的流程进行关联对接； （4）无法对接的部门，由流程管理部门与代表岗位人员进行工作访谈； （5）完成流程清单和流程总图	方法的优点： （1）工作量相对较小； （2）流程管理部门对整个工作控制力度大，工作进度和风险易于控制 方法的缺点： （1）因为没有对工作进行详细的分析，工作容易出现遗漏； （2）对参与人员的流程规划专业能力要求较高； （3）由于各级流程干系人未充分参与，工作成果可能不被认可

（10）组织流程通常可分为：战略流程、运行流程和支持流程。

1）战略流程是面向未来的，为组织提供发展方向和整体管理，包括组织长/中/短期战略目标的规划、确定所采用的竞争策略与商业模式和战略过程的控制与调整等。

2）运行流程就是直接为业务对象创造价值的流程，运行流程包括产品价值链、市场链、供应链和服务链等。运行流程以战略流程为导向，它的逻辑顺序是：战略—业务模式—运行流程。

3）支持流程为运行流程提供支持与服务，通常包括决策支持、后勤支持与风险控制 3 类。支持流程一般是纵向职能专业导向的。

（11）对于流程的分类分级，即把流程从粗到细，从宏观到微观，从端到端的流程到具体指导操作的明细流程进行分解，可分为以下级别：

1）一级流程：是高阶流程，也称为"域"。它往往是端到端的流程。

2）二级流程：是中阶流程，在每个"域"内，也称为"域过程"。

3）三级流程：是低阶流程，即对域过程进行细分，由子流程（也就是四级流程）和业务活动构成，即工作活动比较具体的流程。

（12）保障流程管理有效执行，可参考的措施包括如下几个方面：

1）理解流程是执行流程的前提。

2）做好流程变更后的推广。

3）新员工入职流程制度培训。

4）找对流程执行负责人。

5）流程审计及监控。

6）把流程固化到信息系统中。

7）把流程固化到制度中。

8）流程文化宣导。

（13）常见的流程检查方法主要有流程稽查、流程绩效评估、满意度评估和流程审计等。

1）流程稽查的基本实施步骤：①理解流程的目的、目标及管理原则；②确定流程稽查的关键点；③确定流程稽查方法；④设计稽查线路与实施计划；⑤开展流程稽查；⑥提交流程稽查报告；⑦跟进流程稽查问题整改。

2）流程绩效评估的 3 个维度为：效果、效率和弹性。

流程绩效评估分析可以从 4 个方面开展：①与流程绩效目标对比分析，找差距后分析原因，并加以改进；②在组织内部做横向比较；③与同行业的主要竞争对手进行流程绩效对比分析；④对流程绩效评估结果的稳定性进行分析，通常可以采用控制图的方式。

建立战略导向的流程绩效指标体系的步骤包括：①将组织战略目标按平衡计分卡从 4 个维度分解成符合效率管理模型（又称 SMART 原则）的目标；②将流程目标分解到组织一级流程上；③将流程一级目标分解到可管理级流程目标；④确定流程绩效评估体系。

3）流程满意度评估信息的来源有：①日常沟通记录；②投诉、抱怨信息；③走访信息；④电话回访；⑤满意度问卷调查；⑥满意度评估信息库的建立。

4）流程审计：是针对组织流程体系整体进行全面的、系统的检查，目的是评估流程体系的充分性、适用性、有效性及效率性，它的输出是流程体系整体的评估与改进建议。

流程审计的流程：①制订计划；②确定审计范围；③流程初步调研；④编制检查表；⑤制订审计实施计划；⑥召开首次会议；⑦现场审计；⑧补充审计；⑨编制审计报告；⑩召开末次会议；⑪改进追踪。

（14）流程评价应用包括：①流程优化；②绩效考核；③过程控制；④纠正措施；⑤战略调整。

（15）流程优化需求大致可分为 3 种：问题导向、绩效导向、变革导向。

（16）项目和流程的优化过程：立项→现状分析及诊断→目标流程及配套方案设计→方案设计与开发→新旧流程切换→项目关闭。

23.3　知识管理

【基础知识点】

（1）知识管理是协助组织和个人，围绕各种来源的知识内容，利用知识、技术等手段，实现知识的生产、分享、应用以及创新，并在个人、组织、业务目标、经济绩效和社会效益等方面形成知识优势和产生价值的过程。

（2）知识管理的特征包括：①知识管理是优化的流程；②知识管理是管理；③知识管理依赖于知识。

（3）知识管理可以达成的目标包括：①实现组织的可持续发展；②提高员工素质及工作效率；③增强服务对象满意度；④提升组织的运作绩效。

（4）实施知识管理一般遵循的原则包括：①领导作用；②战略导向；③业务驱动；④文化融合；⑤技术保障；⑥知识创新；⑦知识保护；⑧持续改进。

（5）知识价值链是一个包含知识输入端、知识活动面、价值输出端的整合模式，是指知识以多元管道汇集，并收敛至单一窗口进入组织中，通过各种知识活动运作后，再以发散式的多元价值贡献输出。

（6）知识价值链过程主要包括以下方面：①知识创造；②知识分类；③知识审计；④知识储存；⑤知识分享；⑥知识更新。

（7）知识可分为显性知识与隐性知识。

1）显性知识是在一定条件下，即特定的时间里具有特定能力的人，通过文字、公式、图形等表述或通过语言、行为表述并体现于纸、光盘、磁带、磁盘等客观存在的载体介质上的知识。

2）隐性知识是难以编码的知识，主要基于个人经验。在组织环境中，隐性知识由技术技能、个人观点、信念和心智模型等认知维度构成，隐性知识交流在很大程度上依赖于个人经验和认知，难以交流和分享，例如主观见解、直觉和预感等这一类的知识。

（8）显性知识特征：①客观存在性；②静态存在性；③可共享性；④认知元能性。

（9）隐性知识特征：①非陈述性；②个体性；③实践性；④情境性；⑤交互性；⑥非编码性。

（10）知识管理要遵循以下3条原则：①积累原则；②共享原则；③交流原则。

（11）知识管理过程通常包括：知识获取与采集、知识组织与存储、知识交流与共享、知识转移与应用、知识管理审计与评估。

（12）知识获取与采集的途径有图书资料、数据访问、数据挖掘、网络搜索、智能代理、许可协议、营销与销售协议、结构式访谈、行动学习、标杆学习、分析学习、经验学习、综合学习、交互学习等。

（13）知识库构建的原则包括：①自顶而下原则；②由外而内原则；③专家参与原则；④高内聚低耦合原则；⑤定期更新原则。

（14）组织知识库建设的一般步骤包括：分析构建目标、构建知识库框架、净化数据与知识去冗、知识整序、实施和联网。

（15）知识共享是知识从一个个体、群体或组织向另一个个体、群体或组织转移或传播的行为。

（16）知识共享的3个要素：共享对象、共享主体和共享手段。

（17）知识共享模式和策略：编码化管理和人格化管理。

（18）知识共享的内涵概括为4个角度：①信息沟通/信息流动角度；②组织学习角度；③市

场角度；④系统角度。

（19）知识转移是由知识传输和知识吸收两个过程所共同组成的统一过程。

（20）知识转移概念需包含 3 点：知识源和接受者、特定的情境或环境和特定的目的。

（21）知识转移与应用的经典过程模型有：SECI 知识螺旋模型、交流模型和五阶段过程模型等。

（22）知识管理审计是对组织知识资产和关联的知识管理系统的评估，知识管理的审计与评估既是组织知识管理的起点，又是组织知识管理的重点，在组织的知识管理循环中，起到了承上启下的重要作用。

（23）知识审计的价值在于：①准确地显示价值是怎么样通过人、组织和客户资本创造的；②突出怎样才能通过知识共享和组织学习做好应用杠杆作用；③帮助试点项目提高知识管理实践；④向股东或上级机构展示组织的能力；⑤如何成为知识导向型组织的战略计划的主要部分。

（24）知识管理的审计模型如图 23-4 所示。

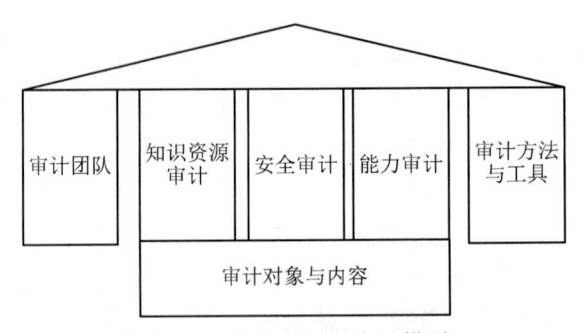

图 23-4　知识管理的审计模型

（25）知识审计是动态的、循环的、完整的过程，一般包括计划阶段、数据收集阶段、数据分析阶段、数据评估阶段、推荐沟通阶段、实现建议阶段和持续优化阶段。

（26）知识管理的绩效评估过程包括：①确定绩效类别；②制定绩效指标与评估标准；③设定权重；④制定评分方法；⑤制作绩效评估表；⑥设定评估周期；⑦决定评估成员；⑧实施评估。

知识绩效指标是知识绩效评估的核心，常见的知识绩效指标方法有知识管理绩效评估矩阵、以策略地图方式建立绩效指标和以知识地图设立绩效指标。

（27）知识协同的定义：以创新为目标，以知识管理为基础，由多主体（组织、团队和个人）共同参与的互动过程，是各组织优化整合相关资源、促进整体业务绩效提升的管理模式和战略手段。

（28）对于知识协同的认识包括：①知识协同 4 大要素：知识主体、知识客体、时间、环境；②知识协同强调知识传递时间的准时性、目标（对象）的准确性、知识流的多向性、知识传递的动态性等；③知识协同强调"动态性"，即在不同的时刻，知识主体和客体所处的状态是不同的，随时间的变化而不断地发生改变。

（29）知识协同的特征：面向知识创新、知识互补性、共赢性、知识协同平台支撑和"1+1>2"的效应涌现。

（30）知识传播也分个体知识传播、团队知识传播和组织知识传播 3 类。

（31）从知识主体之间的相互关系角度、从知识主体知识存量角度、从知识传播内容角度将知识模型分为：知识场模型、知识势能流动模型和知识转化模型。

（32）FC-SVEI 知识传播模型：在 SVEI（S：内部概括；V：分析论证；E：消除障碍；I：潜在促进）知识进化模型的基础上增加知识传播过程中的"感受"（Feel）和"复制"（Copy）过程，形成了 FC-SVEI 知识传播模型如图 23-5 所示。

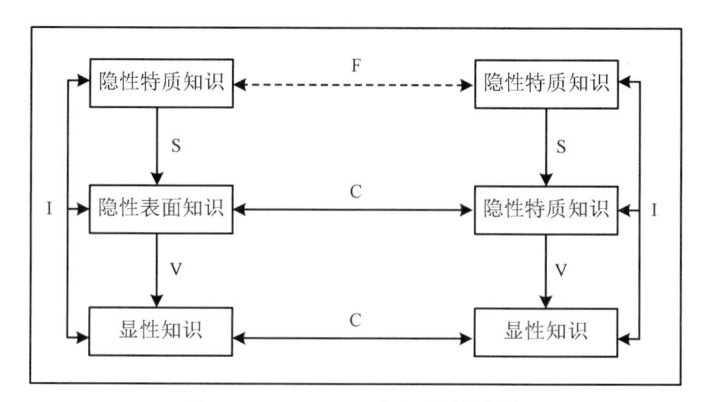

图 23-5　FC-SVEI 知识传播模型

（33）知识服务的建立过程包括：①知识获取；②知识分析和表示；③建立流程与知识的映射关系图；④知识服务封装。

23.4　市场营销

【基础知识点】

（1）市场营销的定义：组织为获得利益回报而为客户创造价值并与之建立稳固关系的过程。

（2）理解客户的需求以及组织从事经营活动的市场是市场营销过程的第一步。需要关注有关客户和市场的 5 个核心概念是：①需要、欲望和需求；②市场提供物；③客户价值和满意；④交换和关系；⑤市场。

（3）市场营销战略的相关概念包括：选择目标客户、选择价值主张、营销管理导向和市场营销理念等。

（4）市场营销战略规划步骤如图 23-6 所示。

（5）市场营销组合工具称为市场营销的 4P：产品（Product）、定价（Price）、渠道（Place）和促销（Promotion）。

（6）客户关系管理是通过递送卓越的客户价值和满意度，来建立和维持盈利性的客户关系的整个过程。它涉及获得、维持和发展客户的所有方面。客户关系管理的目标不仅仅是使客户满意，还包括令客户愉悦。客户关系管理的最终目标是产生高的客户权益。客户权益是组织现有和潜在客户终身价值的贴现总和。

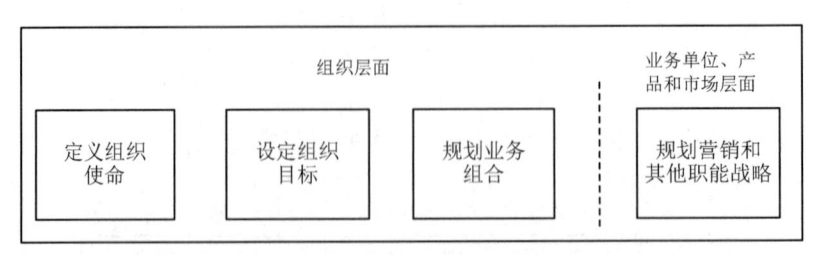

图 23-6 市场营销战略规划步骤

（7）市场营销包括微观环境和宏观环境。微观环境可能支持也可能阻碍组织的发展，宏观环境能形成市场营销机会，也可能造成威胁，影响组织建立客户关系的能力。

1）市场营销的微观环境通常包括组织、供应商、营销中介、客户、竞争者、公众等。
2）市场营销的宏观环境通常包括人口、经济、自然、技术、政治与社会，以及文化等。

（8）市场营销者可以从内部资料、市场营销情报、市场营销调研中获得所需的信息。

（9）对市场营销者而言，核心的问题是客户对组织可能采取的市场营销努力作何种反应。

（10）组织购买者行为模型如图 23-7 所示。

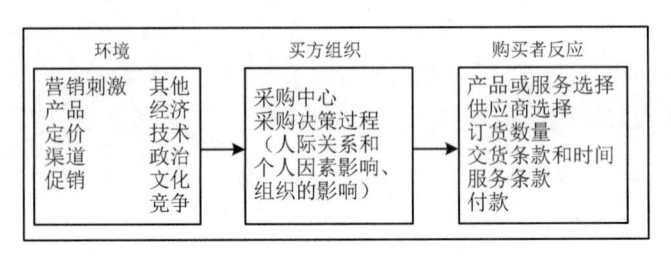

图 23-7 组织购买者行为模型

（11）购买决策过程一般包括确认需要、搜索信息、评估备选方案、购买决策以及购后行为 5 个阶段。市场营销者需要关注整个购买过程，而不是只注意购买决策阶段。

（12）影响组织购买者行为的主要因素和组织购买过程的主要阶段如图 23-8 和图 23-9 所示。

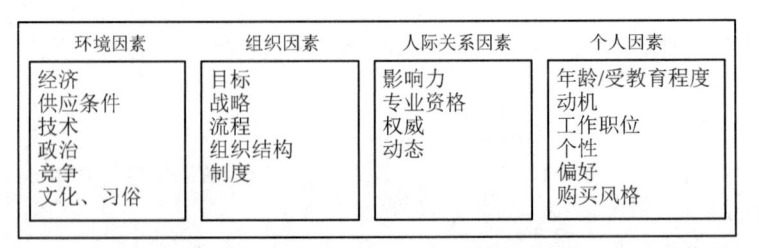

图 23-8 影响组织购买者行为的主要因素

262

组织通用管理 第23小时

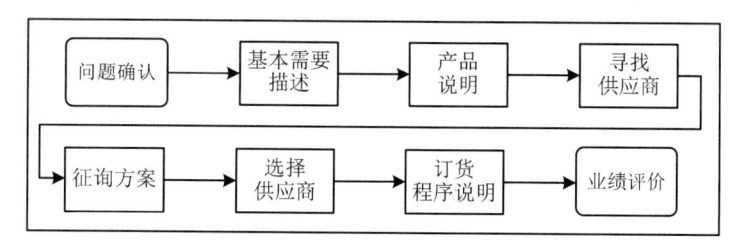

问题确认 → 基本需要描述 → 产品说明 → 寻找供应商

征询方案 → 选择供应商 → 订货程序说明 → 业绩评价

图23-9 组织购买过程的主要阶段

（13）组织的营销控制需要重点关注营销活动管理、整合营销沟通和人员销售管理。

（14）市场营销管理过程需要的4种营销管理活动：分析、计划、执行与控制。

（15）SWOT分析（SWOT Analysis），即评价组织的优势、弱点、机会和威胁。优势包括有助于组织为目标客户提供产品和服务并实现目标的内部能力、资源以及积极的环境因素。弱点包括损害组织业绩的内部局限性和负面的环境因素。机会是组织能够利用其优势的外部环境中的有利因素或趋势。威胁是对组织业绩构成挑战的不利外部因素或趋势。

（16）整合营销沟通致力于在目标市场上获得迅速认知、形象或偏好，有效的沟通可管理组织及其品牌与客户的长期关系。市场营销者可通过如下活动开展整合沟通：确定目标受众、明确沟通目标、设计信息、选择沟通渠道和媒体、选择信息来源、收集反馈。

（17）人员销售包括7个步骤：发掘潜在客户和核查资格、销售准备、接近客户、介绍和示范、处理异议、成交、跟进和维持。

23.5 考点实练

1. 人力资源管理目标不包括（   ）。
   A．建立员工招聘和选择体系
   B．充分挖掘每个员工的潜能
   C．确保组织遵守人力资源方面的法律、法规
   D．加强薪酬管理

解析：人力资源管理目标包括：

（1）建立员工招聘和选择体系，以便获得最符合组织需要的员工。

（2）充分挖掘每个员工的潜能，使其既服务于组织的发展目标，也能满足员工的事业发展需求。

（3）留住那些通过自己的工作绩效助力组织实现目标的员工，同时淘汰那些无法满足组织发展需要的员工。

（4）确保组织遵守人力资源方面的法律、法规、政策和标准等。

答案：D

2. 薪酬体系设计流程4个步骤的先后顺序是（   ）。
   ①进行工作分析；②编写职位说明书；③工作评价；④建立职位薪酬结构。

A．①②③④　　　B．②①③④　　　C．①②④③　　　D．②①④③

解析：薪酬体系设计流程主要有 4 个步骤：①进行工作分析；②编写职位说明书；③工作评价；④建立职位薪酬结构。

答案：A

3．关于流程的描述，不正确的是（　　）。

A．流程的基本要素包括：流程的输入资源、流程中的若干活动、活动的相互作用、输出结果、客户、最终流程创造的价值

B．流程导向的管理模式具有以战略目标为导向、以流程为主线和强化流程的管理等特征

C．常见的流程检查方法主要有流程稽查、流程绩效评估、满意度评估和流程审计等

D．根据流程优化需求驱动因素的不同，流程优化需求可分为 3 种：问题导向、目标导向、变革导向

解析：根据流程优化需求驱动因素的不同，流程优化需求大致可分为 3 种：问题导向、绩效导向、变革导向。问题导向，如流程优化建议、流程事件、内外部投诉及意见反馈、流程审计报告等。绩效导向，如流程目标及绩效测量报告、标杆组织对比分析报告等。变革导向，如组织战略、运行思路及策略、重要改革举措、流程规划报告等。

答案：D

4．下面（　　）不属于显性知识的特征。

A．客观存在性　　　B．个体性　　　C．静态存在性　　　D．认知元能性

解析：显性知识的特征有：

（1）客观存在性。它不依赖于个人而客观存在。

（2）静态存在性。显性知识不随时间或环境的变化而变化。

（3）可共享性。显性知识可以被传播并共享，而隐性知识不可以，要实现知识的传播和共享必须将隐性知识转化为显性知识。

（4）认知元能性。显性知识直接来源于实践技能等这类隐性知识，但最终来源于个人的心智模式和元能力。

隐性知识的特征有：

（1）非陈述性。隐性知识嵌入在个人的心智或者知觉中，难以明确阐述或编码。如个人理解、技能、能力和经验等。

（2）个体性。隐性知识为个人知识，来自个人经验且存储在个人头脑中。

（3）实践性。隐性知识是基于实践过程的，缺少实践过程往往难以获得。

（4）情境性。隐性知识需要嵌入特定的情境才可以发挥价值。

（5）交互性。隐性知识通过个体交互过程可以获得。

（6）非编码性。隐性知识不可以通过技术工具实现编码化，大部分都是非结构化知识，交流与转化速度相对较慢，且成本较高。

答案：B

5. 市场营销组合工具称为市场营销的 4P，不包括（　　）。

　　A．产品（Product）　　　　　　　B．定价（Price）

　　C．过程（Process）　　　　　　　D．促销（Promotion）

解析：市场营销组合工具称为市场营销的 4P：产品（Product）、定价（Price）、渠道（Place）和促销（Promotion）。

　　答案：C

第24小时 法律法规与标准规范

24.0 章节考点分析

第 24 小时主要学习《中华人民共和国民法典》《中华人民共和国招标投标法》《中华人民共和国政府采购法》《中华人民共和国专利法》《中华人民共和国著作权法》《中华人民共和国商标法》《中华人民共和国网络安全法》《中华人民共和国数据安全法》和信息系统与软件工程、新一代信息技术以及信息技术服务相关的标准规范等内容。

根据考试大纲，本小时知识点会涉及单项选择题和案例分析题，上午单项选择题约占 3~5 分。本小时内容侧重于概念知识。根据以往全国计算机技术与软件专业技术资格考试的出题规律，考查的知识点多不限于教材，也有扩展内容。本小时的架构如图 24-1 所示。

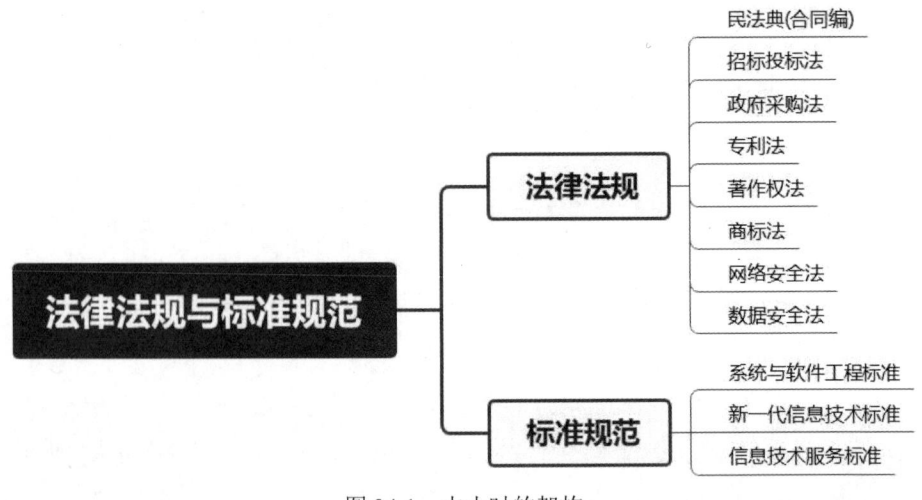

图 24-1 本小时的架构

【导读小贴士】

信息化相关的法律法规是国家信息化快速、持续、有序、健康发展的根本保障。信息化相关的标准规范是以确保其技术上的协调一致和整体效能的实现,为信息系统建设和运行等技术工作提供参考依据、规范要求和活动准绳。据此,与信息系统项目管理师第三版教材相比,第四版教材新增了《中华人民共和国网络安全法》和《中华人民共和国数据安全法》,这两部法律相关知识在近年的考试中也频繁出现。标准规范方面,新增了新技术相关的标准规范。本小时对易考考点进行了总结。

24.1 法律法规

【基础知识点】

1. 《中华人民共和国民法典》

2020年5月,中华人民共和国第十三届全国人民代表大会通过的《中华人民共和国民法典合同编》(以下简称"合同编")是信息化法律法规领域的最重要的法律基础。

第四百六十九条 当事人订立合同,<u>可以采用书面形式、口头形式或者其他形式</u>。书面形式是指合同书、信件、电报、电传、传真等可以有形地表现所载内容的形式。以电子数据交换、电子邮件等方式能够有形地表现所载内容,并可以随时调取查用的数据电文,视为书面形式。

第四百七十条 合同的内容由当事人约定,一般包括下列条款:

(一)当事人的姓名或者名称和住所;

(二)标的;

(三)数量;

(四)质量;

(五)价款或者报酬;

(六)履行期限、地点和方式;

(七)违约责任;

(八)解决争议的方法。

第四百七十一条 当事人订立合同,可以采取要约、承诺方式或者其他方式。

第四百七十二条 要约是希望与他人订立合同的意思表示,该意思表示应当符合下列条件:

(一)<u>内容具体确定</u>;

(二)表明经受要约人承诺,要约人即受该意思表示约束。

第四百七十三条 要约邀请是希望他人向自己发出要约的表示。拍卖公告、招标公告、招股说明书、债券募集办法、基金招募说明书、商业广告和宣传、寄送的价目表等为要约邀请。商业广告和宣传的内容符合要约条件的，构成要约。

第四百九十条　当事人采用合同书形式订立合同的，自当事人均签名、盖章或者按指印时合同成立。在签名、盖章或者按指印之前，当事人一方已经履行主要义务，对方接受时，该合同成立。法律、行政法规规定或者当事人约定合同应当采用书面形式订立，当事人未采用书面形式但是一方已经履行主要义务，对方接受时，该合同成立。

第四百九十二条　承诺生效的地点为合同成立的地点。

采用数据电文形式订立合同的，收件人的主营业地为合同成立的地点；没有主营业地的，其住所地为合同成立的地点。当事人另有约定的，按照其约定。

第四百九十八条　对格式条款的理解发生争议的，应当按照通常理解予以解释。对格式条款有两种以上解释的，应当作出不利于提供格式条款一方的解释。格式条款和非格式条款不一致的，应当采用非格式条款。

第五百零一条　当事人在订立合同过程中知悉的商业秘密或者其他应当保密的信息，无论合同是否成立，不得泄露或者不正当地使用；泄露、不正当地使用该商业秘密或者信息，造成对方损失的，应当承担赔偿责任。

第五百零六条　合同中的下列免责条款无效：

（一）造成对方人身损害的；

（二）因故意或者重大过失造成对方财产损失的。

第五百零七条　合同不生效、无效、被撤销或者终止的，不影响合同中有关解决争议方法的条款的效力。

第五百一十一条　当事人就有关合同内容约定不明确，依据前条规定仍不能确定的，适用下列规定：

（一）质量要求不明确的，按照强制性国家标准履行；没有强制性国家标准的，按照推荐性国家标准履行；没有推荐性国家标准的，按照行业标准履行；没有国家标准、行业标准的，按照通常标准或者符合合同目的的特定标准履行。

（二）价款或者报酬不明确的，按照订立合同时履行地的市场价格履行；依法应当执行政府定价或者政府指导价的，依照规定履行。

（三）履行地点不明确，给付货币的，在接受货币一方所在地履行；交付不动产的，在不动产所在地履行；其他标的，在履行义务一方所在地履行。

（四）履行期限不明确的，债务人可以随时履行，债权人也可以随时请求履行，但是应当给对方必要的准备时间。

（五）履行方式不明确的，按照有利于实现合同目的的方式履行。

（六）履行费用的负担不明确的，由履行义务一方负担；因债权人原因增加的履行费用，由债权人负担。

2. 招标投标法

第三条　在中华人民共和国境内进行下列工程建设项目包括项目的勘察、设计、施工、监理以及与工程建设有关的重要设备、材料等的采购，必须进行招标：

（一）大型基础设施、公用事业等关系社会公共利益、公众安全的项目；

（二）全部或者部分使用国有资金投资或者国家融资的项目；

（三）使用国际组织或者外国政府贷款、援助资金的项目。

前款所列项目的具体范围和规模标准，由国务院发展计划部门会同国务院有关部门制订，报国务院批准。

法律或者国务院对必须进行招标的其他项目的范围有规定的，依照其规定。

第十条 招标分为公开招标和邀请招标。

公开招标，是指招标人以招标公告的方式邀请不特定的法人或者其他组织投标。

邀请招标，是指招标人以投标邀请书的方式邀请特定的法人或者其他组织投标。

第十一条 国务院发展计划部门确定的国家重点项目和省、自治区、直辖市人民政府确定的地方重点项目不适宜公开招标的，经国务院发展计划部门或者省、自治区、直辖市人民政府批准，可以进行邀请招标。

第十二条 招标人有权自行选择招标代理机构，委托其办理招标事宜。任何单位和个人不得以任何方式为招标人指定招标代理机构。

招标人具有编制招标文件和组织评标能力的，可以自行办理招标事宜。任何单位和个人不得强制其委托招标代理机构办理招标事宜。

依法必须进行招标的项目，招标人自行办理招标事宜的，应当向有关行政监督部门备案。

第十三条 招标代理机构是依法设立、从事招标代理业务并提供相关服务的社会中介组织。

招标代理机构应当具备下列条件：

（一）有从事招标代理业务的营业场所和相应资金；

（二）有能够编制招标文件和组织评标的相应专业力量。

第十四条 招标代理机构与行政机关和其他国家机关不得存在隶属关系或者其他利益关系。

第二十八条 投标人应当在招标文件要求提交投标文件的截止时间前，将投标文件送达投标地点。招标人收到投标文件后，应当签收保存，不得开启。投标人少于三个的，招标人应当依照本法重新招标。

在招标文件要求提交投标文件的截止时间后送达的投标文件，招标人应当拒收。

第二十九条 投标人在招标文件要求提交投标文件的截止时间前，可以补充、修改或者撤回已提交的投标文件，并书面通知招标人。补充、修改的内容为投标文件的组成部分。

第三十一条 两个以上法人或者其他组织可以组成一个联合体，以一个投标人的身份共同投标。

联合体各方均应当具备承担招标项目的相应能力；国家有关规定或者招标文件对投标人资格条件有规定的，联合体各方均应当具备规定的相应资格条件。由同一专业的单位组成的联合体，按照资质等级较低的单位确定资质等级。

第三十四条 开标应当在招标文件确定的提交投标文件截止时间的同一时间公开进行；开标地点应当为招标文件中预先确定的地点。

第三十五条 开标由<u>招标人主持</u>，邀请所有投标人参加。

第三十七条 <u>评标由招标人依法组建的评标委员会负责</u>。

依法必须进行招标的项目，其评标委员会由招标人的代表和有关技术、经济等方面的专家组成，成员人数为<u>五人以上单数</u>，其中<u>技术、经济等方面的专家不得少于成员总数的三分之二</u>。

第四十条 评标委员会应当按照招标文件确定的评标标准和方法，对投标文件进行评审和比较；设有标底的，应当参考标底。评标委员会完成评标后，应当向招标人提出书面评标报告，并推荐合格的中标候选人。

招标人根据评标委员会提出的书面评标报告和推荐的中标候选人确定中标人。招标人也可以授权评标委员会直接确定中标人。

国务院对特定招标项目的评标有特别规定的，从其规定。

第四十一条 中标人的投标应当符合下列条件之一：

（一）能够最大限度地满足招标文件中规定的各项综合评价标准；

（二）能够满足招标文件的实质性要求，并且经评审的投标价格最低；但是<u>投标价格低于成本的除外</u>。

第四十二条 评标委员会经评审，认为所有投标都不符合招标文件要求的，<u>可以否决所有投标</u>。

第四十五条 中标人确定后，招标人应当向中标人发出中标通知书，并同时将中标结果通知所有未中标的投标人。

第四十六条 招标人和中标人应当自中标通知书发出之日起<u>三十日内</u>，按照招标文件和中标人的投标文件订立书面合同。招标人和中标人不得再行订立背离合同实质性内容的其他协议。

招标文件要求中标人提交履约保证金的，中标人应当提交。

第四十七条 依法必须进行招标的项目，招标人应当自确定中标人之日起<u>十五日内</u>，向有关行政监督部门提交招标投标情况的书面报告。

第四十八条 中标人应当按照合同约定履行义务，完成中标项目。中标人不得向他人转让中标项目，也不得将中标项目肢解后分别向他人转让。

中标人按照合同约定或者经招标人同意，<u>可以将中标项目的部分非主体、非关键性工作分包给他人完成</u>。接受分包的人应当具备相应的资格条件，<u>并不得再次分包</u>。

中标人应当就分包项目向招标人负责，接受分包的人就分包项目承担连带责任。

第六十六条 涉及国家安全、国家秘密、抢险救灾或者属于利用扶贫资金实行以工代赈、需要使用农民工等特殊情况，不适宜进行招标的项目，按照国家有关规定可以不进行招标。

3. 政府采购法

采购是指以合同方式有偿取得货物、工程和服务的行为，包括购买、租赁、委托、雇用等。货物是指各种形态和种类的物品，包括原材料、燃料、设备、产品等。工程是指建设工程，包括建筑物和构筑物的新建、改建、扩建、装修、拆除、修缮等。服务是指除货物和工程以外的其他政府采购对象。

第十条 政府采购应当采购本国货物、工程和服务。但有下列情形之一的除外：

（一）需要采购的货物、工程或者服务在中国境内无法获取或者无法以合理的商业条件获取的；

（二）为在中国境外使用而进行采购的；

（三）其他法律、行政法规另有规定的。

第十九条 采购人可以委托经国务院有关部门或者省级人民政府有关部门认定资格的采购代理机构，在委托的范围内办理政府采购事宜。

采购人有权自行选择采购代理机构，任何单位和个人不得以任何方式为采购人指定采购代理机构。

第二十六条 政府采购采用以下方式：

（一）公开招标；

（二）邀请招标；

（三）竞争性谈判；

（四）单一来源采购；

（五）询价；

（六）国务院政府采购监督管理部门认定的其他采购方式。

<u>公开招标应作为政府采购的主要采购方式。</u>

第二十九条 符合下列情形之一的货物或者服务，可以依照本法采用邀请招标方式采购：

（一）具有特殊性，只能从有限范围的供应商处采购的；

（二）采用公开招标方式的费用占政府采购项目总价值的比例过大的。

第三十条 符合下列情形之一的货物或者服务，可以依照本法采用竞争性谈判方式采购：

（一）招标后没有供应商投标或者没有合格标的或者重新招标未能成立的；

（二）技术复杂或者性质特殊，不能确定详细规格或者具体要求的；

（三）采用招标所需时间不能满足用户紧急需要的；

（四）不能事先计算出价格总额的。

第三十一条 符合下列情形之一的货物或者服务，可以依照本法采用单一来源方式采购：

（一）只能从唯一供应商处采购的；

（二）发生了不可预见的紧急情况不能从其他供应商处采购的；

（三）必须保证原有采购项目一致性或者服务配套的要求，需要继续从原供应商处添购，且<u>添购资金总额不超过原合同采购金额百分之十的</u>。

第四十二条 采购人、采购代理机构对政府采购项目每项采购活动的采购文件应当妥善保存，不得伪造、变造、隐匿或者销毁。采购文件的保存期限为从采购结束之日起至少保存十五年。

采购文件包括采购活动记录、采购预算、招标文件、投标文件、评标标准、评估报告、定标文件、合同文本、验收证明、质疑答复、投诉处理决定及其他有关文件、资料。

采购活动记录至少应当包括下列内容：

（一）采购项目类别、名称；

（二）采购项目预算、资金构成和合同价格；

（三）采购方式，采用公开招标以外的采购方式的，应当载明原因；

（四）邀请和选择供应商的条件及原因；

（五）评标标准及确定中标人的原因；

（六）废标的原因；

（七）采用招标以外采购方式的相应记载。

第四十七条 政府采购项目的采购合同自签订之日起<u>七个工作日内</u>，采购人应当将合同副本报同级政府采购监督管理部门和有关部门备案。

第五十七条 政府采购监督管理部门在处理投诉事项期间，可以视具体情况书面通知采购人暂停采购活动，但暂停时间最长不得超过<u>三十日</u>。

4．专利法

<u>2020 年 10 月 17 日</u>第四次修正的《中华人民共和国专利法》（以下简称"专利法"）通过，并于 2021 年 6 月 1 日正式实施。

第二条 本法所称的发明创造是指发明、实用新型和外观设计。发明，是指对产品、方法或者其改进所提出的新的技术方案。实用新型，是指对产品的形状、构造或者其结合所提出的适于实用的新的技术方案。外观设计，是指对产品的整体或者局部的形状、图案或者其结合以及色彩与形状、图案的结合所作出的富有美感并适于工业应用的新设计。

第六条 执行本单位的任务或者主要是利用本单位的物质技术条件所完成的发明创造为职务发明创造。<u>职务发明创造申请专利的权利属于该单位</u>，申请被批准后，该单位为专利权人。该单位可以依法处置其职务发明创造申请专利的权利和专利权，促进相关发明创造的实施和运用。

<u>非职务发明创造，申请专利的权利属于发明人或者设计人</u>；申请被批准后，该发明人或者设计人为专利权人。

利用本单位的物质技术条件所完成的发明创造，单位与发明人或者设计人订有合同，对申请专利的权利和专利权的归属作出约定的，从其约定。

第八条 两个以上单位或者个人合作完成的发明创造、一个单位或者个人接受其他单位或者个人委托所完成的发明创造，除另有协议的以外，申请专利的权利属于完成或者共同完成的单位或者个人；申请被批准后，申请的单位或者个人为专利权人。

第九条 同样的发明创造只能授予一项专利权。但是，同一申请人同日对同样的发明创造既申请实用新型专利又申请发明专利，先获得的实用新型专利权尚未终止，且申请人声明放弃该实用新型专利权的，可以授予发明专利权。

两个以上的申请人分别就同样的发明创造申请专利的，<u>专利权授予最先申请的人</u>。

第十二条 专利法第六条所称执行本单位的任务所完成的职务发明创造，是指：

（一）在本职工作中作出的发明创造；

（二）履行本单位交付的本职工作之外的任务所作出的发明创造；

（三）退休、调离原单位后或者劳动、人事关系终止后 1 年内作出的，与其在原单位承担的本职工作或者原单位分配的任务有关的发明创造。

专利法第六条所称本单位，包括临时工作单位；专利法第六条所称本单位的物质技术条件，是指本单位的资金、设备、零部件、原材料或者不对外公开的技术资料等。

第二十五条 对下列各项，不授予专利权：

（一）科学发现；

（二）智力活动的规则和方法；

（三）疾病的诊断和治疗方法；

（四）动物和植物品种；

（五）用原子核变换方法获得的物质；

（六）对平面印刷品的图案、色彩或者二者的结合作出的主要起标识作用的设计。

对前款第（四）项所列产品的生产方法，可以依照本法规定授予专利权。

第四十二条 发明专利权的期限为二十年，实用新型专利权的期限和外观设计专利权为十年，外观设计专利权的期限为十五年，均自申请日起计算。

自发明专利申请日起满四年，且自实质审查请求之日起满三年后授予发明专利权的，国务院专利行政部门应专利权人的请求，就发明专利在授权过程中的不合理延迟给予专利权期限补偿，但由申请人引起的不合理延迟除外。

为补偿新药上市审评审批占用的时间，对在中国获得上市许可的新药相关发明专利，国务院专利行政部门应专利权人的请求给予专利权期限补偿。补偿期限不超过五年，新药批准上市后总有效专利权期限不超过十四年。

5．著作权法

第三次修正版《中华人民共和国著作权法》已由中华人民共和国第十三届全国人民代表大会常务委员会第二十三次会议于 2020 年 11 月 11 日通过并发布，2021 年 6 月 1 日正式施行。

第二条 中国公民、法人或者非法人组织的作品，不论是否发表，依照本法享有著作权。

外国人、无国籍人的作品根据其作者所属国或者经常居住地国同中国签订的协议或者共同参加的国际条约享有的著作权，受本法保护。

外国人、无国籍人的作品首先在中国境内出版的，依照本法享有著作权。

未与中国签订协议或者共同参加国际条约的国家的作者以及无国籍人的作品首次在中国参加的国际条约的成员国出版的，或者在成员国和非成员国同时出版的，受本法保护。

第三条 本法所称的作品，是指文学、艺术和科学领域内具有独创性并能以一定形式表现的智力成果，包括：

（一）文字作品；

（二）口述作品；

（三）音乐、戏剧、曲艺、舞蹈、杂技艺术作品；

（四）美术、建筑作品；

（五）摄影作品；

（六）视听作品；

（七）工程设计图、产品设计图、地图、示意图等图形作品和模型作品；

（八）计算机软件；

（九）符合作品特征的其他智力成果。

第五条 本法不适用于：

（一）法律、法规，国家机关的决议、决定、命令和其他具有立法、行政、司法性质的文件，及其官方正式译文；

（二）单纯事实消息；

（三）历法、通用数表、通用表格和公式。

第十条 著作权包括下列人身权和财产权：

（一）发表权，即决定作品是否公之于众的权利；

（二）署名权，即表明作者身份，在作品上署名的权利；

（三）修改权，即修改或者授权他人修改作品的权利；

（四）保护作品完整权，即保护作品不受歪曲、篡改的权利；

（五）复制权，即以印刷、复印、拓印、录音、录像、翻录、翻拍、数字化等方式将作品制作一份或者多份的权利；

（六）发行权，即以出售或者赠与方式向公众提供作品的原件或者复制件的权利；

（七）出租权，即有偿许可他人临时使用视听作品、计算机软件的原件或者复制件的权利，计算机软件不是出租的主要标的的除外；

（八）展览权，即公开陈列美术作品、摄影作品的原件或者复制件的权利；

（九）表演权，即公开表演作品，以及用各种手段公开播送作品的表演的权利；

（十）放映权，即通过放映机、幻灯机等技术设备公开再现美术、摄影、视听作品等的权利；

（十一）广播权，即以有线或者无线方式公开传播或者转播作品，以及通过扩音器或者其他传送符号、声音、图像的类似工具向公众传播广播的作品的权利，但不包括本款第十二项规定的权利；

（十二）信息网络传播权，即以有线或者无线方式向公众提供，使公众可以在其选定的时间和地点获得作品的权利；

（十三）摄制权，即以摄制视听作品的方法将作品固定在载体上的权利；

（十四）改编权，即改变作品，创作出具有独创性的新作品的权利；

（十五）翻译权，即将作品从一种语言文字转换成另一种语言文字的权利；

（十六）汇编权，即将作品或者作品的片段通过选择或者编排，汇集成新作品的权利；

（十七）应当由著作权人享有的其他权利。

<u>著作权人可以许可他人行使前款第（五）项至第（十七）项规定的权利，并依照约定或者本法有关规定获得报酬。</u>

第十八条 公民为完成法人或者非法人组织工作任务所创作的作品是职务作品，除本条第二款的规定以外，<u>著作权由作者享有</u>，但<u>法人或者非法人组织有权在其业务范围内优先使用</u>。作品完成<u>两年内</u>，未经单位同意，作者不得许可第三人以与单位使用的相同方式使用该作品。

有下列情形之一的职务作品，作者享有署名权，著作权的其他权利由法人或者非法人组织享有，法人或者非法人组织可以给予作者奖励：

（一）主要是利用法人或者非法人组织的物质技术条件创作，并由法人或者非法人组织承担责任的工程设计图、产品设计图、地图、示意图、计算机软件等职务作品；

（二）报社、期刊社、通讯社、广播电台、电视台的工作人员创作的职务作品；

（三）法律、行政法规规定或者合同约定著作权由法人或者非法人组织享有的职务作品。

第十九条 受委托创作的作品，著作权的归属由委托人和受托人通过合同约定。合同未作明确约定或者没有订立合同的，著作权属于受托人。

第二十条 作品原件所有权的转移，不改变作品著作权的归属，但美术、摄影作品原件的展览权由原件所有人享有。

作者将未发表的美术、摄影作品的原件所有权转让给他人，受让人展览该原件不构成对作者发表权的侵犯。

第二十二条 作者的署名权、修改权、保护作品完整权的保护期不受限制。

第二十三条 自然人的作品，其发表权、本法第十条第一款第（五）项至第（十七）项规定的权利的保护期为作者终生及其死亡后五十年，截止于作者死亡后第五十年的12月31日；如果是合作作品，截止于最后死亡的作者死亡后第五十年的12月31日。

法人或者非法人组织的作品、著作权（署名权除外）由法人或者非法人组织享有的职务作品，其发表权的保护期为五十年，截止于作品创作完成后第五十年的12月31日；本法第十条第一款第五项至第十七项规定的权利的保护期为五十年，截止于作品首次发表后第五十年的12月31日，但作品自创作完成后五十年内未发表的，本法不再保护。

视听作品，其发表权的保护期为五十年，截止于作品创作完成后第五十年的12月31日；本法第十条第一款第五项至第十七项规定的权利的保护期为五十年，截止于作品首次发表后第五十年的12月31日，但作品自创作完成后五十年内未发表的，本法不再保护。

第二十四条 在下列情况下使用作品，可以不经著作权人许可，不向其支付报酬，但应当指明作者姓名或者名称、作品名称，并且不得影响该作品的正常使用，也不得不合理地损害著作权人的合法权益：

（一）为个人学习、研究或者欣赏，使用他人已经发表的作品；

（二）为介绍、评论某一作品或者说明某一问题，在作品中适当引用他人已经发表的作品；

（三）为报道新闻，在报纸、期刊、广播电台、电视台等媒体中不可避免地再现或者引用已经发表的作品；

（四）报纸、期刊、广播电台、电视台等媒体刊登或者播放其他报纸、期刊、广播电台、电视台等媒体已经发表的关于政治、经济、宗教问题的时事性文章，但著作权人声明不许刊登、播放的除外；

（五）报纸、期刊、广播电台、电视台等媒体刊登或者播放在公众集会上发表的讲话，但作者声明不许刊登、播放的除外；

（六）为学校课堂教学或者科学研究，翻译、改编、汇编、播放或者少量复制已经发表的作品，供教学或者科研人员使用，但不得出版发行；

（七）国家机关为执行公务在合理范围内使用已经发表的作品；

（八）图书馆、档案馆、纪念馆、博物馆、美术馆、文化馆等为陈列或者保存版本的需要，复制本馆收藏的作品；

（九）免费表演已经发表的作品，该表演未向公众收取费用，也未向表演者支付报酬，且不以营利为目的；

（十）对设置或者陈列在公共场所的艺术作品进行临摹、绘画、摄影、录像；

（十一）将中国公民、法人或者非法人组织已经发表的以国家通用语言文字创作的作品翻译成少数民族语言文字作品在国内出版发行；

（十二）以阅读障碍者能够感知的无障碍方式向其提供已经发表的作品；

（十三）法律、行政法规规定的其他情形。

前款规定适用于对与著作权有关的权利的限制。

6. 《计算机软件保护条例》

第二条 本条例所称计算机软件（以下简称软件），是指计算机程序及其有关文档。

第三条 本条例下列用语的含义：

（一）计算机程序，是指为了得到某种结果而可以由计算机等具有信息处理能力的装置执行的代码化指令序列，或者可以被自动转换成代码化指令序列的符号化指令序列或者符号化语句序列。同一计算机程序的源程序和目标程序为同一作品。

（二）文档，是指用来描述程序的内容、组成、设计、功能规格、开发情况、测试结果及使用方法的文字资料和图表等，如程序设计说明书、流程图、用户手册等。

7. 商标法

第六条 法律、行政法规规定必须使用注册商标的商品，必须申请商标注册，未经核准注册的，不得在市场销售。

第七条 申请注册和使用商标，应当遵循诚实信用原则。

第八条 任何能够将自然人、法人或者其他组织的商品与他人的商品区别开的标志，包括文字、图形、字母、数字、三维标志、颜色组合和声音等，以及上述要素的组合，均可以作为商标申请注册。

第十条 下列标志不得作为商标使用：

（一）同中华人民共和国的国家名称、国旗、国徽、国歌、军旗、军徽、军歌、勋章等相同或者近似的，以及同中央国家机关的名称、标志、所在地特定地点的名称或者标志性建筑物的名称、图形相同的；

（二）同外国的国家名称、国旗、国徽、军旗等相同或者近似的，但经该国政府同意的除外；

（三）同政府间国际组织的名称、旗帜、徽记等相同或者近似的，但经该组织同意或者不易误导公众的除外；

（四）与表明实施控制、予以保证的官方标志、检验印记相同或者近似的，但经授权的除外；

（五）同"红十字"、"红新月"的名称、标志相同或者近似的；

（六）带有民族歧视性的；

（七）带有欺骗性，容易使公众对商品的质量等特点或者产地产生误认的；

（八）有害于社会主义道德风尚或者有其他不良影响的。

<u>县级以上行政区划的地名或者公众知晓的外国地名</u>，不得作为商标。但是，地名具有其他含义或者作为集体商标、证明商标组成部分的除外；已经注册的使用地名的商标继续有效。

第十三条 两个或者两个以上的申请人，在同一种商品或者类似商品上，以相同或者近似的商标在同一天申请注册的，各申请人应当按照商标局的通知，在 30 天内交送第一次使用该商标的日期的证明。同日使用或者未使用的，<u>各申请人应当进行协商</u>，协商一致的，应当在 30 天内将书面协议报送商标局；超过 30 天达不成协议的，在商标局主持下，由申请人<u>抽签决定</u>，或者由商标局裁定。

第三十九条 注册商标的有效期为<u>十年</u>，自核准注册之日起计算。

第四十条 注册商标有效期满，需要继续使用的，商标注册人应当在<u>期满前十二个月</u>内按照规定办理续展手续；在此期间未能办理的，可以给予<u>六个月的宽展期</u>。每次续展注册的有效期为十年，自该商标上一届有效期满次日起计算。期满未办理续展手续的，注销其注册商标。

第五十七条 有下列行为之一的，均属侵犯注册商标专用权：

（一）未经商标注册人的许可，在同一种商品上使用与其注册商标相同的商标的；

（二）未经商标注册人的许可，在同一种商品上使用与其注册商标近似的商标，或者在类似商品上使用与其注册商标相同或者近似的商标，容易导致混淆的；

（三）销售侵犯注册商标专用权的商品的；

（四）伪造、擅自制造他人注册商标标识或者销售伪造、擅自制造的注册商标标识的；

（五）未经商标注册人同意，更换其注册商标并将该更换商标的商品又投入市场的；

（六）故意为侵犯他人商标专用权行为提供便利条件，帮助他人实施侵犯商标专用权行为的；

（七）给他人的注册商标专用权造成其他损害的。

8. 网络安全法

《中华人民共和国网络安全法》已由中华人民共和国第十二届全国人民代表大会常务委员会第二十四次会议于 2016 年 11 月 7 日通过，现予公布，自 <u>2017 年 6 月 1 日</u>起施行。

第八条 <u>国家网信部门</u>负责统筹协调网络安全工作和相关监督管理工作。国务院电信主管部门、公安部门和其他有关机关依照本法和有关法律、行政法规的规定，在各自职责范围内负责网络安全保护和监督管理工作。

<u>县级以上地方人民政府</u>有关部门的网络安全保护和监督管理职责，按照国家有关规定确定。

第十条 建设、运营网络或者通过网络提供服务，应当依照法律、行政法规的规定和国家标准的强制性要求，采取技术措施和其他必要措施，保障网络安全、稳定运行，有效应对网络安全事件，防范网络违法犯罪活动，维护网络数据的<u>完整性</u>、<u>保密性</u>和<u>可用性</u>。

第二十一条 国家实行网络安全等级保护制度。网络运营者应当<u>按照网络安全等级保护制度</u>的要求，履行下列安全保护义务，保障网络免受干扰、破坏或者未经授权的访问，防止网络数据泄露或者被窃取、篡改：

（一）制定内部安全管理制度和操作规程，确定网络安全负责人，落实网络安全保护责任；

（二）采取防范计算机病毒和网络攻击、网络侵入等危害网络安全行为的技术措施；

（三）采取监测、记录网络运行状态、网络安全事件的技术措施，并按照规定留存相关的网络日志<u>不少于六个月</u>；

（四）采取数据分类、重要数据备份和加密等措施；

（五）法律、行政法规规定的其他义务。

第三十一条 国家对公共通信和信息服务、能源、交通、水利、金融、公共服务、电子政务等重要行业和领域，以及其他一旦遭到破坏、丧失功能或者数据泄露，可能严重危害国家安全、国计民生、公共利益的关键信息基础设施，在网络安全等级保护制度的基础上，实行重点保护。<u>关键信息基础设施的具体范围和安全保护办法由国务院制定。</u>

国家鼓励关键信息基础设施以外的网络运营者自愿参与关键信息基础设施保护体系。

第三十七条 关键信息基础设施的运营者在中华人民共和国境内运营中收集和产生的个人信息和重要数据应当<u>在境内存储</u>。因业务需要，确需向境外提供的，应当按照国家网信部门会同国务院有关部门制定的办法进行安全评估；法律、行政法规另有规定的，依照其规定。

第三十八条 关键信息基础设施的运营者应当自行或者委托网络安全服务机构对其网络的安全性和可能存在的风险<u>每年至少进行一次</u>检测评估，并将检测评估情况和改进措施报送相关负责关键信息基础设施安全保护工作的部门。

第四十一条 网络运营者收集、使用个人信息，应当<u>遵循合法、正当、必要的原则</u>，公开收集、使用规则，明示收集、使用信息的目的、方式和范围，并经被收集者同意。

网络运营者不得收集与其提供的服务无关的个人信息，不得违反法律、行政法规的规定和双方的约定收集、使用个人信息，并应当依照法律、行政法规的规定和与用户的约定，处理其保存的个人信息。

第四十二条 网络运营者不得泄露、篡改、毁损其收集的个人信息；未经被收集者同意，不得向他人提供个人信息。但是，经过处理无法识别特定个人且不能复原的除外。

网络运营者应当采取技术措施和其他必要措施，确保其收集的个人信息安全，防止信息泄露、毁损、丢失。在发生或者可能发生个人信息泄露、毁损、丢失的情况时，应当立即采取补救措施，按照规定及时告知用户并向有关主管部门报告。

第四十三条 个人发现网络运营者违反法律、行政法规的规定或者双方的约定收集、使用其个人信息的，有权要求网络运营者删除其个人信息；发现网络运营者收集、存储的其个人信息有错误的，有权要求网络运营者予以更正。网络运营者应当采取措施予以删除或者更正。

第四十四条 任何个人和组织不得窃取或者以其他非法方式获取个人信息，不得非法出售或者非法向他人提供个人信息。

9. 数据安全法

《中华人民共和国数据安全法》于 <u>2021 年 9 月 1 日</u> 起正式施行。

第三条 本法所称数据，是指任何<u>以电子或者其他方式对信息的记录</u>。

数据处理，包括数据的收集、存储、使用、加工、传输、提供、公开等。

数据安全，是指通过采取必要措施，确保数据处于有效保护和合法利用的状态，以及具备保障持续安全状态的能力。

第六条 各地区、各部门对本地区、本部门工作中收集和产生的数据及数据安全负责。

工业、电信、交通、金融、自然资源、卫生健康、教育、科技等主管部门承担本行业、本领域数据安全监管职责。

<u>公安机关、国家安全机关</u>等依照本法和有关法律、行政法规的规定，在各自职责范围内承担数据安全监管职责。

<u>国家网信部门</u>依照本法和有关法律、行政法规的规定，负责统筹协调网络数据安全和相关监管工作。

第七条 国家保护个人、组织与数据有关的权益，鼓励数据依法合理有效利用，保障数据依法有序自由流动，促进<u>以数据为关键要素</u>的数字经济发展。

第十四条 国家实施<u>大数据战略</u>，推进数据基础设施建设，鼓励和支持数据在各行业、各领域的创新应用。

<u>省级以上人民政府</u>应当将数字经济发展纳入本级国民经济和社会发展规划，并根据需要制定数字经济发展规划。

第十七条 国家推进数据开发利用技术和数据安全标准体系建设。<u>国务院标准化行政主管部门</u>和国务院有关部门根据各自的职责，组织制定并适时修订有关数据开发利用技术、产品和数据安全相关标准。国家支持企业、社会团体和教育、科研机构等参与标准制定。

24.2 标准规范

1. 基础标准

（1）《信息技术 软件工程术语》（GB/T 11457—2006）。

软件工程相关术语及解释见表 24-1。

表 24-1 软件工程相关术语及解释

术语	解释
验收准则	软件产品要符合某一测试阶段必须满足的准则，或软件产品满足交货要求的准则
验收测试	确定一系统是否符合其验收准则，使客户能确定是否接收系统
审计	为评估是否符合软件需求、规格说明、基线、标准、过程、指令、代码和标准或其他的合同和特殊要求是否恰当和被遵守，以及其实现是否有效而进行的活动

续表

术语	解释
代码审计	由某人、某小组或借助某种工具对源代码进行的独立的审查,以验证其是否符合软件设计文件和程序设计标准。还可能对正确性和有效性进行估计
配置审计	证明所要求的全部配置项均已产生出来,当前的配置与规定的需求相符。技术文件说明书完全而准确地描述了各个配置项,并且曾经提出的所有变更请求均已得到解决的过程
认证	一个系统、部件或计算机程序符合其规定的需求,对操作使用是可接受的一种书面保证
走查	一种静态分析技术或评审过程,在此过程中,设计者或程序员引导开发组的成员通读已书写的设计或编码,其他成员负责提出问题并对有关技术、风格、可能的错误、是否违背开发标准等方面进行评论
鉴定	一个正式的过程,通过这个过程确定系统或部件是否符合它的规格说明,是否可在目标环境中适合于操作使用
桌面检查	对程序执行情况进行人工模拟,用逐步检查源代码中有无逻辑或语法错误的办法来检测故障
评价	决定某产品、项目、活动或服务是否符合它的规定的准则的过程

（2）《软件工程 软件工程知识体系指南》（GB/Z 31102）。

该指导性技术文件描述了软件工程学科的边界范围,按主题提供了访问支持该学科文献的途径。制定软件工程知识体系（SWEBOK）指南有 5 个目标：①促进业界对软件工程看法趋于一致；②阐明软件工程的地位,并设定软件工程与计算机科学、项目管理、计算机工程和数学等其他学科之间的界线；③描述软件工程学科的内容；④提供使用软件工程知识体系的主题；⑤为课程制定、个人认证及特许资料提供依据。

2. 生存周期管理标准

（1）《系统与软件工程 软件生存周期过程》（GB/T 8566）。

软件生存周期过程建立了一个公共框架,供软件工业界使用。该标准包括了在含有软件的系统、独立软件产品和软件服务的获取期间以及在软件产品的供应、开发、运行和维护期间需应用的过程、活动和任务。此外,该标准还规定了用来定义、控制和改进软件生存周期的过程,见表 24-2。

表 24-2 软件生存周期的过程

过程名		主要活动和任务描述
主要过程	获取过程	定义、分析需求或委托供方进行需求分析而后认可；招标准备；合同准备以及验收
	供应过程	评审需求；准备投标；签订合同；制订并实施项目计划；开展评审及评价；交付产品
	开发过程	过程实施；系统需求分析；系统结构设计；软件需求分析；软件结构设计；软件详细设计；软件编码和测试；软件集成；软件合格测试；系统集成；系统合格测试；软件安装及软件验收支持
	运作过程	过程实施（制订并实施运行计划）；运行测试；系统运行；对用户提供帮助和咨询
	维护过程	问题和变更分析；实施变更；维护评审及维护验收；软件移植及软件退役

续表

	过程名	主要活动和任务描述
支持过程	文档编制过程	设计文档编制标准；确认文档输入数据的来源和适宜性；文档的评审及编辑；文档发布前的批准；文档的生产与提交、储存和控制；文档的维护
	配置管理过程	配置标志；配置控制；记录配置状态；评价配置；发行管理与交付
	质量保证过程	软件产品的质量保证；软件过程的质量保证，以及按 ISO 9001 标准实施的质量体系保证
	验证过程	合同、过程、需求、设计、编码、集成和文档等的验证
	确认过程	为分析测试结果实施特定的测试；确认软件产品的用途；测试软件产品的适用性
	联合评审过程	实施项目管理评审（项目计划、进度、标准、指南等的评价）；技术评审（评审软件产品的完整性、标准符合性等）
	审核过程	审核项目是否符合需求、计划、合同，以及规格说明和标准
	问题解决过程	分析和解决开发、运行、维护或其他过程中出现的问题，提出响应对策，使问题得到解决
	易用性过程	过程实施、以人为本的设计（HCD）、策略、推广和保障方面的人为因素
组织过程	管理过程	制订计划；监控计划的实施；评价计划实施；涉及有关过程的产品管理、项目管理和任务管理
	基础设施过程	为其他过程所需的硬件、软件、工具、技术、标准，以及开发、运行或维护所用的各种基础设施的建立和维护服务
	改进过程	对整个软件生存周期过程进行评估、度量、控制和改进
	人力资源过程	过程实施、定义培训需求、补充合格的员工、评价员工绩效、建立项目团队需求、知识管理
	资产管理过程	过程实施、资产存储和检索定义、资产的管理和控制
	重用大纲管理过程	启动、领域标识、重用评估、策划、执行和控制、评审和评价
	领域工程过程	过程实施、领域分析、领域设计、资产供应、资产维护

（2）《系统与软件工程 系统生存周期过程》（GB/T 22032）。

此标准为描述人工系统的生存周期建立了一个通用框架，从工程的角度定义了一组过程及相关的术语，并定义了软件生存周期过程。这些过程可以用于系统结构的各个层次。在整个生存周期中，被选定的过程集合可用于管理、运行系统生存周期的各个阶段。

该标准还提供了一些过程，支持用于组织或项目中生存周期过程的定义、控制和改进。当获取和供应系统时，组织和项目可使用这些生存周期过程。

《系统与软件工程 系统生存周期过程》涉及一个或多个可由以下元素配置的人工系统：硬件、软件、数据、人员、过程（例如，给用户提供服务的过程）、规程（例如，操作指南）、设施、物资和自然存在的实体。当系统元素是软件时，ISO/IEC/IEEE 12207—2015 可以用于实现此系统元素。

两个标准互相协调，可以在单个项目或单个组织中同时使用。

3. 质量与测试标准

《系统与软件工程 系统与软件质量要求和评价（SQuaRE）第 10 部分：系统与软件质量模型》（GB/T 25000.10）定义了：①使用质量模型，该模型由<u>五个特性</u>组成，如图 24-2 所示；②产品质量模型，该模型由<u>八个特性</u>组成，如图 24-3 所示。

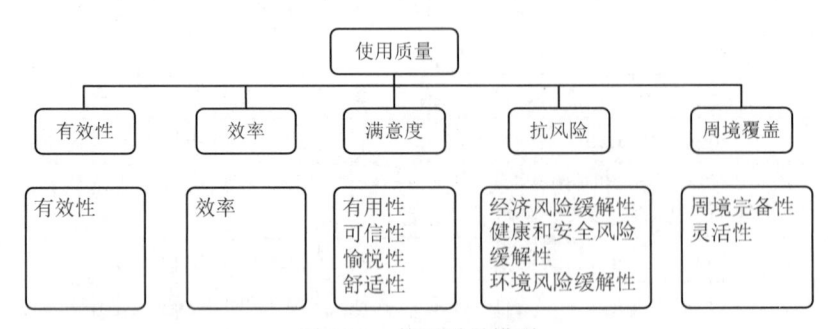

图 24-2 使用质量模型

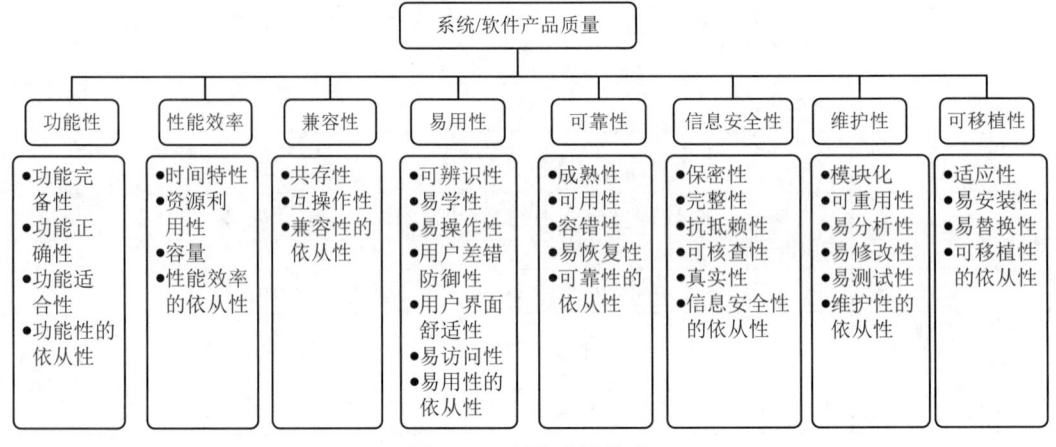

使用质量
- 有效性
  - 有效性
- 效率
  - 效率
- 满意度
  - 有用性
  - 可信性
  - 愉悦性
  - 舒适性
- 抗风险
  - 经济风险缓解性
  - 健康和安全风险缓解性
  - 环境风险缓解性
- 周境覆盖
  - 周境完备性
  - 灵活性

图 24-3 产品质量模型

系统/软件产品质量
- 功能性
  - 功能完备性
  - 功能正确性
  - 功能适合性
  - 功能性的依从性
- 性能效率
  - 时间特性
  - 资源利用性
  - 容量
  - 性能效率的依从性
- 兼容性
  - 共存性
  - 互操作性
  - 兼容性的依从性
- 易用性
  - 可辨识性
  - 易学性
  - 易操作性
  - 用户差错防御性
  - 用户界面舒适性
  - 易访问性
  - 易用性的依从性
- 可靠性
  - 成熟性
  - 可用性
  - 容错性
  - 易恢复性
  - 可靠性的依从性
- 信息安全性
  - 保密性
  - 完整性
  - 抗抵赖性
  - 可核查性
  - 真实性
  - 信息安全性的依从性
- 维护性
  - 模块化
  - 可重用性
  - 易分析性
  - 易修改性
  - 易测试性
  - 维护性的依从性
- 可移植性
  - 适应性
  - 易安装性
  - 易替换性
  - 可移植性的依从性

4. 物联网相关标准

物联网相关标准主要有《物联网 术语》（GB/T 33745）、《物联网 标准化工作指南》（GB/Z 33750）、《物联网 参考体系结构》（GB/T 33474）等标准。现行主要物联网部分相关标准见表 24-3。

5. 云计算相关标准

云计算相关标准主要有《信息技术 云计算 概览与词汇》（GB/T 32400）、《信息技术 云计算 参考架构》（GB/T 32399）等标准。现行主要云计算相关标准见表 24-4。

表 24-3　现行主要物联网部分相关标准

标准编号	标准名称	主要内容	适用范围	类别
GB/Z 33750	物联网 标准化工作指南	该指南制定了物联网标准化工作原则、工作程序、标准名称的结构和命名以及物联网标准分类	该指导性技术文件适用于：①以物联网作为名称要素的国家标准的管理工作；②物联网基础共性标准的研制工作	国家标准
GB/T 33474	物联网 参考体系结构	该标准给出了物联网概念模型，并从系统、通信、信息三个不同的角度给出了物联网参考体系结构	该标准适用于各应用领域物联网系统的设计，为物联网系统设计提供参考	国家标准
GB/T 35319	物联网 系统接口要求	该标准规定了物联网系统实体间接口的具体功能要求	该标准适用于物联网系统实体间接口的设计、开发和应用	国家标准
GB/T 36478.1	物联网 信息交换和共享 第1部分：总体架构	该部分规定了物联网系统之间进行信息交换和共享包含的过程活动、功能实体和共享交换模式	该部分适用于物联网系统之间信息交换和共享的规划、设计、系统开发以及运行维护管理	国家标准

表 24-4　现行主要云计算相关标准

标准编号	标准名称	主要内容	适用范围	类别
GB/T 32400	信息技术 云计算 概览与词汇	该标准给出了云计算概览、云计算相关术语及定义。该标准为云计算标准提供了术语基础	该标准适用于各类组织（例如企业、政府机关和非营利性组织）	国家标准
GB/T 32399	信息技术 云计算 参考架构	该标准规定了云计算参考架构（CCRA），包括云计算角色、云计算活动、云计算功能组件以及它们之间的关系	该标准适用于云计算架构参考使用	国家标准
GB/T 35301	信息技术 云计算 平台即服务（PaaS）参考架构	该标准规定了平台即服务（PaaS）参考架构的术语定义和缩略语、图例说明、PaaS 参考架构概念、PaaS 用户视图和功能视图	该标准适用于 PaaS 云计算系统的设计、实现、部署和使用	国家标准
GB/T 35293	信息技术 云计算 虚拟机管理通用要求	该标准规定了虚拟机的基本管理与调度、监控与告警、可用性和可靠性、安全性等管理通用技术要求	该标准适用于虚拟机相关产品的设计、开发、测评、使用等	国家标准

6. 信息技术服务标准

现行主要信息技术服务通用标准见表 24-5。

表 24-5 现行主要信息技术服务通用标准

标准编号	标准名称	主要内容	适用范围	类别
GB/T 29264	信息技术服务分类与代码	该标准规定了信息技术服务的分类与代码,是信息技术服务分类、管理和编目的准则,为信息技术服务体系的建立提供了范围基础	该标准适用于信息技术服务的信息管理及信息交换,供科研、规划等工作使用	国家标准
GB/T 33850	信息技术服务质量评价指标体系	该标准建立了信息技术服务质量模型,规定了信息技术服务质量评价指标、测量方法以及质量评价过程等	该标准适用于对信息技术服务质量进行评价	国家标准
GB/T 37696	信息技术服务从业人员能力评价要求	该标准规定了信息技术服务从业人员的职业种类、能力要素等级和评价方法	该标准适用于对信息技术服务从业人员的能力评价与培养	国家标准
GB/T 37961	信息技术服务服务基本要求	该标准规定了信息技术服务中服务过程基本要求、信息技术咨询、设计与开发、信息系统集成实施、运行维护、数据处理和存储、运营等服务的活动内容和成果要求	该标准适用于服务供方和需方确立服务内容及签署合同	国家标准
GB/T 39770	信息技术服务服务安全要求	该标准提出了信息技术服务安全模型,规定了安全总则、生存周期和能力要素的安全要求	该标准适用于对信息技术服务提供方、服务需求方和第三方	国家标准

24.3 考点实练

1. 在合同履行过程中,当事人就有关合同内容约定不明确时,以下说法不正确的是( )。
   A. 价款或者报酬不明确的,按照订立合同时履行地的市场价格履行
   B. 履行地点不明确,给付货币的,在支付货币一方所在地履行
   C. 履行方式不明确的,按照有利于实现合同目的的方式履行
   D. 履行费用的负担不明确的,由履行义务一方负担

解析:根据《中华人民共和国民法典》第五百一十一条,当事人就有关合同内容约定不明确,依据前条规定仍不能确定的,适用下列规定:

(一)质量要求不明确的,按照强制性国家标准履行;没有强制性国家标准的,按照推荐性国家标准履行;没有推荐性国家标准的,按照行业标准履行;没有国家标准、行业标准的,按照通常标准或者符合合同目的的特定标准履行。

(二)价款或者报酬不明确的,按照订立合同时履行地的市场价格履行;依法应当执行政府定价或者政府指导价的,依照规定履行。

(三)履行地点不明确,给付货币的,在接受货币一方所在地履行;交付不动产的,在不动产所在地履行;其他标的,在履行义务一方所在地履行。

（四）履行期限不明确的，债务人可以随时履行，债权人也可以随时请求履行，但是应当给对方必要的准备时间。

（五）履行方式不明确的，按照有利于实现合同目的的方式履行。

（六）履行费用的负担不明确的，由履行义务一方负担；因债权人原因增加的履行费用，由债权人负担。

答案：B

2．关于招投标的描述，不正确的是（　　）。

　　A．招标人采用邀请招标方式的，应当向三个以上具备承担项目的能力、资信良好的特定法人或者其他组织发出投标邀请书

　　B．招标人对已发出的招标文件进行必要的澄清或者修改的，应当在招标文件要求提交投标文件截止时间至少15日前，以书面形式通知所有招标文件收受人

　　C．投标人在招标文件要求提交投标文件的截止时间前，可以补充、修改或者撤回已提交的投标文件，并书面通知招标人

　　D．依法必须进行招标的项目，其评标委员会由招标人的代表和有关技术、经济等方面的专家组成，成员人数为五人以上单数，其中技术、经济等方面的专家不得少于成员总数的一半

解析：《中华人民共和国招标投标法》第三十七条规定：评标由招标人依法组建的评标委员会负责。依法必须进行招标的项目，其评标委员会由招标人的代表和有关技术、经济等方面的专家组成，成员人数为五人以上单数，其中技术、经济等方面的专家不得少于成员总数的三分之二。

答案：D

3．根据《中华人民共和国政府采购法》，（　　）应作为政府采购的主要方式。

　　A．公开招标　　　B．邀请招标　　　C．竞争性谈判　　　D．询价

解析：根据《中华人民共和国政府采购法》第二十六条，政府采购采用以下方式：

（一）公开招标；

（二）邀请招标；

（三）竞争性谈判；

（四）单一来源采购；

（五）询价；

（六）国务院政府采购监督管理部门认定的其他采购方式。

公开招标应作为政府采购的主要采购方式。

答案：A

4．甲乙两人分别独立开发出相同主题的阀门，但甲完成在先，乙完成在后。依据专利法规定，（　　）。

　　A．甲享有专利申请权，乙不享有　　　　B．甲不享有专利申请权，乙享有

C. 甲、乙都享有专利申请权　　　　　　D. 甲、乙都不享有专利申请权

解析：根据《中华人民共和国专利法》第九条，两个以上的申请人分别就同样的发明创造申请专利的，专利权授予最先申请的人。因此，甲乙二人都具有申请权，但是专利权授予二人当中最先申请专利权的人。

答案：C

5. 某公司法人王某花费 3000 余元从网上购买个人信息计 3646 条，并将购得的信息分发给员工用以推销业务。当地警方依据（　　）规定，对王某予以罚款 10 万元。

  A. 著作权法　　　　　　　　　　　B. 计算机软件保护条例
  C. 网络安全法　　　　　　　　　　D. 民法通则

解析：《中华人民共和国网络安全法》已由中华人民共和国第十二届全国人民代表大会常务委员会第二十四次会议于 2016 年 11 月 7 日通过，现予公布，自 2017 年 6 月 1 日起施行。

第四十一条　网络运营者收集、使用个人信息，应当遵循合法、正当、必要的原则，公开收集、使用规则，明示收集、使用信息的目的、方式和范围，并经被收集者同意。

网络运营者不得收集与其提供的服务无关的个人信息，不得违反法律、行政法规的规定和双方的约定收集、使用个人信息，并应当依照法律、行政法规的规定和与用户的约定，处理其保存的个人信息。

第四十二条　网络运营者不得泄露、篡改、毁损其收集的个人信息；未经被收集者同意，不得向他人提供个人信息。但是，经过处理无法识别特定个人且不能复原的除外。

网络运营者应当采取技术措施和其他必要措施，确保其收集的个人信息安全，防止信息泄露、毁损、丢失。在发生或者可能发生个人信息泄露、毁损、丢失的情况时，应当立即采取补救措施，按照规定及时告知用户并向有关主管部门报告。

第四十三条　个人发现网络运营者违反法律、行政法规的规定或者双方的约定收集、使用其个人信息的，有权要求网络运营者删除其个人信息；发现网络运营者收集、存储的其个人信息有错误的，有权要求网络运营者予以更正。网络运营者应采取措施予以删除或者更正。

第四十四条　<u>任何个人和组织不得窃取或者以其他非法方式获取个人信息，不得非法出售或者非法向他人提供个人信息。</u>

答案：C

6. 根据《中华人民共和国著作权法》规定，当著作权属于公民时，著作权人署名权的保护期为（　　）。

  A. 永久　　　　B. 100 年　　　　C. 50 年　　　　D. 20 年

解析：《中华人民共和国著作权法》规定：

第二十二条　作者的署名权、修改权、保护作品完整权的保护期不受限制。

第二十三条　自然人的作品，其发表权、本法第十条第一款第（五）项至第（十七）项规定的权利的保护期为作者终生及其死亡后五十年，截止于作者死亡后第五十年的 12 月 31 日；如果是合作作品，截止于最后死亡的作者死亡后第五十年的 12 月 31 日。

法人或者非法人组织的作品、著作权（署名权除外）由法人或者非法人组织享有的职务作品，其发表权的保护期为五十年，截止于作品创作完成后第五十年的 12 月 31 日；本法第十条第一款第（五）项至第（十七）项规定的权利的保护期为五十年，截止于作品首次发表后第五十年的 12 月 31 日，但作品自创作完成后五十年内未发表的，本法不再保护。

视听作品，其发表权的保护期为五十年，截止于作品创作完成后第五十年的 12 月 31 日；本法第十条第一款第（五）项至第（十七）项规定的权利的保护期为五十年，截止于作品首次发表后第五十年的 12 月 31 日，但作品自创作完成后五十年内未发表的，本法不再保护。

答案：A

7. 根据《中华人民共和国网络安全法》的规定，网络运营者应当按照网络安全等级保护制度的要求，履行下列哪些安全保护义务？（　　）

①制定内部安全管理制度和操作规程，确定网络安全负责人，落实网络安全保护责任。
②采取防范计算机病毒和网络攻击、网络侵入等危害网络安全行为的技术措施。
③采取监测、记录网络运行状态、网络安全事件的技术措施，并按照规定留存相关的网络日志不少于六个月。
④采取数据分类、重要数据备份和加密等措施。
⑤制定、公布网络关键设备和网络安全专用产品目录，并推动安全认证和安全检测结果互认，避免重复认证、检测。

  A. ①②③④ B. ①②③⑤ C. ①③④⑤ D. ②③④⑤

解析：《中华人民共和国网络安全法》第二十一条规定，国家实行网络安全等级保护制度。网络运营者应当按照网络安全等级保护制度的要求，履行下列安全保护义务，保障网络免受干扰、破坏或者未经授权的访问，防止网络数据泄露或者被窃取、篡改：

（一）制定内部安全管理制度和操作规程，确定网络安全负责人，落实网络安全保护责任；
（二）采取防范计算机病毒和网络攻击、网络侵入等危害网络安全行为的技术措施；
（三）采取监测、记录网络运行状态、网络安全事件的技术措施，并按照规定留存相关的网络日志不少于六个月；
（四）采取数据分类、重要数据备份和加密等措施；
（五）法律、行政法规规定的其他义务。

第二十三条　网络关键设备和网络安全专用产品应当按照相关国家标准的强制性要求，由具备资格的机构安全认证合格或者安全检测符合要求后，方可销售或者提供。国家网信部门会同国务院有关部门制定、公布网络关键设备和网络安全专用产品目录，并推动安全认证和安全检测结果互认，避免重复认证、检测。

综上，除了⑤，其余都是网络运营者应当按照网络安全等级保护制度的要求，履行的安全保护义务。

答案：A

8.（　　）依照《中华人民共和国数据安全法》和有关法律、行政法规的规定，负责统筹协调网络数据安全和相关监管工作。

　　A．工信部　　　　B．公安部　　　　C．国资委　　　　D．网信办

解析：根据《中华人民共和国数据安全法》第六条：各地区、各部门对本地区、本部门工作中收集和产生的数据及数据安全负责。

　　工业、电信、交通、金融、自然资源、卫生健康、教育、科技等主管部门承担本行业、本领域数据安全监管职责。

　　公安机关、国家安全机关等依照本法和有关法律、行政法规的规定，在各自职责范围内承担数据安全监管职责。

　　国家网信部门依照本法和有关法律、行政法规的规定，负责统筹协调网络数据安全和相关监管工作。

　　答案：D

9．依据《信息技术 软件工程术语》（GB/T 11457—2006），（　　）是一种静态分析技术或评审过程，在此过程中，设计者或程序员引导开发组的成员通读已书写的设计或者代码，其他成员负责提出问题，并对有关技术风格、可能的错误、是否违背开发标准等方面进行评论。

　　A．走查　　　　B．审计　　　　C．认证　　　　D．鉴定

解析：根据《信息技术 软件工程术语》，走查是一种静态分析技术或评审过程，在此过程中，设计者或程序员引导开发组的成员通读已书写的设计或者代码，其他成员负责提出问题，并对有关技术风格、可能的错误、是否违背开发标准等方面进行评论。

　　答案：A

10．根据《系统与软件工程 系统与软件质量要求和评价（SQuaRE）》（GB/T 25000），产品质量模型由（　　）个特性组成。

　　A．五　　　　B．六　　　　C．七　　　　D．八

解析：《系统与软件工程 系统与软件质量要求和评价（SQuaRE）第 10 部分：系统与软件质量模型》（GB/T 25000.10）定义了：①使用质量模型，该模型由五个特性组成；②产品质量模型，该模型由八个特性组成。

　　答案：D

第 25 小时 专业英语

25.0 章节考点分析

第 25 小时主要学习新技术、十大管理、信息和信息系统基础、软件开发等方面的专业英语内容。

根据考试大纲，本小时知识点会涉及单项选择题，按以往全国计算机技术与软件专业技术资格考试的出题规律，上午单选题占 5 分，本小时内容属于基础知识范畴，考查的知识点多来源于教材，扩展内容较少。本小时的架构如图 25-1 所示。

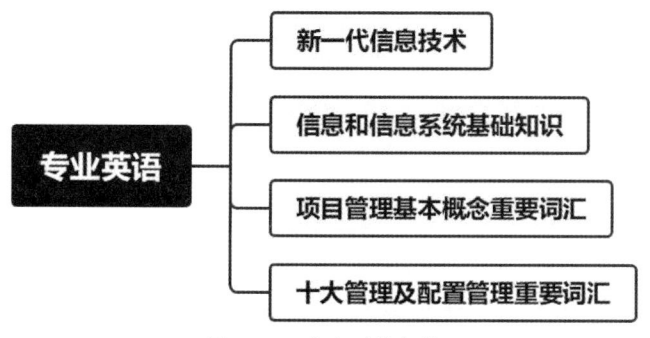

图 25-1 本小时的架构

【导读小贴士】

根据考试大纲，上午单选题会固定有五道英文选择题，主要涉及信息技术与管理类的一些概念性考题，技术类英语主要涉及新一代信息技术、信息和软件开发的概念性内容；管理类英语主要涉及项目管理的基本概念、项目管理各知识域的过程和工具与技术等内容。其中，信息技术近年来主要以新一代技术如物联网、区块链、大数据、云计算、人工智能、互联网+等为重点，考查新一代技术信息的定义、特征和基础知识。信息和信息系统基础考试内容随机性比较大。管理类主要以十大管理为主，主要考查各类管理的定义、特点等，扩展内容较少。

25.1 新一代信息技术

【基础知识点】

1. Internet of Things（IoT，物联网）重要词汇

感知层 Sensing Layer	网络层 Network Layer
传感器 Sensors	应用层 Application Layer
射频识别 Radio Frequency Identification（RFID）	嵌入式系统 Embedded Systems

2. Block Chain（区块链）重要词汇

分布式的 Distributed	数字分类账本 Digital Ledger
网络共识 Collusion of the Network	

3. Big Data（大数据）重要词汇

数据量大 Volume	速度快 Velocity
价值 Value	真实性 Veracity
类型多 Variety	

4. Cloud Computing（云计算）重要词汇

云存储 Cloud Storage	云服务 Cloud Service
虚拟资源 Virtual Resources	虚拟化 Virtualization
直接连接存储 Direct-Attached Storage（DAS）	网络附加存储 Network Attached Storage（NAS）
存储区域网络 Storage Area Network（SAN）	分布式计算 Distributed Computing

5. Artificial Intelligence（人工智能）重要词汇

机器学习 Machine Learning	虚拟现实 Virtual Reality
可视化 Visual	

6. 其他新技术名词

The Internet Plus（互联网+）	新型基础设施建设 New Infrastructure Construction
网格计算 Grid Computing	健康码 Health Code
移动互联网 Mobile Internet	边缘计算 Edge Computing
雾计算 Fog Computing	边缘计算 Edge Calculation
数字货币 Digital Currency	虚拟货币 Virtual Reality Currency（VRCCY）

25.2 信息和信息系统基础知识

【基础知识点】

1. Computer（计算机）重要词汇

浏览器/服务器 Browser/Server（B/S）	客户机/服务器 Client/Server（C/S）
图形用户界面 Graphical User Interface（GUI）	目录结构 Directory Structure

2. Information system（信息系统）重要词汇

决策支持系统 Decision Support System（DSS）	地理信息系统 Geographic Information System（GIS）
信息系统 Information System（IS）	IT 服务管理 IT Service Management IT（ITSM）
联机事务处理 Online Transaction Processing（OLTP）	在线联机分析处理 Online Analytical Process（OLAP）

3. Software Engineering（软件工程）重要词汇

结构化分析方法 Structured Analysis（SA）	螺旋形 Spiral Model
瀑布模型 Waterfall Model	面向服务的体系结构 Service Oriented Architecture（SOA）
商业智能 Business Intelligence（BI）	数据集市 Data Mart
数据挖掘 Data Mining	数据仓库 Data Warehouse
数据库 Database	消息 Message
中间件 Middleware	对象 Object
面向对象分析方法 Object-Oriented Analysis（OOA）	面向对象设计 Object-Oriented Design（OOD）
面向对象编程 Object-Oriented Programming（OOP）	继承 Inheritance
泛化 Generalization	抽象 Abstract
聚合 Aggregation	组合 Composite
实现、完成 Achieve	依赖 Dependency

活动图 Activity Diagram	协作图 Collaboration Diagram
类图 Class Diagram	部署图 Deployment Diagram
构件图 Component Diagram	消息通信 Communication
对象图 Object Diagram	序列图 Sequence Diagram
状态图 State Diagram	用例图 Use Case Diagram
物理视图 Physical View	逻辑视图 Logic View
开发视图 Development View	统一建模语言 Unified Modeling Language（UML）

4. Network（网络）相关重要词汇

路由器 Router	交换机 Switch
网桥 Bridge	网关 Gateway
以太网 Ethernet	虚拟专用网 Virtual Private Network（VPN）
局域网 Local Area Network（LAN）	令牌环网 Token King
物理层 Physical Layer	数据链路层 Data Link Layer
网络层 Network Layer	传输层 Transport Layer
会话层 Session Layer	表示层 Presentation Layer
应用层 Application Layer	传输控制协议 Transmission Control Protocol（TCP）
点对点协议 Point to Point Tunneling Protocol	综合布线系统 Premises Distribution System（PDS）
垂直干线子系统 Backbone Subsystem	管理间子系统 Administrator Subsystem
建筑群子系统 Campus Backbone Subsystem	设备间子系统 Equipment Room Subsystem
工作区子系统 Work Area Subsystem	水平干线子系统 Horizontal Backbone Subsystem
开放式系统互联 Open System Interconnect（OSI）	异步传输模式 Asynchronous Transfer Mode（ATM）

5. 信息安全重要词汇

病毒 Virus	安全性 Security
信息安全 Information Security	防火墙 Firewall
可用性 Availability	机密性 Confidentiality
完整性 Integrity	不可否认性 Non-Repudiation
可靠性 Reliability	可维护性 Maintainability
公钥基础设施 Public Key Infrastructure（PKI）	认证授权 Certification Authorization

6. Electronic Commerce（电子商务）、电子政务重要词汇

企业对消费者 Business To Customer（B2C）	企业对企业 Business To Business（B2B）
消费者对消费者 Customer To Customer（C2C）	电子数据交换 Electronic Data Interchange（EDI）

政府对企业 Government to Business（G2B）	政府对公众 Government to Citizen（G2C）
政府对公务员 Government to Employee（G2E）	政府部门之间 Government to Government（G2G）

25.3 项目管理基本概念重要词汇

【基础知识点】

项目 Project	运作 Operations
过程 Process	阶段 Phases
批准 Approve	产品生命周期 Product Life Cycle
项目管理办公室 Project Management Office（PMO）	项目团队 Project Team
职能组织 Functional Organization	矩阵型组织 Matrix Organization
项目型组织 Project Organization	项目管理过程 Project Management Process Group
启动过程组 Initiating Process	计划过程组 Planning Process
执行过程组 Executing Process	控制过程组 Controlling Process
收尾过程组 Closing Process	滚动式计划 Rolling Wave Plan
临时性 Temporary	独特的 Unique
产品 Product	服务 Service
成果 Result	项目管理 Project Management
项目需求 Project Requirements	项目经理 Project Manager
可交付物 Deliverables	输入 Input
输出 Output	工具 Tool
方法 Method	技术 Technology
走查 Walk Through	审查 Inspection
评审 Review	论证 Demonstration
缺陷 Defect	项目管理信息系统 Project Management Information System（PMIS）
PDCA（Plan 计划，Do 行动，Check 检查，Action 处理）	

25.4 十大管理及配置管理重要词汇

1. 整合管理（Project Integrated Management）重要词汇

制订项目章程 Develop Project Charter	制订项目管理计划 Develop Project Management Plan
指导和管理项目执行 Direct and Manage Project Execution Direct and Manage Project Execution	

管理项目知识 Manage Project Knowledge	监督和控制项目 Monitor and Control Project
整体变更控制 Integrated Change Control	项目收尾 Close Project
头脑风暴法 Brainstorming	专家判断 Expert Judgment
引导技术 Facilitation Techniques	分析技术 Analytical Techniques
会议 Meetings	变更控制工具 Change Control Tools
项目工作说明书 Project Statement of Work	商业论证 Business Case
协议 Agreements	事业环境因素 Enterprise Environmental Factors
组织过程资产 Organizational Process Assets	项目管理计划 Project Management Plan
工作绩效数据 Work Performance Data	变更请求 Change Requests
工作绩效报告 Work Performance Reports	批准的变更请求 Approved Change Requests
变更日志 Change Log	变更控制委员会 Change Control Board（CCB）
最终产品、服务或成果移交 Final product, service, or result transition	

2. 项目范围管理重要词汇

规划范围管理 Plan Scope Management	收集需求 Collect Requirements
定义范围 Define Scope	创建 WBS Create WBS
确认范围 Validate Scope	控制范围 Control Scope
访谈 Interviews	焦点小组 Focus groups
引导式研讨会 Facilitated Workshops	群体创新技术 Group Creativity Techniques
问卷调查 Questionnaires and Surveys	群体决策技术 Group Decision-Making Techniques
观察 Observations	原型法 Prototypes
标杆对照 Benchmarking	系统交互图 Context Diagrams
文件分析 Document Analysis	产品分析 Product Analysis
备选方案生成 Alternatives Generation	分解 Decomposition
检查 Inspection	偏差分析 Variance Analysis
范围管理计划 Scope Management Plan	需求管理计划 Requirements Management Plan
需求文件 Requirements Documentation	需求跟踪矩阵 Requirements Traceability Matrix
项目范围说明书 Project Scope Statement	范围基准 Scope Baseline
验收的可交付成果 Accepted Deliverables	

3. 项目进度管理重要词汇

规划进度管理 Plan Schedule Management	定义活动 Define Activities
排列活动顺序 Sequence Activities	估算活动历时 Estimate Activity Durations
制订进度计划 Develop Schedule	控制进度 Control Schedule

进度管理计划 Schedule Management Plan	活动清单 Activity List
活动属性 Activity Attributes	里程碑清单 Milestone List
项目进度网络图 Project Schedule Network Diagrams	活动资源需求 Activity Resource Requirements
资源分解结构 Resource Breakdown Structure	活动历时估算 Activity Duration Estimates
进度基准 Schedule Baseline	项目进度计划 Project Schedule
进度数据 Schedule Data	项目日历 Project Calendars
进度预测 Schedule Forecasts	甘特图 Gantt Chart
横道图 Bar Chart	箭线图法 Arrow Diagram Method（ADM）
前导图法 Precedence Diagram Method（PDM）	确定依赖关系 Dependency Determination
提前量与滞后量 Leads and Lags	备选方案分析 Alternative Analysis
发布的估算数据 Published Estimating Data	自下而上估算 Bottom-up Estimating
项目管理软件 Project Management Software	类比估算 Analogous Estimating
参数估算 Parametric Estimating	三点估算 Three-Point Estimating
储备分析 Reserve Analysis	进度网络分析 Schedule Network Analysis
关键路径法 Critical Path Method	关键链法 Critical Chain Method
资源优化技术 Resource Optimization Techniques	建模技术 Modeling Techniques
进度压缩 Schedule Compression	绩效审查 Performance Reviews

4. 项目成本管理重要词汇

规划成本管理 Plan Cost Management	估算成本 Estimate Costs
制订预算 Determine Budget	控制成本 Control Costs
卖方投标分析 Vendor Bid Analysis	成本汇总 Cost Aggregation
历史关系 Historical Relationships	资金限制平衡 Funding Limit Reconciliation
挣值管理 Earned Value Management	成本管理计划 Cost Management Plan
活动成本估算 Activity Cost Estimates	估算依据 Basis of Estimates
成本基准 Cost Baseline	项目资金需求 Project Funding Requirements
成本预测 Cost Forecasts	

5. 项目质量管理重要词汇

规划质量管理 Plan Quality Management	管理质量 Management Quality
控制质量 Control Quality	质量成本 Cost of Quality
成本效益分析 Cost-Benefit Analysis	七种基本质量工具 Seven Basic Quality Tools
实验设计 Design of Experiments	统计抽样 Statistical Sampling

过程分析 Process Analysis	质量审计 Quality Audits
质量管理计划 Quality Management Plan	过程改进计划 Process Improvement Plan
质量测量指标 Quality Metrics	质量核对单 Quality Checklists
核实的可交付成果 Validated Deliverables	确认的变更 Validated Changes
审查已批准的变更要求 Approved Change Requests Review	质量控制测试结果 Quality Control Measurements

6. 项目资源管理重要词汇

规划资源管理 Plan Resource Management	估算活动资源 Estimate Activity Resources
获取资源 Accessing Resources	建设项目团队 Develop Project Team
管理项目团队 Manage Project Team	控制资源 Control Resources
人际交往 Networking	组织理论 Organizational Theory
预分派 Pre-assignment	谈判 Negotiation
招募 Acquisition	虚拟团队 Virtual Teams
人际关系技能 Interpersonal Skills	多标准决策分析 Multi-criteria Decision Analysis
培训 Training	团队建设活动 Team-Building Activities
基本规则 Ground Rules	认可与奖励 Recognition and Rewards
人事测评工具 Personnel Assessment Tools	观察和交谈 Observation and Conversation
资源日历 Resource Calendars	冲突管理 Conflict Management
项目人员分派 Project Staff Assignments	管理技能 Management Skills
团队绩效评价 Team Performance Assessments	组织分解结构 Organizational Breakdown Structure（OBS）

7. 项目沟通管理重要词汇

规划沟通管理 Plan Communications Management	管理沟通 Manage Communications
控制沟通 Control Communications	沟通需求分析 Communication Requirements Analysis
沟通技术 Communication Technology	沟通模型 Communication Models
沟通方法 Communication Methods	信息管理系统 Information Management Systems
报告绩效 Performance Reporting	沟通管理计划 Communications Management Plan
项目沟通 Project Communications	

8. 项目风险管理重要词汇

规划风险管理 Plan Risk Management	识别风险 Identify Risks
定性风险分析 Perform Qualitative Risk Analysis	定量风险分析 Perform Quantitative Risk Analysis
规划风险应对 Plan Risk Responses	实施风险应对 Implement Risk Response

控制风险 Control Risks	文档审查 Documentation Reviews
信息收集技术 Information Gathering Techniques	核对单分析 Checklist Analysis
假设分析 Assumptions Analysis	图解技术 Diagramming Techniques
SWOT 分析 SWOT Analysis	概率和影响评估 Probability and Impact Assessment
概率和影响矩阵 Probability and Impact Matrix	风险数据质量评估 Risk Data Quality Assessment
风险分类 Risk Categorization	风险紧迫性评估 Risk Urgency Assessment
风险再评估 Risk Reassessment	风险审计 Risk Audits
偏差与趋势分析 Variance and Trend Analysis	风险管理计划 Risk Management Plan
风险登记册 Risk Register	技术绩效测量 Technical Performance Measurement
消极风险和威胁的应对策略 Strategies for Negative Risks or Threats	积极风险和威胁的应对策略 Strategies for Positive Risks or Opportunities
规避；减轻；转移；接受 Avoid, Transfer, Mitigate, Accept	开拓；提高；分享；接受 Exploit, improve, Share, Accept
应急应对策略 Contingent Response Strategies	

9. 项目采购管理重要词汇

规划采购管理 Plan Procurement Management	实施采购 Conduct Procurements
控制采购 Control Procurements	自制或外购分析 Make-or-buy Analysis
市场调研 Market Research	采购谈判 Procurement Negotiations
检查与审计 Inspections and Audits	采购绩效审查 Procurement Performance Reviews
采购审计 Procurement Audits	合同变更控制系统 Contract Change Control System
采购管理计划 Procurement Management Plan	采购工作说明书 Procurement Statement of Work
采购文件 Procurement Documents	自制或外购决策 Make-or-Buy Decisions
供方选择标准 Source Selection Criteria	索赔管理 Claims Administration
请求建议书 Request for Proposal（RfP）	请求报价单 Request for Quotation（RfQ）
合同 Contract	合同目标成本 Contract Target Cost
成本加固定费用合同 Cost Plus Fixed Fee（CPFF）	成本加奖励费用合同 Cost Plus Incentive Fee（CPIF）
总价合同 Firm Fixed Price（FFP）	合同收尾 Contract Closeout
索赔 Claim	广告 Advertising

10. 项目干系人管理重要词汇

识别干系人 Identify Stakeholders	规划干系人管理 Plan Stakeholder Management
管理干系人参与 Manage Stakeholder Engagement	控制干系人参与 Control Stakeholder Engagement
干系人分析 Stakeholder Analysis	干系人登记册 Stakeholder Register
干系人管理计划 Stakeholder Management Plan	问题日志 Issue Log

11. 配置管理重要词汇

配置管理 Configuration Management（CM）	配置管理委员会 Configuration Management Board（CMB）
配置项 Configuration Items（CI）	配置管理员 Configuration Management Officer（CMO）
版本 Version	用户文档 User Documentation
产品文档 Product Documentation	配置库 Configuration Library
开发库 Development Library	受控库 Controlled Library
产品库 Product Library	基线 Base Line
里程碑 Milestone	检查点 Check Point
配置状态报告 Configuration Status Report	配置审计 Configuration Audits

25.5 考点实练

1. The（　　）creates opportunities for more direct integration of the physical world into computer-based systems, resulting in efficiency improvements, economic benefits, and reduced human exertions.

  A．internet of things   B．cloud computing
  C．big data   D．mobile internet

题意翻译：（　　）创造了将物理世界更直接地整合到基于计算机的系统中的机会，从而提高了效率、经济效益，并减少了人类的劳动。

  A．物联网   B．云计算   C．大数据   D．移动互联网

从上面的关于物联网的定义可以看出，物联网就是将互联网连接扩展到物理设备和日常事务中。在做这类定义类的题目的时候，即便是有的人英文不是特别好，只要善用知识点中的关键词，比如本题中涉及关键词"physical world"（物理世界）和"computer-based systems"（计算机系统），就可以快速判断出答案。

答案：A

2.（　　）is an open, distributed ledger that can record transactions between two parties efficiently and in a verifiable and permanent way.

  A．Internet of things   B．Block chain
  C．Edge computing   D．Artificial intelligence

题意翻译：（　　）是一种开放的、分布式的分类账，能够有效地、可核查和永久地记录双方之间的交易。

  A．物联网   B．区块链   C．边缘计算   D．人工智能

这道题只要抓住"open、distributed ledger"（开放的、分布式）这两个关键词就可以判断出答

案是区块链。

答案：B

3.（　　）is the technology that appears to emulate human performance typically by learning, coming to its own conclusions, appearing to understand complex content, engaging in natural dialogs with people, enhancing human cognitive performance（also known as cognitive computing）or replacing people on execution of non-routine tasks.

　　A．Cloud Service　　　　　　　　B．Block Chain
　　C．Internet of Things　　　　　　D．Artificial Intelligence

题意翻译：（　　）是一种通过学习、得出自己的结论、表现出理解复杂内容、与人进行自然对话等来模仿人类的行为，从而增强人的认知能力（也被称为"认知计算"）或取代人们执行非日常任务的技术。

　　A．云服务　　　B．区块链　　　C．物联网　　　D．人工智能

从题目中提及人工智能的关键词"people"（人），就可以判断出是人工智能。

答案：D

4.（　　）a method of obtaining early feedback on requirements by providing a working model of the expected product before actually building it.

　　A．Prototypes　　　　　　　　　B．Object oriented
　　C．Structured method　　　　　　D．Iterative method

题意翻译：在实际开发过程中提供预期产品的模型，以获得早期反馈，这种方法称为（　　）。

　　A．原型法　　　B．面向对象法　　C．结构化法　　D．迭代法

本题考查的是原型化方法的定义。

答案：A

5.（　　）includes the processes required to ensure that the project includes all the work required, and only the work required, to compete the project successfully. Managing the project scope is primarily concerned with defining and controlling what is not included in the project.

　　A．Create scope　　　　　　　　B．Project stakeholder management
　　C．Project scope management　　 D．Project cost management

题意翻译：（　　）包含所有必需的工作，并且只包含必需的工作才能成功地完成一个项目。管理项目的范围主要涉及识别与控制不包括在项目中的内容。

　　A．创造范围　　　B．项目干系人管理　　C．项目范围管理　　D．项目成本管理

本题考查的是对项目范围管理的理解。

答案：C

6. The（　　）process of translating the quality management plan into executable quality activities that incorporate the organization's quality policies into the project.

　　A．manage quality　　B．quality audit　　C．quality metrics　　D．quality improvement

题意翻译：（　　）是将质量管理计划转换成可执行的质量活动的过程，以满足组织质量策略对项目的要求。

　　A．管理质量　　　B．质量审计　　　C．质量指标　　　D．质量改进

本题考查的是质量管理过程的一个描述。

答案：A

7．Earned value management（EVM）integrates the scope baseline with the（　　）baseline, along with schedule baseline, to form the performance baseline, which helps the project management team assess and measure project performance and progress.

　　A．quality　　　　B．risk　　　　　C．change　　　　D．cost

题意翻译：挣值管理（EVM）将范围基线与（　　）基线及进度基线结合起来，形成绩效基线，帮助项目管理团队评估和衡量项目绩效和进度。

　　A．质量　　　　　B．风险　　　　　C．变更　　　　　D．成本

本题考查的是挣值管理的含义，如果不懂整个题目的英文含义，只要能够知晓 EVM 是挣值管理，cost 是成本的意思，就可以判断出答案。

答案：D

8．Estimate activity duration is the process of estimating the number of work periods to complete activities with estimated resources.The tools and technique is not including（　　）.

　　A．expert judgment　　　　　　　　B．analogous estimating
　　C．requirements traceability matrix　　D．three-point estimating

题意翻译：估算活动的持续时间是估算在有限的资源内完成单项活动所需工作时间段数的过程，所需的工具技术不包括（　　）。

　　A．专家判断　　　B．类比估算　　　C．需求跟踪矩阵　D．三点估算

本题考查的是估算的工具技术，把握题意中的"not including"（不包括），判断出 C 项与其他 3 个答案非同一类别就可以选择出答案。

答案：C

9．In project network diagram, the number of critical path is（　　）.

　　A．none　　　　　B．only one　　　C．only two　　　D．one or more

题意翻译：在项目网络图中，关键路径有（　　）条。

　　A．没有　　　　　B．只有一条　　　C．只有两条　　　D．一条或者多条

本题考查的是对关键路线的理解。如果不能完全判断出整个句子的含义，掌握"critical path"（关键路径）和"number"这两个单词就可以猜出问题的含义，答案选项的各单词比较简单。

答案：D

第四篇
项目管理知识综合应用

第 26 小时
成本类计算

26.0 章节考点分析

第 26 小时主要学习成本类计算,包括成本偏差、成本绩效计算等内容。

根据考试大纲,本小时知识点会涉及单项选择题和案例分析题,按以往全国计算机技术与软件专业技术资格考试的出题规律,上午单选题约占 1 分,下午案例分析与进度类计算综合为一个大题,本小时内容属于基础知识范畴,考查的知识点来源于教材,扩展内容较少。本小时的架构如图 26-1 所示。

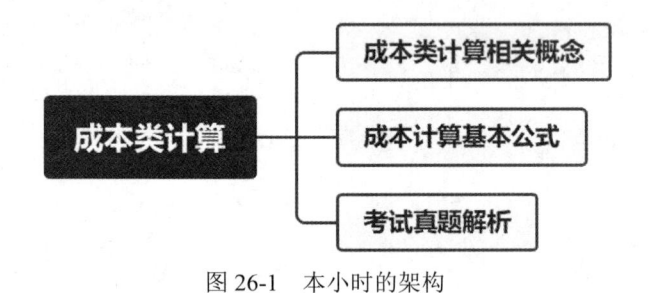

图 26-1 本小时的架构

【导读小贴士】

项目成本管理在项目管理中占有重要地位,项目成本管理就是要确保在批准的预算内完成项目。因此，需要在项目实施过程中对项目成本进行预算、对项目成本进行预测，要把实际支出成本与计划进行比较，分析成本绩效，就要进行成本计算。本小时内容包括成本类计算相关概念、成本计算基本公式、成本计算历年真题等，属于考生必须掌握的内容之一。

26.1 成本类计算相关概念

【基础知识点】

（1）计划价值（Planned Value，PV），为计划工作分配的经批准的预算，它是为完成某活动或 WBS 组成部分而准备的一份经批准的预算，不包括管理储备。应该把预算分配至项目生命周期的各个阶段；在某个给定的时间点，计划价值代表着应该已经完成的工作。PV 的总和有时被称为绩效测量基准（PMB），项目的总计划价值又被称为完工预算。

（2）挣值（Earned Value，EV），对已完成工作的测量值，用该工作的批准预算来表示，是已完成工作的经批准的预算。EV 的计算应该与 PMB 相对应，且所得的 EV 值不得大于相应组件的 PV 总预算。EV 常用于计算项目的完成百分比。

（3）实际成本（Actual Cost，AC），在给定时段内执行某活动而实际发生的成本，是为完成与 EV 相对应的工作而发生的总成本。AC 没有上限。

（4）完工预算（Budget At Completion，BAC），为将要执行的工作所建立的全部预算总和，包含应急储备，不包括管理储备。

（5）完工估算（Estimate At Completion，EAC），完成所有工作所需的预期总成本，包括实际已支出的成本和要完成项目剩余工作所需的预期成本。

（6）完工尚需估算（Estimate To Complete，ETC），完成所有剩余项目工作的预计成本。不含前期已支出的成本。

（7）完工尚需绩效指数（To-Complete Performance Index，TCPI），为了实现特定的管理目标，剩余资源的使用必须达到的成本绩效指数，是完成剩余工作所需的成本与剩余预算之比。需要注意的是公式中完成剩余工作所需的成本是分子，剩余预算是分母。

26.2 成本计算基本公式

【基础知识点】

（1）进度偏差（Schedule Variance，SV）是测量进度绩效的一种指标，表示为挣值与计划值之差：SV=EV−PV。

（2）成本偏差（Cost Variance，CV）是测量成本绩效的一种指标，表示为挣值与实际成本之差：CV=EV−AC。

（3）进度绩效指标（Schedule Performance Index，SPI）是测量进度效率的一种指标，表示为挣值与计划值之比：SPI=EV/PV。

（4）成本绩效指标（Cost Performance Index，CPI）是测量预算资源的成本效率的一种指标，表示为挣值与实际成本之比：CPI=EV/AC。

（5）参数图例及分析如图 26-2 和表 26-1 所示。

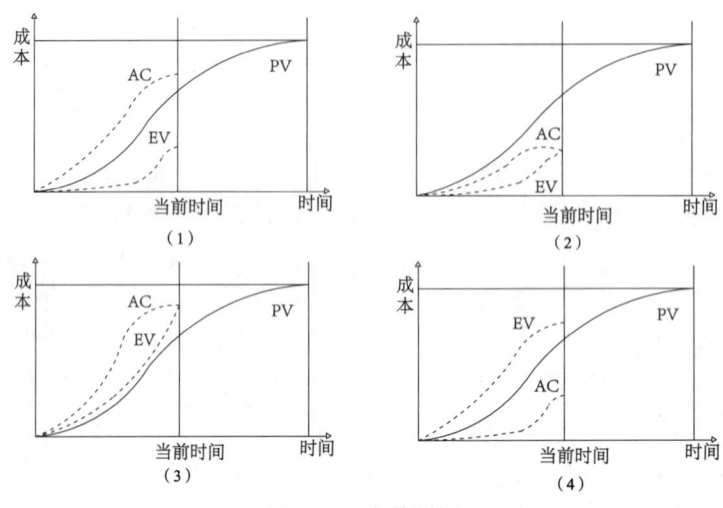

图 26-2　参数图例

表 26-1　参数分析

序号	参数关系	分析（含义）	措施
（1）	AC＞PV＞EV SV＜0，CV＜0	效率低、速度较慢、投入超前	用工作效率高的人员更换一批工作效率低的人员；赶工或并行施工追赶进度
（2）	PV＞AC=EV SV＜0，CV=0	效率较低、速度慢、成本与预算相差不大	增加高效人员投入，赶工或并行施工追赶进度
（3）	AC=EV＞PV SV＞0，CV=0	效率较高、速度较快、成本与预算相差不大	抽出部分人员，增加少量骨干人员
（4）	EV＞PV＞AC SV＞0，CV＞0	效率高、速度较快、投入延后	若偏离不大，维持现状，加强质量控制

（6）预测类公式。

非典型偏差：ETC=BAC-EV（知错即改为非典型，接下来的工作按计划进行，即纠偏）。

典型偏差：ETC=(BAC-EV)/CPI（知错不改为典型，继续按原绩效执行，即不纠偏）。

EAC=ETC+AC。

（7）完工尚需绩效指数（TCPI）。

TCPI=(BAC-EV)/(BAC-AC)或 TCPI=(BAC-EV)/(EAC-AC)

（8）完工偏差。

完工偏差（Variance at Completion，VAC）是完工预算与完工估算之差：VAC=BAC-EAC（注意 BAC 在前，BAC 的 B 排在 EAC 的 E 前面，这样记就不会记错）。

（9）评价结论见表 26-2。

表 26-2 评价结论

指标关系		评价结论
SV>0	SPI<1	进度超前
CV>0	CPI>1	成本节约
SV<0	SPI<1	进度滞后
CV<0	CPI<1	成本超支
TCPI>1		很难完成
TCPI<1		很容易完成
TCPI=1		刚好完成

26.3 考试真题解析

【基础知识点】

1. 某项目计划安排为：2022 年 6 月 30 日完成 2000 万元的投资任务。在当期进行项目绩效时评估结果为：完成计划投资额的 90%，而 CPI 为 50%，这时的项目实际花费为（　　）万元。

A．900　　　　　B．1800　　　　　C．3600　　　　　D．4000

【例题解析】根据定义在题目中找出或计算出 PV、EV 和 AC，根据公式求解要求的参数，解题步骤如下：

第一步，PV 是计划值，反映计划工作的预算成本，所以：PV=2000 万元。

第二步，EV 反映实际工作的预算成本，根据题意，实际完成计划投资额的 90%，即 EV 是 PV 的 90%，所以：EV=2000×90%=1800（万元）。

第三步，题目已知 CPI 为 50%，根据 CPI=EV/AC，所以 AC=EV/CPI=1800/50%=3600（万元）。

【易错点】对概念理解不清。

一定要理解 PV、EV 和 AC 分别代表什么，在做题的时候一定要找准。另外，需要记清楚 CV、SV、CPI 和 SPI 的公式，公式的共同点是：都是 EV 在前。

【思路总结】此题要求计算 AC，与要求计算 CV、SV、CPI 和 SPI 的解题思路一样，解题思路如下。

第一步，根据题意找出 PV 和 AC。一般情况下，题目会给出 AC 值，因为 AC 是实际成本，只有题目才知道实际成本是多少。但此题要求计算 AC，那题目中一定会给出与 AC 相关的其他参数，便于求解。PV 是计划值，题目中很容易找到或计算出来。

第二步，根据 PV，求解 EV。因为 EV 反映实际工作的预算成本，与 PV 的相同之处都是预算成本，不同之处就是工作量，所以可以根据工作的实际完成情况，由 PV 求解 EV。

第三步，根据公式求解要求的参数。

【参考答案】C

2．某个项目的预算是 3000 万元，工期为 5 个月。现在过去了 3 个月，实际成本 1800 万元，项目进度和绩效都符合计划，而且这种情况也会持续下去。则再过 3 个月，项目的 EV 是（　　）万元。

  A．1800   B．2400   C．1200   D．3000

【例题解析】此题中，项目的完工预算是 3000 万元，即 BAC=3000 万元。题目明确了项目已经干完的 3 个月的进度和绩效都符合计划，而且这种情况也会持续下去，即项目的实际和计划不存在偏差，所以再过 3 个月，项目已经做完，且只用了其中的 2 个月，因为工期是 5 个月，在没有偏差的情况下，项目只需要再过 2 个月就能做完。所以再过 3 个月和再过 2 个月，项目的 EV 相同，EV 反映实际工作的预算成本，因为不存在进度偏差，实际进度和计划进度一样，所以此时，EV=PV=BAC=3000 万元。解题步骤如下：

第一步，根据题意，本项目实际与计划不存在偏差，所以项目工期为 5 个月，再过 3 个月即已经过了 6 个月，此时项目已经结束，项目结束时，PV=BAC=3000 万元。

第二步，因为本项目不存在进度偏差，所以 EV=PV。

第三步，再过 3 个月，项目结束了，此时 EV=PV=BAC=3000 万元。

【易错点】项目全部完工，EV=BAC。单个活动全部完成 EV=PV。

PV、EV 和 AC 都是指截止某一时刻的累计值，所以题目中一般会明确某一时刻的 PV、EV 和 AC 值，此题要求计算的是项目完工这个时间点的 EV，此时的 PV=BAC，由于没有进度偏差，所以项目完工时 EV=PV=BAC。

【思路总结】计算 EV 的解题思路同例题 1，解题思路如下：

第一步，根据题意找出 PV。

第二步，找出 PV 与 EV 的关系。

第三步，计算 EV。

【参考答案】D

3．在项目实施期间的某次周例会上，项目经理向大家通报了项目目前的进度。根据下列表格特征，目前的进度（　　）。

  A．提前计划 7%   B．落后计划 15%

  C．落后计划 7%   D．提前计划 15%

活动	计划值/元	完成百分比/%	实际成本/元
基础设计	20000	90	10000
详细设计	50000	90	60000
测试	30000	100	40000

【例题解析】此题需要计算 SV 或 SPI，根据其大小确定项目进度情况，解题步骤如下：

第一步，计算 PV 和 EV，即：

PV=20000+30000+50000=100000（元）；

EV=20000×90%+50000×90%+30000=93000（元）；

第二步，计算 SPI，SPI=93000/100000=0.93；

第三步，因为 SPI<1，所以进度落后，(1-0.93)×100%=7%，故正确答案为 C 选项。

【易错点】公式记错。

此题只要记准公式，很容易解出答案，所以关键还是记准公式，并找出 PV 与 EV 的关系。

【思路总结】计算进度绩效指标的解题思路同例题1，解题思路如下：

第一步，计算 PV 和 EV。

第二步，计算 SPI。

第三步，根据 SPI 大小，判断项目进度情况。

所以，计算 PV、EV 和 AC，与计算 CV、SV、CPI 和 SPI 的解题思路一样。

【参考答案】C

4. 下表给出了某信息化建设项目到 2019 年 8 月 1 日为止的成本执行（绩效）数据，如果当前的成本偏差是非典型的，则完工估算（EAC）为（   ）元。

活动编号	活动	预计完成百分比 /%	实际完成百分比 /%	活动计划值（PV）/元	实际成本（AC）/元
1	A	100	100	2000	2000
2	B	100	100	1600	1800
3	C	100	100	2500	2800
4	D	100	80	1500	1600
5	E	100	75	2000	1800
6	F	100	60	2500	2200
	合计			12100	12200

项目总预算（BAC）：50000 元

报告日期：2019 年 8 月 1 日

A．59238　　　　B．51900　　　　C．50100　　　　D．48100

【例题解析】此题要求计算 EAC，根据公式 EAC=ETC+AC，需要先计算 ETC 和 AC。题目给出了 AC 值，所以只需要计算出 ETC。要计算 ETC 就需要知道当前成本偏差是典型偏差还是非典型偏差，而题目明确当前的成本偏差是非典型偏差，所以根据公式 ETC=BAC-EV 计算 ETC。因此需要确定 BAC 和 EV，而题目中已经给出 BAC=50000 元；EV 可以根据 PV 计算。解题步骤如下：

第一步，计算 EV，即

EV=2000×100%+1600×100%+2500×100%+1500×80%+2000×75%+2500×60%=10300（元）。

第二步，计算非典型偏差情况下的 ETC，即

ETC=BAC-EV=50000-10300=39700（元）。

第三步，计算 EAC，EAC=ETC+AC=39700+12200=51900（元）。

【易错点】EV 的计算。

此题关键要计算出 EV 值，切记 EV=PV×实际完成百分比，据此，将 6 个活动的 EV 分别计算出来，然后求和。另外，典型偏差和非典型偏差情况下，ETC 计算公式不同，要计算 ETC，一定要先明确是典型偏差还是非典型偏差，切勿用错公式。

【思路总结】计算 EAC 的思路采用倒推法，解题思路如下：

第一步，根据公式 EAC=ETC+AC，采用倒推法，计算 ETC 和 AC。

第二步，明确当前是典型偏差还是非典型偏差，计算 ETC。

第三步，根据 PV 与 EV 的关系，计算 EV；若是典型偏差，还需要计算 CPI。

【参考答案】B

5．下表给出了某信息化建设项目到 2017 年 9 月 1 日为止的成本执行（绩效）数据。基于该数据，项目经理对完工估算（EAC）进行预测。假设当前的成本偏差被看作可代表未来偏差的典型偏差，EAC 应为（　　）元。

活动编号	活动	完成百分比/%	计划值（PV）/元	实际成本（AC）/元	挣值（EV）/元
1	A	100	1000.00	1000.00	1000.00
2	B	100	2000.00	2200.00	2000.00
3	C	100	5000.00	5100.00	5000.00
4	D	80	3000.00	3200.00	2400.00
5	E	60	4000.00	4500.00	2400.00
合计			15000.00	16000.00	12800.00

项目总预算（BAC）：50000.00 元

报告日期：2017 年 9 月 1 日

A．45000.00　　　　B．50000.00　　　　C．53200.00　　　　D．62500.00

【例题解析】此题解题思路与例题 4 相同，不同之处在于此题是在典型偏差情况下计算 EAC。仍采用倒推法，根据公式 EAC=ETC+AC，需要先计算 ETC 和 AC。题目给出了 AC 值，所以只需要计算出 ETC。要计算 ETC 就需要知道当前成本偏差是典型偏差还是非典型偏差，而题目明确当前的成本偏差是典型偏差，所以根据公式 ETC′=ETC/CPI 和 ETC=BAC-EV，计算 ETC′。因此需要确定 BAC、EV 和 CPI，而题目中已经给出 BAC=50000.00 元，EV=12800.00 元和 AC=16000.00 元，可以根据公式 CPI=EV/AC 计算 CPI。解题步骤如下：

第一步,计算 CPI,即 CPI=EV/AC=12800.00/16000.00=0.80。

第二步,计算 ETC,即 ETC=BAC－EV=50000.00－12800.00=37200.00(元)。

第三步,计算 ETC′,即 ETC′=ETC/CPI=37200.00/0.8=46500.00(元)。

第四步,计算 EAC,即 EAC=ETC+AC=46500.00+16000.00=62500.00(元)。

【易错点】区分典型偏差与非典型偏差。

典型偏差是知道不改,不纠偏;非典型偏差是知错即改,纠偏。

此题中 PV、EV 和 AC 都是 5 个活动的合计值。另外,此题涉及的公式比较多,一定要记清公式。

【思路总结】计算 EAC 的思路采用倒推法,解题思路如下:

第一步,根据公式 EAC=ETC+AC,采用倒推法,计算 ETC 和 AC。

第二步,明确当前是典型偏差还是非典型偏差,计算 ETC 或 ETC′。

第三步,根据 PV 与 EV 的关系,计算 EV。若是典型偏差,还需要计算 CPI。

【参考答案】D

6. 下表给出了某信息系统建设项目的所有活动截至 2018 年 6 月 1 日的成本绩效数据,项目完工预算 BAC 为 30000 元。

活动编号	完成百分比/%	PV/元	AC/元
1	100	1000	1000
2	100	1500	1600
3	100	3500	3000
4	100	800	1000
5	100	2300	2000
6	80	4500	4000
7	100	2200	2000
8	60	2500	1500
9	50	4200	2000
10	50	3000	1600

【问题 1】请计算项目当前的成本偏差(CV)、进度偏差(SV)、成本绩效指数(CPI)、进度绩效指数(SPI),并指出该项目的成本和进度执行情况(CPI 和 SPI 结果保留两位小数)。

【问题 2】项目经理对项目偏差产生的原因进行了详细分析,预期未来还会发生类似偏差,如果项目要按期完成,请估算项目中的 ETC(结果保留一位小数)。

【问题 3】假如此时项目增加 10000 元的管理储备,项目完工预算 BAC 如何变化?

【问题 4】在以下成本中,直接成本有( )三项?间接成本有( )三项?(从候选答案中选择正确选项,所选答案多于三项不得分。)

A．销售费用　　　　　　　　　　B．项目成员的工资
C．办公室电费　　　　　　　　　D．项目成员的差旅费
E．项目所需的物料费　　　　　　F．公司为员工缴纳的商业保险费

【例题解析】

【问题1】只要题目要求计算 CV、SV、CPI 和 SPI，就要先确定 PV、EV 和 AC 的值，然后根据公式求解。解题步骤如下：

第一步，计算 PV、EV 和 AC，即：

PV=1000+1500+3500+800+2300+4500+2200+2500+4200+3000=25500（元）；

EV=1000+1500+3500+800+2300+4500×0.8+2200+2500×0.6+4200×0.5+3000×0.5=20000（元）；

AC=1000+1600+3000+1000+2000+4000+2000+1500+2000+1600=19700（元）。

第二步，计算 CV、SV、CPI 和 SPI，即：

CV=EV−AC=20000−19700=300（元）；

SV=EV−PV=20000−25500=−5500（元）；

CPI=EV/AC=20000/19700=1.02；

SPI=EV/PV=20000/25500=0.78。

【问题2】计算 ETC，解题步骤同例题 5，即：

典型偏差情况下，ETC′=ETC/CPI=(BAC−EV)/(CPI×SPI)=(30000−20000)/(1.02×0.78)= 12569.1（元）。

【问题3】BAC 是完工预算，管理储备是不作为项目预算分配下去的，所以 BAC 不包括管理储备。因此增加 10000 元的管理储备对 BAC 无影响。

【问题4】此题涉及直接成本和间接成本的定义。直接成本是与项目直接关联的成本，间接成本是几个项目共同承担的成本所分摊给本项目的成本。根据上述定义可以选出，直接成本为：B、D、E；间接成本为：A、C、F。

【易错点】数学计算，一定要细心。错一个接下来会全部都错。

此题只要记住公式，就很容易计算出题目要求的参数；此题需要掌握管理储备、直接成本和间接成本的概念，便于回答简答题。

【思路总结】此题属于案例题常规题型，解题思路同例题 5。

26.4　考点实练

1．下表给出了某项目到 2019 年 6 月 30 日为止的成本执行（绩效）数据。如果当前的成本偏差是典型的，则完工估算（EAC）为（　　）元。

活动	完成百分比/%	计划值（PV）/元	实际成本（AC）/元
A	100	2200.00	2500.00
B	100	2500.00	2900.00
C	100	2500.00	2800.00
D	80	1500.00	1500.00
E	70	3000.00	2500.00
F	60	2500.00	2200.00
合计		14200.00	14400.00

项目总预算（BAC）：40000.00 元

报告日期：2019 年 6 月 30 日

A．48000　　　　B．44000　　　　C．42400　　　　D．41200

解析：略。

答案：A

2. 下表给出了某项目到 2018 年 12 月 30 日为止的部分成本执行（绩效）数据。如果当前的成本偏差是非典型的，则完工估算（EAC）为（　　）元。

活动编号	活动	完成百分比/%	计划值（PV）/元	实际成本（AC）/元
1	A	100	1000.00	1000.00
2	B	100	800.00	1000.00
3	C	100	2000.00	2200.00
4	D	100	5000.00	5100.00
5	E	80	3200.00	3000.00
6	F	60	4000.00	3800.00
	合计		16000.00	16100.00

项目总预算（BAC）：40000.00 元

报告日期：2018 年 12 月 30 日

A．45000　　　　B．40100　　　　C．42340　　　　D．47059

解析：略。

答案：C

3. 某信息系统集成项目计划 6 周完成，项目经理就前 4 周的项目进展情况进行分析，具体如下表所示，项目的成本执行指数 CPI 为（　　）。

周	计划投入成本值/元	实际投入成本值/元	完成百分比/%
1	1000	1000	100
2	3000	2500	100
3	8000	10000	100
4	13000	15000	90
5	17000		
6	19000		

A．0.83　　　　　B．0.87　　　　　C．0.88　　　　　D．0.95

解析：略。

答案：A

4．某系统集成项目包含了 3 个软件模块，现在估算项目成本时，项目经理考虑到其中的模块 A 技术成熟，已在以前类似项目中多次使用并成功支付，所有项目经理忽略了 A 的开发成本，只给 A 预留了 5 万元，以防意外发生。然后估算了 B 的成本为 50 万元，C 的成本为 30 万元，应急储备为 10 万元，三者集成成本为 5 万元，并预留了项目的 10 万元管理储备。如果你是项目组成员，该项目的成本基准是__(1)__万元，项目预算是__(2)__万元。项目开始执行后，当项目的进度绩效指数 SPI 为 0.6 时，项目实际花费为 70 万元，超出预算 10 万元，如果不加以纠偏，请根据当前项目目进展，估算该项目的完工估算值（EAC）为__(3)__万元。

(1) A．90　　　　B．95　　　　C．100　　　　D．110

(2) A．90　　　　B．95　　　　C．100　　　　D．110

(3) A．64　　　　B．134　　　　C．194.4　　　　D．124.4

解析：略。

答案：(1) C　　(2) D　　(3) C

5．某项目的估算成本为 90 万元，在此基础上，公司为项目设置 10 万元的应急储备和 10 万元的管理储备，项目工期为 5 个月。项目进行到第 3 个月的时候，SPI 为 0.6，实际花费为 70 万元，EV 为 60 万元。以下描述正确的是（　　）。

A．项目的预算为 110 万元

B．项目的成本控制到位，进度上略有滞后

C．基于典型偏差计算，到项目完成时，实际花费的成本为 100 万元

D．基于非典型偏差计算，到项目完成时，实际花费的成本为 117 万元

解析：略。

答案：B

6．某公司对正在进行的 4 个项目进行了检查，绩效数据如下表所示，则最有可能提前完成且不超支的是（　　）。

项目	计划价值	实际成本	挣值
A	1000	600	900
B	1000	1000	1100
C	1000	1300	1200
D	1000	900	800

A．项目 A　　　　B．项目 B　　　　C．项目 C　　　　D．项目 D

解析：略。

答案：B

7．阅读下列说明，回答问题 1 至问题 4。

某系统集成公司项目经理老王在其负责的一个信息系统集成项目中采用绩效衡量分析技术进行成本控制，该项目计划历时 10 个月，总预算 50 万元。目前项目已经实施到第 6 个月末。为了让公司管理层了解项目进展情况，老王根据项目实施过程中的绩效测量数据完成了一份成本执行绩效统计报告，截至第 6 个月末，项目成本绩效统计数据如下表所示。

序号	工作任务单元代号	完成百分比/%	计划成本值/万元	实际成本值/万元
1	W01	100	3	2.5
2	W02	100	5	4.5
3	W03	90	6	6.5
4	W04	80	8.5	6
5	W05	40	6.5	1.5
6	W06	30	1	1.5
7	W07	10	7	0.5

【问题 1】请计算该项目截至第 6 个月末的计划成本（PV）、实际成本（AC）、挣值（EV）、成本偏差（CV）、进度偏差（SV）。

【问题 2】请计算该项目截至第 6 个月末的成本执行指数（CPI）和进度指数（SPI），并根据计算结果分析项目的成本执行情况和进度情况。

【问题 3】根据所给的资料说明该项目表现出来的问题和可能的原因。

【问题 4】假设该项目现在解决了导致偏差的各种问题，后续工作可以按照原计划继续实施，项目的最终完工成本是多少？

答案：

【问题 1】

PV=3+5+6+8.5+6.5+1+7=37（万元）；

AC=2.5+4.5+6.5+6+1.5+1.5+0.5=23（万元）；

EV=3×100%+5×100%+6×90%+8.5×80%+6.5×40%+1×30%+7×10%=23.8（万元）；

CV=EV-AC=23.8-23=0.8（万元）；

SV=EV-PV=23.8-37=-13.2（万元）。

【问题2】

CPI=EV/AC=23.8/23=1.035

SPI=EV/PV=23.8/37=0.643

CPI＞1，所以成本节约；

SPI＜1，所以进度滞后。

【问题3】表现出来的问题是进度滞后，PV是37万元，实际成本只有23万元，可能的原因是投入不足，才导致进度滞后。

【问题4】这属于非典型偏差，所以：

ETC=BAC-EV=50-23.8=26.2（万元）；

EAC=AC+ETC=23+26.2=49.2（万元）。

第27小时 项目进度类计算

27.0 章节考点分析

第 27 小时主要学习进度类计算，包括进度管理计算相关概念、网络图、关键路径、总时差、自由时差的计算等内容。

根据考试大纲，本小时知识点会涉及单项选择题和案例分析题，按以往全国计算机技术与软件专业技术资格考试的出题规律，上午单选题约占 1 分，下午案例分析与成本类计算综合为一个大题，本小时内容属于基础知识范畴，考查的知识点来源于教材，扩展内容较少。本小时的架构如图 27-1 所示。

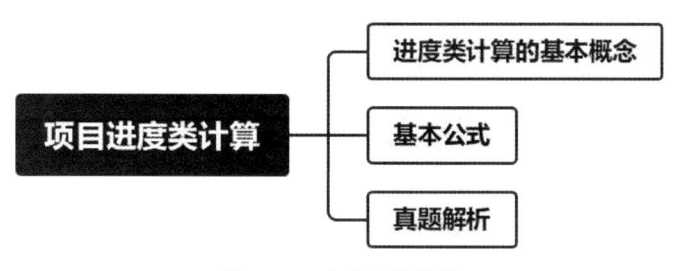

图 27-1 本小时的架构

【导读小贴士】

项目进度管理在项目管理中占有重要地位，项目进度管理是为了保证项目按时完成。因此，需要在项目实施过程中对项目进度进行测量、对项目进度进行预测，要把实际进度与计划进度进行比较，分析进度绩效，就要进行进度计算。本小时内容包括进度管理计算相关概念、网络图、关键路径、总时差、自由时差的计算等，属于考生必须掌握的内容之一。

27.1 进度类计算的基本概念

【基础知识点】

1. 前导图法

前导图法（Precedence Diagramming Method，PDM），也称紧前关系绘图法，是用于编制项目进度网络图的一种方法，它使用方框或者长方形（被称作节点）代表活动，节点之间用箭头连接，以显示节点之间的逻辑关系。图 27-2 为用 PDM 绘制的项目进度网络图。这种网络图也被称作单代号网络图（只有节点需要编号）或活动节点图（Active On Node，AON），为大多数项目管理软件所采用。

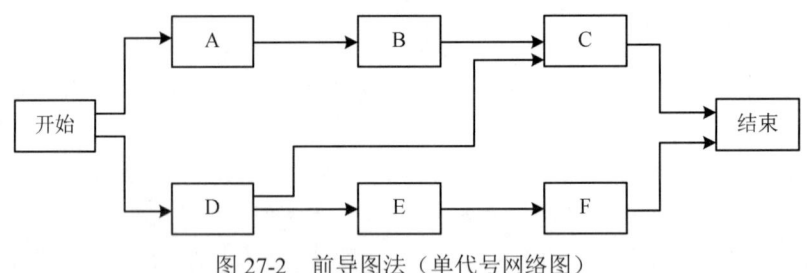

图 27-2 前导图法（单代号网络图）

前导图法包括活动之间存在的 4 种类型的依赖关系。

（1）结束—开始的关系（FS 型）。前序活动结束后，后续活动才能开始。例如，只有比赛（紧前活动）结束，颁奖典礼（紧后活动）才能开始。

（2）结束—结束的关系（FF 型）。前序活动结束后，后续活动才能结束。例如，只有完成文件的编写（紧前活动），才能完成文件的编辑（紧后活动）。

（3）开始—开始的关系（SS 型）。前序活动开始后，后续活动才能开始。例如，开始地基浇灌（紧前活动）之后，才能开始混凝土的找平（紧后活动）。

（4）开始—结束的关系（SF 型）。前序活动开始后，后续活动才能结束。例如，只有第二位保安人员开始值班（紧前活动），第一位保安人员才能结束值班（紧后活动）。

在 PDM 中，结束—开始的关系是最普遍使用的一类依赖关系。开始—结束的关系很少被使用。前导图 4 种类型的依赖关系如图 27-3 所示。

在前导图法中，每项活动有唯一的活动号，每项活动都注明了预计工期（活动的持续时间）。通常，每个节点的活动会有如下几个时间。

项目进度类计算　第 27 小时

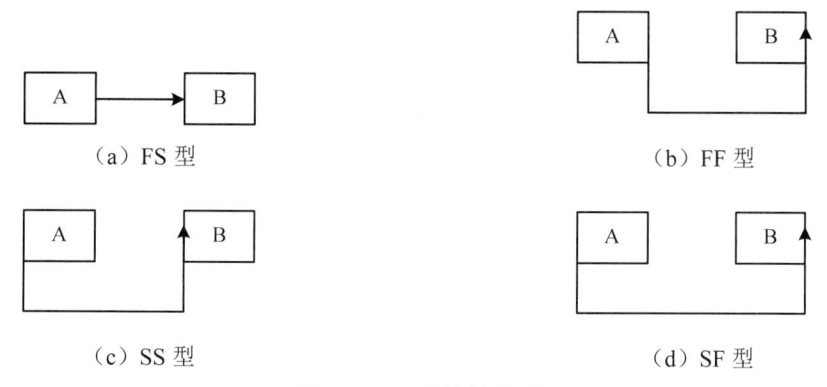

(a) FS 型　　　　　　　　　　(b) FF 型

(c) SS 型　　　　　　　　　　(d) SF 型

图 27-3　活动依赖关系

（1）最早开始时间（Earliest Start Time，ES），某项活动能够开始的最早时间。

（2）最早完成时间（Earliest Finish Time，EF），某项活动能够完成的最早时间。公式为：EF=ES+工期。

（3）最迟完成时间（Latest Finish Time，LF），为了使项目按时完成，某项活动必须完成的最迟时间。

（4）最迟开始时间（Latest Start Time，LS），为了使项目按时完成，某项活动必须开始的最迟时间。公式为：LS=LF-工期。

这几个时间通常作为每个节点的组成部分，如图 27-4 所示。

最早开始时间（ES）	工期	最早完成时间（EF）
活动名称		
最迟开始时间（LS）	总浮动时间（TF）	最迟完成时间（LF）

图 27-4　节点的组成部分

2. 箭线图法

与前导图法不同，箭线图法（Arrow Diagramming Method，ADM）是用箭线表示活动、节点表示事件的一种网络图绘制方法，如图 27-5 所示。这种网络图也被称作双代号网络图（节点和箭线都要编号）或活动箭线图（Active On the Arrow，AOA）。

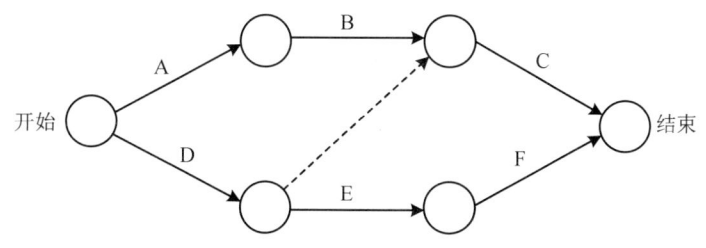

图 27-5　箭线图法（双代号网络图）

317

在箭线图法中，活动的开始（箭尾）事件叫作该活动的紧前事件（Precede Event），活动的结束（箭头）事件叫作该活动的紧后事件（Successor Event）。

在箭线图法中，有如下 3 个基本原则。

（1）网络图中每一活动和每一事件都必须有唯一的代号，即网络图中不会有相同的代号。

（2）任意两项活动的紧前事件和紧后事件代号至少有一个不相同，节点代号沿箭线方向越来越大。

（3）流入（流出）同一节点的活动，均有共同的紧后活动（或紧前活动）。

为了绘图的方便，在箭线图中又人为引入了一种额外的、特殊的活动，叫作虚活动（Dummy Activity），在网络图中用一个虚箭线表示。虚活动不消耗时间，也不消耗资源，只是为了弥补箭线图在表达活动依赖关系方面的不足。借助虚活动，我们可以更好地、更清楚地表达活动之间的关系，如图 27-6 所示。

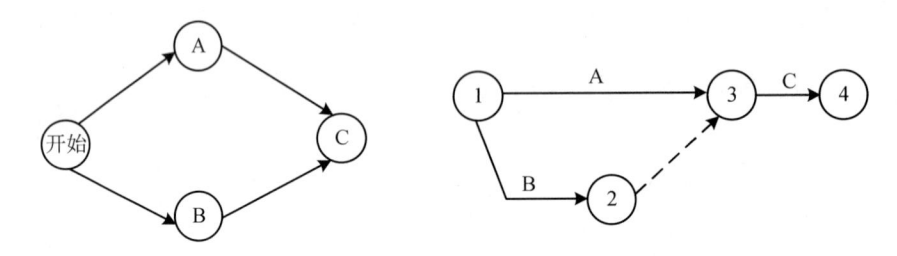

图 27-6　虚活动

注：活动 A 和活动 B 可以同时进行；只有活动 A 和活动 B 都完成后，活动 C 才能开始。

3．时标网络图

（1）在时标网络图中，各项工作的工期大小与箭头长短一致，工期根据箭头长度从标尺上读取，如图 27-7 工作 A 的工期是 2 天，工作 B 的工期是 5 天。

（2）工作后面的波浪线表示该工作的自由时差，自由时差根据波浪线长度从标尺上读取，若工作后面没有波浪线，则该工作的自由时差就是 0，如图 27-7 中工作 A 的自由时差是 0 天，工作 B 的自由时差是 1 天，工作 G 的自由时差是 1 天。

（3）关键路径就是没有波浪线的各项工作相连，关键路径可有多条。项目的总工期可以从标尺上读取，如图 27-7 中总工期为 21 天。

（4）从标尺上可看出各活动的最早开始时间和最早结束时间。

4．确定依赖关系

活动之间的依赖关系可能是强制性的或选择性的，内部或外部的。这四种依赖关系可以组合成强制性外部依赖关系、强制性内部依赖关系、选择性外部依赖关系或选择性内部依赖关系。

（1）强制性依赖关系。强制性依赖关系是法律或合同要求的或工作的内在性质决定的依赖关系。

（2）选择性依赖关系。选择性依赖关系有时又称首选逻辑关系、优先逻辑关系或软逻辑关系。

它通常是基于具体应用领域的最佳实践或者是基于项目的某些特殊性质而设定,即便还有其他顺序可以选用,但项目团队仍默认按照此种特殊的顺序安排活动。

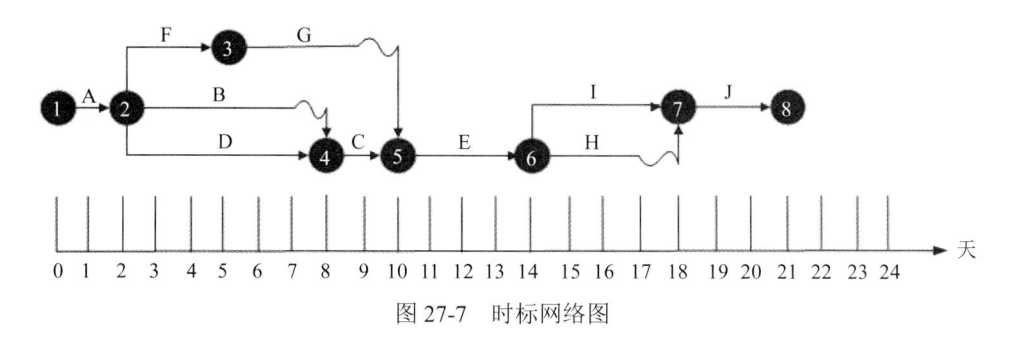

图 27-7 时标网络图

（3）外部依赖关系。外部依赖关系是项目活动与非项目活动之间的依赖关系。这些依赖关系往往不在项目团队的控制范围内。

（4）内部依赖关系。内部依赖关系是项目活动之间的紧前关系,通常在项目团队的控制之中。

5. 提前量与滞后量

在活动之间加入时间提前量与滞后量,可以更准确地表达活动之间的逻辑关系。

提前量是相对于紧前活动,紧后活动可以提前的时间量。例如,对于一个大型技术文档,技术文件编写小组可以在写完文件初稿（紧前活动）之前 15 天着手第二稿（紧后活动）。在进度规划软件中,提前量往往表示为负数。

滞后量是相对于紧前活动,紧后活动需要推迟的时间量。例如,为了保证混凝土有 10 天养护期,可以在两道工序之间加入 10 天的滞后时间。在进度规划软件中,滞后量往往表示为正数。

在图 27-8 的项目进度网络图中,活动 H 和活动 I 之间的依赖关系表示为 SS+10（10 天滞后量,活动 H 开始 10 天后,开始活动 I）；活动 F 和活动 G 之间的依赖关系表示为 FS+15（15 天滞后量,活动 F 完成 15 天后,开始活动 G）。

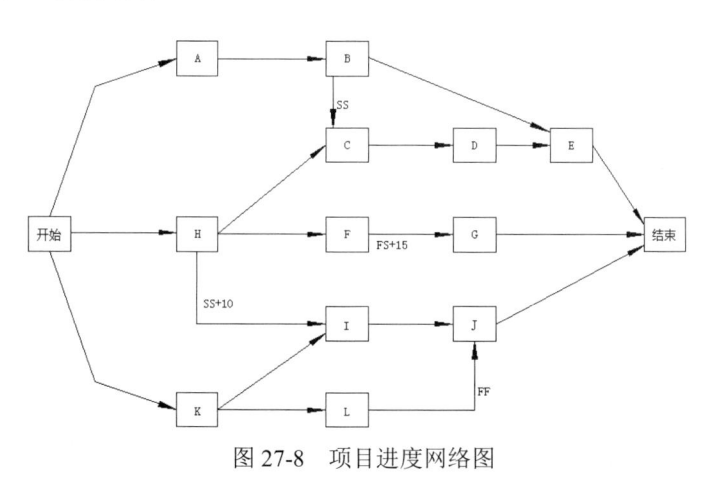

图 27-8 项目进度网络图

6. 关键路径法

关键路径法（Critical Path Method，CPM）是在进度模型中，估算项目最短工期，确定逻辑网络路径的进度灵活性大小的一种方法。关键路径是项目中时间最长的活动顺序，进度网络图中可能有多条关键路径，关键路径上的活动被称为关键活动，关键活动的工期之和就是项目的总工期，关键活动的工期会影响项目总工期，所以要压缩项目进度必须压缩关键活动的工期，在压缩关键活动工期的同时，要注意是否改变了关键路径。

7. 总浮动时间

总浮动时间（Total Float，TF），又称作总时差，是在不延误项目完工时间且不违反进度制约因素的前提下，活动可以从最早开始时间推迟或拖延的时间量，就是该活动的进度灵活性。其计算方法为：本活动的最迟完成时间减去本活动的最早完成时间，或本活动的最迟开始时间减去本活动的最早开始时间。正常情况下，关键活动的总浮动时间为零。

8. 自由浮动时间

自由浮动时间（Free Float，FF），又称作自由时差，是指在不延误任何紧后活动的最早开始时间且不违反进度制约因素的前提下，活动可以从最早开始时间推迟或拖延的时间量。其计算方法为：紧后活动最早开始时间的最小值减去本活动的最早完成时间。正常情况下，关键活动的自由浮动时间为零。

9. 关键链法

关键链法（Critical Chain Method，CCM）是一种进度规划方法，允许项目团队在任何项目进度路径上设置缓冲，以应对资源限制和项目的不确定性。这种方法建立在关键路径法之上，考虑了资源分配、资源优化、资源平衡和活动历时不确定性对关键路径的影响。关键链法引入了缓冲和缓冲管理的概念。关键链法增加了作为"非工作活动"的持续时间缓冲，用来应对不确定性。如图27-9 所示，放置在关键链末端的缓冲称为项目缓冲，用来保证项目不因关键链的延误而延误。其他缓冲，即接驳缓冲，则放置在非关键链与关键链的接合点，用来保护关键链不受非关键链延误的影响。

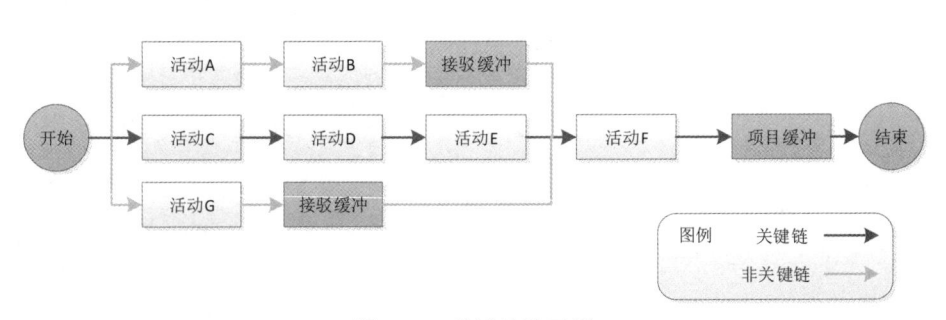

图 27-9 关键链法示例

10. 资源优化技术

资源优化技术是根据资源供需情况来调整进度模型的技术，包括（但不限于）：

（1）资源平衡（Resource Leveling）。为了在资源需求与资源供给之间取得平衡，根据资源制约对开始日期和结束日期进行调整的一种技术。如果共享资源或关键资源只在特定时间可用，数量有限，或被过度分配，如一个资源在同一时段内被分配至两个或多个活动，就需要进行资源平衡。也可以为保持资源使用量处于均衡水平而进行资源平衡。资源平衡往往导致关键路径发生改变，通常是延长。

（2）资源平滑（Resource Smoothing）。对进度模型中的活动进行调整，从而使项目资源需求不超过预定的资源限制的一种技术。相对于资源平衡而言，资源平滑不会改变项目关键路径，完工日期也不会延迟。也就是说，活动只在其自由浮动时间和总浮动时间内延迟。因此，资源平滑技术可能无法实现所有资源的优化。

11. 进度压缩

进度压缩技术是指在不缩减项目范围的前提下，缩短进度工期，以满足进度制约因素、强制日期或其他进度目标。进度压缩技术包括（但不限于）：

（1）赶工，投入更多的资源或增加工作时间，以缩短关键活动的工期。
（2）快速跟进，并行施工，以缩短关键路径的长度。
（3）使用高素质的资源或经验更丰富的人员。
（4）减少活动范围或降低活动要求，需投资人同意。
（5）改进方法或技术，以提高生产效率。
（6）加强质量管理，及时发现问题，减少返工，从而缩短工期。

27.2 基本公式

【基础知识点】

（1）EF=ES+工期。
（2）LS=LF-工期。
（3）TF=LS-ES=LF-EF。
（4）FF=min（紧后活动的ES）-本活动的EF。

27.3 真题解析

【基础知识点】

1. 前导图法可以描述四种关键活动类型的依赖关系，对于接班同事A到岗，交班同事B才可以下班的交接班过程，可以用（　　）描述。

　　A. SF　　　　　　B. FF　　　　　　C. SS　　　　　　D. FS

【例题解析】此题要求确定两个活动的依赖关系，"接班同事A到岗，交班同事B才可以下班"，即A到岗理解为活动开始（Start），B才可以下班理解为B才可以活动结束（Finish），所以两个活动的依赖关系为 SF。解题步骤如下：

第一步，同事 A 和同事 B 活动的先后顺序是 A 在前，B 在后。

第二步，同事 A 的活动是开始状态，同事 B 的活动是结束状态。

第三步，确定"同事 A 到岗，交班同事 B 才可以下班的交接班过程"为开始—结束关系，即为 SF。

【易错点】理解题意，接班同事 A 到岗为"开始"，交班同事 B 下班为"结束"。

此题容易颠倒活动的顺序，即把"交班同事 B 才可以下班"放到"接班同事 A 到岗"前面，这样就变成了 B 先结束，A 才开始，此时两个活动的依赖关系就变成 FS。切记，严格按照题目的顺序，确认活动的依赖关系。

【思路总结】确认活动的依赖关系的解题思路如下：

第一步，根据题意明确活动的先后顺序。

第二步，确定各项活动的状态是"开始"还是"结束"。

第三步，确定活动的依赖关系。

【参考答案】A

2. 下图中（单位：天）关于活动 H 和活动 I 之间的关系，描述正确的是（　　）。

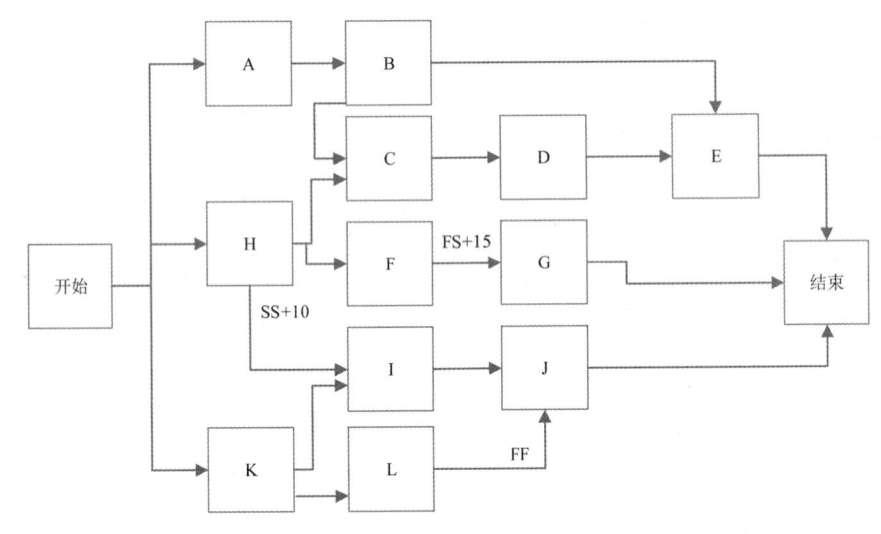

A．活动 H 开始时，开始活动 I　　　　B．活动 H 完成 10 天后，开始活动 I

C．活动 H 结束后，开始活动 I　　　　D．活动 H 开始 10 天后，开始活动 I

【例题解析】在项目进度网络图中，活动 H 和活动 I 之间的依赖关系表示为 SS+10，即活动 H 和活动 I 第一层依赖关系是开始—开始关系，第二层依赖关系是两个活动之间有 10 天的滞后量，即活动 H 开始 10 天后，活动 I 才开始。解题步骤如下：

第一步，从项目进度网络图中可以看出，活动 H 和活动 I 之间的依赖关系为开始—开始关系，即 SS 关系。

第二步，活动 H 和活动 I 之间的依赖关系表示为 SS+10，即活动 H 和活动 I 之间存在滞后量。

第三步，活动 H 和活动 I 之间的依赖关系为：活动 H 开始 10 天后，开始活动 I。

【易错点】关系解读错误以及提前量和滞后量理解不清，正数为提前量，负数表示滞后量。

将活动 H 和活动 I 之间的依赖关系解读错误，应严格按照图中表示的关系分层解读，先确定依赖关系的类型，再确定是否存在提前量和滞后量。

【思路总结】确定活动之间依赖关系的解题思路：

第一步，明确活动之间依赖关系的类型。

第二步，确定活动之间是否存在提前量和滞后量。

第三步，确定活动之间详细明确的依赖关系。

【参考答案】D

3. 在下图（某工程单代号网络图）中，活动 B 的总浮动时间为（　　）天。

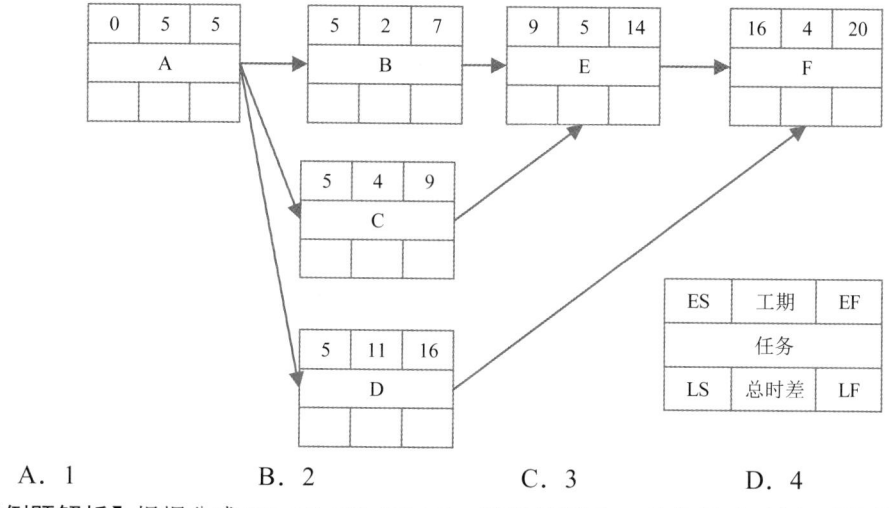

0	5	5
	A	

5	2	7
	B	

9	5	14
	E	

16	4	20
	F	

5	4	9
	C	

5	11	16
	D	

ES	工期	EF
	任务	
LS	总时差	LF

A．1　　　　　　B．2　　　　　　C．3　　　　　　D．4

【例题解析】根据公式 TF=LS-ES=LF-EF，要计算活动 B 的总浮动时间，需要计算活动 B 的最早完成时间 EF 和最迟完成时间 LF。求解活动的最早开始时间和最早完成时间，要从起始活动 A 开始，顺着箭线的箭头方向逐个计算每个活动的最早开始时间，此题没有特别标准，默认为所有活动的依赖关系都为 FS 关系，且不存在提前量与滞后量。若一个活动存在多个紧前活动，那么该活动的最早开始时间需要取其所有紧前活动的最早完成时间的最大值，因为只有所有的紧前活动都结束了，本活动才能开始。根据公式 EF=ES+工期，可以计算出每个活动的最早完成时间 EF。若要求活动的最迟完成时间 LF，需要先找到本项目的关键路径并计算总工期，然后，根据总工期，从终止活动开始，逆着箭线的箭头方向从后往前计算每个活动的最迟完成时间 LF。若一个活动存在多个紧后活动，那么该活动的最迟完成时间需要取其所有紧后活动的最迟开始时间的最小值，因为只有本活动按照其所有紧后活动最迟开始时间的最小值作为其最迟完成时间,其所有的紧后活动才可以最迟开始。解题步骤如下：

第一步，从起始活动 A 开始，顺着箭线的箭头方向计算活动 B 的最早开始时间 ES，计算得出活动 B 的 ES=5。

第二步，根据公式 EF=ES+工期，计算得出活动 B 的 EF=5+2=7。

第三步，按照本节例题 3 的解题思路，寻找此题的关键路径并计算总工期，得出结论：关键路径是 ADF，总工期是 5+11+4=20（天）。

第四步，从终止活动 F 开始，逆着箭线的箭头方向从后往前计算活动 B 的最迟完成时间 LF，计算得出活动 B 的 LF=11。

第五步，根据公式 TF=LS-ES=LF-EF，计算活动 B 的 TF，计算得出活动 B 的 TF=11-7=4。

【易错点】确定活动的最早开始/完成时间或最晚开始/完成时间出错。

此题在计算活动的最早完成时间 EF 和最迟完成时间 LF，尤其涉及多个紧前活动和多个紧后活动时，很容易出错，一定要记住，计算活动的最早开始时间 ES 和最早完成时间 EF 的口诀为：从前往后取最大；计算活动的最迟开始时间 LS 和最迟完成时间 LF 的口诀为：从后往前取最小。

【思路总结】计算活动的总浮动时间的解题思路如下：

第一步，计算活动的最早开始时间 ES 和最早完成时间 EF，注意有多个紧前活动的计算口诀：从前往后取最大。

第二步，按照单代号网络图，先寻找出关键路径，然后计算总工期。

第三步，从终止活动开始，逆着箭线的箭头方向从后往前计算所求活动的最迟完成时间 LF。

第四步，根据公式 TF=LS-ES=LF-EF，计算活动的 TF。

【参考答案】D

4．某项目的网络图如下，活动 D 的自由浮动时间为（　　）天。

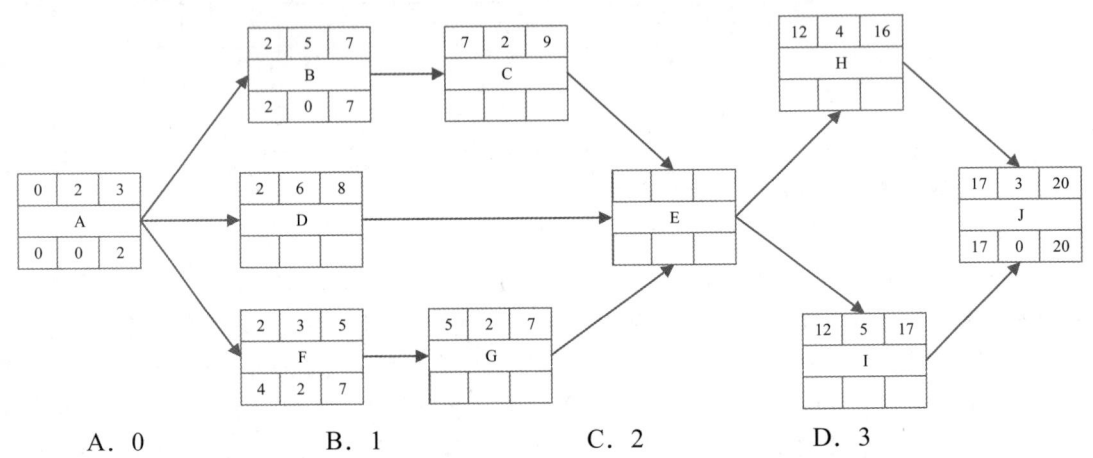

A．0　　　　　B．1　　　　　C．2　　　　　D．3

【例题解析】根据公式 FF=min（紧后活动的 ES）-本活动的 EF，要计算活动 D 的自由浮动时间，需要计算活动 D 的最早完成时间 EF 及其所有紧后活动最早开始时间 ES 的最小值。按照网络图先计算出活动 D 的最早完成时间 EF 和活动 D 的所有紧后活动的最早开始时间 ES。计算步骤如下：

第一步，找出活动 D 的所有紧后活动，由进度网络图可知，活动 D 的紧后活动只有一个活动 E。

第二步，从起始活动 A 开始，顺着箭线的箭头方向计算活动 D 的最早完成时间 EF 和其紧后活动 E 的最早开始时间 ES，计算得出活动 D 的 EF=8，活动 E 的 ES=9。

第三步，根据公式 FF=min（紧后活动的 ES）-本活动的 EF，计算活动 D 的自由浮动时间 FF，计算得出活动 D 的 FF=9-8=1（天）。

【易错点】确定紧后活动的最早开始时间出错。

此题在计算活动 E 的最早开始时间（ES）时会出现差错，活动 E 有 3 个紧前活动 C、D 和 G，计算活动 E 的最早开始时间（ES）应该取其 3 个紧前活动 C、D 和 G 的最早完成时间（EF）的最大值。

【思路总结】计算活动自由浮动时间的解题思路如下：

第一步，找出活动的所有紧后活动。

第二步，从起始活动开始，顺着箭线的箭头方向计算本活动的最早完成时间（EF）和其所有紧后活动的最早开始时间（ES）。

第三步，取本活动所有紧后活动的最早开始时间（ES）的最小值。

第四步，根据公式 FF=min（紧后活动的 ES）-本活动的 EF，计算本活动的自由浮动时间（FF）。

【参考答案】B

5．某工程双代号时标网络计划如下图所示，不正确的结论有（　　）。

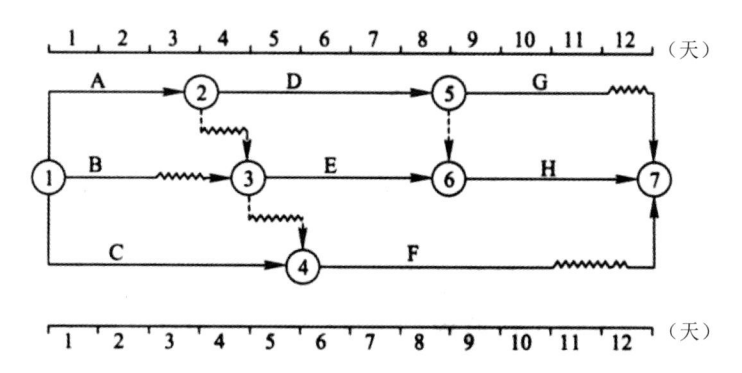

A．工作 A 为关键工作　　　　　　B．工作 B 的自由时差为 2 天
C．工作 D 的最早完成时间为第 8 天　　D．工作 F 的最早开始时间为第 5 天

【例题解析】此题考查双代号时标网络图的相关知识。

（1）在时标网络图中，各项工作的工期大小与箭头长短一致，工期根据箭头长度从标尺上读取，如此题中工作 A 的工期是 3 天，工作 B 的工期是 2 天。

（2）工作后面的波浪线表示该工作的自由时差，自由时差根据波浪线长度从标尺上读取，若工作后面没有波浪线，则该工作的自由时差就是 0，如此题工作 B 的自由时差是 2 天，工作 G 的自由时差是 1 天，工作 A 的自由时差是 0 天。

（3）关键路径就是没有波浪线的各项工作相连，关键路径可有多条，此题的关键路径是①-②-⑤-⑥-⑦或 A-D-H，所以工作 A、D、H 就是关键工作，关键工作的自由时差和总时差都为 0，项目的总工期可以从标尺上读取，总工期为 12 天。

（4）从标尺上可看出各活动的最早开始时间和最早结束时间。如 D 的最早完成时间为第 8 天，F 的最早开始时间为第 6 天。

【易错点】第几天和几天的区别。第几天是从第 1 天开始计数，几天开始是从 0 天开始计数。

时标网络图中的难点就是求解工作的总时差，容易出错的是：关键路径和关键节点找不全，工作后面所有关键节点没找全，工作与所有关键节点连成路线上求自由时差之和算错，各条路线上自由时差之和最大值认定为工作的总时差等，这些问题需要格外注意。

【思路总结】关于时标网络图求解工作总时差的解题思路如下：

第一步，找出所有的关键路径和关键节点。

第二步，找出紧挨着工作后面的所有关键节点。

第三步，工作与其后面所有的关键节点连成路线，计算每条路线自由时差之和。

第四步，各路线自由时差之和的最小值即为工作的总时差。

【参考答案】D

6. 阅读下列说明，回答问题 1 至问题 4。

已知某信息工程项目由 A 到 I 共 9 个活动组成，项目组根据项目目标，特别是工期要求，经过分析、定义及评审，给出了该项目的活动历时。活动所需资源及活动逻辑关系如下表所示。

活动所需资源及活动逻辑关系

活动	历时/天	资源/人	紧前活动
A	10	2	—
B	20	8	A
C	10	4	A
D	10	5	B
E	10	4	C
F	20	4	D
G	10	3	D
H	20	7	E、F
I	15	8	G、H

【问题 1】请指出该项目的关键路径和工期。

【问题 2】请给出活动 C、E、G 的总时差和自由时差。

【问题 3】项目经理以工期紧、项目难度高为由，向高层领导汇报申请组建 12 人的项目团队，但领导没有批准。

（1）领导为什么没有同意该项目经理的要求？若不考虑人员能力差异，该项目所需人数最少是多少人？

(2) 由于资源有限，利用总时差、自由时差，调整项目人员安排而不改变项目关键路径和工期的技术是什么？

(3) 活动 C、E、G 各自最迟从第几天开始执行才能满足（1）中项目所需人数最小值？

【问题 4】在以下（1）～（6）中填写内容。

为了配合甲方公司成立庆典，甲方要求该项目提前 10 天完工，并同意支付额外费用。承建单位经过论证，同意了甲方要求并按规范执行了审批流程。为了保质保量按期完工，在进度控制及资源管理方面可以采取的措施包括以下几点。

①向__(1)__要时间，向__(2)__要资源；

②压缩__(3)__上的工期；

③加强项目人员的质量意识，及时__(4)__，避免后期返工；

④采取压缩工期的方法：尽量__(5)__安排项目活动，组织大家加班加点进行__(6)__。

(1)～(6)供选择的答案如下：

  A．评审　　　　　B．激励　　　　　C．关键路径　　　　D．非关键路径

  E．赶工　　　　　F．并行　　　　　G．关键任务　　　　H．串行

【例题解析】

【问题 1】此题需要根据上表画出进度网络图，除非题目要求画双代号网络图或时标网络图，为了方便画图和计算，通常画单代号网络图。因为活动 A 是活动 B 的紧前活动，活动 B 必然是活动 A 的紧后活动，所以从上表的"紧前活动"列找各活动的紧后活动，按照箭线的箭头顺序往下画单代号网络图更准确更快捷。根据画出来的单代号网络图，求解关键路径和总工期。解题步骤如下：

第一步，根据上表画单代号网络图，如下图所示。

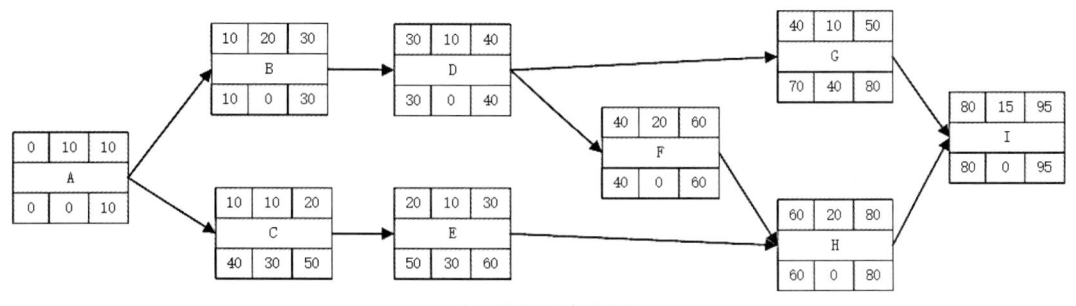

项目单代号网络图

第二步，按照单代号网络图，先寻找出关键路径，然后计算总工期，得出结论：关键路径为 A-B-D-F-H-I，工期为 95 天。

【问题 2】按照自由时差和总时差的计算方法，求解活动 C、E、G 的总时差和自由时差，经计算得出：活动 C：ES=10，LS=40，C 的总时差是 30，自由时差为 0；活动 E：ES=20，LS=50，E 的总时差是 30，自由时差为 30；活动 G：ES=40，LS=70，G 的总时差是 30，自由时差为 30。

【问题3】此题是关于如何分配资源，不改变项目总工期的问题，这时要使用资源平滑技术，因为资源平滑不会改变项目关键路径，完工日期也不会延迟。若使用资源平滑技术就需要画时标网络图，根据上图画该项目的时标网络图，如下图所示。

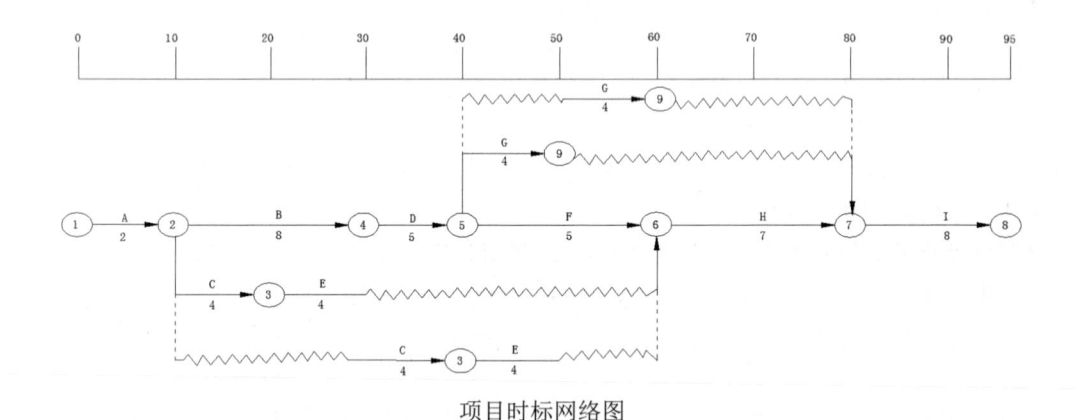

项目时标网络图

将各活动需要的资源进行标注，因为活动 C、E、G 都有自由时差，可以推迟活动 C、E、G 的开始时间，以确保使用最少资源满足项目需求，不改变项目总工期。根据项目需要最少人数的要求确定活动 C、E、G 的开始时间需要推迟多久，如上图所示，将活动 C 和活动 E 推迟 20 天开始，活动 G 推迟 10 天开始，则活动 C 第 31 天开始，活动 E 第 41 天开始，活动 G 第 51 天开始，该项目需要的人数最少，最少人数是 9 人。解题步骤如下：

第一步，根据项目单代号网络图绘制项目时标网络图。

第二步，将各活动需要的资源进行标注，为确保项目总工期不变，可以利用活动 C、E、G 的自由时差，推迟活动 C、E、G 的开始时间，根据项目需要最少人数的要求确定活动 C、E、G 的开始时间需要推迟多久，如上图所示，将活动 C 和活动 E 推迟 20 天开始，活动 G 推迟 10 天开始，则活动 C 第 31 天开始，活动 E 第 41 天开始，活动 G 第 51 天开始，该项目需要的人数最少，最少人数是 9 人。

第三步，根据［问题 3］的要求，逐个回答 3 个问题，结论如下。

（1）领导不同意项目经理的要求是正确的，该项目需要的最少人数是 9 人。

（2）资源平滑技术。

（3）活动 C 第 31 天开始，活动 E 第 41 天开始，活动 G 第 51 天开始就可以满足（1）中所需人数的最小值。

【问题4】此题是关于项目进度管理的有关知识点，答案如下：

（1）C　（2）D　（3）G　（4）A　（5）F　（6）E

【易错点】此题要学会根据项目活动列表画单代号网络图，然后根据单代号网络图求解关键路径和总工期；此题难点在于对资源平滑技术的理解和把握，凡涉及人员安排、资源分配等问题，一般都需要使用资源平滑技术，使用资源平滑技术，就需要画时标网络图，所以要学会根据单代号网络图绘制时标网络图，然后将各活动需要的资源进行标注，根据时标网络图，利用活动的自由时差，对活动进行调整，以最少资源满足项目要求；另外，需要注意，将活动 C 推迟 20 天开始，则活动 C 应该是第 31 天开始，而不是第 30 天开始，因为网络图中默认起始活动是从第 0 天开始的，所以任何活动的开始时间应该是其网络图上的开始时间+1。

【思路总结】先找出关键路径，然后计算关键路径上的总工期，再根据总时差和自由时差的公式进行计算。关于使用资源平衡技术，以最少资源满足项目要求。解题思路如下：

第一步，根据项目单代号网络图绘制项目时标网络图。

第二步，将各活动需要的资源进行标注，根据时标网络图，利用活动的自由时差，对活动进行调整，以最少资源满足项目要求。

第三步，根据调整结果回答问题。

根据单代号网络图绘制时标网络图的解题思路如下：

第一步，根据单代号网络图找出关键路径、关键活动并计算总工期。

第二步，根据总工期确定标尺长度，标尺长度要大于等于总工期，确定标尺的间隔长度，据此绘制标尺。

第三步，将关键活动按照顺序安排在主路线上，箭线长度代表活动工期。

第四步，根据各活动的依赖关系，绘制非关键活动，并用波浪线表示活动的自由时差，其长度表示自由时差的值。

7. 阅读下列说明，回答问题 1 至问题 3。

项目经理在为某项目制定进度计划时绘制了如下所示的前导图。图中活动 E 和活动 B 之间为结束—结束关系，即活动 E 结束后活动 B 才能结束，其他活动之间的关系为结束—开始关系，即前一个活动结束，后一个活动才能开始。

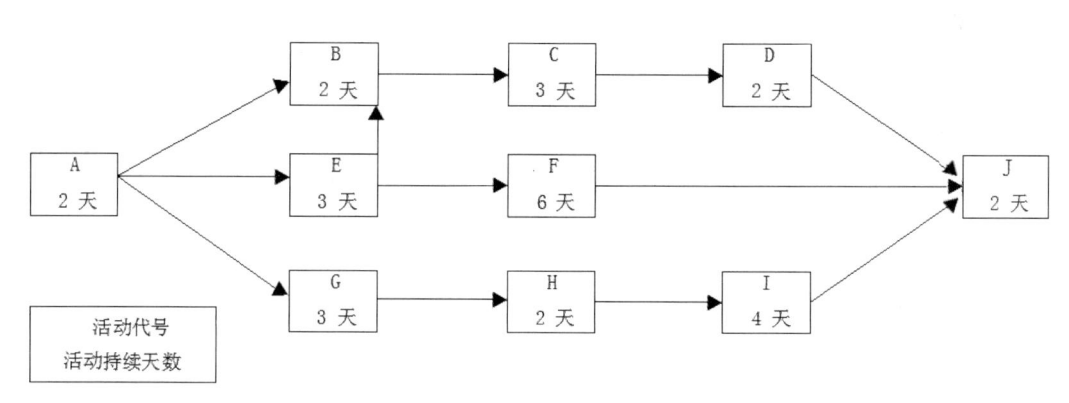

【问题 1】请指出该网络图的关键路径并计算出项目的计划总工期。

【问题 2】根据上面的前导图，活动 C 的总时差为 __(1)__ 天，自由时差为 __(2)__ 天。

杨工是该项目的关键技术人员，他同一时间只能主持并参加一个活动。若杨工要主持并参与 E、C、I 3 个活动，那么项目工期将比原计划至少推迟 __(3)__ 天。在这种情况下杨工所涉及的活动序列（含紧前活动和紧后活动）为 __(4)__ 。

【问题3】针对［问题2］所述的情形，如仍让杨工主持并参与 E、C、I 3 个活动，为避免项目延期，请结合网络图的具体活动顺序叙述项目经理可采取哪些措施。

【例题解析】

【问题1】此题是根据网络图找关键路径并计算项目总工期的，题干中约定了"活动 E 和活动 B 之间为结束—结束关系"，这样就改变了活动的起止时间，所以就会影响项目的关键路径。解题步骤如下：

第一步，根据前导图，找出活动 B 和活动 E 的最早开始时间 ES 和最早完成时间 EF，计算得出，活动 B：ES=2，EF=4；活动 E：ES=2，EF=5。

第二步，根据题干"活动 E 和活动 B 之间为结束—结束关系"，要求活动 E 和活动 B 同时结束，所以将活动 B 的结束时间调整为 5，开始时间调整为 3。

第三步，寻找关键路径并计算总工期，得出结论：关键路径为 A-E-F-J 和 A-G-H-I-J；计划总工期为 13 天。

【问题2】此题第一问，要注意活动 B 的开始和结束时间分别是 3 和 5，然后求解活动 C 的总时差和自由时差，解题步骤如下：

第一步，因为活动 C 只有一个紧前活动 B 和一个紧后活动 D，所以先确定活动 B 的开始和结束时间。

第二步，求解活动 C 的总时差和自由时差，计算结果为：活动 C 的 TF=1，FF=0。

此题第二问是关于资源平衡技术的，资源平衡是为了在资源需求与资源供给之间取得平衡，根据资源制约对开始日期和结束日期进行调整的一种技术。资源平衡往往导致关键路径改变，通常是延长。此题中杨工要主持并参与 E、C、I 3 个活动，且他同一时间只能主持并参加一个活动。即必须由杨工依次参与完成活动 E、C、I，这就是资源平衡，将会影响项目总工期。解题步骤如下：

第一步，根据前导图推算出活动 E、C、I 的最早开始时间和最早结束时间分别是：活动 E 的 ES=2，EF=5；活动 C 的 ES=5，EF=8；活动 I 的 ES=7，EF=11。

第二步，根据题目要求，活动 E、C、I 必须由杨工参与完成，按照活动 E、C、I 的最早开始时间和最早结束时间，排列出杨工参与完成活动 E、C、I 的顺序是：首先做活动 E，其次做活动 C，最后做活动 I。

第三步，根据杨工参与完成 E、C、I 3 个活动的顺序，调整活动 E、C、I 的最早开始时间和最早结束时间，调整结果为：活动 E 的 ES=2，EF=5；活动 C 的 ES=5，EF=8；活动 I 的 ES=8，EF=12。

第四步，活动 J 的最早开始时间 ES=12，最早结束时间 EF=14，所以项目计划总工期为 14 天，比原计划推迟 1 天。

第五步，根据题目要求，逐个回答问题。答案为：（1）1；（2）0；（3）1；（4）E、C、I。

【问题3】此题为回答压缩工期的措施，答案为：

（1）赶工，投入更多的资源或增加工作时间，以缩短关键活动的工期。

（2）快速跟进，并行施工，以缩短关键路径的长度。

（3）使用高素质的资源或经验更丰富的人员。

（4）减少活动范围或降低活动要求，需投资人同意。
（5）改进方法或技术，以提高生产效率。
（6）加强质量管理，及时发现问题，减少返工，从而缩短工期。

【易错点】此题容易忽略"活动 E 和活动 B 之间为结束—结束关系"，默认为所有的活动都是"结束—开始关系"，导致后面的计算错误。此题的难点在于对资源平衡技术的理解和把握，资源平衡是为了在资源需求与资源供给之间取得平衡，根据资源制约对开始日期和结束日期进行调整的一种技术。因为要保持资源充分使用，通常导致关键路径延长，所以使用资源平衡，就会改变活动的起止时间和活动之间的依赖关系，最终延长总工期。

【思路总结】此题解题思路如下：
第一步，根据现有的进度网络图推算目标活动的起止时间。
第二步，根据资源平衡要求，调整目标活动的起止时间和依赖关系。
第三步，根据调整后的关系，重新确定目标活动的起止时间。
第四步，根据目标活动调整后的起止时间，确认关键路径并计算项目总工期。

27.4 考点实练

1. 某工程由 9 个活动组成，其各活动情况如下表所示，该工程的关键路径为（　　）。

活动	紧前活动	所需天数	活动	紧前活动	所需天数
A	—	3	F	C	6
B	A	2	G	E	2
C	B	5	H	F、G	5
D	B	7	I	H、D	2
E	C	4			

A．A-B-C-E-G-I　　B．A-B-C-F-H-I　　C．A-B-D-H-I　　D．A-B-D-I

解析：略。
答案：B

2. 已知网络计划中工作 M 有两项紧后工作，这两项紧后工作的最早开始时间分别为第 12 天和第 15 天，工作 M 的最早开始时间和最迟开始时间分别为第 6 天和第 8 天。如果工作 M 的持续时间为 4 天，则工作 M 的总时差为（　　）天。

A．1　　　　　　B．2　　　　　　C．3　　　　　　D．4

解析：略。
答案：B

3. 项目可通过分解划分为若干个活动，项目经理通过对项目的网络图进行计算分析后发现一个重要活动 X 的总时差为 2 天，自由时差为 1 天，下列解释最恰当的是（　　）。

　　A．工期与活动 X 的总时差无关
　　B．工期受活动 X 的影响，活动 X 可以推迟 2 天不会影响总工期
　　C．工期受活动 X 的影响，影响总工期的时间为 1 天
　　D．工期受活动 X 的影响，影响总工期的时间不能确定

解析：略。

答案：B

4．下图右侧是单代号网络图（单位为工作日），左侧是图例。在确保安装集成活动尽早开始的前提下，软件开发活动可以推迟（　　）个工作日。

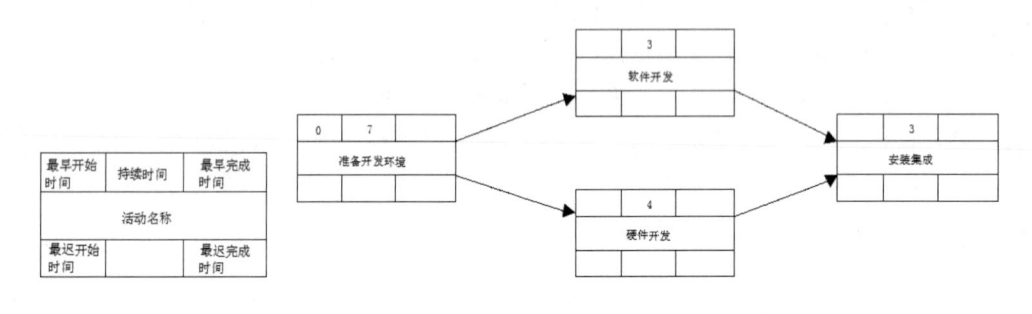

　　A．0　　　　　　　B．1　　　　　　　C．2　　　　　　　D．4

解析：略。

答案：B

5．某项目包含 A、B、C、D、E、F、G 7 个活动。各活动的历时估算和活动间的逻辑关系如下表所示。

活动名称	活动历时/天	紧前活动
A	2	—
B	4	A
C	5	A
D	3	A
E	3	B
F	4	B、C、D
G	3	E、F

　　依据上表内容，活动 D 的总浮动时间是 　(1)　 天，该项目工期为 　(2)　 天。
　　（1）A．0　　　　　　B．1　　　　　　C．2　　　　　　D．3
　　（2）A．12　　　　　 B．13　　　　　 C．14　　　　　 D．15

解析：略。

答案：（1）C　（2）C

6. 某项目包含 A、B、C、D、E、F、G 7 个活动，各活动的历时估算和逻辑关系如下表所示，则活动 C 的总活动时间是___(1)___天，项目工期是___(2)___天。

活动名称	紧前活动	活动历时/天
A	—	2
B	A	4
C	A	5
D	A	6
E	B、C	4
F	D	6
G	E、F	3

（1）A．0　　　　　B．1　　　　　C．2　　　　　D．3
（2）A．14　　　　B．15　　　　C．16　　　　D．17

解析：略。

答案：（1）D　（2）D

7. 某项目包含 a、b、c、d、e、f、g 7 个活动，各活动的历时估算和活动间的逻辑关系如下表所示，活动 c 的总浮动时间是___(1)___天，该项目工期是___(2)___天。

活动名称	活动历时/天	紧前活动
a	2	—
b	4	a
c	5	a
d	6	a
e	4	b
f	4	c、d
g	3	e、f

（1）A．0　　　　　B．1　　　　　C．2　　　　　D．3
（2）A．13　　　　B．14　　　　C．15　　　　D．16

解析：略。

答案：（1）B　（2）C

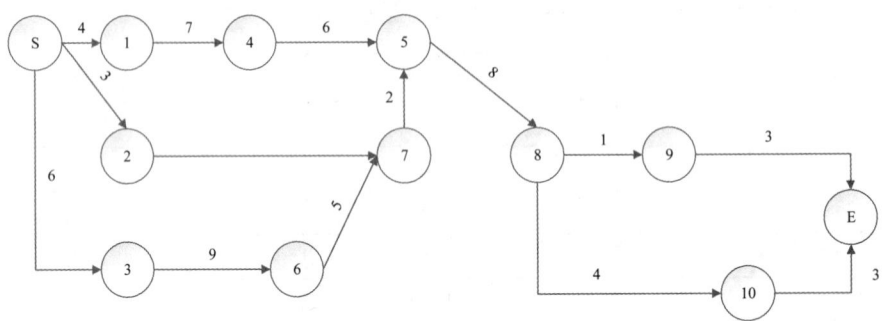

8. 项目经理为某政府网站改造项目制作了如下双代号网络图（单位：天），该项目的总工期为 __(1)__ 天。在项目实施的过程中，活动②~⑦比计划提前了 2 天，活动⑧~⑩实际工期是 3 天，活动⑥~⑦的工期增加了 3 天，判断对项目总工期的影响 __(2)__ 。

(1) A. 40　　　　　　B. 37　　　　　　C. 34　　　　　　D. 32
(2) A. 没有影响　　　B. 增加了 2 天　　C. 增加了 3 天　　D. 增加了 4 天

解析：略。

答案：(1) B　　(2) B

9. 某项目包含 A、B、C、D、E、F、G、H、I、J 一共 10 个活动，各活动历时估算与逻辑关系如下表所示，则该项目工期为 __(1)__ 天，活动 C 的总浮动时间是 __(2)__ 天。

活动名称	活动历时/天	紧前活动
A	2	—
B	4	A
C	2	A
D	3	A
E	3	B
F	4	D
G	2	C、E、F
H	4	G
I	2	G
J	3	H、I

(1) A. 17　　　　　　B. 18　　　　　　C. 19　　　　　　D. 20
(2) A. 2　　　　　　B. 3　　　　　　C. 4　　　　　　D. 5

解析：略。

答案：(1) B　　(2) D

10. 阅读下列说明，回答问题 1 至问题 4。

某项目细分为 A、B、C、D、E、F、G、H 8 个模块，而且各个模块之间的依赖关系和持续时间如下表所示。

活动代码	紧前活动	活动持续时间/天
A	—	5
B	A	3
C	A	6
D	A	4
E	B、C	8
F	C、D	5
G	D	6
H	E、F、G	9

【问题 1】计算该活动的关键路径和项目的总工期。

【问题 2】

（1）计算活动 B、C、D 的总时差。

（2）计算活动 B、C、D 的自由时差。

（3）计算活动 D、G 的最迟开始时间。

【问题 3】如果活动 G 尽早开始，但工期拖延了 5 天，则该项目的工期会拖延多少天？请说明理由。

【问题 4】请简要说明什么是接驳缓冲和项目缓冲。如果采取关键链法对该项目进行进度管理，则接驳缓冲应该设置在哪里？

【参考答案】

【问题 1】关键路径为 A-C-E-H，总工期 28 天。

【问题 2】

（1）B 的总时差为 3，C 的总时差为 0，D 的总时差为 4。

（2）B 的自由时差为 3，C 的自由时差为 0，D 的自由时差为 0。

（3）D 最迟第 10 天开始，第 13 天结束；G 最迟第 14 天开始，第 19 天结束。

【问题 3】工期会拖延 1 天。因为 G 的总时差为 4，延误了 5 天，会影响总工期 1 天。

【问题 4】根据题干，首先画出网络图，如下所示：

项目缓冲用来保证项目不因关键链的延误而延误；接驳缓冲用来保护关键链不受非关键链延误的影响。接驳缓冲放在非关键链与关键链的接合点，如下图所示。

因此接驳缓冲设置在非关键链活动 B 与关键链活动 E 之间，非关键链活动 F 与关键链活动 H 之间，非关键链活动 G 与关键链活动 H 之间。

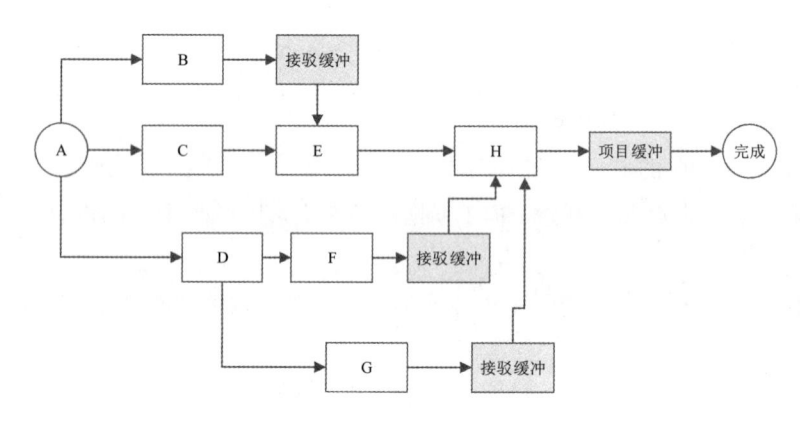

第28小时 综合类计算

28.0 章节考点分析

第 28 小时主要学习成本与进度综合计算、工期优化和费用优化计算、新型计算相关内容。

根据考试大纲，本小时知识点会涉及单项选择题和案例分析题，单项选择题约占 1 分。案例分析题 25 分。本小时的架构如图 28-1 所示。

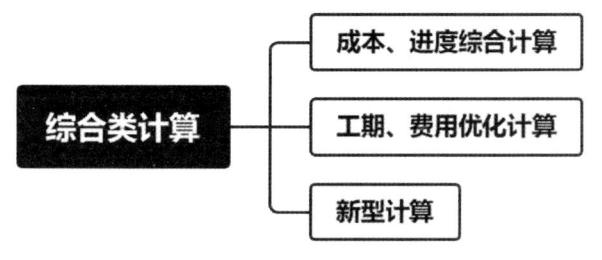

图 28-1 本小时的架构

【导读小贴士】

历年考试中，下午案例分析计算大题往往是以成本、进度的综合计算与工期或费用优化相结合的方式来出题，偶尔也会出现新型类的计算，考查考生的综合运用能力，特别是工期和费用优化的计算，难度较大，需要考生强化训练，重点掌握。

28.1 成本、进度综合计算

【基础知识点】

【例题 1】阅读下列说明，回答问题 1 至问题 4。

下图给出了一个信息系统项目的进度计划网络图（含活动历时）。

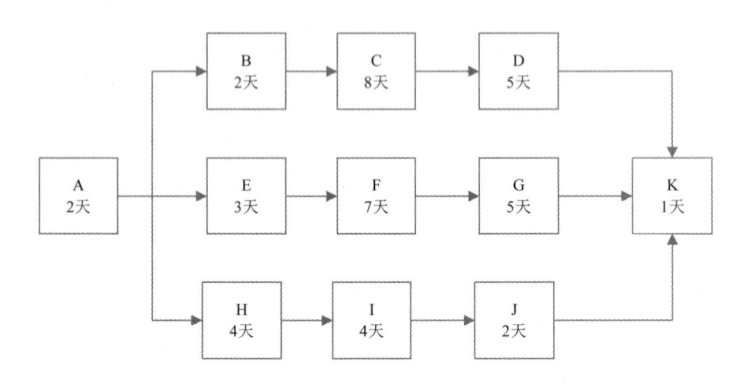

下表给出了该项目各项活动的历时和成本估算值。

活动名称	活动历时/天	成本估算值/元
A	2	1000
B	2	2000
C	8	4000
D	5	3000
E	3	3000
F	7	4000
G	5	5000
H	4	2000
I	4	3000
J	2	2000
K	1	1000

【问题 1】

（1）请指出该项目的关键路径。

（2）请计算该项目的总工期。

（3）请计算活动 C 的总浮动时间和自由浮动时间。

【问题 2】假设该项目无应急储备，管理储备为 10000 元，计算该项目的完工预算（BAC）和总预算。

【问题 3】 按照项目进度计划,第 12 天结束时应完成活动 C、F、J,实际情况为:C 完成了 75%;F 完成了 100%;J 完成了 50%;实际花费 25000 元。请计算该时点的计划值(PV)、挣值(EV)、成本绩效指数(CPI)和进度绩效指数(SPI)。

【问题 4】 在项目第 12 天结束时,项目经理对项目滞后的原因进行分析,找出了滞后原因 M(由于 M 造成的偏差是非典型的)。

(1)假设 M 在以后的项目实施过程中不会再发生,请计算完工估算(EAC)。

(2)假设 M 在以后的项目实施过程中一直存在,请计算完工估算(EAC)。

【例题解析】

【问题 1】 找出关键路径并计算出总工期、计算活动 C 的总浮动时间和自由浮动时间,得出结论。

(1)关键路径为 A-B-C-D-K 和 A-E-F-G-K。

(2)总工期为 18 天。

(3)C 在关键路径上,总时差和自由时差为 0。

【问题 2】 完工预算(BAC)为将要执行的工作所建立的全部预算总和,不包括管理储备。所以将 A~K 11 项活动成本估算值相加即可得出完工预算(BAC),总预算就是完工预算(BAC)与管理储备之和,计算步骤如下:

BAC=1000+2000+4000+3000+3000+4000+5000+2000+3000+2000+1000=30000(元)

总预算=BAC+管理储备=30000+10000=40000(元)

【问题 3】 按照项目进度计划,第 12 天结束时应完成活动 C、F、J,即 A、B、C、E、F、J、H、I 全部完成,PV 为计划值,所以将 12 天计划完成的各项活动的成本估算值求和,即可得出 PV;EV 是实际完成工作量的预算成本,根据题干得知各项活动的实际完成情况,将各项活动实际完成百分比与其成本估算值相乘后求和即可得出 EV;根据公式可计算出 SPI 和 CPI。计算步骤如下:

PV=1000+2000+4000+3000+4000+2000+3000+2000=21000(元)

EV=1000+2000+75%×4000+3000+100%×4000+2000+3000+50%×2000=19000(元)

CPI=EV/AC=19000/25000=0.76

SPI=EV/PV=19000/21000=0.9

此题题目已知按照计划进行 12 天各项活动的进展情况,若题目不告知该条件,我们需要自己根据进度网络图分析各项活动按照计划进行 12 天的完成情况。即根据项目进度网络图,三条路线上的工作同时开展 12 天,每条路线的各项活动之和为 12 天时,查看各项活动的完成情况。

【问题 4】 此题要会判断项目的成本偏差处于非典型偏差还是典型偏差,根据公式可计算得出非典型偏差和典型偏差情况下的 ETC,然后根据公式计算两种情况下的 EAC。非典型偏差是指项目采取纠偏措施,项目在以后的实施过程中不会再发生之前的偏差,可以理解为:知错就改;典型偏差是指项目没有采取纠偏措施,项目在以后的实施过程中还会再发生之前的偏差,可以理解为:将错就错。计算步骤如下:

(1)根据题意,M 造成的偏差是非典型的,若 M 在以后的项目实施过程中不会再发生,就意味着 M 这个偏差是非典型不存在了，则属于典型偏差。

EAC=BAC/CPI=30000/0.76=39473.68（元）

（2）根据题意，M 造成的偏差是非典型的，若 M 在以后的项目实施过程中一直存在，就意味着 M 这个偏差是非典型会一直存在了，则属于非典型偏差。

EAC=ETC+AC=BAC−EV+AC=30000−19000+25000=36000（元）

【易错点】EV 和 PV 的确定以及区分项目成本偏差处于非典型偏差还是典型偏差。

此题的难点是确定项目开展 12 天的 PV 和 EV，需要分别统计项目开展 12 天各项活动按照计划进度的完成情况和实际完成情况，切记：各项活动的计划完成情况是根据项目进度网络图确定的，与实际情况无关；各项活动的实际完成情况是根据题干中给出的实际完成百分比确定的，与进度网络图无关。另外，区分项目成本偏差处于非典型偏差还是典型偏差也是此题的难点，要学会根据定义进行判断。

【思路总结】此题属于进度成本综合计算题，虽然比较综合，但每个题目并不难解，[问题 1]、[问题 2]的解题思路在前面有详细讲解；[问题 3]重点在于如何找出各项活动的计划完成情况和实际完成情况；[问题 4]记住公式就可解出，重点是如何区分项目成本偏差处于非典型偏差还是典型偏差。这类题目的解题思路不再一一赘述。

【例题 2】阅读下列说明，回答问题 1 至问题 4。

某信息系统工程项目由 A、B、C、D、E、F、G 7 个任务构成，项目组根据不同任务的特点、人员情况等，对各项任务进行了历时估算并排序，并给出了进度计划，如下图所示。

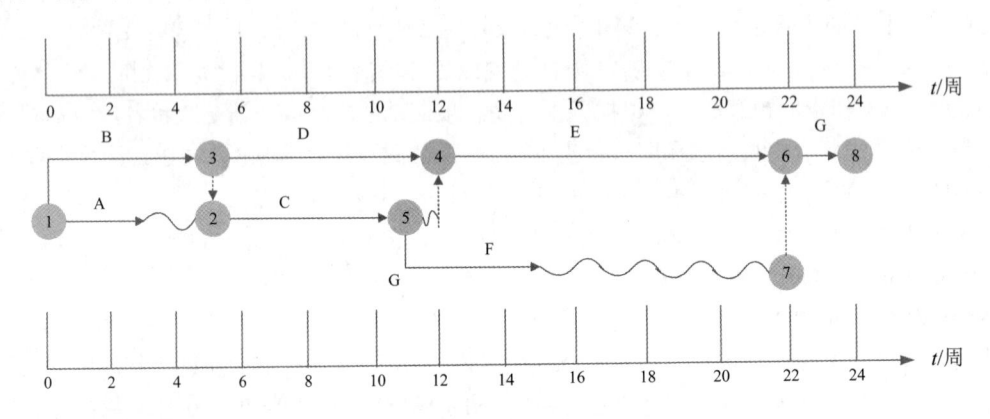

项目中各项任务的预算（方框中单位是万元）、从财务部获取的监控点处各项目任务的实际费用（括号中，单位为万元），以及各项任务在监控点时的完成情况如下图所示。

【问题 1】

（1）请指出该项目的关键路径、工期。

（2）本例给出的进度计划图是什么图？还有哪几种图可以表示进度计划？

（3）请计算任务 A、D 和 F 的总时差和自由时差。

（4）若任务 C 拖延 1 周，对项目的进度有无影响？为什么？

综合类计算 第28小时

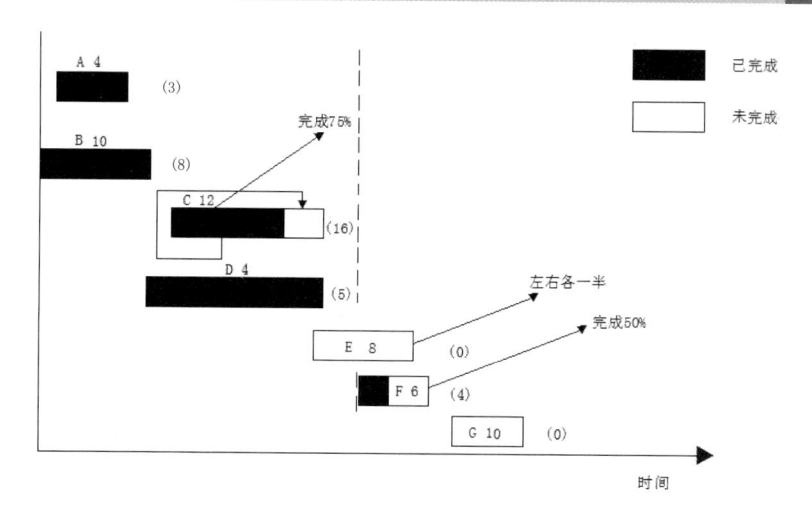

【问题2】请计算监控点时刻对应的PV、EV、AC、CV、SV、CPI和SPI。

【问题3】请分析监控点时刻对应的项目绩效，并指出绩效改进的措施。

【问题4】（1）请计算该项目的总预算。

（2）若在监控点时刻对项目进行了绩效评估后，找到了影响绩效的原因并予以纠正，请预测此种情况下项目的ETC、EAC。

【例题解析】

【问题1】此题是关于时标网络图的相关知识点的考查，找出时标网络图的关键路径、计算总工期、计算某项任务的总时差和自由时差，结论如下。

（1）关键路径为B-D-E-G，工期是24周。

（2）时标网络图。还有单代号网络图、双代号网络图（箭线图）、甘特图。

（3）任务A的总时差为3，自由时差为2；任务D的总时差为0，自由时差为0；任务F的总时差为7，自由时差为7。

（4）任务C有1周总时差，所以拖延1周对项目总体进度没有影响。

【问题2】此题要严格区分PV、EV和AC的定义，PV是计划工作量的预算成本，与实际工作量和实际成本完全无关，只需要计算监控点左侧任务的预算；EV是已完成工作量的预算成本，与监控点无关，只要实际中开展的任务都需要计算，而且是方框中的预算成本；AC是已完成工作量的实际成本，与监控点无关，只要实际中开展的任务都需要计算，而且是括号中的实际费用。计算步骤如下：

PV=4+10+12+4+8×50%=34（万元）

AC=3+8+16+5+4=36（万元）

EV=4+10+12×75%+4+6×50%=30（万元）

CV=EV−AC=30−36=−6（万元）

SV=EV−PV=30−34=−4（万元）

CPI=EV/AC=30/36=0.83

SPI=EV/PV=30/34=0.88

【问题 3】此题考查绩效指标的应用，同时考查进度压缩的措施，结论如下：

因为监控点的 CPI、SPI 都小于 1，所以项目进度滞后，成本超支。

改进措施包括以下几点：

（1）赶工，投入更多的资源或增加工作时间，以缩短关键活动的工期。

（2）快速跟进，并行施工，以缩短关键路径的长度。

（3）使用高素质的资源或经验更丰富的人员。

（4）减少活动范围或降低活动要求，需投资人同意。

（5）改进方法或技术，以提高生产效率。

（6）加强质量管理，及时发现问题，减少返工，从而缩短工期。

【问题 4】计算步骤如下：

（1）总预算为：4+10+12+4+8+6+10=54（万元）

（2）该情况为非典型偏差：ETC=BAC−EV=54−30=24（万元）；

EAC=AC+BAC−EV=36+54−30=60（万元）

【易错点】此题的[问题 2]看似简单，但想解答完全正确却很难，主要是对 PV、EV 和 AC 的定义把握不准，切记：PV 是计划值，与实际无关；EV 是实际工作量的预算成本，工作量与实际有关，成本与预算有关；AC 是实际值，与计划无关。

【思路总结】此题属于进度成本综合计算题。

第一，需要掌握时标网络图中关键路径、活动总时差、自由时差如何查看。

第二，需要看懂横道图，理解挣值中 PV、EV、AC 的概念，掌握绩效计算公式。

第三，根据绩效指标，掌握进度压缩的措施。

第四，需要掌握总预算、完工尚需估算和完工估算的计算方法。

每个题目的解题思路在前面都有详细讲解，这类题目的解题思路不再一一赘述。

28.2　工期、费用优化计算

【基础知识点】

（1）优化是指在一定约束条件下，按既定目标对计划进行不断改进，以寻求满意方案的过程。计划的优化目标应按计划任务的需要和条件选定，包括工期目标、费用目标和资源目标。根据优化目标的不同，在软考中，主要考核内容是：工期优化和费用优化。

（2）工期优化的基本方法是在不改变网络计划中各项工作之间逻辑关系的前提下，通过压缩关键工作的持续时间来达到优化目标。当工期优化过程中出现多条关键线路时，必须将各条关键线路的总持续时间压缩相同数值，否则，不能有效地缩短工期。工期优化步骤：

1）确定初始网络计划的计算工期和关键路径。

2）计算应缩短的工期。
3）选择压缩的关键工作。
4）将所选定的关键工作的持续时间压缩至最短，并重新确定计算工期和关键路径。
5）核对优化后的工期是否达到要求的工期，如优化后的工期仍超过要求工期，则重复上述2）~4），直至优化后的工期满足要求工期或优化后的工期已不能再缩短为止。

【例题】阅读下列说明，回答问题1至问题4。

某信息系统项目包括10个活动，各活动的历时、活动逻辑关系如下表所示。

活动名称	活动历时/天	紧前活动
A	2	—
B	5	A
C	2	B、D
D	6	A
E	3	C、G
F	3	A
G	4	F
H	4	E
I	5	E
J	3	H、I

【问题1】
（1）请给出该项目的关键路径和总工期。
（2）请给出活动E、G的总浮动时间和自由浮动时间。

【问题2】在项目开始前，客户希望将项目工期压缩为19天，并愿意承担所发生的所有额外费用。

经过对各项活动的测算发现，只有活动B、D、I有可能缩短工期，其余活动均无法缩短工期。活动B、D、I最多可以缩短的天数，以及额外费用如下表所示。

活动名称	最多可以缩短的天数/天	每缩短一天需要增加的额外费用/元
B	2	2000
D	3	2500
I	3	3000

在此要求下，请给出费用最少的工期压缩方案及其额外增加的费用。

【问题3】请填写下列（1）~（4）处的内容。

（1）是法律或合同要求的或工作的内在性质决定的依赖关系。

（2）是基于具体应用领域的最佳实践或者基于项目的某种特殊性质而设定，即便还有其他顺序可以选用，但项目团队仍默认按此种特殊的顺序安排活动。

（3）是项目活动与非项目活动之间的依赖关系。

（4）是项目活动之前的紧前关系，通常在项目团队的控制之中。

【问题 4】假设该项目的总预算为 20 万元。其中包含 2 万元管理储备和 2 万元应急储备，当项目进行到某一天时，项目实际完成的工作量仅为应完成工作的 60%，此时的 PV 为 12 万元，实际花费为 10 万元。

（1）请计算该项目的 BAC。

（2）请计算当前时点的 EV、CV、SV。

（3）在当前绩效情况下，请计算该项目的完工尚需估算 ETC。

【例题解析】

【问题 1】此题题目没有要求在答题时给出网络图，因此只要找出"关键路径"并计算出"总工期"即可。但此处需要学会依据题意绘制网络图，先绘制单代号网络图，找出关键路径并计算出总工期、计算活动 E 和 G 的总浮动时间和自由浮动时间，得出结论。

根据题意绘制单代号网络图如下：

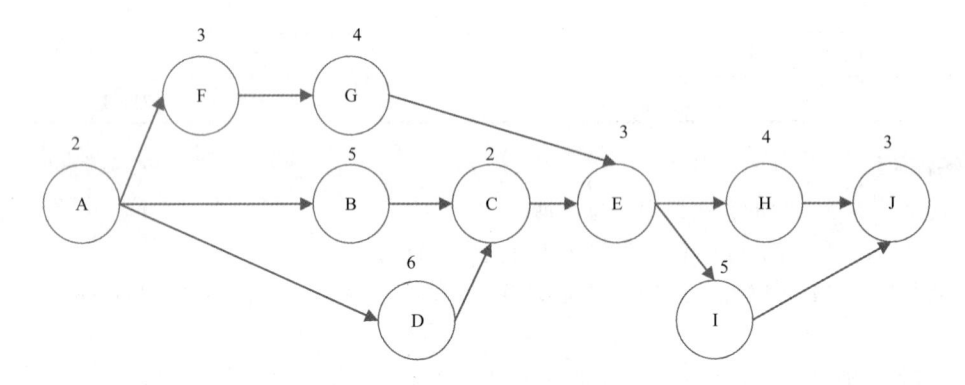

（1）该项目的关键路径：A-D-C-E-I-J，总工期：2+6+2+3+5+3=21（天）。

（2）E 在关键路径上，它的总浮动时间和自由浮动时间均是 0 天；G 的总浮动时间和自由浮动时间均是 1 天。

【问题 2】此题是关于进度压缩的，根据题目要求，需要压缩活动工期，而只有关键活动会影响项目总工期，所以需要压缩关键活动的工期，在压缩关键活动工期时要注意是否改变了关键路径，若改变关键路径，需要同时压缩新的关键活动，解题步骤如下：

第一步，根据[问题 1]，关键活动为 A-D-C-E-I-J，题目中给出限制，"只有活动 B、D、I 有可能缩短工期"，所以需要压缩活动 D 和 I。

第二步，根据题目表格中活动 B、D、I 压缩一天的费用，按照题目要求"给出费用最少的工期压缩方案"，先选择压缩费用最少的活动 D 压缩一天；此时关键路径已经发生改变，即关键路径为 3 条：A-D-C-E-I-J、A-B-C-E-I-J、A-F-G-E-I-J。

第三步，项目总工期是 21 天，题目要求"将项目工期压缩为 19 天"，已经压缩活动 D 一天，还需要再压缩一天，若继续压缩活动 D，则活动 D 就不再是关键活动，无法改变项目总工期，可以选择同时压缩活动 B 和 D 一天，但是活动 F 和 G 无法压缩，改变不了项目总工期，而且同时压缩活动 B 和 D 一天的总费用也高于压缩活动 I 一天的费用，因此，选择压缩活动 I 一天，此时关键路径又发生改变，即关键路径变为 6 条：A-D-C-E-I-J、A-D-C-E-H-J、A-B-C-E-I-J、A-B-C-E-H-J、A-F-G-E-I-J 和 A-F-G-E-H-J。

第四步，费用最少的工期压缩方案为：D 缩短 1 天，I 缩短 1 天，额外增加的费用为：2500+3000=5500（元）。

补充内容：在做此题的时候要学会依据题意合理调整活动，首先画出时标网络图，即下图为当工期是 21 天时的时标网络图。

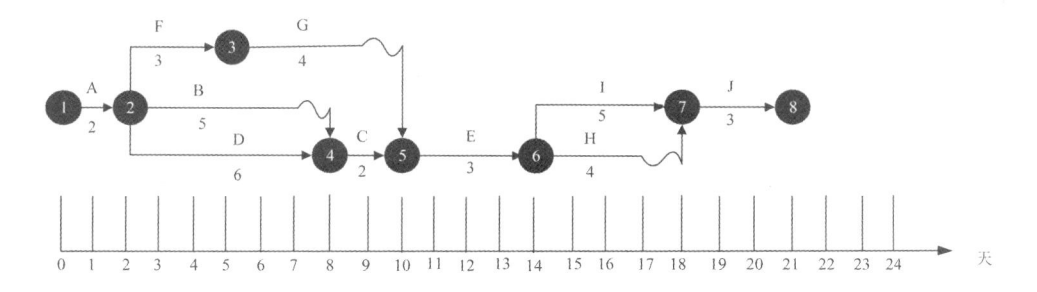

依据题意，对图中的相关活动进行了调整，即活动 D 压缩 1 天，活动 I 压缩 1 天。压缩之后关键路径发生改变，产生了最新的关键路径，调整后工期为 19 天，新的时标网络图，如下图所示：

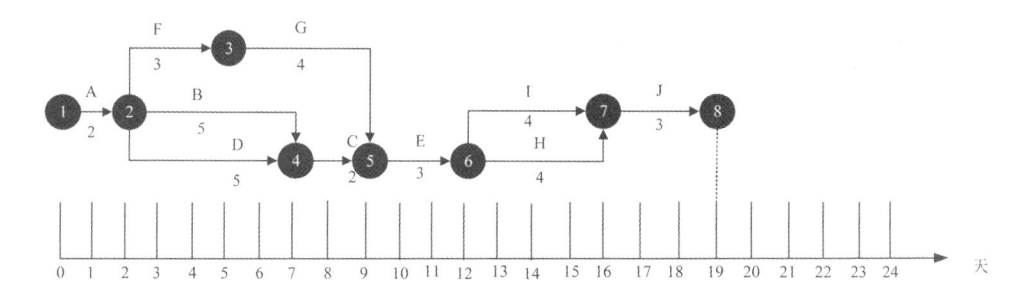

【问题3】此题考查活动之间的依赖关系，答案如下：
（1）强制性依赖关系；（2）选择性依赖关系；（3）外部依赖关系；（4）内部依赖关系。

【问题4】计算步骤如下：
（1）BAC 包含应急储备，不包含管理储备，所以 BAC=总预算−管理储备=20−2=18（万元）。
（2）EV=PV×60%=12×60%=7.2（万元）；CV=EV−AC=7.2−10=−2.8（万元）；

SV=EV−PV=7.2−12=−4.8（万元）。

（3）按当前绩效继续执行，属于典型偏差，因此：

CPI=EV/AC=7.2/10=0.72；

ETC=(BAC−EV)/CPI=(18−7.2)/0.72=10.8/0.72=15（万元）。

【易错点】 未能正确选择压缩对象。

此题难点在于进度压缩，切记：进度压缩，只能压缩关键活动，而且在压缩关键活动时要看清压缩方案要求，同时注意压缩完关键活动后有可能改变关键路径，若改变关键路径，则继续压缩进度，这就改变了压缩活动的范围，因为关键路径改变导致关键活动改变。

【思路总结】 此题属于进度成本综合计算题，寻找关键路径并计算总工期、计算活动总浮动时间和自由浮动时间、计算 EV、PV、CV、SV、CPI、SPI 等解题思路前面都有讲解，此处不再一一赘述。此题中进度压缩的解题思路如下：

第一步，寻找关键路径和关键活动。

第二步，根据压缩方案要求，压缩关键活动，同时注意压缩关键活动后是否改变了关键路径，若改变了关键路径，则重新寻找压缩后的关键路径和关键活动。

第三步，根据压缩方案要求，选择需要压缩的关键活动，重复第二步和第三步，直到满足题目要求为止。

（3）费用优化又称工期成本优化，是指寻求工程总成本最低时的工期安排，或按要求工期寻求最低成本的计划安排的过程。费用优化步骤：

1）按工作的正常持续时间确定计算工期和关键路径。

2）计算各项工作的压缩费率，即缩短工期单位时间内所需成本。

3）当只有一条关键路径时，选择压缩费率最小的关键活动进行压缩工期；当有多条关键路径时，应找出组合压缩费率最小的一组关键工作，作为压缩的对象。

4）对于选定的压缩对象（一项关键工作或一组关键工作），首先比较其直接费用率或组合直接费用率与工程间接费用率的大小：

a. 如果被压缩对象的压缩费率或组合压缩费率大于工程间接费用率，说明压缩关键工作的持续时间会使工程总费用增加，不能再压缩。

b. 如果被压缩对象的压缩费率或组合压缩费率等于工程间接费用率，说明压缩关键工作的持续时间不会使工程总费用增加，故应缩短关键工作的持续时间。

c. 如果被压缩对象的压缩费率或组合压缩费率小于工程间接费用率，说明压缩关键工作的持续时间会使工程总费用减少，可以继续压缩。

5）重复上述 3）～4），直至计算工期满足要求工期或被压缩对象的压缩费率或组合压缩费率大于工程间接费用率为止。

6）计算优化后的工程总费用。注意工程总费用包括直接费用和间接费用。

【例题】 某项目基本信息如下表所示。

| 活动 | 紧前活动 | 计划 || 采取措施后 ||
		计划工期/天	直接成本/(元/天)	最快完工时间/天	直接成本/(元/天)
a	—	60	100	60	100
b	a	45	45	30	63
c	a	10	28	5	43
d	a	20	70	10	110
e	a	40	100	35	125
f	c	18	36	10	54.4
g	d	30	90	20	125
h	d,e	15	37.5	10	57.5
i	g	25	62.5	15	91.5
j	b,i,f,h	35	120	35	120

【问题1】

（1）绘制项目计划的双代号网络图。

（2）请给出项目计划工期及关键路径。

（3）请按照计划分别计算活动 a 和 b 的总时差。

【问题2】

（1）项目要求 150 天完工，请写出关键路径上可压缩的活动成本变化情况。

（2）请绘制出成本最优的压缩工期的方案和总成本的变化情况。

【问题3】请写出压缩工期为 150 天后的项目关键路径。

【问题4】若项目不进行压缩，还按原计划进行，实施到第 80 天时，项目经理发现 a、c、d 活动已经完工，b 活动完成了一半，各计划的实际支出为 a 活动 6500 元，b 活动 1000 元，c 活动 280 元，d 活动 1400 元。假设项目每个活动的预算按照活动工期平均分配。请计算到第 80 天时，活动 b 的绩效情况，并写出判断依据。

【例题解析】

【问题1】本题需要依题意画出双代号网络图，画图过程中需要注意双代号网络图中有虚工作。画完后要根据题目所给的表检查一下有无逻辑错误，如果图画错，接下来的答题将会全部都错。因此需要细心一些。画出网络图后，就可以找出项目关键路径和活动的总时差、自由时差了。

（1）绘制项目计划的双代号网络图如下。

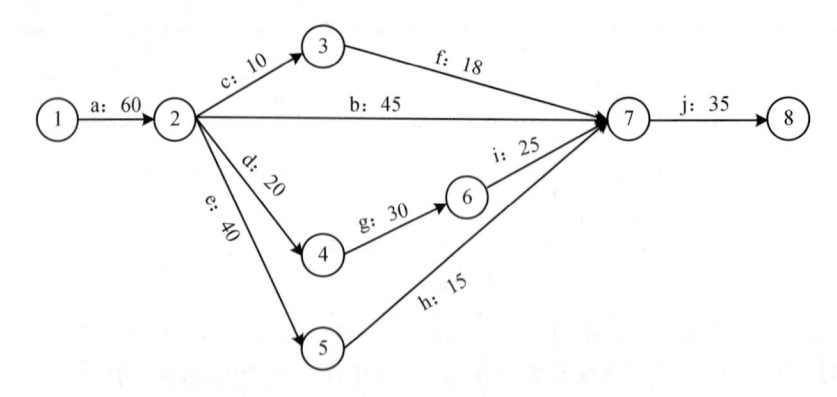

(2）项目的总工期是 170 天，关键路径是 a-d-g-i-j。

(3）a 的总时差是 0；b 的总时差是 30 天。

【问题 2】 要缩短工期至 150 天，根据问题（1）的结果可知，现项目总工期是 170 天，因此需要缩短 20 天。想要缩短工期，只能压缩关键活动。本项目关键路径是 a-d-g-i-j，同时题目告之了活动 a、j 采取措施后最快工期和计划工期一样，说明不能压缩，因此可压的活动只有 d、g、i 三个关键活动。

(1）关键路径可以压缩的活动有 d、g、i。

d 压缩前成本=20×70=1400，压缩后的成本=10×110=1100，可以压缩 10 天。

g 压缩前成本=30×90=2700，压缩后的成本=20×125=2500，可以压缩 10 天。

i 压缩前成本=25×62.5=1562.5，压缩后的成本=15×91.5=1372.5，可以压缩 10 天。如下表所示：

活动	紧前活动	计划工期/天	直接成本/（元/天）	最快完工时间/天	直接成本/（元/天）	节约费用/元
a	—	60	100	60	100	0
b	a	45	45	30	63	135
c	a	10	28	5	43	65
d	a	20	70	10	110	300
e	a	40	100	35	125	−375（赶工超出，因此不赶工）
f	c	18	36	10	54.4	104
g	d	30	90	20	125	200
h	d,e	15	37.5	10	57.5	−12.5（赶工超出，因此不赶工）
i	g	25	62.5	15	91.5	190
j	b,i,f,h	35	120	35	120	0

（2）根据题意，要求成本最优，而且压缩到 150 天，换言之就是在工期 150 天的前提下如何压缩活动使项目成本最少。虽然非关键活动压缩不影响工期，但我们通过分析发现，压缩非关键活动可以减少项目成本，因此除了考虑压缩费用小的关键活动外，还要考虑压缩后能使项目成本减少的非关键活动。根据上表，结合网络图可以得到 b、c、f、d、g、i 都可以压缩。这样关键路径是 a-e-h-j，总工期是 150 天。

原来的总成本：=60×100+45×45+10×28+20×70+40×100+18×36+30×90+15×37.5+25×62.5+35×120
=23378（元）

压缩后的总成本=原来的总成本−节约费用=23378−135−65−300−104−200−190=22384（元）

【问题 3】压缩过程中需要考虑是否出现新的关键路径。本题压缩到 150 天后，产生了新的关键路径。

压缩工期为 150 天后的项目关键路径为：a-d-g-i-j 和 a-e-h-j。

【问题 4】本小题是挣值计算范畴，在此不再一一赘述。在解析过程中需要注意看清题目是要求按原计划进行计算，不是优化后的计划。

因为按原计划进行，b 在第 80 天的时候就做了 20 天的工作，因此可以得到活动 b 的：
PV=(20/45)×(45×45)=900（元）。

根据活动 b 实际完成了一半，就是完成了计划的 50%。

活动 b 的 EV=50%×(45×45)=1012.5（元）。

根据实际支出 b 活动 1000 元，因此得到活动 b 的 AC=1000（元）。

CV=EV−AC=1012.5−1000=12.5，因为 CV 大于 0，所以成本节约。
SV=EV−PV=1012.5−900=112.5，因为 SV 大于 0，所以进度提前。

【易错点】

（1）双代号网络图缺少虚工作。在双代号网络图中，任意两项活动的紧前事件和紧后事件代号至少有一个不相同。如果是相同的，则需要引入虚工作。

（2）没有全面考虑成本最优，只关注关键活动的压缩。本题因题目要求写出工期压成 150 天且成本最优的压缩工期的方案，因此需要同时满足两个条件：一是工期 150 天；二是成本最优。因此压缩时不能只考虑关键活动，如果压缩非关键活动能节约成本，也需要压缩。

【思路总结】此题属于成本和工期优化综合计算题。

第一，需要掌握双代号网络图的画图方法，然后计算活动的总时差和自由时差。

第二，需要掌握缩短项目工期首先要压缩关键活动的工期，且要优先选择压缩费用低的关键活动。

第三，需要掌握费用优化方法，计算优化前后的成本变化情况，然后对比。

第四，需要掌握挣值计算。

每个题目的解题思路在前面都有详细讲解，这类题目的解题思路不再一一赘述。

28.3 新型计算

【基础知识点】

银行家算法：我们可以把操作系统看作银行家，操作系统管理的资源相当于银行家管理的资金，进程向操作系统请求分配资源相当于用户向银行家贷款。为保证资金的安全，银行家规定：

（1）当一个顾客对资金的最大需求量不超过银行家现有的资金时就可接纳该顾客。

（2）顾客可以分期贷款，但贷款的总数不能超过最大需求量。

（3）当银行家现有的资金不能满足顾客尚需的贷款数额时，对顾客的贷款可推迟支付，但总能使顾客在有限的时间里得到贷款。

（4）当顾客得到所需的全部资金后，一定能在有限的时间里归还所有的资金。

操作系统按照银行家制定的规则为进程分配资源，当进程首次申请资源时，要测试该进程对资源的最大需求量，如果系统现存的资源可以满足它的最大需求量则按当前的申请量分配资源，否则就推迟分配。当进程在执行中继续申请资源时，先测试该进程本次申请的资源数是否超过了该资源所剩余的总量。若超过则拒绝分配资源，若能满足则按当前的申请量分配资源，否则也要推迟分配。

【例题】 某项目由 P1、P2、P3、P4、P5 五个活动组成，五个活动全部完成之后项目才能够完成，每个活动都需要用到 R1、R2、R3 三种互斥资源，三种资源都必须达到活动的资源需求量，活动才能开始。已分配资源只有在完成本活动后才能被其他活动所用。

目前项目经理能够调配的资源有限，R1、R2、R3 的可用资源数分别为 9、8、5。活动对资源的需求量、已分配资源数和各活动历时如下表所示（假设各活动之间没有依赖关系）：

资源 活动	资源需求量 R1	R2	R3	已分配资源数 R1	R2	R3	历时/周
P1	6	4	1	1	2	1	1
P2	2	3	1	2	1	1	3
P3	8	0	1	2	0	0	3
P4	3	2	0	1	2	0	2
P5	1	4	4	1	1	3	4

【问题 1】 基于以上案例，简要叙述最优的活动步骤安排。

【问题 2】 基于以上案例，请计算项目的完工时间（详细写出每个活动开始时间、占用资源和完成时间以及项目经理分配资源的过程）。

【问题 3】 在制订项目计划的过程中，往往受到资源条件的限制，经常采用资源平衡和资源平滑方法，请简要描述二者的区别。

参考答案：

【问题1】此题在资源受限的情况下，解决如何通过最优化的活动安排，达到最短时间完成项目的目的。

第一步，依题意分析剩余资源 R1、R2、R3 分别为 2、2、0（总资源减去已分配资源）。各活动所欠缺资源如下（各活动所需资源减去已分配给各活动的资源得出）：

活动名称	欠缺资源		
	R1	R2	R3
P1	5	2	0
P2	0	2	0
P3	6	0	1
P4	2	0	0
P5	0	3	1

由上表可知，剩余资源 R1 可以分配给 P4，活动 P4 即可开始，R2 可分配给 P2，活动 P2 即可开始。

第二步，P4 两周后结束，释放出占有的资源 R1、R2、R3 分别为 3、2、0，分析上表，释放后这部分资源仍无法满足剩余的活动，因此继续等待。

第三步，P2 三周后结束，释放出占有的资源 R1、R2、R3 分别为 2、3、1，加上 P4 释放的资源，此时，资源总数 R1、R2、R3 分别为 5、5、1，此时可分配给 P1 活动 R1 的资源为 5，分配给 R2 的资源为 2，分配给 P5 活动 R2 的资源为 3，给 R3 的资源为 1，P1 和 P5 即可开始。

第四步，一周后 P1 结束，释放出占有的资源 R1、R2、R3 分别为 6、4、1，此时可分配给 P3 活动 R1 的资源为 6，给 R3 的资源为 1，P3 可开始。

最终活动步骤安排如下：

（1）P2P4 并行，活动总共历时三周。
（2）P1P5 并行，历时一周后 P1 释放资源。
（3）P5P3 并行，历时三周后活动完成，项目结束。

【问题2】

活动名称	开始时间	占用资源			完成时间	分配资源的过程		
		R1	R2	R3		R1	R2	R3
P2	0	2	3	1	3	0	2	0
P4	0	3	2	0	2	2	0	0
P1	3	6	4	1	4	5	2	0
P5	3	1	4	4	7	0	3	1
P3	4	8	0	1	7	6	0	1

【问题 3】资源平衡是为了在资源需求与资源供给之间取得平衡,根据资源制约对开始日期和结束日期进行调整的一种技术。

资源平衡是对进度模型中有自由时差或总时差的活动进行调整,从而使项目资源需求不超过预定的资源限制的一种技术。相对于资源平衡而言,资源平滑不会改变项目关键路径,完工日子也不会延迟。也就是说,活动旨在其自由浮动时间和总浮动时间内延迟。因此,资源平滑技术可能无法实现所有资源的优化。

【易错点】资源分配过程。

在资源分配过程中,要随时关注资源使用情况,剩余资源能满足哪个活动资源的需求就分配给该活动,该活动用完要立即释放资源,看可用资源能否满足其他活动的需求,以此循环,直至所有活动完成。

【思路总结】此题属于新型计算题。

主要是要掌握银行家算法和资源平衡和资源平滑的区别。

28.4 考点实练

1. 阅读下列说明,回答问题 1 至问题 3。

项目经理小杨把编号为 1401 的工作包分配给张工负责实施,要求他必须在 25 天内完成。任务开始时间是 3 月 1 日早上 8 点,每天工作时间为 8 小时。张工对该工作包进行了活动分解和活动历时估算,并绘制了如下的活动网络图。

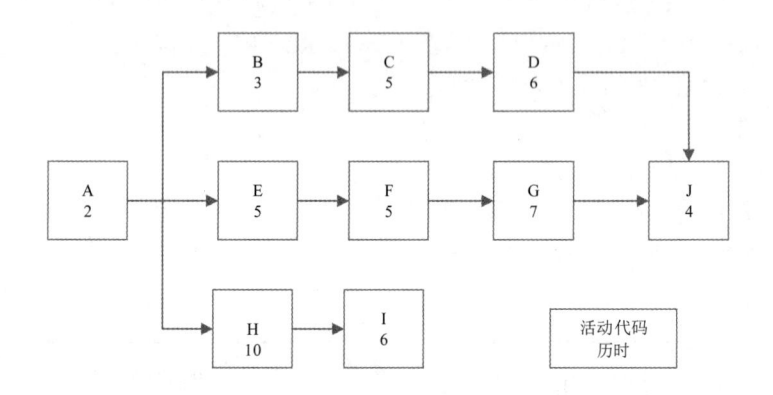

1401 工作包的直接成本由人力成本(每人每天的成本是 1000 元)构成,每个活动需要 2 人完成。

【问题 1】请将下面(1)~(6)处的空白补充完整。

张工按照"1401 工作包活动网络图"制订了工作计划,预计总工期为__(1)__天。按此计划,预留的时间储备是__(2)__天。该网络图的关键路径是__(3)__。按照"1401 工作包活动网络图"

所示，计算活动 C 的总时差是___(4)___天，自由时差是___(5)___天。正常情况下，张工下达给活动 C 的开工时间是 3 月___(6)___日。

【问题 2】假如活动 C 和活动 G 都需要张工主持施工（张工不能同时对 C 和 G 进行施工），请进行如下分析。

（1）由于各种原因，活动 C 在 3 月 9 日才开工，按照张工下达的进度计划，该工作包的进度是否会延迟？并说明理由。

（2）基于（1）所讲的情况，在不影响整体项目工期的前提下，请分析张工宜采取哪些措施。

【问题 3】张工按照"1401 工作包活动网络图"制订了过渡计划和工作包预算，经批准后发布。在第 12 天的工作结束后，活动 C、F、H 都刚刚完成，实际花费为 7 万元。请做如下计算和分析：

（1）当前时点的 SPI 和 CPI。

（2）在此情况下，张工制订的进度计划是否会受到影响，并说明理由。

参考答案：

详细绘制单代号网络图如下：

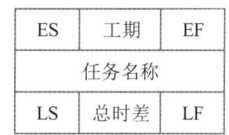

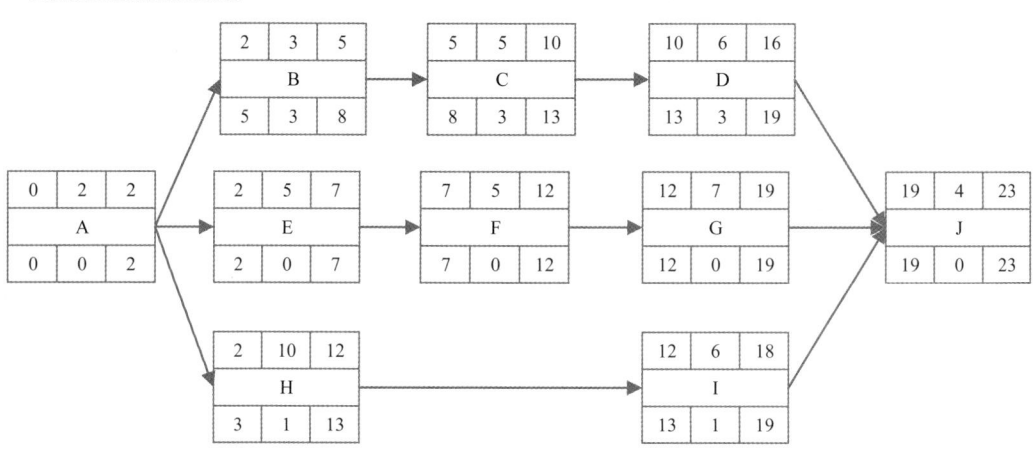

ES	工期	EF
任务名称		
LS	总时差	LF

```
        ┌─────────┐      ┌─────────┐      ┌─────────┐
        │ 2  3  5 │      │ 5  5 10 │      │10  6 16 │
        │    B    │─────▶│    C    │─────▶│    D    │
        │ 5  3  8 │      │ 8  3 13 │      │13  3 19 │
        └─────────┘      └─────────┘      └─────────┘
       ▲                                              ╲
┌─────────┐  ┌─────────┐  ┌─────────┐  ┌─────────┐  ┌─────────┐
│ 0  2  2 │  │ 2  5  7 │  │ 7  5 12 │  │12  7 19 │  │19  4 23 │
│    A    │─▶│    E    │─▶│    F    │─▶│    G    │─▶│    J    │
│ 0  0  2 │  │ 2  0  7 │  │ 7  0 12 │  │12  0 19 │  │19  0 23 │
└─────────┘  └─────────┘  └─────────┘  └─────────┘  └─────────┘
       ╲                                              ▲
        ┌─────────┐                    ┌─────────┐
        │ 2 10 12 │                    │12  6 18 │
        │    H    │───────────────────▶│    I    │
        │ 3  1 13 │                    │13  1 19 │
        └─────────┘                    └─────────┘
```

【问题 1】首先找出关键路径为 A-E-F-G-J，总工期为 2+5+5+7+4=23，填空如下：

（1）23；

（2）2（预计总工期-关键路径工期=25-23=2）；

（3）A-E-F-G-J；

（4）3（C 活动最早结束时间是第 10 天，最晚结束时间是第 13 天，总时差=最晚结束时间-最早结束时间=13-10=3）；

（5）0（活动 D 最早开始时间-活动 C 最早结束时间=10-10=0）；

（6）6（3 月 1 日开工，活动 C 最早在第 5 天开始，即 3 月 6 日）。

【问题 2】

（1）因为 C 活动 9 日开始，13 日下午下班才能结束（9、10、11、12、13）。而关键路径上的 G 活动，开始时间是 13 日上午 8 点。题目要求张工不能同时对 C 和 G 进行施工。所以会导致关键活动 G 延期 1 天，总工期延迟 1 天。但工作包有 2 天的储备时间，所以进度延期 1 天，但工作包整体进度还会在 25 天要求内完成。

（2）张工宜采取的措施有：

1）提高活动 G、J 的工作效率。

2）增加资源，加快 G、J 进度。

3）赶工，加班。

4）指派经验更丰富的人去完成工作。

【问题 3】

（1）根据题意在第 12 天 A、B、C、E、F、H 刚好完工得知，A、E、F 分别在第 0、2、7 天开始工作；B、C 分别在第 2、5 天开始工作；H 在第 2 天开始工作。

EV=(2+5+5+3+5+10)×2×1000=6（万元）

已知：AC=7 万元，得到：

PV=[(2+5+5+3+5+10)+2]×2×1000=6.4（万元）

SPI=EV/PV=6/6.4=0.9375

CPI=EV/AC=6/7=0.8571

（2）会受到影响，因为目前情况下，进度滞后，成本超支。

2．阅读下列说明，回答问题 1 至问题 3。

下表是某项目的工程数据，根据各个问题中给出的要求和说明，完成问题 1 至问题 3。

活动	紧后活动	工期/周
A	C、E	5
B	C、F	1
C	D	3
D	G、H	4
E	G	5
F	H	2
G	—	3
H	—	5

【问题 1】请指出该项目的关键路径，并计算该项目完成至少需要多少周。假设现在由于外部

条件的限制，E 活动结束 3 周后 G 活动才能开始，F 活动开始 5 周后 H 活动才可以开始，那么项目需要多长时间才能完成？

【问题 2】分别计算在没有外部条件限制和［问题 1］中涉及的外部条件的限制下，活动 B 和 G 的总时差和自由时差。

【问题 3】假设项目预算为 280 万元，项目的所有活动经费按照活动每周平均分布，并与具体的项目无关，则项目的第 1 周预算是多少？项目按照约束条件执行到第 10 周结束时，项目共花费 200 万元，共完成了 A、B、C、E、F 5 项活动，请计算此时项目的 PV、EV、CPI 和 SPI。

参考答案：

【问题 1】在没有约束条件的情况下单代号网络图如下所示：

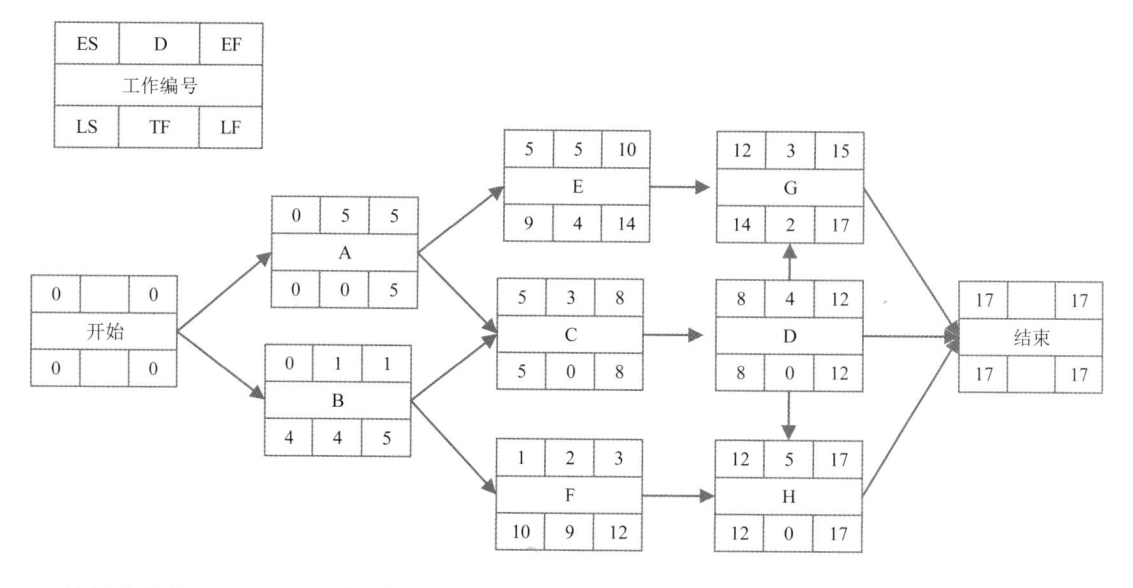

ES	D	EF
工作编号		
LS	TF	LF

关键路径为 A-C-D-H，项目完成至少需要 17 周。

在有外部限制条件下的计算如下：

E 活动具有 4 周的总时差，延迟 3 周后 G 活动开始，会导致 G 活动的最早开始时间变为第 13 周，关键路径不会发生变化。

F 活动具有 9 周的总时差，延迟 5 周后 H 活动仍然在第 12 周开始（H 活动的最早开始时间选 F 和 D 活动最早结束时间的最大值 12），因此也不会导致关键路径的变化。

综上所述，在有外部限制条件的情况下，关键路径仍为 A-C-D-H，项目完成至少需要 17 周。

【问题 2】没有外部条件限制，由上图可以算出：

B 活动的总时差=LF-EF=5-1=4，自由时差=紧后活动 ES 的最小值-本活动的 EF=1-1=0。

G 活动的总时差=LF-EF=17-15=2，自由时差=总工期-本活动的 EF=17-15=2。

有外部条件限制，由上图可以算出：

B 活动的总时差为 4，自由时差为 0。

G 活动的总时差=17-16=1（因 G 活动的最早开始时间受 E 活动的影响变为 13，最早结束时间变为 16），自由时差=17-16=1。

【问题 3】 该题目项目活动总持续时间为：5+1+3+4+5+2+3+5=28（周）。

总预算为 280 万元，所以每周预算为 280/28=10（万元）。第 1 周开始的活动有 A 和 B 两项活动，故第 1 周的预算为 10×2=20（万元）。

第 10 周末项目情况如下：

AC=200 万元

PV=计划完成的工作×预算价值=A+B+C+1/2×D+E+F=50+10+30+1/2×40+50+20=180（万元）

EV=已经完成的工作×预算价值=A+B+C+E+F=50+10+30+50+20=160（万元）

CPI=EV/AC=160/200=0.8

SPI=EV/PV=160/180=0.89

3．阅读下列说明，回答问题 1 至问题 3。

项目经理根据甲方要求评估了项目的工期和成本。项目进行到 20 天的时候，项目经理对项目开展情况进行了评估，得到了活动实际花费成本（如下图），此时 A、B、C、D、F 已经完工，E 仅完成了 1/2，G 仅完成了 2/3，H 尚未开工。

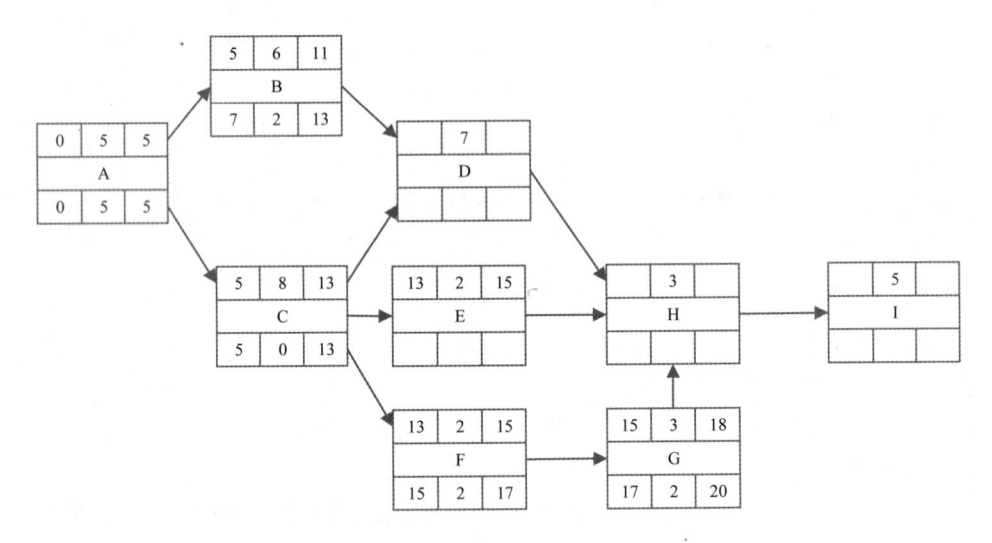

工作代号	紧前工作	估计工期/天	赶工 1 天增加的成本/元	计划成本/万元	实际成本/万元
A	无	5	2100	5	3
B	A	6	1000	4	7
C	A	8	2000	7	5
D	C、B	7	1800	8	3

综合类计算 第28小时

续表

工作代号	紧前工作	估计工期/天	赶工1天增加的成本/元	计划成本/万元	实际成本/万元
E	C	2	1000	2	3
F	C	2	1200	1	1
G	F	3	1300	3	1
H	D、E、G	3	1600	4	0
I	H	5	1500	5	0

【问题1】基于以上案例，项目经理得到了单代号网络图，请将以上图补充完整。

【问题2】基于补充后的网络图：
（1）请推出项目的工期、关键路径和活动E的总时差。
（2）项目经理现在想通过赶工的方式提前一天完成项目，应该压缩哪个活动最合适？为什么？

【问题3】请计算项目当前的PV、EV、AC、CV、SV，并评价项目进度和成本绩效。

参考答案：

【问题1】答案见下图。

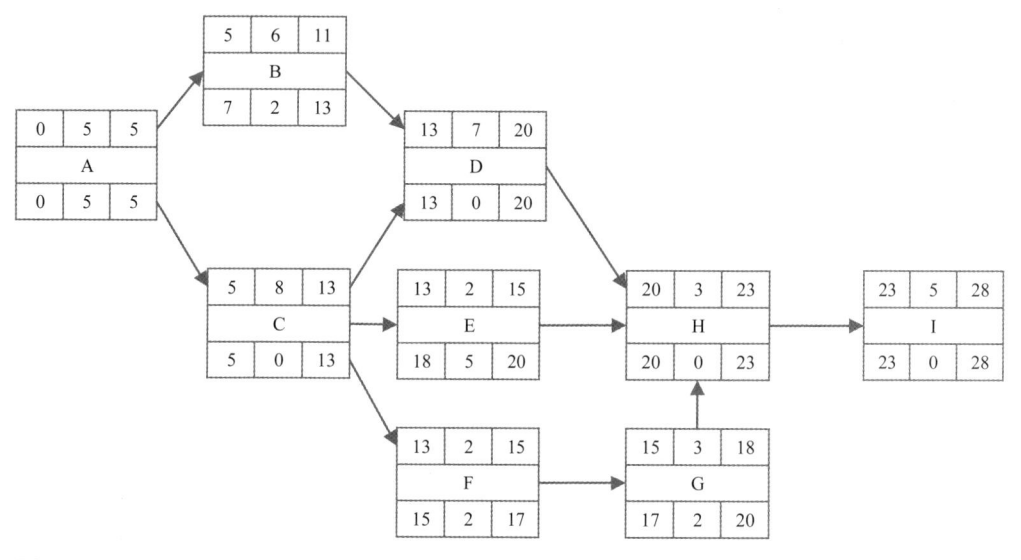

5	6	11
	B	
7	2	13

0	5	5
	A	
0	5	5

13	7	20
	D	
13	0	20

5	8	13
	C	
5	0	13

13	2	15
	E	
18	5	20

20	3	23
	H	
20	0	23

23	5	28
	I	
23	0	28

13	2	15
	F	
15	2	17

15	3	18
	G	
17	2	20

【问题2】

（1）工期28天；关键路径为A-C-D-H-I；活动E的总时差=20-15=5（天）。

（2）压缩I，因为I是关键工作，且赶工成本最低。

【问题3】按照网络图，到20天，A、B、C、D、E、F、G工作应该全部完成，所以
PV=5+4+7+8+2+1+3=30（万元）

EV=5+4+7+8+2×1/2+1+3×2/3=28（万元）

AC=3+7+5+3+3+1+1=23（万元）

SV=EV−PV=28−30=−2（万元）

CV=EV−AC=28−23=5（万元）

SPI=28/30=0.93

CPI=28/23=1.22

SPI＜1，进度滞后；CPI＞1，成本节约。

4．阅读下列说明，回答问题 1 至问题 4。

已知某信息工程项目由 A、B、C、D、E、G、H、I 八个活动构成，各活动逻辑关系如下表所示，项目工期要求为 100 天。（注：各活动压缩费率固定不变）

活动名称	紧前活动	正常工期/天	正常总费用/万元	最短工期/天	最短工期总费用/万元
A	—	20	28	10	30
B	—	50	62	30	65
C	A	30	30.5	20	32
D	A	50	45	30	51
E	B、C	10	18	5	19
G	B、C	40	40	20	46
H	D、E	40	48	30	50
I	G	30	39	10	44

【问题 1】请给出该项目的时标网络图。

【问题 2】该项目要求 100 天完成，请给出成本最优的工期优化方案和优化后的项目总成本。

【问题 3】

（1）项目组根据成本最优的工期优化方案后的进度计划执行，第 60 天下班后对项目进行绩效测量发现，活动 D 和 G 均完成 4/5，活动 E 已经完成；此时累计的实际成本为 225 万元，此时该项目的 PV、EV、AC 分别为多少，并判断此时项目绩效。

（2）假如想要在成本最优的工期优化方案预算内完成项目，则完工尚需绩效指数应为多少？

【问题 4】进度压缩的方法有赶工和快速跟进，请指出它们的适用条件和存在的不足之处。

参考答案：

【问题 1】该项目的时标网络图如下图所示。

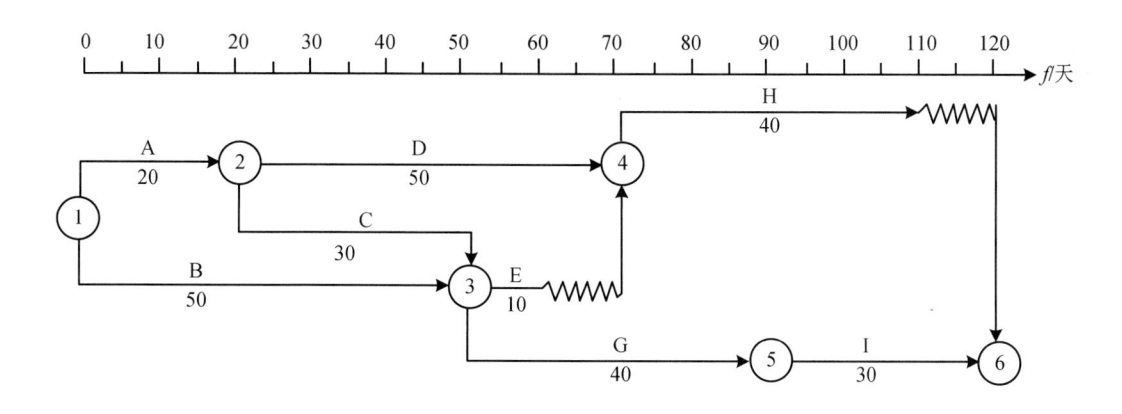

```
 0    10   20   30   40   50   60   70   80   90   100  110  120
 |----|----|----|----|----|----|----|----|----|----|----|----|----→ 天
```

[网络图：
① —A/20→ ② —D/50→ ④ —H/40→ ⑥
① —B/50→ ③
② —C/30→ ③
③ —E/10→ ④
③ —G/40→ ⑤ —I/30→ ⑥]

【问题2】成本最优的工期优化方案为：压缩A活动10天，压缩B活动20天，压缩C活动10天。

优化后的项目总成本是：30+65+32+45+18+40+48+39=317（万元）。

【问题3】

（1）PV=A+B+C+E+D+3/4×G=30+65+32+45+18+30=220（万元）

AC=225万元

EV= A+B+C+E+4/5×D+4/5×G=30+65+32+36+18+32=213（万元）

BAC=30+65+32+45+18+40+48+39=317（万元）

CPI=EV/AC=213/225=0.95

因为CPI<1，项目成本超支。

SPI=EV/PV=213/220=0.97

因为SPI<1，项目进度滞后。

（2）TCPI=(BAC−EV)/(BAC−AC)=(317−213)/(317−225)=1.13

【问题4】赶工只适用于那些通过增加资源就能缩短持续时间的，且位于关键路径上的活动。赶工可能导致风险和/或成本的增加。

快速跟进只适用于能够通过并行活动来缩短项目工期的情况，可能造成返工和风险增加。

第 29 小时
单项选择题

29.0 章节考点分析

第 29 小时主要学习单项选择题相关知识，包括答题方法，单项选择题考试内容，信息系统项目管理综合知识共 75 道题，每题 1 分，总分 75 分，45 分合格。考试内容涉及本书第 1 小时至第 27 小时的所有内容，同时还有少量的课外知识及时政方面的内容。有时案例分析题中也有少量的单项选择题。本小时的架构如图 29-1 所示。

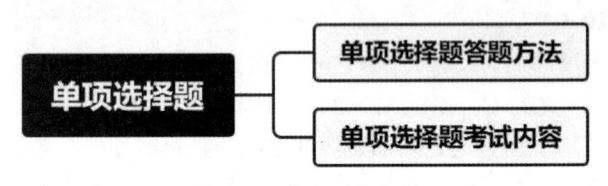

图 29-1 本小时的架构

【导读小贴士】

在信息系统项目管理师考试中，单项选择题占有很大比重，单项选择题有 4 个备选项，只有 1 个答案最符合题意，其余 3 个都是干扰项。想要在单项选择题中选出正确的答案，除了必备的题目相关知识外，答题方法也很重要，合适的答题方法可以提升答题速度和命中率。

29.1 单项选择题答题方法

【基础知识点】

1. 单项选择题答题方法

（1）直接选择法，即直接选出正确项，如果考生对该考点比较熟悉，可采用此方法，以节约时间。

（2）排除法，如正确答案不能直接马上看出，逐个排除不正确的干扰项，最后选出正确答案。

（3）代入法，即把选项代入题干，去验证选项的正确性，此方法适用于计算类题目。

（4）比较法，通过对答案和题干进行研究、分析、比较可以找出一些陷阱，去除不合理选项，从而再应用排除法或猜测法选定答案。

（5）猜测法，即通过排除法仍有 2 个或 3 个答案不能确定，甚至 4 个答案均不能排除，可以凭感觉随机猜测。

2. 单项选择题答题方法应用举例

（1）直接选择法应用举例。

【例题】某行业协会计划开发一个信息管理系统，现阶段用户无法明确该系统的全部准确要求，希望在试用后再逐渐完善并最终实现用户需求，则该信息系统应采用的开发方法是（　　）。

  A．结构化方法 B．面向对象方法 C．原型化方法 D．面向服务方法

【解题思路】针对这种考定义类的题目，需要掌握该题包含的相关知识，然后直接选出答案。

【例题解析】原型化方法也称为快速原型法，或者简称为原型法。它是一种根据用户初步需求利用系统开发工具，快速地建立一个系统模型展示给用户，在此基础上与用户交流，最终实现用户需求的信息系统快速开发的方法。

【参考答案】C

（2）排除法应用举例。

【例题】在可用性和可靠性规划与设计中，需要引入特定的方法来提高系统的可用性，其中把可能出错的组件从服务中删除属于（　　）策略。

  A．错误检测 B．错误恢复 C．错误预防 D．错误清除

【解题思路】在未掌握相关知识的时候，本题可以采用排除法来答，通过"需要引入特定的方法来提高系统的可用性，其中把可能出错的组件从服务中删除"这句话的描述，我们可以得出结论：组件当前还没出错，将来可能出错。因此，首先可以排除选项"B.错误恢复"和"D.错误清除"，接着再分析选项"A.错误检测"和"C.错误预防"，错误检测，是采用某种方法或工具去检查、测试错误，明显不符合题干，所以可以排除选项 A，最终得到正确选项 C。

【例题解析】计算机系统的可用性用平均无故障时间（MTTF）来度量，即计算机系统平均能够正常运行多长时间，才发生一次故障。系统的可用性越高，平均无故障时间越长。可维护性用平均维修时间（MTTR）来度量，即系统发生故障后维修和重新恢复正常运行平均花费的时间。系统

的可维护性越好，平均维修时间越短。计算机系统的可用性定义为：MTTF/（MTTF＋MTTR）×100%。由此可见，计算机系统的可用性定义为系统保持正常运行时间的百分比。所以，想要提高一个系统的可用性，要么提升系统的单次正常工作的时长，要么减少故障修复时间。常见的可用性战术如下：

错误检测：用于错误检测的战术包括命令/响应、心跳和异常。

错误恢复：用于错误恢复的战术包括表决、主动冗余、被动冗余。

错误预防：用于错误预防的战术包括把可能出错的组件从服务中删除、引入进程监视器。

【参考答案】C

（3）代入法应用举例。

【例题】张先生向商店订购某一商品，每件定价 100 元，共订购 60 件，张先生对商店经理说："如果你肯减价，每减价 1 元，我就多订购 3 件"，商店经理算了一下，如果减价 4%，由于张先生多订购，仍可获得原来一样多的总利润。请问这件商品的成本是（ ）元。

　　A．76　　　　　　B．80　　　　　　C．75　　　　　　D．85

【解题思路】如果不会计算，可以把选项逐个代入题干，看能否满足题意。

先代入选项 A，假如这件商品的成本价是 76 元，则订购 60 件的利润是(100−76)×60=1440 元，如果定价 100 元降价 4%，也就是降 4 元，每降 1 元多购 3 件，也就是多购 12 件，此时利润是(96-76)×(60+4×3)=1440 元，此时两者利润相等，符合题意。即正确答案为 A。

【例题解析】

降价 4%的价钱为：100×(100%−4%)=96（元）

一共订购件数为：60+3×(4%÷1%)=72（件）

因此成本计算如下：

(72×96 − 60×100)÷(72 − 60)=76（元）

【参考答案】A

（4）比较法应用举例。

【例题 1】在项目评估过程中，不可以由（ ）进行评价、分析和论证。

　　A．政府主管部门　　B．项目建设单位　　C．银行　　　　D．第三方评估机构

【解题思路】通过选项分析可知，针对项目建设单位，政府主管部门、银行、第三方评估机构均属于第三方，而项目建设单位属于甲方。通过比较，我们可以选出项目评估过程中，不能由项目建设单位进行评价、分析和论证。

【例题解析】项目评估指在项目可行性研究的基础上，由第三方（国家、银行或有关机构）根据国家颁布的政策、法规、方法、参数和条例等，从项目（或企业）、国民经济、社会角度出发，对拟建项目建设的必要性、建设条件、生产条件、产品市场需求、工程技术、经济效益和社会效益等进行评价、分析和论证，进而判断其是否可行的一个评估过程。

【参考答案】B

【例题 2】在权力/利益方格中，针对"权力小、对项目结果关注度高"的干系人，应该采取的策略是（ ）。

A．重点管理　　　B．花最少的精力监督　　C．令其满意　　D．随时告知

【解题思路】假如未掌握这道题的知识点，则无法直接选出正确选项，采用比较法先分析题干，既然是按权利大小和对项目结果关注度高低来分，那么干系人就有四种分法，权力高，对项目结果关注度高的为第一类；权力高，对项目结果关注度低的为第二类；权力低，对项目结果关注度高的为第三类；权力低，对项目结果关注度低的为第四类。再比较四个选项，相应的应有四种管理策略，首先就可以排除选项 A 和选项 B，因为"权力小、对项目结果关注度高"的干系人是属于中间类型的，"重点管理"肯定是针对最重要的干系人，即"权力高，对项目结果关注度高"的干系人，"花最少的精力监督"针对的肯定是最无关紧要的干系人，即"权力低，对项目结果关注度低"的干系人。再比较选项 C 和选项 D，联系日常生活，可以选出正确答案为 D。

【例题解析】

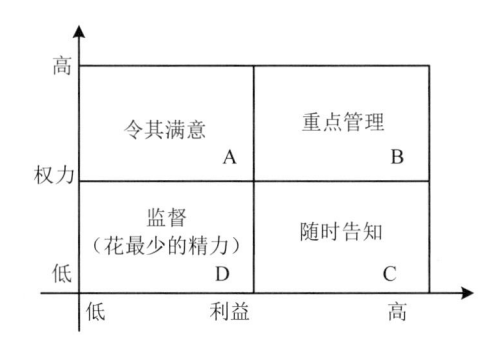

	低　　利益　　高
高 权力 低	令其满意 A　｜　重点管理 B 监督（花最少的精力）D　｜　随时告知 C

【参考答案】D

（5）猜测法应用举例。

【例题 1】某项工程的活动明细如下表所示。（时间：周；费用：万元）

活动	紧前活动	正常进度 所需时间	正常进度 直接费用	赶工 所需时间	赶工 直接费用
A	—	3	10	2	15
B	A	8	15	6	17
C	A	4	12	3	13
D	C	5	8	3	11

项目间接费用每周需要 1 万元

项目总预算由原先的 60 万元增加到 63 万元，根据上表，在预算约束下该工程最快能完成时间为（　　）周。

　　A．9　　　　　　B．8　　　　　　C．14　　　　　　D．12

【解题思路】假如在考试的时候实在不会做这个题，也不能空着，必须选一个答案出来，这种

情况下，只能靠猜测。一般来说，如果题目要求最大的××，就猜测选项中第二大的，如果题目要求最小的××，就猜测选项中第二小的。本题要求最短时间，我们就选择所有选项中第二小的选项，即选 A。此方法是不得已而为之的办法。

【例题解析】赶工情况下最短时间为 8 周，所需成本为直接费用 56 万元+间接费用 8 万元=64 万元。虽然工期很短，但是费用超出了预算，因此不符合题意。

活动 A 压缩一周需要 5 万元，活动 B 压缩 1 周需要 1 万元，活动 C 压缩 1 周需要 1 万元，活动 D 压缩 1 周需要 1.5 万元。

经过分析：活动 A 的压缩成本最高，尽量选择活动 A 不压缩，这样可以使成本最低。

所以选择活动 A 不压缩，而活动 B、C、D 都进行压缩。压缩活动 B、C、D 后所需时间为 9 周，成本为 10+17+13+11+9=60（万元）。

【参考答案】A

【例题 2】(　　) is a computer technology that headsets, sometimes in combination with physical spaces or multi-projected environments, to generate realistic images, sounds and other sensations that simulate a user's physical presence in a virtual or imaginary environment.

　　A．Virtual Reality　　　　　　　　B．Cloud computing
　　C．Big data　　　　　　　　　　　D．Internet+

【解题思路】针对专业英语类的题目，可以对选项进行分析，看选项中的单词是否在题干中出现过，如果出现过，就选该选项。本题选项中的 Virtual 在题干中出现了，就猜测正确选项是 A。

【例题解析】
翻译：(　　)是一种计算机技术，它使用头戴式视图器与物理空间或多投影环境结合，通过模拟用户在一个虚拟的或想象的环境中的物理存在感，产生逼真的图像、声音和其他感知。

　　A．虚拟现实　　　　B．云计算　　　　C．大数据　　　　D．互联网+

【参考答案】A

29.2　单项选择题考试内容

【基础知识点】

1．信息技术

此类题目专业性强，比较抽象，不是信息技术专业的考生不容易理解，难度较大。需要考生对本书第 1 小时至第 5 小时的内容加以熟悉，不要求全部能记下来，但要保证熟悉。根据历年考试出题规律，信息技术内容约占 15 分。

【例题 1】在信息系统的生命周期中，开发阶段不包括(　　)。
　　A．系统规划　　　　B．系统设计　　　　C．系统分析　　　　D．系统实施

【例题解析】信息系统的生命周期包括 5 个阶段：系统规划（可行性分析与项目开发计划）、系统分析（需求分析）、系统设计（概要设计、详细设计）、系统实施（编码、测试）、运行维护等

阶段。

信息系统的生命周期还可以简化为：项目立项（系统规划）、开发（系统分析、系统设计、系统实施）、运维及消亡4个阶段。在开发阶段不仅包括系统分析、系统设计、系统实施，还包括系统验收等工作。

【参考答案】A

【例题2】区块链是（　　）、点对点传输、共识机制、加密算法等计算机技术的新型应用模式。

　　A．数据仓库　　　　　　　　　B．中心化数据库
　　C．非链式数据结构　　　　　　D．分布式数据存储

【例题解析】区块链（Blockchain）是分布式数据存储、点对点传输、共识机制、加密算法等计算机技术的新型应用模式。所谓共识机制是区块链系统中实现不同节点之间建立信任、获取权益的数学算法。

区块链本质上是一个去中心化的数据库，是比特币的底层技术。区块链是一串使用密码学方法相关联产生的数据块，每一个数据块中包含了一次比特币网络交易的信息，用于验证其信息的有效性（防伪）和生成下一个区块。

【参考答案】D

【例题3】IEEE 802规范定义了网卡如何访问传输介质，以及如何在传输介质上传输数据的方法。其中，（　　）是重要的局域网协议。

　　A．IEEE 802.1　　B．IEEE 802.3　　C．IEEE 802.6　　D．IEEE 802.11

【例题解析】

IEEE 802.1是协议概论。

IEEE 802.3是局域网协议。

IEEE 802.6是城域网协议。

IEEE 802.11是无线局域网协议。

【参考答案】B

【例题4】信息安全系统工程中，信息系统"安全空间"三个维度包括安全机制、网络参考模型和（　　）。

　　A．安全设施　　　B．安全平台　　　C．安全人员　　　D．安全服务

【例题解析】由 X、Y、Z 三个轴形成的信息安全系统三维空间就是信息系统的"安全空间"。其中 X 轴是"安全机制"。安全机制可以理解为提供某些安全服务，利用各种安全技术和技巧，所形成的一个较为完善的结构体系。如"平台安全"机制，实际上就是指的安全操作系统、安全数据库、应用开发运营的安全平台以及网络安全管理监控系统等。

Y 轴是"OSI 网络参考模型"。信息安全系统的许多技术、技巧都是在网络的各个层面上实施的，离开网络，信息系统的安全也就失去了意义。

Z 轴是"安全服务"。安全服务就是从网络中的各个层次提供给信息应用系统所需要的安全服务支持。如对等实体认证服务、访问控制服务、数据保密服务等。

随着网络的逐层扩展，这个空间不仅范围逐步加大，安全的内涵也更丰富，具有认证、权限、完整、加密和不可否认五大要素，也叫作"安全空间"的五大属性。

【参考答案】D

【例题5】运行维护能力体系中的四要素不包括（　　）。

　　A．人员　　　　B．技术　　　　C．服务　　　　D．资源

【例题解析】运行维护能力体系中的四要素包括人员、过程、技术、资源。

【参考答案】C

2．时政内容

根据信息系统项目管理师历年考试规律，时政内容每次会占2～4分，范围较广，难以把握重点，需要学员平时多关注。

【例题1】根据"十四五"规划和2035年远景目标纲要，到2035年，我国进入创新型国家前列、基本实现新型工业化、信息化、城镇化、（　　）。

　　A．农业现代化　　B．区域一体化　　C．智能化　　D．数字化

【例题解析】党的十九届五中全会通过的《中共中央关于制定国民经济和社会发展第十四个五年规划和二〇三五年远景目标的建议》展望2035年，进一步明确了基本实现社会主义现代化的远景目标，丰富了目标内涵，提出了新的更高要求。其中，明确了"基本实现新型工业化、信息化、城镇化、农业现代化，建成现代化经济体系"这个目标。

【参考答案】A

【例题2】按照《"十四五"国家信息化规划》重大任务和重点工程中，要统筹建设物联、（　　）、智联三位一体的新型城域物联专网，加快5G和物联网的协同部署，提升感知设施的资源共享和综合利用水平。

　　A．数联　　　　B．车联　　　　C．网联　　　　D．城联

【例题解析】按照《"十四五"国家信息化规划》重大任务和重点工程中，要统筹建设物联、数联、智联三位一体的新型城域物联专网，加快5G和物联网的协同部署，提升感知设施的资源共享和综合利用水平。

【参考答案】A

【例题3】依据2021年印发的《5G应用"扬帆"行动计划（2021—2023年）的通知》，到2023年，我国5G应用发展水平显著提升，综合实力持续增强，打造（　　）深度融合新生态。

①信息技术（IT）　　②通信技术（CT）　　③运营技术（OT）　　④网络技术（NT）

　　A．①②③　　　B．①②④　　　C．②③④　　　D．①③④

【例题解析】《5G应用"扬帆"行动计划（2021—2023年）的通知》的总体目标是：到2023年，我国5G应用发展水平显著提升，综合实力持续增强，打造IT（信息技术）、CT（通信技术）、OT（运营技术）深度融合新生态，实现重点领域5G应用深度和广度双突破，构建技术产业和标准体系双支柱，网络、平台、安全等基础能力进一步提升，5G应用"扬帆远航"的局面逐步形成。

【参考答案】A

【例题4】因为西部的（　　）优势，"东数西算"工程选择西部作为大数据中心。

A．自然环境　　　B．教育环境　　　C．人文环境　　　D．技术环境

【例题解析】"东数西算"，就是把东部的算力需求，调到西部来计算。它和著名的南水北调、西电东送、西气东输是同一个系列的工程，分别解决水、电、气和算力的全国统一调配问题。

数据中心的能耗高，对电力和水资源的需求很大，而且还占用不少土地资源。可以把东部地区不需要快速响应的需求，比如后台加工、离线分析、存储备份等，放在土地和能源充足的西部地区来计算，而东部的数据中心只保留那些必须快速响应的需求，比如工业互联网、金融交易、灾害预警等。这就是"东数西算"的思路。

【参考答案】A

3．法律法规

根据信息系统项目管理师历年考试规律，法律法规内容每次会占2～3分，其中，《中华人民共和国招标投标法》《中华人民共和国政府采购法》《中华人民共和国网络安全法》《中华人民共和国数据安全法》为考试重点。对应本书第24小时内容。

【例题1】某公司法人王某花费3000余元从网上购买个人信息计3646条，并将购得的信息分发给员工用以推销业务。当地警方依据（　　）规定，对王某予以罚款10万元。

A．著作权法　　　　　　　　　B．计算机软件保护条例

C．网络安全法　　　　　　　　D．民法通则

【例题解析】《中华人民共和国网络安全法》已由中华人民共和国第十二届全国人民代表大会常务委员会第二十四次会议于2016年11月7日通过，自2017年6月1日起施行。

第四十一条　网络运营者收集、使用个人信息，应当遵循合法、正当、必要的原则，公开收集、使用规则，明示收集、使用信息的目的、方式和范围，并经被收集者同意。

网络运营者不得收集与其提供的服务无关的个人信息，不得违反法律、行政法规的规定和双方的约定收集、使用个人信息，并应当依照法律、行政法规的规定和与用户的约定，处理其保存的个人信息。

第四十二条　网络运营者不得泄露、篡改、毁损其收集的个人信息；未经被收集者同意，不得向他人提供个人信息。但是，经过处理无法识别特定个人且不能复原的除外。

网络运营者应当采取技术措施和其他必要措施，确保其收集的个人信息安全，防止信息泄露、毁损、丢失。在发生或者可能发生个人信息泄露、毁损、丢失的情况时，应当立即采取补救措施，按照规定及时告知用户并向有关主管部门报告。

第四十三条　个人发现网络运营者违反法律、行政法规的规定或者双方的约定收集、使用其个人信息的，有权要求网络运营者删除其个人信息；发现网络运营者收集、存储的其个人信息有错误的，有权要求网络运营者予以更正。网络运营者应当采取措施予以删除或者更正。

第四十四条　任何个人和组织不得窃取或者以其他非法方式获取个人信息，不得非法出售或者非法向他人提供个人信息。

【参考答案】C

【例题 2】（　　）依照《中华人民共和国数据安全法》和有关法律、行政法规的规定，负责统筹协调网络数据安全和相关监管工作。

A．工信部　　　　B．公安部　　　　C．国资委　　　　D．网信办

【例题解析】中华人民共和国国家互联网信息办公室成立于 2011 年 5 月，主要职责包括：落实互联网信息传播方针政策和推动互联网信息传播法制建设，指导、协调、督促有关部门加强互联网信息内容管理，负责网络新闻业务及其他相关业务的审批和日常监管，指导有关部门做好网络游戏、网络视听、网络出版等网络文化领域业务布局规划，协调有关部门做好网络文化阵地建设的规划和实施工作，负责重点新闻网站的规划建设，组织、协调网上宣传工作，依法查处违法违规网站，指导有关部门督促电信运营企业、接入服务企业、域名注册管理和服务机构等做好域名注册、互联网地址（IP 地址）分配、网站登记备案、接入等互联网基础管理工作，在职责范围内指导各地互联网有关部门开展工作。

网信办依照《中华人民共和国数据安全法》和有关法律、行政法规的规定，负责统筹协调网络数据安全和相关监管工作。

【参考答案】D

【例题 3】关于招投标的描述，不正确的是（　　）。

A．招标人采用邀请招标方式的，应当向三个以上具备承担项目的能力、资信良好的特定法人或者其他组织发出投标邀请书

B．招标人对已发出的招标文件进行必要的澄清或者修改的，应当在招标文件要求提交投标文件截止时间至少 15 日前，以书面形式通知所有招标文件收受人

C．投标人在招标文件要求提交投标文件的截止时间前，可以补充、修改或者撤回已提交的投标文件，并书面通知招标人

D．依法必须进行招标的项目，其评标委员会由招标人的代表和有关技术、经济等方面的专家组成，成员人数为五人以上单数，其中技术、经济等方面的专家不得少于成员总数的一半

【例题解析】《中华人民共和国招标投标法》第三十七条规定：

评标由招标人依法组建的评标委员会负责。

依法必须进行招标的项目，其评标委员会由招标人的代表和有关技术、经济等方面的专家组成，成员人数为五人以上单数，其中技术、经济等方面的专家不得少于成员总数的三分之二。评标委员会成员的名单在中标结果确定前应当保密。

【参考答案】D

【例题 4】某市政府计划采购一批服务，但是采用公开招标方式的费用占该采购项目总价值的比例过大，该市政府可依法采用（　　）方式采购。

A．邀请招标　　　B．单一来源　　　C．竞争性谈判　　　D．询价

【例题解析】符合下列情形之一的货物或者服务，可以依照政府采购法采用邀请招标方式采购：

(1) 具有特殊性，只能从有限范围的供应商处采购的。
(2) 采用公开招标方式的费用占政府采购项目总价值的比例过大的。

【参考答案】A

4. 项目管理知识

在上午单项选择题中，项目管理知识是考试的重点，根据历年考试出题规律，项目管理知识约占 35 分。内容涵盖项目管理基础、十大管理、立项管理、变更管理、合同管理、配置管理等。对应本书第 6 小时至第 19 小时的内容。

【例题 1】关于可行性研究的描述，正确的是（　　）。

A．详细可行性研究由项目经理负责

B．可行性研究报告在项目章程制定之后编写

C．详细可行性研究是不可省略的

D．可行性研究报告是项目执行文件

【例题解析】机会研究、初步可行性研究、详细可行性研究、评估与决策是投资前的四个阶段。在实际工作中，前三个阶段依项目的规模和繁简程度可把前两个阶段省略或合二为一，但详细可行性研究是不可缺少的。

【参考答案】C

【例题 2】关于项目及项目管理基础的描述，不正确的是（　　）。

A．项目是为提供一项独特产品、服务或成果所做的临时性努力

B．项目所产生的产品、服务或成果具有临时性特点

C．项目工作的目的在于得到特定的结果，即项目是面向目标的

D．项目管理和日常运营管理的目标有着本质的不同

【例题解析】临时性是指每一个项目都有确定的开始和结束日期，当项目的目的已经达到，或者已经清楚地看到该目标不会或不可能达到时，或者该项目的必要性已不复存在并已终止时，该项目即达到了它的终点。

但是项目所产生的产品、服务或成果不一定有临时性，比如万里长城到现在都是好的。

【参考答案】B

【例题 3】项目经理对项目负责，其正式权力由（　　）获得。

A．项目工作说明书　　　　　　B．成本管理计划

C．项目资源日历　　　　　　　D．项目章程

【例题解析】项目章程是正式任命项目经理的文件。工作说明书是对项目所要提供的产品或服务的叙述性的描述。

【参考答案】D

【例题 4】验收的可交付成果，属于项目范围管理中（　　）过程的输出。

A．定义范围　　B．控制范围　　C．收集需求　　D．确认范围

【例题解析】确认范围的输出主要包括：①验收的可交付成果；②变更请求；③工作绩效信息；

④项目文件更新。

【参考答案】D

【例题 5】某项目进度网络图中，活动 A 和 B 之间的依赖关系为 SS-8 天，则表明（　　）。

　　A．活动 A 开始 8 天后活动 B 开始　　B．活动 A 开始 8 天前活动 B 开始

　　C．活动 A 结束 8 天后活动 B 开始　　D．活动 A 结束 8 天前活动 B 开始

【例题解析】在活动之间加入时间提前量与滞后量，可以更准确地表达活动之间的逻辑关系。提前量是相对于紧前活动，紧后活动可以提前的时间量。例如，对于一个大型技术文档，技术文件编写小组可以在写完文件初稿（紧前活动）之前 15 天着手第二稿（紧后活动）。在进度规划软件中，提前量往往表示为负。滞后量是相对于紧前活动，紧后活动需要推迟的时间量。例如，为了保证混凝土有 10 天养护期，可以两道工序之间加入 10 天的滞后时间。在进度规划软件中，滞后量往往表示为正数。

【参考答案】B

【例题 6】关于成本估算与预算的描述，不正确的是（　　）。

　　A．成本估算的作用是确定完成工作所需的成本数额

　　B．成本基准是经过批准且按时间段分配的项目预算

　　C．成本预算过程依据成本基准监督和控制项目绩效

　　D．项目预算包含应急储备，但不包含管理储备

【例题解析】估算成本是对完成项目活动所需资金进行近似估算的过程。本过程的主要作用是确定完成项目工作所需的成本数额。

制订预算是汇总所有单个活动或工作包的估算成本，建立一个经批准的成本基准的过程。本过程的主要作用是确定成本基准，可据此监督和控制项目绩效。

成本基准是经过批准的、按时间段分配的项目预算，不包括任何管理储备，只有通过正式的变更控制程序才能变更，用作与实际结果进行比较的依据。成本基准是不同进度活动经批准的预算的总和。

项目预算和成本基准的各个组成部分，先汇总各项目活动的成本估算及其应急储备，得到相关工作包的成本，然后汇总各工作包的成本估算及其应急储备，得到控制账户的成本，再汇总各控制账户的成本，得到成本基准。由于成本基准中的成本估算与进度活动直接关联，因此就可按时间段分配成本基准，得到一条 S 曲线。

最后，在成本基准之上增加管理储备，得到项目预算。当出现有必要动用管理储备的变更时，则应该在获得变更控制过程的批准之后，把适量的管理储备移入成本基准中。

【参考答案】D

【例题 7】（　　）过程的主要作用是确认项目的可交付成果满足干系人的既定需求。

　　A．质量规划　　　B．实施质量保证　　　C．质量控制　　　D．质量过程改进

【例题解析】质量控制是为了评估绩效，确保项目输出完整、正确且满足客户期望，而监督和记录质量管理活动执行结果的过程。本过程的主要作用包括：

(1) 识别过程低效或产品质量低劣的原因,建议并采取相应措施消除这些原因。

(2) 确认项目的可交付成果及工作满足主要干系人的既定需求,足以进行最终验收。

【参考答案】 C

【例题 8】 项目经理的权力有多种来源,其中(   )是由于他人对你的认可和敬佩从而愿意模仿和服从你,以及希望自己成为你那样的人而产生的,这是一种人格魅力。

  A. 职位权力 B. 奖励权力 C. 专业权力 D. 参照权力

【例题解析】 项目经理的权力有 5 种来源:

(1) 职位权力:来自于其所在组织内部职位的权力让员工进行工作的权力。

(2) 惩罚权力:使用降职、扣薪、批评、威胁等负面手段的权力。

(3) 奖励权力:给予员工奖励的权力。

(4) 专家权力:来源于个人的专业技能。如果项目经理让员工感到他是某些领域的专业权威,那么员工就会在这些领域内遵从项目经理的意见。

(5) 参照权力:由于他人对你的认可和敬佩从而愿意模仿和服从你,以及希望自己成为你那样的人而产生的,这是一种人格魅力。

【参考答案】 D

【例题 9】 备忘录、报告、日志、新闻稿等沟通方式属于(   )。

  A. 推式沟通 B. 交互式沟通 C. 拉式沟通 D. 非正式沟通

【例题解析】 使用沟通方法可以促进项目干系人之间共享信息。这些方法可以大致分为以下几种:

拉式沟通:用于信息量很大或受众很多的情况。要求接收者自主自行地访问信息内容。包括企业内网、电子在线课程、经验教训数据库、知识库等。

交互式沟通:在两方或多方之间进行多项信息交换。这是确保全体参与者对特定话题达成共识的最有效的方法。包括会议、电话、即时通信、视频会议等。

推式沟通:把信息发送给需要接收这些信息的特定接收方。这种方法可以确保信息的发送,但不能确保信息送达受众或被目标受众理解。包括信件、备忘录、报告、电子邮件、传真、语音邮件、日志、新闻稿等。

【参考答案】 A

【例题 10】 风险可以从不同角度、根据不同的标准来进行分类。百年不遇的暴雨属于(   )。

  A. 不可预测风险 B. 可预测风险 C. 已知风险 D. 技术风险

【例题解析】 风险按照可预测性可以分为:

(1) 已知风险:可以明确风险的发生,并且其后果亦可预见。已知风险一般后果轻微、不严重,如项目目标不明确、过分乐观的进度计划、设计或施工变更、材料价格波动等。

(2) 可预测风险:可以预见风险的发生,但不能预见其后果的风险。这类风险的后果可能相当严重,如业主不能及时审查批准、分包商不能及时交工、施工机械出现故障、不可预见的地质条件等。

（3）不可预测风险：风险发生的可能性不可预见，一般是外部因素作用的结果，如地震、百年不遇的暴雨、通货膨胀、政策变化等。

【参考答案】A

【例题 11】根据供方选择标准，选择最合适的供方属于（ ）阶段的工作。
　　A．规划采购　　　　B．实施采购　　　　C．控制采购　　　　D．结束采购

【例题解析】实施采购阶段的主要输出之一就是"选中的卖方"，即选择最合适的供方。

【参考答案】B

【例题 12】在 CPIF 合同下，A 公司是卖方，B 公司是买方，合同的实际成本大于目标成本时，A 公司得到的付款总数是（ ）。
　　A．目标成本+目标费用−B 公司应担负的成本超支
　　B．目标成本+目标费用+A 公司应担负的成本超支
　　C．目标成本+目标费用−A 公司应担负的成本超支
　　D．目标成本+目标费用+B 公司应担负的成本超支

【例题解析】成本加激励费用合同（Cost Plus Incentive Fee，CPIF）指的是为卖方报销履行合同工作所发生的一切合法成本（即成本实报实销），并在卖方达到合同规定的绩效目标时，向卖方支付预先确定的激励费用。在 CPIF 合同下：

如果卖方的实际成本低于目标成本，节余部分由双方按一定比例分成（例如，按照 80/20 的比例分享，即买方 80%，卖方 20%）。

如果卖方的实际成本高于目标成本，超过目标成本的部分由双方按比例分担（例如，基于卖方的实际成本，按照 20/80 的比例分担，即买方 20%，卖方 80%）。

如果实际成本大于目标成本，卖方可以得到的付款总数为"目标成本+目标费用+买方应负担的成本超支"。

如果实际成本小于目标成本，卖方可以得到的付款总数为"目标成本+目标费用-买方应享受的成本节约"。

【参考答案】D

【例题 13】某软件产品集成测试阶段，发现问题需要对源代码进行修改。此时，程序员应将待修改的代码段从（ ）检出，放入自己的（ ）中进行修改，代码即被锁定，以保证同一段代码只能被一个程序员修改。
　　A．产品库、开发库　　　　　　　　B．受控库、开发库
　　C．产品库、受控库　　　　　　　　D．受控库、产品库

【例题解析】现以某软件产品升级为例，简述其流程。

（1）将待升级的基线（假设版本号为 V2.1）从产品库中取出，放入受控库。

（2）程序员将欲修改的代码段从受控库中检出（Check out），放入自己的开发库中进行修改。代码被 Checkout 后即被"锁定"，以保证同一段代码只能同时被一个程序员修改，如果甲正对其修改，乙就无法 Check out。

（3）程序员将开发库中修改好的代码段检入（Check in）受控库。Check in 后，代码的"锁定"被解除，其他程序员可以 Check out 该段代码了。

【参考答案】B

【例题14】不确定性绩效域的绩效要点不包括（　）。

A．风险　　　　B．可交付物　　　　C．复杂性　　　　D．不确定性的应对方法

【例题解析】不确定性绩效域的绩效要点包括风险、模糊性、复杂性、不确定性的应对方法。

【参考答案】B

【例题15】项目变更按照变更性质划分为重大变更、重要变更和一般变更，通过不同的（　）来实现。

A．变更处理流程　　B．变更内容　　C．审批权限控制　　D．变更原因处理

【例题解析】通常来说，根据变更性质可分为重大变更、重要变更和一般变更，通过不同审批权限进行控制；根据变更的迫切性可分为紧急变更、非紧急变更；根据行业特点分类，如弱电工程行业的常见分类方法为产品（工作）范围变更、环境变更、设计变更、实施变更和技术标准变更。

【参考答案】C

5．高级项目管理知识、项目通用治理、项目通用管理知识

此部分内容较多，考试重点不是很明确，需要考生对本书第 20 小时、第 22 小时和第 23 小时的内容加以熟悉。根据历年考试的出题规律，该部分约占 10 分，以教材内容为主，扩展内容较少。

【例题1】项目集效益管理主要活动不包括（　）。

A．效益识别　　B．效益分析和规划　　C．效益交付　　D．效益监督

【例题解析】项目集效益管理是定义、创建、最大化和交付项目集所提供效益的绩效域。主要活动包括效益识别、效益分析和规划、效益交付、效益移交和效益维持。

【参考答案】D

【例题2】项目集效益管理主要活动不包括（　）。

A．风险管理规划　　B．风险识别　　C．风险规划应对　　D．风险应对

【例题解析】在项目组合风险管理中有 4 个关键要素：风险管理规划、风险识别、风险评估和风险应对。

【参考答案】C

【例题3】CMMI 将所有收集并论证过的最佳实践按逻辑归为 4 大能力域类别，其中"用于生产和提供优秀解决方案的能力域"是（　）能力域。

A．行动　　　　B．管理　　　　C．使能　　　　D．提高

【例题解析】CMMI 将所有收集并论证过的最佳实践按逻辑归为 4 大能力域类别：

- 行动（Doing）：用于生产和提供优秀解决方案的能力域。
- 管理（Managing）：用于策划和管理解决方案实施的能力域。
- 使能（Enabling）：用于支持解决方案实施和交付的能力域。
- 提高（Improving）：用于维持和提高效率效能的能力域。

【参考答案】A

【例题 4】对于绩效实施来说，有 3 大关键点，其中不包括（　　）。
  A．统一思维　　　　B．绩效目标的确定　　C．引发热情　　　　D．训练能力

【例题解析】对于绩效实施来说，有 3 大关键点：

- 统一思维：将不同能级、不同的思维进行统一，达成共识，形成一致的价值观，确保绩效实施可以有效落地。
- 引发热情：组织管理者需要和员工明确为什么要做绩效管理，做与不做有什么不同，在勾画愿景的同时升华意愿。
- 训练能力：绩效不是少数人能力的体现，而应成为组织管理者的共同能力的体现，需要进行持续深入的学习与实践。

【参考答案】B

【例题 5】市场营销的宏观环境通常不包括（　　）。
  A．组织　　　　　　B．人口　　　　　　C．经济　　　　　　D．技术

【例题解析】市场营销的微观环境通常包括：组织、供应商、营销中介、客户、竞争者、公众等。市场营销的宏观环境通常包括人口、经济、自然、技术、政治与社会，以及文化等。

【参考答案】A

6. 运筹学及专业英语

根据历年信息系统项目管理师考试规律，运筹学及专业英语各占 5 分，此部分内容难度较大。对应本书第 21 小时和第 25 小时内容，在此不再一一赘述。

29.3　考点实练

1．《"十四五"推进国家政务信息化规划》提出，到 2025 年，政务信息化建设总体迈入以数据赋能、（　　）、优质服务为主要特征的融慧治理新阶段。
  A．数据共享、智慧决策　　　　　　B．协同治理、应用共享
  C．协同治理、智慧决策　　　　　　D．数据共享、应用共享

解析：《"十四五"推进国家政务信息化规划》提出，到 2025 年，政务信息化建设总体迈入以数据赋能、协同治理、智慧决策、优质服务为主要特征的融慧治理新阶段，跨部门、跨地区、跨层级的技术融合、数据融合、业务融合成为政务信息化创新的主要路径，逐步形成平台化协同、在线化服务、数据化决策、智能化监管的新型数字政府治理模式，经济调节、市场监管、社会治理、公共服务和生态环境等领域的数字治理能力显著提升，网络安全保障能力进一步增强，有力支撑国家治理体系和治理能力现代化。

答案：C

2．国务院国资委办公厅 2020 年 8 月发布的《关于加快推进国有企业数字化转型工作的通知》

中提出的四个转型方向中,"探索平台化、集成化、场景化增值服务"属于推进（　　）的内容。

A．产品创新数字化　　　　　　　　B．生产运营智能化
C．用户服务敏捷化　　　　　　　　D．产业体系生态化

解析：《关于加快推进国有企业数字化转型工作的通知》中提出的四个转型方向主要内容如下：

（一）推进产品创新数字化。

推动产品和服务的数字化改造，提升产品与服务策划、实施和优化过程的数字化水平，打造差异化、场景化、智能化的数字产品和服务。开发具备感知、交互、自学习、辅助决策等功能的智能产品与服务，更好地满足和引导用户需求。

（二）推进生产运营智能化。

推进智慧办公、智慧园区等建设，加快建设推广共享服务中心，推动跨企业、跨区域、跨行业集成互联与智能运营。按照场景驱动、快速示范的原则，加强智能现场建设，推进5G、物联网、大数据、人工智能、数字孪生等技术规模化集成应用，实现作业现场全要素、全过程自动感知、实时分析和自适应优化决策，提高生产质量、效率和资产运营水平，赋能企业提质增效。

（三）推进用户服务敏捷化。

加快建设数字营销网络，实现用户需求的实时感知、分析和预测。整合服务渠道，建设敏捷响应的用户服务体系，实现从订单到交付全流程的按需、精准服务，提升用户全生命周期响应能力。动态采集产品使用和服务过程数据，提供在线监控、远程诊断、预测性维护等延伸服务，丰富完善服务产品和业务模式，探索平台化、集成化、场景化增值服务。

（四）推进产业体系生态化。

依托产业优势，加快建设能源、电信、制造、医疗、旅游等领域产业链数字化生态协同平台，推动供应链、产业链上下游企业间数据贯通、资源共享和业务协同，提升产业链资源优化配置和动态协调水平。加强跨界合作创新，与内外部生态合作伙伴共同探索形成融合、共生、互补、互利的合作模式和商业模式，培育供应链金融、网络化协同、个性化定制、服务化延伸等新模式，打造互利共赢的价值网络，加快构建跨界融合的数字化产业生态。

答案：C

3．元宇宙本身不是一种技术，而是一个理念和概念，它需要整合不同的新技术，强调虚实相融。元宇宙主要有以下几项核心技术：一是（　　），包括VR、AR，可以提供沉浸式的体验；二是（　　）；三是用（　　）来搭建经济体系。经济体系将通过稳定的虚拟产权和成熟的去中心化金融生态具备现实世界的调节功能，市场将决定用户劳动创造的虚拟价值。

A．扩展现实、数字孪生、区块链　　　　B．增强现实、虚拟技术、区块链
C．增强现实、数字孪生、大数据　　　　D．扩展现实、虚拟技术、大数据

解析：清华大学新闻学院沈阳教授表示，"元宇宙本身不是一种技术，而是一个理念和概念，它需要整合不同的新技术，如5G、6G、人工智能、大数据等，强调虚实相融。"元宇宙主要有以下几项核心技术：

一是扩展现实技术，包括VR和AR。扩展现实技术可以提供沉浸式的体验，可以解决手机解

决不了的问题。

二是数字孪生，能够把现实世界镜像到虚拟世界里面去。这也意味着在元宇宙里面，我们可以看到很多自己的虚拟分身。

三是用区块链来搭建经济体系。随着元宇宙的进一步发展，对整个现实社会的模拟程度加强，我们在元宇宙当中可能不仅仅是在花钱，而且有可能赚钱，这样在虚拟世界里同样形成了一套经济体系。

答案：A

4. 依据我国 2021 年颁布施行的《中华人民共和国个人信息保护法》，以下表述不正确的是（ ）。

    A．为应对突发公共卫生事件，或者紧急情况下为保护自然人的生命健康和财产安全所必需的情况下处理个人数据，需要取得个人同意

    B．处理个人信息应当遵循公开、透明原则，公开个人信息处理规则，明示处理的目的、方式和范围

    C．基于个人同意处理个人信息的，个人有权撤回其同意，但不影响撤回前基于个人同意已进行的个人信息处理活动的效力

    D．国家机关处理的个人信息应当在中华人民共和国境内存储；确需向境外提供的，应当进行安全评估。安全评估可以要求有关部门提供支持与协助

解析：《中华人民共和国个人信息保护法》第十三条规定符合下列情形之一的，个人信息处理者方可处理个人信息：

（一）取得个人的同意；

（二）为订立、履行个人作为一方当事人的合同所必需，或者按照依法制定的劳动规章制度和依法签订的集体合同实施人力资源管理所必需；

（三）为履行法定职责或者法定义务所必需；

（四）为应对突发公共卫生事件,或者紧急情况下为保护自然人的生命健康和财产安全所必需；

（五）为公共利益实施新闻报道、舆论监督等行为，在合理的范围内处理个人信息；

（六）依照本法规定在合理的范围内处理个人自行公开或者其他已经合法公开的个人信息；

（七）法律、行政法规规定的其他情形。

依照本法其他有关规定，处理个人信息应当取得个人同意，但是有前款第二项至第七项规定情形的，不需取得个人同意。

答案：A

5.（ ）是一个容器化平台，它以容器的形式将应用程序及所有依赖项打包在一起，以确保应用在任何环境中无缝运行。

    A．OOA   B．Spark   C．Docker   D．Spring cloud

解析：Docker 是一个开源的应用容器引擎，让开发者可以打包他们的应用以及依赖包到一个可移植的镜像中，然后发布到任何流行的 Linux 或 Windows 操作系统的机器上，也可以实现虚拟

化。容器完全使用沙箱机制，相互之间不会有任何接口。

答案：C

6．新型基础设施不包括（　　）。

　　A．信息基础设施　　B．数字基础设备　　C．融合基础设施　　D．创新基础设施

解析：新型基础设施主要包括如下三个方面。

（1）信息基础设施。信息基础设施主要指基于新一代信息技术演化生成的基础设施。信息基础设施包括：①以5G、物联网、工业互联网、卫星互联网为代表的通信网络基础设施；②以人工智能、云计算、区块链等为代表的新技术基础设施；③以数据中心、智能计算中心为代表的算力基础设施等。信息基础设施凸显"技术新"。

（2）融合基础设施。融合基础设施主要指深度应用互联网、大数据、人工智能等技术，支撑传统基础设施转型升级，进而形成的融合基础设施。融合基础设施包括智能交通基础设施、智慧能源基础设施等。融合基础设施重在"应用新"。

（3）创新基础设施。创新基础设施主要指支撑科学研究、技术开发、产品研制的具有公益属性的基础设施。创新基础设施包括重大科技基础设施、科教基础设施、产业技术创新基础设施等。创新基础设施强调"平台新"。

答案：B

7．从整体构成上看，数字经济包括（　　）。

　　①数字产业化　　②产业数字化　　③数字化治理　　④数据价值化　　⑤数字协同化

　　A．①②③④　　B．②③④⑤　　C．①③④⑤　　D．①②④⑤

解析：从整体构成上看，数字经济包括数字产业化、产业数字化、数字化治理和数据价值化四个部分。

答案：A

8．IT治理主要目标不包括（　　）。

　　A．与业务目标一致　　　　　　　　B．与组织战略一致

　　C．有效利用信息与数据资源　　　　D．风险管理

解析：IT治理主要目标包括：与业务目标一致、有效利用信息与数据资源、风险管理。

答案：B

9．信息系统的四要素不包括（　　）。

　　A．人员　　　　B．技术　　　　C．流程　　　　D．资源

解析：信息系统包括的四要素：人员、技术、流程和数据。

答案：D

10．软件工程需求分析阶段，使用实体联系图表示（　　）模型。

　　A．行为　　　　B．数据　　　　C．功能　　　　D．状态

解析：使用结构化（SA）方法进行需求分析，其建立的模型的核心是数据字典，围绕这个核心，有三个层次的模型，分别是数据模型、功能模型和行为模型（也称为状态模型）。在实际工作

中，一般使用实体联系图（E-R 图）表示数据模型，用数据流图（Data Flow Diagram，DFD）表示功能模型，用状态转换图（State Transform Diagram，STD）表示行为模型。

答案：B

11. 关于项目生命周期特征的描述，正确的是（　　）。

　　A．项目生命周期越长，越有利于项目执行

　　B．变更的代价会随着项目的执行越来越小

　　C．风险和不确定性在项目开始时最大，并随项目进展而减弱

　　D．项目生命周期应保持投入人力始终不变

解析：通用的生命周期结构具有的特征：①成本与人力投入在开始时较低，在工作执行期间达到最高，并在项目快要结束时迅速回落，这种典型的走势如下图所示；②风险与不确定性在项目开始时最大，并在项目的整个生命周期中随着决策的制定与可交付成果的验收而逐步降低；做出变更和纠正错误的成本，随着项目越来越接近完成而显著提高。

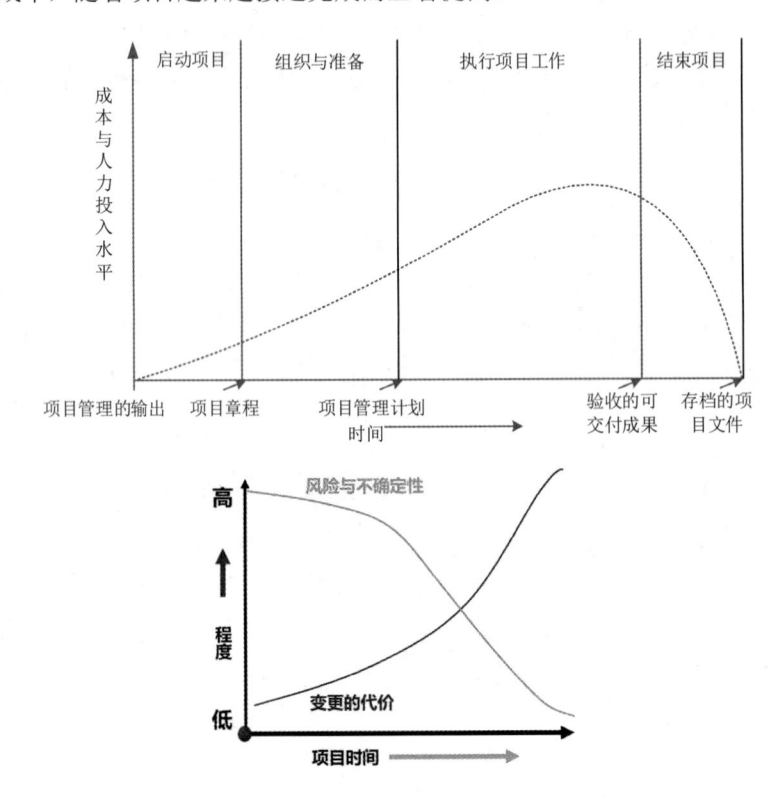

答案：C

12. 项目可行性研究阶段的经营成本不包括（　　）。

　　A．财务费用　　　B．研发成本　　　C．行政管理费　　　D．销售与分销费用

解析：开发总成本一般划分为四大类：研发成本、行政管理费、销售与分销费用、财务费用和

折旧。其中，前三类成本（研发成本、行政管理费、销售与分销费用）的总和称为经营成本。

答案：A

13．实施整体变更控制过程贯穿项目始终，（　　）对此承担最终责任。

　　A．项目发起人　　　B．PMO　　　　　　C．CCB　　　　　　D．项目经理

解析：实施整体变更控制过程贯穿项目始终，项目经理对此承担最终责任。

答案：C

14．（　　）是控制范围常用的工具和技术。

　　A．引导式研讨会　　B．产品分析　　　　C．偏差分析　　　　D．标杆对照

解析：可用于控制范围过程的数据分析技术主要包括：

- 偏差分析：用于将基准与实际结果进行比较，以确定偏差是否处于临界值区间内或是否有必要采取纠正或预防措施。
- 趋势分析：旨在审查项目绩效随时间的变化情况，以判断绩效是正在改善还是正在恶化。

答案：C

15．某项目估算，最乐观成本105万元，利用三点估算法，按三角分布计算出的值为94万元，按贝塔分布，计算出的值为94.5万元，则最悲观成本为（　　）万元。

　　A．80　　　　　　　B．81　　　　　　　C．82　　　　　　　D．83

解析：三点估算：通过考虑估算中的不确定性与风险，使用三种估算值来界定活动成本的近似区间，可以提高活动成本估算的准确性。

最可能成本（CM）：对所需进行的工作和相关费用进行比较现实的估算，所得到的活动成本。

最乐观成本（CO）：基于活动的最好情况，所得到的活动成本。

最悲观成本（CP）：基于活动的最差情况，所得到的活动成本。

基于活动成本在三种估算值区间内的假定分布情况，使用公式来计算预期成本（CE）。基于三角分布和贝塔分布的两个常用公式如下。

三角分布：CE=(CO+CM+CP)/3。

贝塔分布：CE=(CO+4CM+CP)/6。

基于三点的假定分布计算出期望成本，并说明期望成本的不确定区间。

设悲观成本为 X，最可能成本为 Y，列方程：$(105+X+Y)/3=94$，$(105+X+4Y)/6=94.5$，解方程式，得 $X=82$，$Y=95$。

答案：C

16．某项目包含A、B、C、D、E、F、G七个活动。各活动的历时估算和活动间的逻辑关系如下表所示：

活动名称	活动历时/天	紧前活动
A	2	—
B	4	A

续表

活动名称	活动历时/天	紧前活动
C	5	A
D	3	A
E	3	B
F	4	B、C、D
G	3	E、F

依据上表内容，活动 D 的总浮动时间是（　　）天。

A．0　　　　　　B．1　　　　　　C．2　　　　　　D．3

解析：先绘图，如下所示：

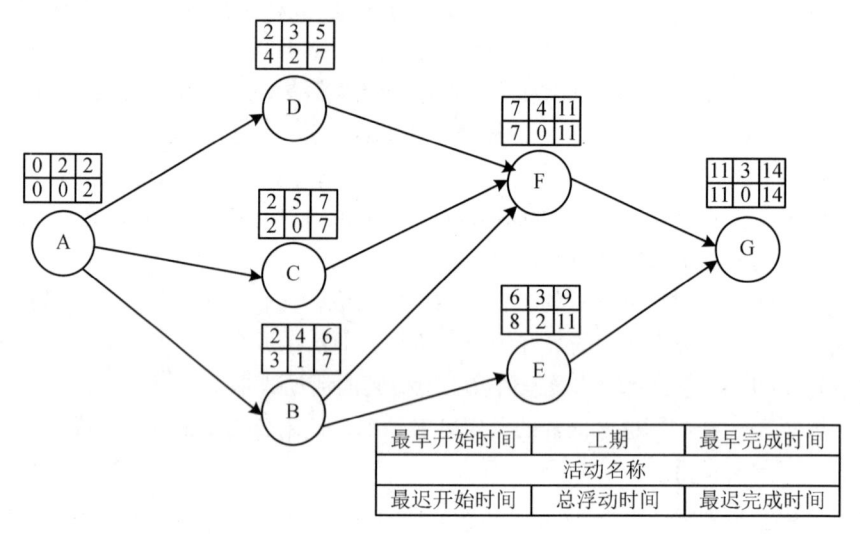

结合上图，活动 D 的总浮动时间计算方法有两种：7−5=2 或者 4−2=2。

由上图可以看出关键路径为 ACFG，可以轻易计算出项目工期为 14 天。

答案：C

17．关于成本基准管理的描述，不正确的是（　　）。

　　A．成本基准中不包括管理储备

　　B．成本基准中包括预计的支出，但不包括预计的债务

　　C．管理储备用来应对会影响项目的"未知-未知"风险

　　D．成本基准是经过批准且按时间段分配的项目预算

解析：成本基准是经过批准的、按时间段分配的项目预算，不包括任何管理储备，只有通过正式的变更控制程序才能变更，用作与实际结果进行比较的依据。成本基准是不同进度活动经批准的预算的总和。

成本基准中包括了预计的支出，也包括了预计的债务。先汇总各项目活动的成本估算及其应急储备，得到相关工作包的成本。然后汇总各工作包的成本估算及其应急储备，得到控制账户的成本。再汇总各控制账户的成本，得到成本基准。由于成本基准中的成本估算与进度活动直接关联，因此就可按时间段分配成本基准，得到一条 S 曲线。

最后，在成本基准之上增加管理储备，得到项目预算。当出现有必要动用管理储备的变更时，则应该在获得变更控制过程的批准之后，把适量的管理储备移入成本基准中。

答案：B

18．为保证项目实施质量，公司组织项目成员进行了三天的专业知识培训。该培训成本属于（　　）。

  A．内部失败成本　　B．外部失败成本　　C．评估成本　　D．预防成本

解析：与项目有关的质量成本（COQ）包括以下一种或多种成本：①预防成本。预防特定项目的产品、可交付成果或服务质量低劣所带来的成本。②评估成本。评估、测试、审计和测试特定项目的产品、可交付成果或服务所带来的成本。③失败成本（内部/外部）。因产品、可交付成果或服务与干系人的需求或期望不一致而导致的成本。培训成本属于一致性成本中的预防成本。

答案：D

19．关于领导者和管理者的描述，正确的是（　　）。

  A．管理者的主要工作是确定方向、统一思想、激励和鼓舞

  B．领导者负责某件具体事情的管理或实现某个具体目标

  C．管理者设定目标，领导者率众实现目标

  D．项目经理具有领导者和管理者的双重身份

解析：领导者（Leader）的工作主要涉及三个方面：

（1）确定方向（Establishing Direction），为团队设定目标，描绘愿景，制定战略。

（2）统一思想（Aligning People），协调人员，团结尽可能多的力量来实现愿景。

（3）激励和鼓舞（Motivating and Inspiring），在向目标进军的过程中不可避免地要遇到艰难险阻，领导者要激励和鼓舞大家克服困难奋勇前进。

管理者（Manager）被组织赋予职位和权力，负责某件事情的管理或实现某个目标。管理者主要关心持续不断地为干系人创造他们所期望的成果。

通俗地说，领导者设定目标，管理者率众实现目标。管理者的思路通常是：要造一艘船，要召集人员，要分配任务，要规划工期和预算……领导者的思路则是去激发大家对海洋的渴望。

领导力（Leadership），让一个群体为了一个共同的目标而努力的能力。尊重和信任，而非畏惧和顺从，是有效领导力的关键要素。领导力是一种影响力，是对人们施加影响，从而使人们心甘情愿地为实现组织目标而努力的艺术过程。

尽管在项目的每个阶段都需要有效的领导力，但在项目的开始阶段特别需要，因为这个阶段的工作重点是与项目参与者沟通愿景，并激励和鼓舞他们取得优秀业绩。在整个项目中，项目团队的领导者要负责建立和维持愿景、战略与沟通，培育信任和开展团队建设，影响、指导和监督团队工

作，以及评估团队和项目的绩效。

项目经理具有领导者和管理者的双重身份。对项目经理而言，管理能力和领导能力二者均不可或缺。对于大型复杂项目，领导能力尤为重要。

答案：D

20．书面沟通的 5C 原则不包括（　　）。

A．正确的语法和拼写　　　　　　　　B．细致的表述
C．连贯的思维逻辑　　　　　　　　　D．善用控制语句和承接

解析：在编制书面或口头信息的时候，应使用书面沟通的 5C 原则，以减轻理解错误：

- 正确的语法和拼写（Correctness）：语法不当或拼写错误会分散注意力，甚至可能扭曲信息含义，降低可信度。
- 简洁的表述（Concise）：简洁且精心组织的信息能降低误解信息意图的可能性。
- 清晰的目的和表述（Clarity）：确保在信息中包含能满足受众需求与激发其兴趣的内容。
- 连贯的思维逻辑（Coherent）：写作思路连贯，在整个书面文件中使用诸如"引言"和"小结"的小标题。
- 善用控制语句和承接（Controlling）：可能需要使用图表或小结来控制语句和思路的承接。

答案：B

21．某厂房建造或者升级的两种方案的决策树分析如下图所示，由图可知，组织会选择（　　）的方案，因为该方案的 EMV 为（　　）万元。

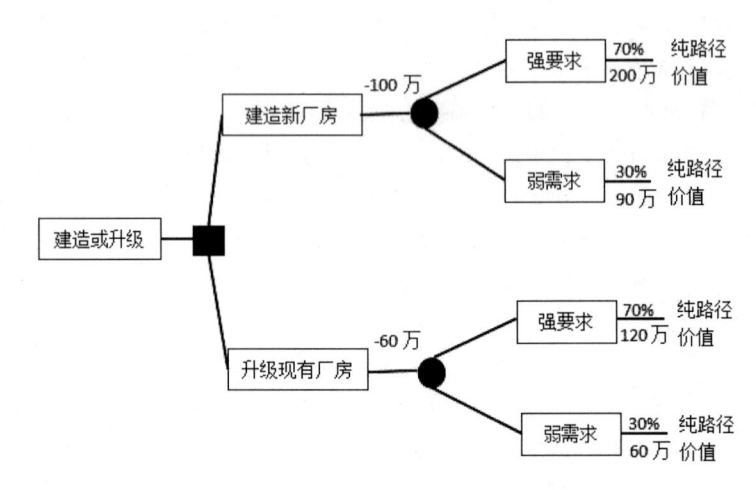

A．升级现有厂房　42　　　　　　　　B．建造新厂房　67
C．升级现有厂房　60　　　　　　　　D．建造新厂房　100

解析：

建造新厂房：EMV=(200−100)×0.7+(90−100)×0.3=67。
升级现有厂房：EMV=(120−60)×0.7+(60−60)×0.3=42。

因为建造新厂房的 EMV 最大，因此选择建造新厂房。

答案：B

22．在采购过程中，如果需要供应商提供关于将如何满足需求和（或）将需要多少成本的更多信息，一般使用（　　）。

  A．信息邀请书 B．报价邀请书 C．建议邀请书 D．投标邀请书

解析：招标文件可以是信息邀请书、报价邀请书、建议邀请书，或其他适当的采购文件。使用不同文件的条件如下：

- 信息邀请书：如果需要卖方提供关于拟采购货物和服务的更多信息，就使用信息邀请书。随后一般还会使用报价邀请书或建议邀请书。
- 报价邀请书：如果需要供应商提供关于将如何满足需求和（或）将需要多少成本的更多信息，就使用报价邀请书。
- 建议邀请书：如果项目中出现问题且解决办法难以确定，就使用建议邀请书。这是最正式的"邀请书"文件，需要遵守与内容、时间表，以及卖方应答有关的严格的采购规则。买方拟定的采购文件不仅应便于潜在卖方做出准确、完整的应答，还要便于买方对卖方应答进行评价。采购文件会包括规定的应答格式、相关的采购工作说明书，以及所需的合同条款。

答案：B

23．合同解释原则不包括（　　）。

  A．主导语言原则   B．适用法律原则
  C．特殊解释原则   D．公平诚信原则

解析：在处理索赔的过程中，需要以合同为依据，但如果合同中的规定比较含糊或者不清楚时，则需要使用一般的合同解释原则来进行解释：

- 主导语言原则：如果合同存在两种语言的文本，必须约定哪一种语言是主导语言。当两者不一致时，应该以主导语言文本为准。
- 适用法律原则：合同中应该规定以哪个国家的法律作为合同的适用法律，合同的解释必须根据适用法律进行。
- 整体解释原则：合同是一个整体，不能割断其中的内在联系。如果合同中没有其他特别规定，在出现含糊或矛盾时可以按惯例进行解释。一般来说，特殊条件优先于一般条件，具体规定优先于笼统规定，手写条文优先于印刷条文，单价优先于总价，价格的文字表达优先于阿拉伯数字表达，技术规范优先于图纸。
- 公平诚信原则：在解释合同时应公平合理，兼顾双方当事人的利益。如果按整体解释原则进行解释后仍含糊不清，则可按不利于合同起草一方（一般为买方）的原则进行解释。在这种情况下，可以理解为买方故意使用了这种有歧义的词句，因此应该承担相应的责任。

答案：C

24．有效执行干系人绩效域可以实现的预期目标不包括（　　）。

A. 与干系人建立高效的工作关系

B. 干系人认同项目目标

C. 支持项目的干系人提高了满意度，并从中收益

D. 减少反对项目的干系人对项目产生负面影响

解析：干系人绩效域涉及与干系人相关的活动和职能。在项目整个生命周期过程中，有效执行本绩效域可以实现的预期目标主要包含：①与干系人建立高效的工作关系；②干系人认同项目目标；③支持项目的干系人提高了满意度，并从中收益；④反对项目的干系人没有对项目产生负面影响。

答案：D

25. 关于配置管理的描述，正确的是（   ）。

A. 状态分为"草稿"的配置项修改后，该配置项的状态为"正式"

B. 配置项第一次成为"正式"文件时，版本号为 1.0

C. 某个配置项的版本号为 0.91，该配置项的状态为"正式"

D. 配置项正在修改时，一般只增大 YZ 值，X 值保持不变

解析：配置项的状态需要根据配置项的不同类型和管理需求进行分别定义，基于配置项建设过程角度，可将配置项状态分为"草稿""正式"和"修改"三种。配置项刚建立时，其状态为"草稿"。配置项通过评审后，其状态变为"正式"。此后若更改配置项，则其状态变为"修改"。当配置项修改完毕并重新通过评审时，其状态又变为"正式"。

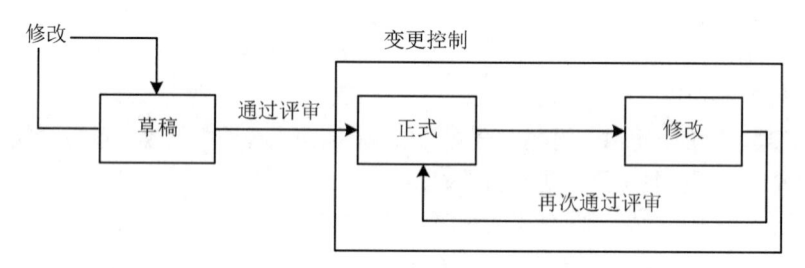

配置项的版本号规则与配置项的状态相关。

（1）处于"草稿"状态的配置项的版本号格式为 0.YZ，YZ 的数字范围为 01～99。随着草稿的修正，YZ 的取值应递增。YZ 的初值和增幅由用户自己把握。

（2）处于"正式"状态的配置项的版本号格式为 X.Y，X 为主版本号，取值范围为 1～9。Y 为次版本号，取值范围为 0～9。配置项第一次成为"正式"文件时，版本号为 1.0。

（3）处于"修改"状态的配置项的版本号格式为 X.YZ。配置项正在修改时，一般只增大 Z 值，X.Y 值保持不变。当配置项修改完毕，状态成为"正式"时，将 Z 值设置为 0，增加 X.Y 值。

答案：B

26. "项目管理是主动的，组织项目绩效是可预测的"，根据 PM 成熟度划分，该组织达到了（   ）级。

A. 2　　　　　　　B. 3　　　　　　　C. 4　　　　　　　D. 5

解析：OPM 成熟度级别特征的一般描述如下：

（1）级别 1。初始或临时的 OPM。项目绩效无法可靠预测，项目管理极不稳定，高度依赖于执行工作的人员的经验和能力。

（2）级别 2。项目层级采用 OPM。根据行业最佳实践，在项目或职能层级上计划、执行、监督和控制项目。

（3）级别 3。组织定义的 OPM。项目管理是主动的，组织项目绩效是可预测的。项目团队遵循组织建立的 OPM 流程，这些流程根据项目的复杂性和从业者的能力加以裁剪。

（4）级别 4。量化管理的 OPM。组织中的项目管理决策和流程管理是由数据驱动的。OPM 流程绩效的管理方式能够实现量化改进目标。

（5）级别 5。持续优化的 OPM。组织稳定且专注于持续改进。OPM 与组织战略的一致性，以及定义好的和可测量的价值贡献为关注点的 OPM 流程，促进了组织的敏捷和创新。

答案：B

27．某组织在绩效评估中，重点考查的是人员品质和能力，该评估类型属于（　　）。

　　A．效果主导型　　B．品质主导型　　C．行为主导型　　D．事件主导型

解析：根据绩效评估的内容，其类型一般可分为：

（1）效果主导型。考评的内容以被评估者的工作成果为主，重点考查的是工作结果，而不是过程。

（2）品质主导型。考评的内容以被评估者工作中表现出来的品质为主，重点考查的是人员品质和能力。

（3）行为主导型。考评的内容以对被评估者的工作行为考评为主，重点考查的是工作过程，而不是结果。

答案：B

28．下面（　　）属于定量的工作分析方法。

　　A．面谈法　　　　　　　　B．工作实践法

　　C．功能性工作分析法　　　D．典型事例法

解析：定性的工作分析方法主要有工作实践法、直接观察法、面谈法、问卷法和典型事例法；定量的工作分析方法主要有职位分析问卷法、管理岗位描述问卷法和功能性工作分析法等。

答案：C

29．下面（　　）不属于隐性知识的特征。

　　A．静态存在性　　B．非陈述性　　C．个体性　　D．交互性

解析：隐性知识具有 6 个主要特征：①非陈述性；②个体性；③实践性；④情境性；⑤交互性；⑥非编码性。

显性知识具有 4 个主要特征：①客观存在性；②静态存在性；③可共享性；④认知元能性。

答案：A

30．下列有关客户关系管理的论述，不正确的是（　　）。

A．客户关系管理涉及获得、维持和发展客户的所有方面
B．客户关系管理的目标是创造客户满意
C．好的客户关系管理有助于市场营销者提高他们的市场份额
D．组织拥有的有价值的客户越忠诚，其客户权益就越高

解析：对客户关系管理可理解为通过递送卓越的客户价值和满意，来建立和维持盈利性的客户关系的整个过程。它涉及获得、维持和发展客户的所有方面。关系建立的基础指建立持久客户关系的关键是创造卓越的客户价值和满意。客户满意取决于客户对产品和服务的感知效能与客户预期的比较。如果产品和服务的效能低于预期，客户不满意。如果效能符合预期，客户满意。如果效能超过预期，客户非常满意或者惊喜。良好的客户关系管理产生客户愉悦，愉悦的客户保持忠诚，并向其他人积极地介绍组织及其产品和服务，客户关系管理的目标不仅仅是创造客户满意，还包括客户愉悦。

好的客户关系管理不仅能够留住好客户以获得客户终身价值，而且有助于市场营销者提高他们的市场份额，即客户所购买的某组织的产品和服务占其同类产品购买量的比重。客户关系管理的最终目标是产生高的客户权益。客户权益是组织现有和潜在客户终身价值的贴现总和，因此，它可以衡量客户基础的未来价值。显而易见，组织拥有的有价值的客户越忠诚，其客户权益就越高。

答案：B

第30小时 案例分析

30.0 章节考点分析

案例分析基于信息系统项目管理师需要熟悉和掌握的知识范围展开，涉及内容包括：信息系统治理、信息系统管理、软件工程，以及项目管理知识、高级项目管理、法律法规等。根据考试大纲，本小时知识点会涉及下午案例分析题，重点内容包括十大知识域、配置管理、变更管理、招投标管理。占50分，非常关键。本小时的架构如图30-1所示。

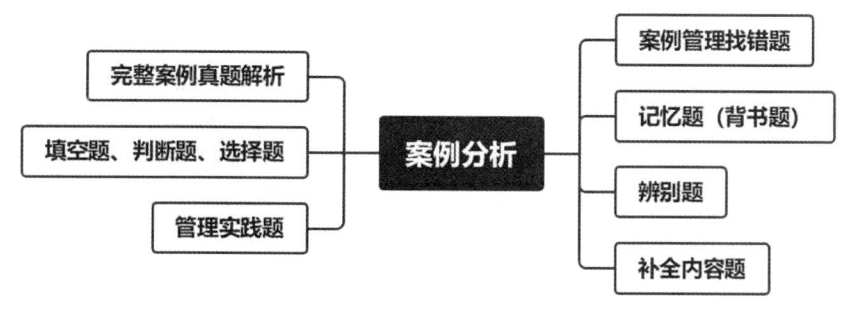

图 30-1 本小时的架构

【导读小贴士】

案例分析是根据试题给定的案例分析场景，应用信息系统项目管理知识对案例场景进行分析，得到相应的结论或给出建议。根据历年考试出题规律，两道案例分析题中，至少有一道是十大知识域相关知识点，因此十大知识域是案例分析的重中之重。通常的题目类型有找错题、优化措施题、概念理解题和记忆题。对于这一类的知识点，必须牢牢掌握五大过程组、十大知识域，并理解每个过程的内容和作用，工具与技术的定义和应用，输入输出有哪些。掌握了这些知识点，做下午案例分析题就没有问题了。

30.1　案例管理找错题

1. 什么是找错题

所谓的找错题，就是题目给出一段材料，然后让考生通过所给材料分析管理过程中存在的问题。此类题型在历年案例考试中是必出题型，分值为 20 分左右。这类题型没有标准答案，判卷尺度不是特别严格，只需答对关键字即可。答题过程一定要分条作答，每个知识点作为一条来答，不要多个内容混在一起，如果多个内容答在一条里，可能只会给一个知识点的分。答题要点：

（1）要看清楚题目究竟是问什么问题。

（2）对于找错题，要采取列条的方式写出要点。

（3）答案要注意归纳和提炼，用词要尽量简洁，要使用专业用语。严禁长篇大论。

（4）根据题目分值合理分配答题所列条数，比如 10 分的题，一般是需要答 5 个知识点，每个知识点 2 分，答 6~7 条即可，不要太多也不要太少。十大知识域一般按管理过程顺序来作答。

（5）字迹要工整，不要超出答题范围。

2. 找错题答题思路

针对错题，在拿到题目以后，要先看问题怎么问，然后带着问题去阅读题目所给材料，这样可以节省一些时间。

（1）答题时，可以按照知识域管理过程的顺序逐个分析，把题目所给材料中的实际管理方法与教材管理理论对比，找出违背管理理论的地方。比如，题目问所给材料中的整合管理存在哪些问题，则先看制订项目章程过程，先看有没有做这个工作，即是否制订了项目章程；接着看做这个工作的人对不对，即项目章程由谁制订；再看依据是否正确，即输入对不对；接着看结果，即制订的项目章程内容是否全面，由谁发布等。每个管理过程都按这样的思路去分析。

（2）列条顺序作答，最后补充一些找错题答题技巧。如项目经理缺少管理经验、未能与干系人进行良好的沟通等。常见案例找错题答题技巧如下：

1）看到"由高级或资深程序员转型做项目经理"，就回答在信息系统工程中，开发和管理是两条不同的主线，开发人员所需要的技能与管理人员所需要的技能很不一样，需要给他培训项目经理相关知识或技能。

2）看到"身兼数职"，就要回答可能没有多少时间去学习管理知识，去从事管理工作。一人承担两个角色的工作，导致工作负荷过重、身心疲惫，其后果可能给全局带来不利影响。

3）看到"新技术"，就要想到风险，接着就是应该对项目成员进行培训，然后监控技术风险，或者找合适的人从事这项工作，实在不行就外包。

4）看到"对项目不满"，就要回答可能没有建立有效的沟通机制和方式方法，缺乏有效的项目绩效管理机制，需要加强沟通。

5）看到"变更"，就一定要注意变更控制的流程，如书面申请、审批和确认、跟踪变更过程。这几个方面缺一不可。

6）看到"验收不通过"，往往需要说明验收标准没有得到认可或确认，没有验收测试规范和方法等。

7）只要是人与人之间的问题，都可以找到沟通方面的答案。另外，有没有考虑风险方面的问题。多寻求领导帮助、多沟通、多监控、多做好配置管理，如果有监理方的项目，多找监理协调。

3. 案例分析找错题真题解析

阅读下列说明，回答问题。

【说明】某集团公司希望对总部现有信息系统进行升级改造，升级后的系统能收集整合子公司各类数据，实现总部对全集团人力资源、采购、销售信息的掌握、分析及预测。

小王担任项目经理，项目交付期为60天。小王研究了总部提出的需求后，认为项目核心在于各子公司数据收集以及数据可视化及分析预测功能。各子公司数据收集可以以总部现有系统中的数据格式模板为基础，为各子公司建立数据上传接口。针对数据的分析预测功能，由于牵涉到人工智能等相关算法，目前项目组还不具备相关方面的知识储备，因此项目组对该模块功能直接外包。小王将数据收集与可视化工作进行了WBS分解，WBS的部分内容如下：

工作编号	工作任务	工期	负责人
…	…	…	…
2	系统设计	20天	王工
3	程序编制	30天	任工
…	…	…	…
3.2.1	人力资源模块编码	25天	孙工
3.2.2	采购模块编码	20天	赵工
3.2.3	销售模块编码	20天	赵工
…	…	…	…
4	系统测试与验收	5天	张工、李工
…	…	…	…

此外，虽然总部没有提出修改界面，但小王认为旧版的软件界面不够美观，让软件研发团队重新设计并更改了软件界面。

试运行阶段，总部人员试用后，认为已经熟悉旧版的操作模式，对新版界面的布局极其不适应；各子公司数据报送人员认为数据上报的字段内容与自己公司的业务并不相关，填写困难。总部和各子公司的试用人员大部分认为新系统不是很好用。

【问题】（8分）

请结合案例，除 WBS 分解的问题外，项目在范围管理中还存在哪些问题。

【答题思路】本题考查的是范围管理。因此，要熟悉范围管理的相关知识，包括范围管理的主要工作内容（管理过程，各管理过程的输入、输出等）。

第一步，先分析制订范围管理计划过程，题目没有写制订范围管理过程的相关内容，就可以答：未制订范围管理计划。

第二步，分析收集需求过程，通过"小王研究了总部提出的需求后，认为项目核心在于各子公司数据收集以及数据可视化及分析预测功能。"可知，小王仅研究了总部提出的需求，所以存在项目组未全面收集客户需求的问题。收集完后，由"小王将数据收集与可视化工作进行了 WBS 分解"可知，没有形成需求文件和需求跟踪矩阵，这个是输出存在问题；接下来应该是开展范围定义的相关工作，但题目所给材料没提到，因此就可以答：范围定义存在问题，未形成范围说明书。因为题目要求回答除了 WBS 分解外的问题，所以 WBS 分解过程就不需要关注了。接下来再分析范围确认，通过题目所给材料可知，项目进行试运行阶段才发现问题，由此可以断定"未进行范围确认"。最后分析范围控制过程，通过题目中"虽然总部没有提出修改界面，但小王认为旧版的软件界面不够美观，让软件研发团队重新设计并更改了软件界面。"可知，不要求做的工作擅自去做了，这个属于范围蔓延，范围控制存在问题。

第三步，补充找错题技巧，"未与干系人进行良好的沟通"或者"小王管理经验欠缺"之类的。

【参考答案】

（1）未制订项目范围管理计划。

（2）未全面收集客户需求。

（3）未对需求进行跟踪。

（4）范围定义存在问题，未形成范围说明书。

（5）未进行范围确认。

（6）范围控制存在问题，变更未走变更管理流程。

（7）存在范围蔓延的风险。

（8）未与干系人进行良好的沟通。

（9）小王欠缺项目管理经验。

30.2 记忆题（背书题）

1. 什么是记忆题

所谓的记忆题，就是要求记住的内容，题目一般会直接问某个术语的内容或作用，与题目所给材料基本上无关联，考的是记忆背诵能力。比如：范围说明书的内容是什么？质量审计的目标是什么？根据近年考试出题规律分析，这类题分值占比在逐步下降，约占 8 分。

2. 记忆题答题思路

针对记忆题，没有特别好的答题方法，靠的是死记硬背，或者在理解的基础上去记。平时需要把重要的知识点记下来，记关键字，这样在考试的时候也能拿到大部分的分值。比如，质量审计目标一般包括：①识别全部正在实施的良好及最佳实践；②识别所有违规做法、差距及不足；③分享所在组织和/或行业中类似项目的良好实践；④积极、主动地提供协助，以改进过程的执行，从而帮助团队提高生产效率；⑤强调每次审计都应对组织经验教训知识库的积累做出贡献等。

考生在记的时候，就可以简化为：审计的目标第一是识别好的，第二是识别不足，第三是分享好的，第四是执行改进、提高效率，第五是总结经验。答出关键字即可。

3. 案例分析记忆题真题解析

阅读下列说明，回答问题。

【说明】某集成公司和某地区的燃气公司签订了系统级合同,将原有的终端抄表系统升级改造，实现远程自动抄表且提供 APP 终端应用服务。

公司指定原系统的项目经理张工来负责该项目，目前张工已经升任新产品研发部经理。张工调派了原项目团队的核心骨干刘工和李工分别负责新项目的需求调研和开发工作。

刘工和李工带领团队根据以往经验完成了需求调研和范围说明书。但由于该项目甲方负责人负责多个项目，时间紧张，导致需求评审会无法召开。张工考虑到双方已经有合作基础，李工和刘工对原系统非常熟悉，为了不影响进度，张工让项目组采用敏捷开发模式，直接进入了设计和编码阶段。

在客户验收测试时，甲方负责人提出 APP 的 UI 设计不符合公司风格、不兼容新燃气表的数据接口、数据传输加密算法不符合要求等多项问题，要求必须全部实现这些需求后才能验收。此时张工把公司新产品研发部正在研发的新产品给甲方负责人展示，双方口头约定可以采用新产品部分功能实现未完善的需求。经过增加人员和加班赶工，延期 1 个月完成。项目上线后用户又发现了若干问题。

【问题】（6分）

请写出范围说明书的内容和作用。

【答题思路】本题需要从两个方面去回答：一是范围说明书的内容；二是范围说明书的作用。因为题目的分值是 6 分，所以需要答对 6 条，每个方面答出 3 条即可满分。首先要知道范围说明书的概念，项目范围说明书是对项目范围、主要可交付成果、假设条件和制约因素的描述。然后在此基础上去理解。如有关键字或速记词的，记关键字或速记词也不失为一种好的方法。如：缩短活动工期方法，用速记词：赶快用，加减改。

（1）**赶**工，投入更多的资源或增加工作时间，以缩短关键活动的工期。以最小的成本来最大限度地压缩进度。

（2）**快**速跟进，并行施工，以缩短关键路径的长度。

（3）使用高素质的资源或经验更丰富的人员。

（4）**加**强质量管理，及时发现问题，减少返工，从而缩短工期。

391

（5）减小活动范围或降低活动要求，协调小项目先不做。
（6）改进方法或技术，以提高生产效率。

【参考答案】

（1）范围说明书的内容：

1）产品范围描述。

2）验收标准。

3）可交付成果。

4）项目的除外责任。

（2）范围说明书的作用：

1）确定范围。

2）沟通基础。

3）规划和控制依据。

4）变更基础。

5）规划基础。

30.3 辨别题

1. 什么是辨别题

所谓辨别题，就是根据题目所给的材料，让考生去辨别材料中的管理行为或内容属于哪一类方法或哪一类内容。比如，列出一系列质量成本，让考生辨别各种成本归属质量成本中的哪一类，或者给出几种沟通行为，让考生去辨别采用了哪种沟通方法。这类题型是近年来考得比较多的一种题型，强调管理理论的实践应用，要求考生深入理解知识点。

2. 辨别题答题思路

针对辨别题，除了需要理解相关知识点外，在答题时需要掌握一些技巧，比如，题目给出几种沟通行为，让考生回答采用了哪种沟通方法。这就要求考生除了要知道沟通方法有哪些，各种沟通方法的适用场景外，还需要对题目所给的沟通行为进行对比，一般是要对号入座，也就是假如题目给出三种沟通行为，则分别对应三种沟通方法，很少有多种沟通行为对应一种沟通方法的。

3. 案例分析辨别题真题解析

阅读下列说明，回答问题。

【说明】A 公司承接某市机关事业单位养老保险信息系统，项目覆盖整个市、区、县的机关事业单位在编人员的养老保险信息，实现数据集中统一管理。公司成立了项目组，任命小王担任项目经理。

项目组对项目进行调研后，成立了风险管理小组，编写了项目管理计划和风险管理计划，明确项目风险管理过程如下图所示：

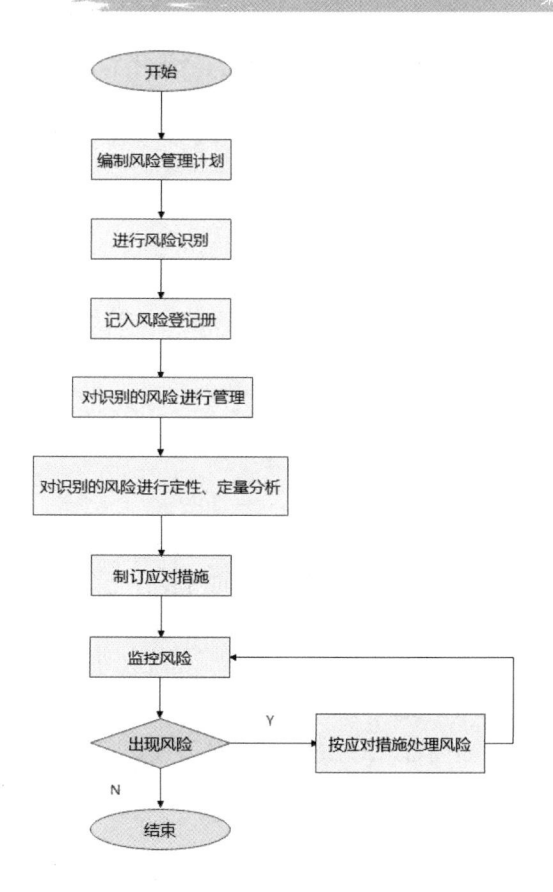

```
                    开始
                     │
                     ▼
              编制风险管理计划
                     │
                     ▼
               进行风险识别
                     │
                     ▼
              记入风险登记册
                     │
                     ▼
           对识别的风险进行管理
                     │
                     ▼
        对识别的风险进行定性、定量分析
                     │
                     ▼
              制订应对措施
                     │
                     ▼
               监控风险 ◄──────────┐
                     │              │
                     ▼              │
              出现风险 ──Y──► 按应对措施处理风险
                     │N
                     ▼
                    结束
```

项目组对风险登记册中的各种风险制订了相应措施，部分措施如下表所示。

风险类别	风险描述	风险措施
人员风险	人员情绪风险	调离项目组
技术风险	缺少数据库设计相关技术储备	外包
	需要新的数据安全管理技术	培训
管理风险	非预期事件造成成本增加的风险	应急储备
	审批流程烦琐	加强部门沟通，建立协调配合机制

此外，在信息安全方面，养老保险数据信息涉及个人隐私，如果不法分子突破安全限制，会造成用户隐私泄露或信息篡改。因此项目组采用 PKI 技术，为系统的安全运行提供了有效的保障。

【问题】（10 分）

请指出案例中列出的风险措施分别采用的是哪种风险应对策略。

【答题思路】针对此题，首先要充分理解积极风险和消极风险如何区分，以及各类风险分别有哪些应对策略，各种应对策略的适用场景，再分析对比即可。其中，积极风险应对策略有开拓、分享、提高；消极风险应对策略有回避、转移、减轻。两者通用的应对策略有上报和接受。

【参考答案】

调离项目组：回避；

外包：转移；

培训：减轻；

应急储备：接受；

加强部门沟通，建立协调配合机制：分享。

30.4 补全内容题

1. 什么是补全内容题

补全内容题，顾名思义，就是考题内容缺少，要求考生将考题补充完整。一般题目会给出一段材料，其中某个知识点内容有遗漏，要求考生把遗漏的内容补充完整。此类题要求考生全面理解所考的知识点。

2. 补全内容题答题思路

针对这类题，首先是需要全面理解考查的知识点，其次要对题目材料所给内容进行分析，把内容进行分条梳理，最后对比分析，找出缺失的内容，进而补充完整。

3. 补全内容题真题解析

阅读下列说明，回答问题。

【说明】A 公司承接了某地方政府的智慧社区云平台的基础设施建设项目，客户方对安全性和系统性能要求较高。为了实现自身业务由硬件设备提供向软件开发转型，A 公司承诺免费提供一个智慧社区 APP 小程序，并将其写入项目合同中，合同期为 6 个月。

项目经理小邱负责 APP 的开发，项目周期 4 个月，计划 2019 年 12 月上线。因合同中没有对 APP 给出明确的功能和性能要求，小邱首先借鉴其他项目的开发经验和成果确定了 APP 的主要便民服务功能。之后开发团队通过走访社区居民和在社区网发放调查问卷收集相关的需求，最终确定了 APP 的功能需求，编制了详细的功能需求说明书，并将业务目标、项目目标、范围、设计、开发、高层级需求、详细需求均纳入到需求跟踪矩阵中。

2019 年 7 月项目组与客户共同召开了范围确认会，讨论了项目的文档交付物清单、各阶段里程碑及详细的工作进度和人员分工图表，形成会议纪要并双方签字。

后期，项目组审核了范围说明书，提交了项目代码和相关设计文档，2019 年 12 月完成功能测试。在项目验收评审会上，与会外部专家认为该项目涉及个人隐私信息，建议请第三方测评机构对该 APP 进行全面的测试。经第三方测评机构测试，发现多项严重的个人信息安全保护问题。经分析，漏洞修复比较困难，全面整改需要投入较大的工作量，但预算已超支。经与公司领导和客户反复协商，不得不提出项目变更。

【问题】（6分）

结合案例，请分析在 7 月召开的范围确认会上，范围确认工作是否有遗漏？如有，请指出遗漏的内容。

【答题思路】 本题考查范围确认知识，要求考生对范围确认有全面的理解，掌握范围确认工作的要求、确认的内容。项目干系人进行范围确认时，一般需要检查以下 6 个方面的问题：

- 可交付成果是否是确定的、可确认的。
- 每个可交付成果是否有明确的里程碑，里程碑是否有明确的、可辨别的事件，例如，客户的书面认可等。
- 是否有明确的质量标准：可交付成果的交付不但要有明确的标准标志，而且要有是否按照要求完成的标准，可交付成果和其标准之间是否有明确联系。
- 审核和承诺是否有清晰的表达：项目发起人必须正式同意项目的边界，项目完成的产品或者服务，以及项目相关的可交付成果。项目团队必须清楚地了解可交付成果是什么。所有的这些表达必须清晰，并取得一致的同意。
- 项目范围是否覆盖了需要完成的产品或服务的所有活动，有没有遗漏或错误。
- 项目范围的风险是否太高：管理层是否能够降低风险发生时对项目的影响。

考生需要比较题目给出的内容，把遗漏的内容补全，答题时，也需要分条作答。

【参考答案】 项目组范围确认工作有遗漏。

项目组范围确认工作遗漏的内容如下：

（1）没有对可交付成果进行确认。

（2）没有对质量标准进行确认。

（3）没有对审核和承诺有清晰的表达确认。

（4）没有对项目范围风险进行确认。

（5）没有对项目范围是否覆盖了需要完成产品或服务进行的所有活动进行确认。

30.5 管理实践题

1. 什么是管理实践题

管理实践，顾名思义，就是管理理论的具体应用。考查考生能否把管理理论在项目管理过程中正确应用，但一般题目出得比较简单，只要认真分析后作答，就能得到大部分的分值。

2. 管理实践题答题思路

针对这类题，要求考生在理解知识点的基础上，学会运用，强调实践，所以答题的时候需要从实践的角度去作答。

3. 管理实践题真题解析

阅读下列说明，回答问题。

【说明】 A 公司是提供 SaaS 平台服务业务的公司，小张作为研发流程优化经理，抽查了核心产品的配置管理和测试过程,情况如下:项目组共 10 人,产品经理小马兼任项目经理和配置管理员,还有 7 名开发工程师和 2 名测试工程师,采用敏捷的开发方式,2 周为一个迭代周期,目前刚刚完成一个 3.01 版本的上线。

小张要求看一下配置管理库,小马回复:"我正忙着,让测试工程师王工给你看吧,我们 10 个都有管理权限"。小张看到配置库分为了开发库和产品库,产品库包括上线的 3 个大板块的完整代码和文档资料,而且与实际运行版本有偏差。小版本只能在开发库中找到代码,但没有相关文档,而且因为新需求迭代太快,有些很细微的修改,开发人员随手进行了修改,文档和代码存在一些偏差。

小张策划对产品做一次 3.01 版本的系统测试,以便更好地解决研发流程和系统本身的问题。

【问题】(10 分)

结合本案例,请帮助测试工程师从测试目的、测试对象、测试内容、测试过程、测试用例设计依据,测试技术 6 个方面设计核心产品 3.01 版本的系统测试方案。

【解析思路】本题属于管理实践类题目,考查考生的综合实践能力。首先要认真阅读所给材料,结合问题,系统地去分析。题目要求从"测试目的、测试对象、测试内容、测试过程、测试用例设计依据,测试技术 6 个方面设计核心产品 3.01 版本的系统测试方案",那么就可以从这 6 个方面入手,结合这 6 个方面的知识去作答。本题看起来难,实际是个送分题。

【参考答案】

测试目的:发现软件缺陷、识别问题。

测试对象:3.01 测试系统。

测试内容:源代码、文档。

测试过程:测试计划—测试施行—发布测试结果。

测试用例设计依据:需求分析说明书等。

测试技术:白盒、黑盒、灰盒。

30.6 填空题、判断题、选择题

1. 什么是填空题、判断题、选择题

填空题,就是题目给出一句话,或者结合题干材料,要求填写相应的内容,与内容补全题的区别就是填空题一般要求填写专业术语,要求更高,不能错字、少字。

判断题,就是题目就一个知识点进行陈述,让考生判断陈述内容是否正确。

选择题,就是题目针对一个问题,给出很多选项,让考生把正确的选项填入相应的位置,案例分析的选择题不同于单项选择题,案例分析的选择题一般是给出很多个选项,然后把选项填入相应位置,有些选项可能会被选多次,也有可能有些选项用不上。因此难度比单项选择题大很多。

2. 填空题、判断题、选择题答题思路

填空题,一般要求填的都是字数比较少的专业术语,所以答题一定要简洁且使用专业术语。

判断题,答题时需要综合分析题目陈述内容,陈述的内容语气太绝对的一般都是错的。

选择题，答题时需要考虑是否有多余的选项，是否有一个选项多次被选的。针对多选题，答案要宁缺毋滥，没把握的不要多填，多填不得分，少填按对的个数给分。

3. 填空题、判断题、选择题真题解析

【例题1】段1：A公司专门从事仿真软件产品的研发业务，近期承接了一个项目。公司任命老王担任项目经理，带领10人的开发团队完成该项目。老王兼任配置管理员，为方便工作，他给所有项目组成员开放了全部操作权限。

段2：测试人员首先依据界面功能准备了集成测试用例，随后和开发人员在开发环境中交互进行集成测试并完成了缺陷修复工作。测试期间发现特定参数下仿真图形显示出现较大变形的严重错误，开发人员认为彻底修复难度较大，可以在试运行阶段再处理，测试人员表示认可。

段3：在回归测试结束后，测试人员向项目组提交了测试报告，老王认为开发工作已圆满结束。在客户的不断催促下，老王安排开发工程师将代码从开发库中提取出来，连带测试用的用户数据一起刻盘后快递给客户。

【问题】(6分)

请将下面（1）～（3）处空白补充完整。

典型的配置库可以分为__(1)__种类型，__(2)__又称主库，包含当前基线和对基线的变更，__(3)__包含已发布使用的各种基线的存档，被置于完全的配置管理之下。

【答题思路】本题要求填写配置库的类型。需要理解配置库的相关知识。

配置库分为开发库、受控库、产品库三种类型。

（1）开发库。开发库也称为动态库、程序员库或工作库，用于保存开发人员当前正在开发的配置实体，如新模块、文档、数据元素或进行修改的已有元素。动态中的配置项被置于版本管理之下。动态库是开发人员的个人工作区，由开发人员自行控制。

（2）受控库。受控库也称为主库，包含当前的基线以及对基线的变更。受控库中的配置项被置于完全的配置管理之下。在信息系统开发的某个阶段工作结束时，将当前的工作产品存入受控库。

（3）产品库。产品库也称为静态库、发行库、软件仓库，包含已发布使用的各种基线的存档，被置于完全的配置管理之下。

【参考答案】

（1）三 　　（2）受控库 　　（3）产品库

【例题2】某公司开发一套信息管理系统，指定小王担任项目经理。由于项目工期紧张且数据库开发工作任务量大，小王紧急招聘了两名在校生兼职负责数据库开发工作。项目需求确定后，公司根据疫情防控要求采用居家方式办公。小王认为居家办公更强调团队成员的个人责任，让团队成员自行决策相关事宜，原定的技术交流、项目例会暂时取消。

疫情好转，公司正常办公后，小王召集团队成员开项目会议，发现项目的实际执行情况远远落后于预期进度，团队成员对需求的理解有许多不一致的地方，且数据库的设计不符合公司设计规范要求。团队成员反馈，需求文档中行业术语太多难以理解、相关规范性文件无处查询且居家办公效率太低。为赶进度，小王要求项目组全体人员加班赶工，引发部分员工不满。老张认为已经按时完成任务,加班对自己不公平,坚决不加班,引起项目组其他人员的不满,与老张在例会上直接发生了争执。因老张为核心人员,小王默许老张的这种行为。

【问题】(4分)

判断下列表述的正误(正确的填写"√",错误的填写"×")。

(1) 虚拟团队模式使人们有可能将行动不便或残疾人纳入团队。　　　　　　　(　)

(2) 冲突是不可避免的,是项目成员的个人问题。　　　　　　　　　　　　　　(　)

(3) 项目经理的权力来源包括职位权力、惩罚权力、奖励权力、专家权力和参照权力。(　)

(4) 项目团队的建设一般要经历形成、震荡、规范、发挥及解散阶段,即使团队成员曾经共事过,项目团队建设也不能跳过某些阶段。　　　　　　　　　　　　　　　(　)

【答题思路】作答判断题时,除了要掌握相关知识点外,还可以对字面进行分析,如果题干陈述太绝对,一般都是错误的。比如第(2)题"冲突是不可避免的,是项目成员的个人问题",这种说法很绝对。第(4)题"项目团队的建设一般要经历形成、震荡、规范、发挥及解散阶段,即使团队成员曾经共事过,项目团队建设也不能跳过某些阶段。"这种说法也很绝对,因此这两个都是错误的。

【参考答案】

(1) √　　(2) ×　　(3) √　　(4) ×

【例题3】某省交通运输厅信息中心对省内高速公路部分路段的监控系统进行升级改造,该项目是省重点项目,涉及5个系统集成商、1个软件供应商、3个运维服务厂商以及10个路段管理单位。项目工期仅为两个月,沟通管理的好坏决定了项目的成败。

小张作为项目经理,在项目建设全过程中建立了项目领导小组的周例会制度,制订了详细的沟通计划,并根据项目发展阶段,识别了不同阶段的关键干系人,形成了干系人登记册,根据沟通需求不同,设置不同的沟通方式,细化了相应的沟通管理策略(见下表),并完善了沟通管理计划。项目执行中周报告采用邮件方式发布,出现的问题采用短信的方式定制发送,使项目如期完工并得到省交通运输厅的好评。

项目各阶段沟通管理策略

项目阶段	沟通管理策略
需求分析与设计	通过让系统集成商、软件供应商与路段管理单位面对面沟通,尽快获取了系统建设的详细需求和设备的具体选型,项目需求和设备方案需得到路段管理单位的签字认可
集成	系统集成商、软件供应商、路段管理单位、省交通运输厅信息中心等需要密切配合,每一个变更都需要得到路段管理单位确认,并通知省交通运输厅信息中心
测试	系统集成商、软件供应商、运维服务厂商都需要参与,路段管理单位、省交通运输厅信息中心进行验收测试

【问题】（5分）从候选答案中选择正确选项，将题干补充完整。

工作绩效报告是__(1)__的输入，工作绩效数据是__(2)__的输入，问题日志是__(3)__的输入。制订干系人管理计划活动属于__(4)__过程，分析绩效与干系人进行沟通，提出变更请求属于__(5)__过程。

A．管理沟通　　　　B．控制沟通　　　　C．识别干系人
D．管理干系人　　　E．规划干系人管理　F．控制干系人参与

【答题思路】本题考查沟通管理和干系人管理各管理过程的输入、输出相关知识。输入、输出、工具与技术内容较多，需要在理解的基础上加以记忆才能记牢，通过输出联想到输入，再从输入联想到工具与技术。

【参考答案】
（1）A　　（2）BF　　（3）ABDF　　（4）E　　（5）F

30.7　完整案例真题解析

【例题1】阅读下列说明，回答问题1至问题4。

【说明】A公司中标某系统集成项目，正式任命王伟担任项目经理。王伟是资深的技术专家，在公司各部门具有较高的声望。

接到任命后，王伟组建了项目团队。除服务器工程师小张是新招聘的外，其余项目组成员都是各个团队的老员工。项目中王伟经常身先士卒，亲自参与解决复杂问题，深受团队成员好评。

项目中期，服务器厂商供货比计划延迟了一周。为了保证项目进度，王伟与其他项目经理协商，借调了两名资深人员，随后召开项目会议，动员大家加班赶工。会议上，王伟向大家承诺会向公司申请额外项目奖金。大家均同意加班，只有小张以家中有事、朋友聚会等理由拒绝加班。由于小张负责服务器基础平台，他的工作进度会影响整体进度，所以大家纷纷指责小张没有团队意识。

王伟认为好的项目团队中绝对不能出现冲突现象，这次冲突与小张的个人素养有直接关系。为了避免冲突对团队产生不良影响，王伟宣布立即终止会议并请小张留下来单独谈话。

在沟通中，王伟批评小张缺乏团队合作意识。小张表示他对加班费、项目奖金等不在意，而且他技术经验丰富，很容易找到一份收入不错的工作。他不加班的原因是最近家人、朋友等各种圈子应酬太多。王伟表明如果因为小张的原因导致项目工期延误，会影响小张在团队中的个人声誉，同时更会影响整个项目团队在客户和公司内部的声誉。小张虽不情愿，但最终选择了加班。

【问题1】（8分）管理者的权力来源有5种，请指出这5种权力在王伟身上的具体体现。请将（1）～（4）处的答案及具体表现填写在答题纸的对应表格内。

权力来源	具体表现
___（1）___权力	
惩罚权力	
___（2）___权力	
___（3）___权力	
___（4）___权力	王伟经常身先士卒，亲自参与解决复杂问题，深受团队成员好评

【问题 2】（6 分）结合马斯洛需求层次理论，指出案例中小张已经满足的需求层次，并指出具体表现。如果想要有效激励小张，应该在哪些层次上采取措施？

【问题 3】（8 分）
（1）结合本案例，请指出王伟针对冲突的认识和做法有哪些不妥。
（2）解决冲突的方式有哪些？王伟最终采用了哪种冲突解决方式？

【问题 4】（3 分）结合案例中项目团队的人员构成，请指出该项目采用了哪些获取资源的方法。

【例题解析】

【问题 1】分析：这道题的知识点是项目资源管理知识域中的相关术语，属于记忆题和概念理解题。对于这个题目要充分理解管理者的 5 种权力，并一一对应案例题干中具体的表现。管理者的 5 种权力如下表所示。

管理者的 5 种权力

权力	内容
职位权力	来源于管理者在组织中的职位和职权。在高级管理层对项目经理的正式授权的基础上，项目经理让员工进行工作的权力。发起人任命的项目经理，其在工作中可以用职位权力安排项目团队成员的工作和职责
惩罚权力	使用降职、扣薪、惩罚、批评、威胁等负面手段的权力。惩罚权力很有力，但会对团队气氛造成破坏。滥用惩罚权力会导致项目失败，应谨慎使用。对于上班时心思总是放在要怎么偷懒、做事拖拉、上班总是迟到、无缘无故提前走、没有一点责任心的员工，项目经理动用惩罚权力，可以扣除他本月的出勤奖，以警告他不要再这样下去
奖励权力	给予下属奖励的权力。奖励包括加薪、升职、福利、休假、礼物、口头表扬、认可度、特殊的任务，以及其他的奖励员工满意行为的手段。优秀的管理者擅长使用奖励权力激励员工高水平完成工作。对于圆满完成任务、客户满意度非常高的员工，项目经理可以动用奖励权力，对该优秀员工给予奖金等
专家权力	来源于个人的专业技能。如果项目经理让员工感到他是某些领域的专业权威，那么员工就会在这些领域内遵从项目经理的意见。来自一线的中层管理者经常具有很大的专家权力。当项目出现问题，其他员工都不能解决的时候，项目经理要能妥善地处理好，这个就是项目经理的专家权力
参照权力	成为别人学习参照榜样所拥有的力量。参照权力是由于他人对你的认可和敬佩从而愿意模仿和服从你，以及希望自己成为你那样的人而产生的，这是一种个人魅力。具有优秀品质的领导者的参照权力会很大。这些优秀品质包括诚实、正直、自信、自律、坚毅、刚强、宽容和专注等。领导者要想拥有参照权力，就要加强这些品质的修炼

职位权力、惩罚权力、奖励权力来自组织的授权,专家权力和参照权力来自管理者自身。项目经理更要注重运用奖励权力、专家权力和参照权力,尽量避免使用惩罚权力。

A 公司中标某系统集成项目,正式任命王伟担任项目经理这句话,符合职位权力;

在沟通中,王伟批评小张缺乏团队合作意识,符合惩罚权力;

会议上,王伟向大家承诺会向公司申请额外项目奖金,符合奖励权力;

王伟是资深的技术专家,在公司各部门具有较高的声望,符合专家权力;

项目中王伟经常身先士卒,亲自参与解决复杂问题,深受团队成员好评,符合参照权力。

【问题1】参考答案

权力来源	具体表现
职位权力	A 公司中标某系统集成项目,正式任命王伟担任项目经理
惩罚权力	在沟通中,王伟批评小张缺乏团队合作意识
奖励权力	会议上,王伟向大家承诺会向公司申请额外项目奖金
专家权力	王伟是资深的技术专家,在公司各部门具有较高的声望
参照权力	王伟经常身先士卒,亲自参与解决复杂问题,深受团队成员好评

【问题2】分析:这道题考的是项目资源管理的激励理论中的马斯洛需求层次理论,属于记忆题和概念理解题,对于这个题目要充分理解马斯洛需求层次理论,并一一对应案例题干中具体的表现。马斯洛需求层次理论的重要内容如下图所示。

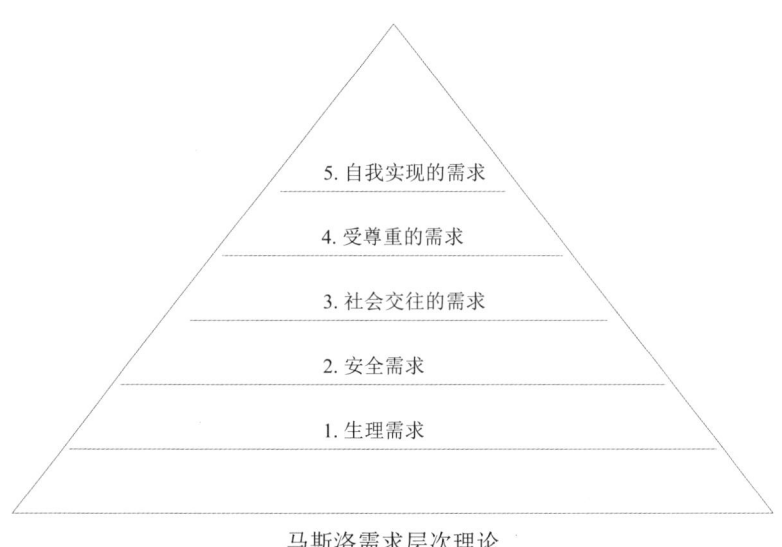

```
        5. 自我实现的需求
       4. 受尊重的需求
      3. 社会交往的需求
     2. 安全需求
    1. 生理需求
```

马斯洛需求层次理论

(1) 生理需求:对衣食住行等的需求都是生理需求。常见的激励措施:员工宿舍、工作餐、工作服、班车、工资、补贴、奖金等。比如刚刚大学毕业的、刚刚进入公司的员工现在就急需一份工资、奖金等，解决自己的衣食住行。

（2）安全需求：包括对人身安全、生活稳定、不至于失业，以及免遭痛苦、威胁或疾病等的需求。常见的激励措施：养老保险、医疗保障、长期劳动合同、意外保险、失业保险等。比如员工小王已经在公司工作一段时间，但是总是觉得不踏实，生怕公司效益不好的时候自己被辞退。这个时候正好公司需要信息系统项目管理师，因此小王决心努力学习，要拿下证书获得一份公司的长期劳动合同。

（3）社会交往的需求：包括对友谊、爱情，以及隶属关系的需求。常见的激励措施：定期员工活动、聚会、比赛、俱乐部等。比如已经在公司工作很长一段时间的小张，工作稳定，但是到现在还是单身，因此公司组织的各种活动可以安排他都参加，加强他的社会交往。

（4）受尊重的需求：自尊心和荣誉感。荣誉来自别人，自尊来自自己。常见的激励措施：荣誉性的奖励、形象、地位的提升、颁发奖章，作为导师培训别人等。比如一些工程师，技术厉害，平时交往也多，公司可以采用让他带新人，为人师表，发挥自己的能力，今年年终总结大会上，给他颁发奖章。

（5）自我实现的需求：实现自己的潜力，发挥个人能力到最大限度，使自己越来越成为自己所期望的人物。常见的激励措施：给他更多的空间让他负责、让他成为智囊团、参与决策、参与公司的管理会议等。比如项目经理小唐有能力有技术有梦想，团队成员也尊重他，因此公司可以把关键项目交给他负责，让他积极参加公司的各种会议，参与决策。

根据题干，小张表示他对加班费、项目奖金等不在意，而且他技术经验丰富，很容易找到一份收入不错的工作。他不加班的原因是最近家人、朋友等各种圈子应酬太多。

结合马斯洛需求层次理论可以知道，小张对加班费和项目奖金不在意，说明其在生理需求和安全需求层次已经没问题。他不加班是应酬太多，社会交往方面也没问题。

所以对于小张，项目经理王伟就要在受尊重的层次上采取措施，比如给予小张荣誉性的奖励、形象、地位的提升，颁发奖章，作为导师培训新人等。

【问题2】参考答案

小张表示他对加班费、项目奖金等不在意，而且他技术经验丰富，很容易找到一份收入不错的工作，说明小张已经满足了马斯洛需求层次理论中的生理需求和安全需求层次。他不加班的原因是最近家人、朋友等各种圈子应酬太多，说明小张已经满足马斯洛需求层次理论中的社会交往的需求，因此要在马斯洛需求层次理论中受尊重的需求层次上采取措施。

【问题3】分析：这道题的知识点是项目资源管理过程组中管理项目团队工具与技术中的人际关系与团队技能中的冲突管理，属于记忆题、概念理解题和找错题。对于这个题目要充分理解冲突管理的5种解决方式，并一一对应案例题干中具体的表现。这5种解决方式如下表所示。

冲突管理的 5 种解决方式

解决方式	内容
撤退/回避	从实际或潜在冲突中退出，将问题推迟到准备充分的时候，或者将问题推给其他人员解决。双方在解决问题上都不积极，也不想合作。撤退是一种暂时性的冲突解决方法。当项目成员已经发生激烈的争吵，这个时候采取撤退/回避
缓和/包容	强调一致、淡化分歧（甚至否认冲突的存在）；为维持和谐与关系而单方面退让一步。这是一种慷慨而宽厚的做法，为了和谐和大局，而迁就对方，或者暂时放下争议点，谋求在其他非争议点与对方协作。缓和也是一种暂时性的冲突解决方法。比如现实工作中因为加班费，财务少算了钱，项目团队成员有分歧，财务补发了工资，团队成员就包容这次事件
妥协/调解	为了暂时或部分解决冲突，寻找能让各方都在一定程度上满意的方案。双方在态度上都愿意果断解决冲突，也愿意合作。双方都得到了自己想要的东西，但只是一部分，而不是全部。双方都做了让步，都有得有失。妥协是双方面的包容，包容是单方面的妥协。因为工程进度落后，为了赶进度，两个小组负责人发生了一次争吵，因为他们都有急需的工作要做，但是人员就这么多，没办法，最后他们相互理解，都是为了更好地完成项目，大家都急需人员，最后把人员平均分配
强迫/命令	以牺牲其他方为代价，推行某一方的观点；只提供赢输方案。通常是利用权力来强行解决紧急问题。一方赢，一方输。新来的员工总是偷懒，做事拖拖拉拉，上班总是迟到，无缘无故地提前走，没有一点责任心，项目经理私下找他谈了几次，警告他再这样下去，直接走人，他才改变
合作/解决问题	综合考虑不同的观点和意见，采用合作的态度和开放式对话引导各方达成共识和承诺。这是冲突双方最理想的结果，前提是双方要相互尊重、愿意合作、愿意倾听对方。项目经理和项目团队成员，在发生分歧的时候大家都提出自己的方案，选择一起更好地完成工作，因为团队力量大于个人

【问题3】（1）分析：本案例题干中王伟认为好的项目团队中绝对不能出现冲突现象，这次冲突与小张的个人素养有直接关系，为了避免冲突对团队产生不良影响，王伟宣布立即终止会议并请小张留下来单独谈话。一个项目中有些冲突是无法避免的，但如果管理得当，冲突也可以帮助团队找到更好的解决方案，因此王伟认为好的项目团队绝对不能出现冲突现象是不妥的。

在项目环境下管理冲突，项目经理必须能够找到冲突的原因，然后积极地管理冲突，从而尽量降低潜在的负面影响，需要在所有参与方之间建立基本信任，各方开诚布公地寻求解决冲突的积极方案，在沟通的时候要采取良好的沟通技巧，避免冲突升级，根据题干中"大家均同意加班，只有小张以家中有事、朋友聚会等理由拒绝加班。由于小张负责服务器基础平台，他的工作进度会影响整体进度，所以大家纷纷指责小张没有团队意识""为了避免冲突对团队产生不良影响，王伟宣布立即终止会议并请小张留下来单独谈话""在沟通中，王伟批评小张缺乏团队合作意识"的表述，当大家都指责小张的时候，王伟应该降低冲突的负面影响。不应该立即终止会议并请小张留下来单独谈话，而应该采取开诚布公地寻求解决冲突的积极方案。在沟通中，王伟不能直接批评小张缺乏团队合作意识，应采取良好的沟通技巧，避免冲突的升级。

【问题3】（2）分析：解决冲突的方式有：撤退/回避、缓和/包容、妥协/调解、强迫/命令、合作/解决问题。根据题干中"王伟表明如果因为小张的原因导致项目工期延误，会影响小张在团队中的个人声誉，同时更会影响整个项目团队在客户和公司内部的声誉。小张虽不情愿，但最终选择了加班"的表述，这个解决冲突的方式是强迫/命令，王伟利用自己的权力，强迫/命令小张接受加班。

【问题3】参考答案

（1）王伟认为好的项目团队绝对不能出现冲突现象是不妥的。做法不妥的表现有：当大家都指责小张的时候，王伟应该降低冲突的负面影响。不应该立即终止会议并请小张留下来单独谈话，而应该采取开诚布公地寻求解决冲突的积极方案。在沟通中，王伟不能直接批评小张缺乏团队合作意识，应采取良好的沟通技巧，避免冲突的升级。

（2）解决冲突的方式有：撤退/回避、缓和/包容、妥协/调解、强迫/命令、合作/解决问题。

王伟最终采用的冲突解决方式是：强迫/命令。

【问题4】分析：这道题的知识点是项目资源管理知识域中获取资源的工具与技术，属于记忆题和概念理解题。对于这个题目要充分理解获取资源的工具与技术有哪些，并一一对应案例题干中具体的表现。获取资源的方法如下表所示。

获取资源的方法

工具与技术	内容
决策	适用于获取资源过程的决策技术是多标准决策分析。选择标准常用于选择项目的实物资源或项目团队。使用多标准决策分析工具制定出标准，用于对潜在资源进行评级或打分（例如，在内部和外部团队资源之间进行选择）。根据标准的相对重要性对标准进行加权，加权值可能因资源类型的不同而发生变化
预分派	预分派指事先确定项目的实物或团队资源，在如下情况时可采用预分派：①在竞标过程中承诺分派特定人员进行项目工作；②项目取决于特定人员的专有技能；③在完成资源管理计划的前期工作之前，制定项目章程过程或其他过程已经指定了某些团队成员的工作
人际关系与团队技能	适用于获取资源过程的人际关系与团队技能是谈判。很多项目需要针对所需资源进行谈判
虚拟团队	具有共同目标、在完成角色任务的过程中很少或没有时间面对面工作的一群人。比如我们需要的人没有时间，他们都有自己的工作，不能来到项目现场，我们可以通过组建微信群，不时地讨论相关问题

根据题干，服务器工程师小张是新招聘的，采用的获取资源的方法为人际关系与团队技能；其余项目组成员都是各个团队的老员工，采用的获取资源的方法为预分派。

【问题4】参考答案

采用获取资源的方法有：人际关系与团队技能、预分派。

【解题思路】针对信息系统项目管理师下午案例分析中理解题的解题思路如下：

（1）首先仔细阅读案例和问题。

（2）针对问题，找到案例中的重要题干，并对应相关的知识点，理解分析，得到答案。

【例题2】阅读下列说明，回答问题1至问题4。

【说明】某公司中标医院的信息管理系统。公司指派小王担任项目经理，并组建相应的项目团队。由于人手有限，小王让负责项目质量工作的小杨同时担当配置管理员。小杨编写并发布了质量管理计划和配置管理计划。

小杨利用配置管理软件对项目进行配置管理，为了项目管理方便，小杨给小王开放所有的配置权限，当有项目组成员提出配置变更需求时，小杨直接决定是否批准变更请求，小杨为项目创建了三个文件夹，分别作为存放开发、受控、产品文件的目录，对经过认定的文档或经过测试的代码等能够形成配置基线的文件，存放到受控库中，并对其编号，项目研发过程中，某软件人员打算对某段代码作一个简单修改，他从配置库检出待修改的代码段，修改完成并检测没问题后，检入配置库，小杨认为代码改动不大，依然使用之前的版本号，并移除了旧的代码。公司在质量审计过程中，发现项目管理方面的诸多问题。

【问题1】（10分）
请结合案例，简要分析该项目在配置管理方面存在的问题。

【问题2】（8分）
请结合案例，描述在软件升级过程中的配置库变更控制流程。

【问题3】（5分）
请简述质量审计的目标。

【问题4】（2分）
请将（1）与（2）中的空白补充完整。
（1）所有配置项的操作权限应由（　　）严格管理。
（2）（　　）决定是否接受变更，并将决定通知相关人员。

【问题1】分析：这是一道找错题，针对此类题目，先要认真阅读题干，结合项目管理知识分析项目经理安排的工作是否合理，项目团队所执行的工作是否正确。本题中，质量管理计划和配置管理计划由小杨一个人制订，且未经审批即发布，明显违背项目管理理论。同时，小杨直接批准变更，没有经过CCB审批，也不符合变更管理流程，小杨给所有人开放权限，不符合配置库权限管理规定。

【问题1】参考答案
1. 小杨不能一个人编制质量管理计划和配置管理计划，需要相关干系人参与。
2. 小杨不能直接发布质量管理计划和配置管理计划，需要相关领导的审批。
3. 小杨不能给小王开放所有的配置权限。
4. 小杨不能直接决定是否批准变更请求。
5. 小杨不能删除旧的代码。
6. 没有按照配置控制中的变更流程处理相关变更。

7. 软件人员不能随意地从配置库中提取要修改的代码段。

8. 修好完成的并经过测试的代码段不能随意放入配置库，也需要经过审批通过后才能放入。

9. 对经过认定的文档或经过测试的代码等能够形成配置基线的文件，不能随意地存入受控库中，需经过批准与审批。

【问题2】分析：此题属于理解加记忆的题目类型。软件升级过程中的配置库变更控制流程前面6步不能少，第7步需要详细描述，先从产品库取出，放入受控库，再检出到开发库修改，同时在受控库锁定，修改完成检出到受控库，解锁，最后存入产品库。注意需要把版本变化情况也进行说明。

【问题2】参考答案

配置控制即配置项和基线的变更控制，包括下述任务：标识和记录变更申请，分析和评价变更，批准或否决申请，实现、验证和发布已修改的配置项。

1. 变更申请。
2. 变更评估。
3. 通告评估结果。
4. 变更实施。
5. 变更验证与确认。
6. 变更的发布。
7. 基于配置库的变更控制流程如以下文字及图所示。

（1）将要升级的基线从产品库取出，放入受控库。

（2）程序员将经修改的代码段从受控库检出，放入自己的开发库中进行修改；代码被 Check out 后即被"锁定"，以保证同一段代码只能同时被一个程序员修改，如果甲正对其进行修改，乙就无法 Check out。

（3）程序员将开发库中修改好的代码段检入（Check in）受控库，检入（Check in）后，代码的"锁定"被解除，其他程序员可以 Check out 该段代码了。

（4）软件产品的升级修改工作全部完成后，将受控库中的新基线存入产品库（软件产品的版本号更新，旧的版本并不删除，继续在产品库中保存）。

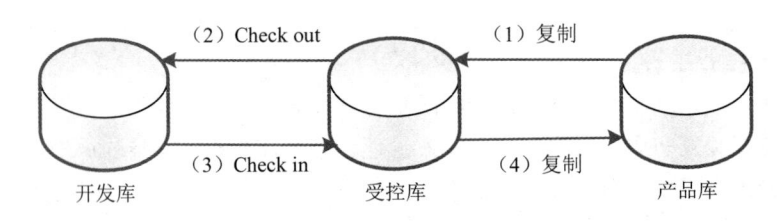

```
            (2) Check out            (1) 复制
       ←────────────────       ←────────────────
   开发库              受控库              产品库
       ────────────────→       ────────────────→
            (3) Check in             (4) 复制
```

【问题3】分析：这也是一道记忆题，也就是背书题，需要把知识点背下来。可以简化记忆，审计的目标第一是识别好的，第二是识别不足，第三是分享好的，第四是执行改进、提高效率，第五是总结经验。答出关键字即可。

【问题 3】参考答案

质量审计的目标是：

（1）识别全部正在实施的良好及最佳实践。

（2）识别全部违规做法、差距及不足。

（3）分享所在组织或行业中类似项目的良好实践。

（4）积极、主动地提供协助，以改进过程的执行，从而帮助团队提高生产效率。

（5）强调每次审计都应对组织经验教训的积累做出贡献。

【问题 4】分析：本题是案例分析中的填空题，相对而言难度较大，需要熟练掌握该考点知识。本题考查的是配置管理中的角色与职责相关知识。

配置管理相关角色包括：变更控制委员会（Change Control Board，CCB）、配置管理负责人、配置管理员（Configuration Management Officer，CMO）和配置项负责人等。

（1）CCB，负责组织对变更申请进行评估并确定：①变更对项目的影响；②变更的内容是否必要；③变更的范围是否考虑周全；④变更的实施方案是否可行；⑤变更工作量估计是否合理。CCB 决定是否接受变更，并将决定通知相关人员。

（2）配置管理负责人，也称配置经理，负责管理和决策整个项目生命周期中的配置活动。

（3）配置管理员，负责在整个项目生命周期中进行配置管理的主要实施活动，具体有：①建立和维护配置管理系统；②建立和维护配置库或配置管理数据库；③配置项识别；④建立和管理基线；⑤版本管理和配置控制；⑥配置状态报告；⑦配置审计；⑧发布管理和交付。

（4）配置项负责人，确保所负责的配置项的准确和真实：①记录所负责配置项的所有变更；②维护配置项之间的关系；③调查审计中发现的配置项差异，完成差异报告；④遵从配置管理过程；⑤参与配置管理过程评估。

【问题 4】参考答案

（1）配置管理员/CMO　　（2）变更控制委员会/CCB

30.8　考点实练

试题一

阅读下列说明，回答问题 1 至问题 4。

【说明】为实现空气质量的精细化治理，某市规划了智慧环保项目。该项目涉及网格化监测、应急管理、执法系统等多个子系统。作为总集成商，A 公司非常重视，委派李经理任项目经理，对公司内研发部门与项目相关的各产品线研发人员及十余家供应商进行统筹管理。李经理明确了关键时间节点，识别出项目干系人为客户和供应商后，开始了项目建设工作。

项目开始建设 5 个月后，公司高层希望了解项目情况，要求李经理进行阶段性汇报。李经理对各方面工作进展进行汇总，发现 3 个问题：一是原本该到位的服务器、交换机，采购部门迟迟没有采购到位，部分研发完成的功能无法部署到客户现场与客户进行演示确认；二是 S 公司作为 A 公司的供应商，承担空气质量监测核心算法工作，一直与客户方直接对接，其进度已经不受李经理掌控，且 S 公司作为核心算法国内唯一权威团队，可以确保算法工作按期交付，因此其认为不需要向李经理汇报工作进展；三是公司研发部门负责人因其他项目交付紧迫性更高，从该项目抽调走了 2 名研发人员张工、王工，项目目前研发人员的空缺需要后续补充。

李经理忧心忡忡，向公司汇报完项目进展情况后，公司政策研究院相关领导表示国家在环境执法方面的法律法规本月初已经进行了较大改版，项目相关子系统会有关联；营销副总裁听完项目汇报后表达不满：该项目作为公司的重点项目，希望作为全国性的标杆项目进行展示和推广，但当前各子系统的研发成果基本照搬了公司现有产品，没有任何创新性的体现，不利于公司后期的宣传推广；PMO 提醒李经理依据财务部门推送的数据，公司对部分供应商已经根据进度完成了第二节点款项支付，但当前 A 公司作为总集成商，与客户的第二个合同付款节点还未到，项目的成本支出和收益方面将面临较大的压力。人力资源负责人提醒李经理，项目成员张工和王工的本月绩效评价还未提交，截止日期为 2 天以后。

【问题 1】（12 分）

结合案例，请指出李经理在资源管理和沟通管理方面存在的问题。

【问题 2】（5 分）

请将下面（1）～（5）处的答案补充完整。

本案例中，项目的组织结构是 ___(1)___，李经理发现人员空缺时需要再选 2～3 名研发人员进入项目，选择标准包括：经验、___(2)___、___(3)___、___(4)___、___(5)___、成本、能力和国际因素。

【问题 3】（3 分）

结合案例，请帮助李经理补充他没有识别到的其他干系人。

【问题 4】（5 分）

请写出项目资源管理包含的过程，并描述每个过程的主要作用。

【参考答案】

【问题 1】李经理在资源管理方面存在的问题：

（1）没有制订资源管理计划。

（2）没有进行资源估算。

（3）没有及时获取项目所需资源，导致项目研发人员空缺。

（4）团队建设存在问题，未及时提交绩效评价。

（5）没有做好控制资源的工作，原本该到位的服务器、交换机，采购部门迟迟没有采购到位。

（6）李经理欠缺管理经验。

李经理在沟通管理方面存在的问题：

（1）没有制订沟通管理计划。

（2）没有分析干系人的沟通需求。

（3）管理沟通存在问题，没有主动地向公司高层作阶段性的汇报，以满足干系人的信息需求。

（4）控制沟通存在问题，李经理没有做好与S公司的沟通工作，不能让S公司直接与客户对接，也不能为确保算法能够按期交付就不进行工作汇报等。

【问题2】

（1）项目型　（2）知识　（3）技能　（4）态度　（5）可用性

【问题3】

没有识别到的干系人有：用户、高层领导、项目团队、项目管理办公室（PMO）、采购部门负责人、研发部分负责人、人力资源负责人、公司政策研究院相关领导、团队成员家属等。

【问题4】

资源管理包含的过程和每个过程的主要作用如下：

（1）规划资源管理：定义如何估算、获取、管理和利用实物以及团队项目资源。本过程的主要作用是根据项目类型和复杂程度确定适用于项目资源的管理方法和管理程度。

（2）估算活动资源：估算执行项目所需的团队资源，材料、设备和用品的类型和数量。本过程的主要作用是明确完成项目所需的资源种类、数量和特性。

（3）获取资源：获取项目所需的团队成员、设施、设备、材料用品和其他资源。本过程的主要作用：一是概述和指导资源的选择；二是将选择的资源分配给相应的活动。

（4）建设团队：提高工作能力，促进团队成员互动，改善团队整体氛围提高绩效。本过程的主要作用是改进团队协作、增强人际关系技能、激励员工、减少摩擦以及提升整体项目绩效。

（5）管理团队：跟踪团队成员工作表现，提供反馈，解决问题并管理团队变更，以优化项目绩效。本过程的主要作用是影响团队行为、管理冲突以及解决问题。

（6）控制资源：确保按计划为项目分配实物资源，以及根据资源使用计划监督资源实际使用情况，并采取必要的纠正措施。本过程的主要作用：一是确保所分配的资源适时、适地可用于项目；二是资源在不再需要时被释放。

试题二

阅读下列说明，回答问题1至问题3。

【说明】A公司为提升市场竞争力，计划针对制造业数字化转型的需求，新开发一套数字化软件，实现在工业产品生产和制造过程中数据采集、分析和决策功能。公司让产品部前期对市场需求进行调研。产品部对软件预期能产生的经济效益和社会效益进行了详细的分析，并针对这两部分，编制了《可行性分析报告》。公司高层领导看了报告后，认为该软件未来会为公司带来巨大的收益，当场拍板决定启动项目，要求产品部补充编制《项目建议书》，并组建项目团队。

小王作为某名校计算机专业刚毕业的研究生，被公司委以重任，担任该项目的项目经理。研发负责人向小王建议为配置管理设置一名专职配置管理员，但小王认为有配置管理工具，对代码进行控制，大家只要对程序代码做好版本控制就可以了，考虑到项目组人员紧张，没必要再安排专人负责配置管理工作。开发过程中，为避免多人同时修改代码导致冲突，研发人员要先将服务器上的代码下载，待编码完成后，使用文本对比工具将代码中修改的部分进行上传整合。

软件研发完成测试通过后，研发人员将最终版本软件和软件使用说明书提供给产品部，产品部人员发现说明书描述和内容与软件不完全一致，于是将问题反馈给小王，小王经检查发现提交的说明书并不是最新的说明书。

【问题1】（12分）

请结合案例，分析项目在可行性研究和配置管理中存在哪些问题。

【问题2】（7分）

请写出项目建议书的内容，说明项目建议书的作用。

【问题3】（6分）

请结合案例说明，项目组在软件研发工作完成后，移交给产品部之前，应完成哪些项目结项相关工作。

【参考答案】

【问题1】可行性研究方面：

（1）未形成项目建议书，缺少可行性研究的依据。

（2）可行性研究缺少机会可行性研究和初步可行性研究。

（3）可行性研究内容不够全面，产品部仅对软件预期能产生的经济效益和社会效益进行研究，还应该包括技术可行性、运行环境可行性以及法律可行性等进行研究。

（4）缺少项目评估环节，项目评估是项目投资前期进行决策管理的重要环节，公司高层直接拍板启动项目。

配置管理方面：

（1）项目经理小王欠缺项目管理和配置管理的经验。

（2）没有设置专职的配置管理员。

（3）没有制订一套完整的配置管理计划，并按计划实施。

（4）没有建立有效的统一规范的配置项管理制度。研发人员先将代码下载，使用文本对比工具将修改部分上传整合，进度缓慢。

（5）没有进行有效的配置审计，出现说明书描述和内容与软件不完全一致的情况。

（6）版本管理混乱，检查发现提交的说明书并不是最新的说明书。

【问题2】

项目建议书的内容：项目的必要性；项目的市场预测；产品方案或服务的市场预测；项目建设必需的条件。

项目建议书的作用：项目建议书是项目发展周期的初始阶段，是国家或上级主管部门选择项目的依据，也是可行性研究的依据，涉及利用外资的项目，在项目建议书批准后，方可开展对外工作。

【问题3】结束项目或阶段过程所需执行的活动包括：

（1）为达到阶段或项目的完工或退出标准所必须的行动和活动。

（2）为关闭项目合同协议或项目阶段合同协议所必须开展的活动。

（3）为完成收集项目或阶段记录、审计项目成败、管理知识分享和传递、总结经验教训、存档项目信息以供组织未来使用等工作所必须开展的活动。

（4）为向下一个阶段，或者向生产和（或）运营部门移交项目的产品、服务或成果所必须开展的行动和活动。

（5）收集关于改进或更新组织政策和程序的建议，并将它们发送给相应的组织部门。

（6）测量干系人的满意程度等。

第31小时 论文写作

31.0 章节考点分析

论文就是结合理论阐述自己在项目中是怎么进行项目管理相关工作的,也就是理论的应用。本小时内容包括:论文评分要点、论文写作要求与应对策略等。根据考试大纲,论文写作单独作为一科来考,总分 75 分,考试内容有十大知识域、配置管理、变更管理、招投标管理、合同管理等,其中十大知识域是必考内容。本小时的架构如图 31-1 所示。

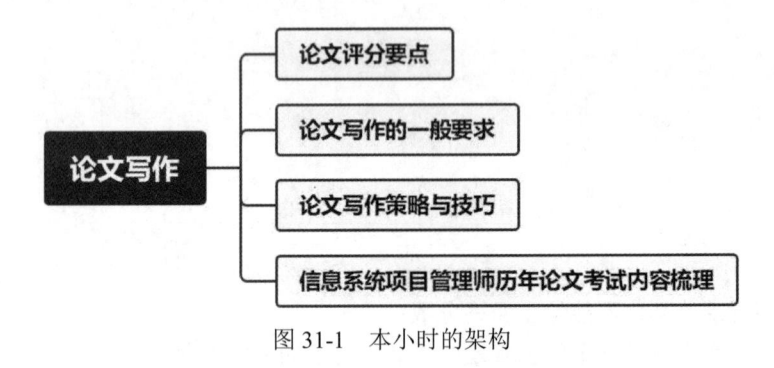

图 31-1 本小时的架构

【导读小贴士】

一直以来,论文写作都是广大考生的难点,本小时内容对历年考试题目进行了梳理,可以帮助考生高效地学会论文写作的通用思路与方法。另外,想要写好论文,除了掌握基本常识外,还需要熟悉五大过程组和十大知识域的 47 个过程，熟悉各过程的输入、常用的工具与技术、输出。

31.1 论文评分要点

【基础知识点】

1. 论文评分标准

（1）论文满分是 75 分，论文评分可分为优良、及格与不及格三个档次。

60～75 分为优良（相当于百分制 80～100 分）。

45～59 分为及格（相当于百分制 60～79 分）。

0～44 分为不及格（相当于百分制 0～59 分）。

可先用百分制进行评分，然后转化为以 75 分为满分（乘以 0.75）的分数。

（2）具体评分时，参照每一试题相应的"解答要点"中提出的要求，对照下述五个方面进行评分：

1）切合题意（30%）。无论是管理论文、理论论文，还是实践论文，都需要切合解答要点中的一个主要方面或者多个方面进行论述。可分为非常切合、较好地切合与基本上切合三档。

2）应用深度与水平（20%）。可分为有很强的、较强的、一般的与较差的独立工作能力四档。

3）实践性（20%）。可分为如下四档：有大量实践和深入的专业级水平与体会；有良好的实践与切身体会和经历；有一般的实践与基本合适的体会；有初步实践与比较肤浅的体会。

4）表达能力（15%）。可从逻辑清晰、表达严谨、文字流畅和条理分明等方面分为三档。

5）综合能力与分析能力（15%）。可分为很强、比较强和一般三档。

（3）有下述情况的论文，需要适当扣分，可考虑扣 5～10 分：

1）字迹比较潦草，其中有不少字难以辨认的。

2）正文基本上只是按照条目方式逐条罗列叙述的。

3）确实属于过分自我吹嘘或自我标榜、夸大其词的。

4）内容有明显错误和漏洞的，按同一类错误每一类扣一次分。

5）内容仅属于大学生或研究生实习性质的项目，并且其实际施用背景的水平相对较低的。

（4）有下述情况的论文，不能给予及格分数：

1）虚构情节，文章中有较严重的不真实的或者不可信的内容出现。

2）未能详细讨论项目开发的实际经验、主要从书本知识和根据资料摘录进行讨论的。

3）所讨论的内容与方法过于陈旧、或者项目的水准相对非常低下的。例如，数据库设计仅讨论了 FoxPro 且没有鲜明特色的应用；开发的是仅能用单机版的（孤立型）规模很小的并且没有特色的应用项目。

4）内容不切题意，或者内容相对很空洞、基本上是泛泛而谈且没有较深入体会的。

5）正文与摘要的篇幅过于短小的（如正文少于 1200 字）。

6）文理很不通顺、错别字很多、条理与思路不清晰、字迹过于潦草等情况相对严重的。

（5）有下述情况的论文，可考虑适当加 5～10 分：

1）有独特的见解或者有很深入的体会，相对非常突出的。

2）起点很高，确实符合当今计算机应用系统发展的新趋势与新动向，并能初步加以实现的。

3）内容翔实、体会中肯、思路清晰、非常切合实际的。

4）项目难度很高，或者项目完成的质量优异，或者项目涉及国家重大信息系统工程且作者本人参加并发挥重要作用，并且能正确按照试题要求论述的。

2. 论文得分要点

根据上述论文评分标准，可以先大体找到论文写作的得分要点。下面以论文题目"论信息系统项目的质量管理"为例来进行说明。

项目质量管理是项目管理的重要组成部分，包括确定质量政策、目标与职责的各过程和活动，从而使项目满足预定的需求。

请以"论信息系统项目的质量管理"为题进行论述：

（1）概要叙述你参与管理过的信息系统项目（项目的背景、项目规模、发起单位、目的、项目内容、组织结构、项目周期、交付的成果等），并说明你在其中承担的工作（项目背景要求本人真实经历，不得抄袭及杜撰）。

（2）请结合你所叙述的信息系统项目，围绕以下要点论述你对信息系统项目质量管理的认识：

1）该项目质量管理的过程（包含工作内容、目的、涉及角色和主要工作成果）；

2）请根据你所描述的项目，详细阐述你是如何进行质量保证的；

3）请根据你所描述的项目，帮助 QA 制订一份质量核对单。

本论题得分要点见表 31-1。

表 31-1　本论题得分要点

得分项	具体要点	得分范围
项目背景（共 10 分）	项目背景真实，符合当今技术发展潮流，内容能完全体现项目规模、发起单位、目的、项目内容、组织结构、项目周期、交付的成果以及作者在其中承担的工作等。语言简洁精练、字数适中，论题明确	0～10 分
正文（共 30 分）	质量管理过程正确，每个管理过程均能结合项目背景写出输入、输出、工具与技术	每个 3 分，共 12 分
	正面响应论文要求，结合项目背景写出完整的质量核对单及详细论述如何进行质量保证	0～18 分
结尾（共 10 分）	（1）实施效果评价 （2）成功经验总结及存在问题和相关解决措施 （3）心得体会	0～10 分
文字和书面表达能力（共 10 分）	文章完整且合理、语句流畅、字迹清晰、卷面整洁	0～10 分
综合应用能力（共 15 分）	项目完整、真实有特色、管理效果明显、有较强的实践性和应用深度水平	0～15 分

31.2 论文写作的一般要求

【基础知识点】

1. 格式要求

信息系统项目管理师的论文分为三个主要部分：项目背景、正文和收尾。考试的时候，明确要求论文总字数不得少于 2000 字，实际考试中建议论文总字数控制在 2500 字左右。

（1）项目背景格式要求。项目背景的字数通常 600 字左右，内容要简短精练，明确具体，需要对项目进行介绍，突出要写的论文主题。

（2）正文格式要求。正文的字数通常在 1500 字左右，按照论文要求进行详细论述。

（3）收尾格式要求。收尾的字数通常在 500 字左右，对项目进行组织过程资产总结。

2. 项目背景要求

项目背景作为论文的开头，考试要求是"概要叙述你参与管理过的信息系统项目（项目的背景、项目规模、发起单位、目的、项目内容、组织结构、项目周期、交付的成果等），并说明你在其中承担的工作（项目背景要求本人真实经历，不得抄袭及杜撰）"，建议以最近三年的信息系统项目为自己的论文背景，项目必须是真实的、合理的和规范性的，摘要内容简短精练，明确具体，阐清自己的论点，突出考试中相关知识域及过程，突出论文的其他相关要求。

项目背景可分为一个或两个段落，下面给出对应的常见格式。

一、项目背景的一段格式

××年××月（**注意写近三年的项目**），我参加了××信息系统项目建设（**注意是非涉密项目**），担任××（**自己的工作角色**）。该项目共投资××万元（**建议 500 万元以上、3000 万元以下**），工期××（**工期时长通常以月为单位**）。通过该项目的建设，实现了××（**项目建设背景、可交付成果、功能等**），该项目特点是需求复杂、干系人众多等（**引出要写的主题**），因而项目的××管理显得尤为重要。在项目实施过程中，我通过××措施（**紧扣论题**），从而按期顺利通过了客户的验收。本文我结合自身实践，以该项目为例，从××几方面（**写出论文要求写的管理领域的具体管理过程名称**）论述信息系统项目的××管理。

二、项目背景的两段格式

为实现××（**项目背景、功能介绍**），××公司（**发起人姓名、单位**）启动了××信息系统建设项目，并对项目进行了公开招标，我公司顺利中标。我公司为××型组织（**组织结构类型**），××年××月，我以××参与（主持）了该项目的建设（**写在项目中承担的角色，一般写项目经理**）。该项目共投资××万元，建设工期为×个月，××年×月获得验收。该信息系统是××（**写功能、系统组成、技术架构等**）。

由于本项目××（**写项目特点，引出要写的主题**），因而项目的××管理显得尤为重要。项目××管理是××（**介绍××管理的内容、作用或意义**）。在项目实施过程中，我采取××措施（**紧扣论题**），最终顺利完成了项目工作。本文以该项目为例，从××几方面论述了信息系统项目的××管理（写出论文要求写的管理领域的具体管理过程名称）。

3. 正文要求

正文就是按所选论文题目，在相关内容中充分体现题目的要求，具体内容要合理、真实、丰满，多实际工作。通常以自己所选知识域的过程为主线，一个过程为一个或两个段落，每个段落字数控制在 300～400 字（**根据管理领域中管理过程的多少进行适当增减，如质量管理只有三个管理过程，则每个管理过程的字数相应增加；如进度管理有七个管理过程，每个管理过程的字数则相应减少，总字数控制在 1500 字左右**），然后详细地说明你在这个项目中，作为优秀的项目经理，怎样运用所学的知识，进行实际工作，得到客户满意的结果。

下面以成本管理为例，给出一个正文写作的格式示例。

一、规划成本管理，为成本管理提供方向和指南（可只写管理过程名称，也可加副标题，副标题是对管理过程的解释说明或总结，如果采用副标题，语言一定要简洁精练、准确）。

写具体内容，要求结合项目背景写出输入、工具与技术和输出的应用，同时还要看论文要求，论文要求要在管理过程中进行明确响应，一般先写管理过程的定义、作用，接着写输入，然后结合项目背景写工具与技术的应用和在实际管理过程中出现的问题，如何解决，然后写输出，最后总结，承上启下。通常采用总分总的结构。

二、成本估算，确定项目工作所需的成本数额……

三、成本预算，确定项目成本基准，为监督和控制成本绩效提供依据……

四、成本控制，监督成本绩效，降低项目风险……

4. 收尾要求

收尾作为论文的最后一部分，就是组织过程资产总结，起画龙点睛的作用。常见格式如下。

经过全体团队成员的共同努力，我们按期完成了项目，实现了××（**写项目目标**），顺利通过了业主方组织的验收，得到了双方领导的一致好评。本项目的成功离不开我××（**写具体措施，成功经验，紧扣论文要求写的内容，可以起到画龙点睛的作用**）。当然，在本项目中也还存在一些不足，如：××（写一些无关紧要的不足，且不足不是管理原因造成的）。我通过采取××（**写解决措施，要体现作者作为项目经理的水平，先抑后扬**）。在今后的项目管理工作中，我将××（**写写今后的打算，表明决心**）。

31.3 论文写作策略与技巧

【基础知识点】

1. 论文写作策略

信息系统项目管理师的论文考试通常都是 2 个论文题目（从 2022 年上半年开始改为只有一个题目），考试时间是 120 分钟，每个题目都会有具体的要求，因此选择自己要写的论文相当重要。其次就是掌握好考试时间，因为下午论文全是手写，字数不能少于 2000 字，如果字数太少很多内容写不到，字数太多又写不完，因此论文字数控制在 2500 字左右最为合适。实际考试中，能快速且卷面整洁地写完论文的同学很少，甚至会出现没有写完或匆忙收尾的，因此时间的分配也很重要，建议审题 5 分钟，构思 15 分钟，书写论文 100 分钟。

考前 5 分钟就会发卷，这个时候填写好相关考试要求后，可以利用这个时间段对论文进行选择，认真审核两个论文的具体要求，然后选择自己最熟悉和最有把握的论文题目，再对该论文题目的具体问题进行审查，进行初步的构思，这样可以节约很多时间。这里切忌不能看到论文题目就动手写，一定要仔细地分析和理解论文的要求。

考试正式开始，可以先在草稿纸上写下自己的构思，然后根据构思去写，这样思维走在写的前面，就不会出现卡顿的现象。项目背景早已准备好，因此第一时间把这部分内容写好。

项目论文实际内容，按照考核知识域，一个过程就是一个或两个段落，每个管理过程前加序号，如"一、规划成本管理……"，单独占一行，可加小标题来说明自己要写的内容，然后是段落的内容，做到层次分明，让阅卷老师一目了然地知道自己要写的内容。内容必须是具体的实际工作，依据现实工作中的资料和情况，采用某个工具和技术，得到了具体的结果，这样就做到了理论和实际的结合。正文中特别注重的是输出，因此这里特别要注意的是考试中的论文对过程的具体要求，一定要体现在内容中，不能一句话都没有，而且必须是实际工作的内容。

最后段落就是项目总结，因此在该部分要写项目的实际完成时间和实际完成成本，总结该项目的优点和存在的不足。对于存在的不足采取了什么措施进行纠正，然后解决了该问题。最后加上一些修饰语作为论文的最后一句话，比如"在项目管理的路上，学习永无尽头，我会努力学习，努力工作，为中国信息化建设作出自己的贡献"等。

2. 论文写作技巧

分析历年论文真题，论文分为两种题型。

第一种是单个知识域论文，该论文就考核一个知识域。

单个知识域论文，考点主要是十大知识域其中的一个知识域，然后根据资料，阐述实际工作中作为项目经理，采用哪些工具与技术实施该知识域的每一个过程组，它的主要内容有哪些及其作用是什么。因此，要充分理解十大知识域的内容和作用，并理解 47 个过程组的输入、工具与技术、输出。

单个知识域论文可以分为以下三个阶段。

第一阶段：概要叙述参与管理过的信息系统项目（项目的背景、项目规模、发起单位、目的、项目内容、组织结构、项目周期、交付的产品等），在项目中的职责，并切入论文的论题。

第二阶段：按论文要求，分别在"输入""工具与技术"和"输出"三个方面结合实际工作论述该知识域的每一个过程组相关的内容和作用，并满足论文要求。

第三阶段：做好整个论文的组织过程资产总结，论述在项目中遇到的问题与解决方案，本项目通过有效的管理所取得的实际效果。用实际例子描述哪些做得好，哪些需要改进。

第二种是组合论文，该论文考核多个知识域。

组合论文，考点主要就是十大知识域、信息安全、项目变更管理等，通常会涉及两个，然后根据资料阐述实际工作中作为项目经理，采用哪些工具与技术实施该知识域的每一个过程，它的主要内容有哪些及其作用是什么，相关知识点之间的相互联系和影响。因此要理解十大知识域、信息安全、项目变更管理相关知识,并能整体理解它们之间的联系和影响。

组合论文,可以分为以下三个阶段。

第一阶段:概要叙述参与管理过的信息系统项目(项目的背景、项目规模、发起单位、目的、项目内容、组织结构、项目周期、交付的产品等),在项目中的职责,并切入论文的论题。

第二阶段:按论文要求,分别在"输入""工具与技术"和"输出"三个方面结合实际工作论述该知识域的每一个过程组相关的内容和作用,再加上对相关知识点之间的相互联系和影响的论述,最重要的是一定要满足论文要求。

第三阶段:做好整个论文的组织过程资产总结,总结它们之间的联系和影响,在项目中遇到的问题与解决方案,本项目通过有效的管理所取得的实际效果。用实际例子描述哪些做得好,哪些需要改进。

不管考哪种论文,项目背景和项目收尾都是通用部分,这部分可以考前就准备好,考试的时候适当修改一下相关内容,使之符合论文要求即可。

3. 写作注意事项

(1)卷面注意事项。论文书写的时候一定要保持卷面整洁,如果出现错别字,不是在特别显眼的地方,就别涂改,将错就错,一旦出现涂改,就是告诉阅卷老师这里有问题。考试很多卷子需要阅读批改,阅卷老师也会累,因此卷面整洁和字体是相当重要的。因为一份漂亮的卷面会让阅卷老师心情愉悦,潜意识中你的分数就会提高很多。

(2)项目背景注意事项。项目背景的选择建议是最近三年的信息系统项目,注意项目投资额不能太大,正常情况下,金额几千万甚至是上亿的项目,通常都是高级工程师来任项目经理。金额不建议是一个整数,现实工作中金额通常会精确到几角几分。注意项目背景一定要自己去找,比如当地政府的招投标网、百度等,如果是网上找的项目背景,一定要对项目方案有一定的了解,否则,遇到特殊要求就无法写出来,如2021年下半年的考题,要求写出WBS五层结构,如果对项目方案不了解,只知道一个背景,是很难编出来的。

(3)论文内容注意事项。论文具体内容要严格按照考试中所选择论文题目的知识域的管理过程顺序来写,不能缺少管理过程,也不能打乱管理过程顺序。一个过程一个或两个段落,每个段落的开始有一个小标题,突出所写段落的主要内容和作用,然后就是具体内容,这样就做到了层次分明,可以让阅卷老师一目了然。

现在信息系统项目管理师考试的论文越来越贴近项目管理的实际工作,内容一定要是具体、实在的工作,而不能是纯理论。每个过程开始都要有具体的输入,采用了哪些工具(工具不需要太多,一两个就可以了),最后有具体的输出。切忌不能罗列输入、工具与技术和输出。论文正文因为格式的要求,如非必要,内容不能出现图表。

(4)论文常见问题。在论文考试中最为常见的问题有:

1)背范文。看到题目一样的论文,直接动手就写,不分析论文要求,因此会造成论文得分极低。

2)论文内容缺乏实际工作内容,脱离实际工作,全部以理论知识来叙述。

3)论文要求的管理过程缺少或顺序错误或随意合并。比如范围管理中有六个管理过程:规划范围管理、收集需求、定义范围、创建WBS、确认范围和控制范围。在写论文时缺少了其中一个管理过程，把收集需求写在定义范围的后面，或者把收集需求和定义范围管理过程合并成一段，这些都是不对的。

4）缺乏实际的输出内容。比如在2021年的考题中，范围管理的论文有一项要求是"根据你所描述的项目范围，写出核心范围对应的需求跟踪矩阵"。考生就需要按照需求跟踪矩阵的理论要求，写一个完整的实际的需求跟踪矩阵出来。不能不写，也不能仅仅写一个理论概念。

为了避免考试的时候出现以上错误，平时学习一定要认真仔细，熟悉每个知识域的过程，及每个过程的输入、工具与技术和输出。

考试中切忌看到论文题目就直接动手写，而不去分析论文要求。

4. 建议的论文写作步骤与方法

对写作步骤没有具体的规定，如胸有成竹就可以直接书写。不过，大多数情况下建议按以下步骤展开：

（1）从给出的论文题目中选择试题（5分钟）。

（2）论文构思，写出纲要（10分钟）。

（3）写背景（15分钟）。

（4）正文撰写（90分钟）。

论文写作，除了前面叙述的注意事项外，关键在于如何下笔。以下为论文写作的几种方法：

（1）通过讲故事来提炼素材。我们曾在教学的过程中反向行之，即先不讲解论文写作，也不需要考生了解论文的写作方法，而是与他们探讨项目在该知识域如何做，探讨项目实施中的细节问题。采用的形式是考生陈述项目，老师插入自己的提问，考生作答。

当然这种提问是有意设计的，目的是让考生自己回答出"论文写作的要点"。这种方法极其有效，当第一轮问答结束后，考生实际上就已经回答出了论文的背景、关键控制点、主要经验等关键写作要素。

在这个阶段，考生不必想论文如何写，仅仅从故事角度思考，如何呈现一个精彩的故事即可，完成此阶段的构思则大局既定。后续的精化阶段、成文阶段只是提炼和展现工作而已。

（2）框架写作法。框架写作法的核心就是提供一个论文框架，让学生"照葫芦画瓢"。论文分为背景、论点论据、收尾三个部分。

1）背景。对于背景的写作，无外乎几个关键要素：项目由谁发起，由谁完成，干系人是谁，功能是什么，解决什么问题，什么时候开始，什么时候完成，耗资多少等问题。同时说明自己在项目中担当什么角色。建议尽量突出项目的资金合理、周期一般、项目符合当前主流、干系人众多。

背景部分的内容建议控制在600字左右。

2）论点论据（也就是正文部分）。按照框架写作法的要求，在写相关过程的内容时突出论文的要求。

当主题句写得得心应手的时候，实际上论文就形成了，剩下的工作是在主题句后面填充一些无关紧要的扩展句子。

论点论据部分是正文的主要部分，这部分内容建议控制在1500字左右。建议每段话采用"总-

分"或者"总-分-总"的形式进行阐述。

3）收尾。收尾是经验总结部分，这部分近乎通用。当然，能与主题紧密相扣更好，如果事前准备好的收尾不能扣主题甚至有偏离，则稍微做些修改，总比临时拼凑强得多。

一般收尾的内容描述控制在 400 字左右，当然在论文字数不足的情况下，可以适当地扩充字数，起到凑字数的作用。现在论文考试答题纸是 6 页，建议字数要写到第 6 页的中上部。但也不要无限制地增加字数，以免头轻脚重。

31.4 信息系统项目管理师历年论文考试内容梳理

1. 信息系统项目管理师历年论文考试题目（表 31-2）

表 31-2 信息系统项目管理师历年论文考试题目（2017 年 5 月－2022 年 11 月）

时间	论文一	论文二
2017 年 5 月	范围管理	采购管理
2017 年 11 月	安全管理	成本管理
2018 年 5 月	质量管理	人力资源管理
2018 年 11 月	沟通管理	风险管理
2019 年 5 月	风险管理+安全管理	人力资源+成本管理
2019 年 11 月	整体管理	沟通管理（+干系人管理）
2020 年 11 月	成本管理	采购管理
2021 年 5 月	范围管理	合同管理
2021 年 11 月	招投标管理	进度管理
2022 年 5 月	论信息系统项目的干系人管理	
2022 年 11 月	论信息系统项目的质量管理	

2. 信息系统项目管理师历年论文考试题目的要求（表 31-3）

表 31-3 信息系统项目管理师历年论文考试题目的要求（2017 年 5 月—2022 年 11 月）

时间	论文题目	论文要求
2017 年 5 月	范围管理	1. 概要叙述你所参与管理过的信息系统项目（项目的背景、目标、规模、发起单位、项目内容、组织结构、项目周期、交付成果等），并说明你在其中承担的工作。 2. 结合项目实际，论述你对项目范围管理的认识。可以包括但不限于以下几个方面。 （1）项目范围对项目的意义。 （2）项目范围管理的主要过程、工具和技术。 （3）引起项目范围变更的因素。 （4）如何做好项目范围控制，防止项目范围蔓延。 3. 请结合论文中所提到的信息系统项目，介绍你是如何进行范围管理的，包括具体做法和经验教训。

续表

时间	论文题目	论文要求
2017年5月	采购管理	1. 概要叙述你参与管理过的信息系统项目（项目的背景、目标、规模、发起单位、项目内容、组织结构、项目周期、交付成果等），并说明你在其中承担的工作。 2. 结合项目管理实际情况并围绕以下要点论述你对项目采购管理的认识。 （1）编制采购计划； （2）控制采购。 3. 请结合论文中所提到的信息系统项目，介绍你是如何进行项目采购管理的（可叙述具体做法），并总结你的心得体会
2017年11月	安全管理	1. 概要叙述你参与过的或者你所在组织开展过的信息系统相关项目的基本情况（项目背景、规模、目的、项目内容、组织结构、项目周期、交付成果等），并说明你在其中承担的工作。 2. 结合项目实际，论述你对项目安全管理的认识，可以包括但不限于以下几个方面。 （1）信息安全管理的主要工作内容； （2）信息安全管理工作内容、使用的工具、技术和方法等； （3）信息安全管理工作内容、使用的工具、技术和方法如何在项目管理的各方面（如人力资源管理、文档管理、沟通管理、采购管理）得到体现。 3. 请结合论文中所提到的信息系统项目，介绍你是如何进行安全管理的，包括具体做法和经验教训
2017年11月	成本管理	1. 概要叙述你参与管理过的信息系统项目（项目的背景、项目规模、目的、项目内容、组织结构、项目周期、交付的产品等），并说明你在其中承担的工作。 2. 结合项目管理实际情况并围绕以下要点论述你对项目成本管理的认识。 （1）制订项目成本管理计划； （2）项目成本估算、项目成本预算、项目成本控制。 3. 请结合论文中所提到的信息系统项目，介绍你是如何进行项目成本管理的（可叙述具体做法），并总结你的心得体会
2018年5月	质量管理	1. 概要叙述你参与管理过的信息系统项目（项目的背景、项目规模、发起单位、目的、项目内容、组织结构、项目周期、交付的产品等），并说明你在其中承担的工作。 2. 结合项目管理实际情况并围绕以下要点论述你对信息系统项目质量管理的认识。 （1）项目质量与进度、成本、范围之间的密切关系； （2）项目质量管理的过程及其输入和输出； （3）项目质量管理中用到的工具和技术。 3. 请结合论文中所提到的信息系统项目，介绍在该项目中是如何进行质量管理的（可叙述具体做法），并总结你的心得体会
2018年5月	人力资源管理	1. 概要叙述你参与管理过的信息系统项目（项目的背景、发起单位、主要内容、项目周期、交付的产品、实现的社会经济效益等），以及该项目在人力资源管理方面的情况。 2. 结合项目管理实际情况并围绕以下要点论述你对信息系统项目人力资源管理的认识。 （1）项目人力资源管理的基本过程； （2）信息系统项目中人力资源管理方面经常会遇到的问题和所采取的解决措施。 3. 结合项目实际情况说明在该项目中你是如何进行人力资源管理的（可叙述具体做法），并总结你的心得体会

续表

时间	论文题目	论文要求
2018年11月	沟通管理	1. 概要叙述你参与管理过的信息系统项目（项目的背景、项目规模、发起单位、目的、项目内容、组织结构、项目周期、交付的产品等），并说明你在其中承担的工作。 2. 结合项目管理实际情况并围绕以下要点论述你对信息系统项目沟通管理的认识。 （1）沟通渠道的类别、优缺点及其在沟通管理中的重要性； （2）项目沟通管理的过程及其输入和输出； （3）项目管理中如何灵活地应用沟通技巧和沟通方法。 3. 请结合论文中所提到的信息系统项目，介绍在该项目中是如何进行沟通管理的（可叙述具体做法），并总结你的心得体会
2018年11月	风险管理	1. 概要叙述你参与管理过的信息系统项目（项目的背景、项目规模、发起单位、目的、项目内容、组织结构、项目周期、交付的产品等），并说明你在其中承担的工作。 2. 结合项目管理实际情况并围绕以下要点论述你对信息系统项目风险管理的认识。 （1）项目风险管理的基本过程； （2）信息系统项目中风险管理方面经常会遇到的问题和所采取的解决措施。 3. 结合项目实际情况说明在该项目中你是如何进行风险管理的（可叙述具体做法），并总结你的心得体会
2019年5月	风险管理+安全管理	1. 概要叙述你参与管理过的信息系统项目（项目的背景、项目规模、发起单位、目的、项目内容、组织结构、项目周期、交付的成果等），并说明你在其中承担的工作。 2. 结合项目管理实际情况并围绕以下要点论述你对信息系统项目风险管理和安全管理的认识。 （1）项目风险管理和安全管理的联系与区别； （2）项目风险管理的主要过程和方法； （3）请解释适度安全、木桶效应这两个常见的安全管理中的概念，并说明安全与应用之间的关系。 3. 请结合论文中所提到的信息系统项目，介绍在该项目中是如何进行风险管理和安全管理的（可叙述具体做法），并总结你的心得体会
2019年5月	人力资源+成本管理	1. 概要叙述你参与管理过的信息系统项目（项目的背景、项目规模、发起单位、目的、项目内容、组织结构、项目周期、交付的成果等），以及该项目在人力资源方面的情况。 2. 结合项目管理实际情况并围绕以下要点论述你对信息系统项目人力资源管理和成本管理的认识。 （1）项目人力资源管理的基本过程和常用方法； （2）项目人力资源管理中涉及的成本管理问题和成本管理中涉及的人力资源管理问题； （3）信息系统发生成本超支后，如何通过人力资源管理来进行改善。 3. 结合项目实际情况说明在该项目中你是如何进行人力资源管理和成本管理的（可叙述具体做法），并总结你的心得体会

续表

时间	论文题目	论文要求
2019年11月	整体管理	1. 概要叙述你参与管理过的信息系统项目（项目的背景、项目规模、发起单位、目的、项目内容、组织结构、项目周期、交付的成果等），并说明你在其中承担的工作（项目背景要求本人真实经历，不得抄袭及杜撰）。 2. 请结合你所叙述的信息系统项目，围绕以下要点论述你对信息系统项目整体管理的认识，并总结你的心得体会。 （1）项目整体管理过程； （2）项目整体变更管理过程，并结合项目管理实际情况写出一个具体变更从申请到关闭的全部过程记录
2019年11月	沟通管理（+干系人管理）	1. 概要叙述你参与管理过的信息系统项目（项目的背景、项目规模、发起单位、目的、项目内容、组织结构、项目周期、交付的成果等），并说明你在其中承担的工作（项目背景要求本人真实经历，不得抄袭及杜撰）。 2. 请结合你所叙述的信息系统项目，围绕以下要点论述你对信息系统项目沟通管理的认识，并总结你的心得体会。 （1）项目沟通管理的过程； （2）项目干系人管理过程，并结合项目管理实际情况制订一个具体的干系人管理计划
2020年11月	成本管理	1. 概要叙述你参与管理过的信息系统项目（项目的背景、项目规模、发起单位、目的、项目内容、组织结构、项目周期、交付的成果等），并说明你在其中承担的工作（项目背景要求本人真实经历，不得抄袭及杜撰）。 2. 请结合你所叙述的信息系统项目，围绕以下要点论述你对信息系统项目成本管理的认识，并总结你的心得体会。 （1）项目成本管理的过程； （2）项目预算的形成过程
2020年11月	采购管理	1. 概要叙述你参与管理过的信息系统项目（项目的背景、项目规模、发起单位、目的、项目内容、组织结构、项目周期、交付的成果等），并说明你在其中承担的工作（项目背景要求本人真实经历，不得抄袭及杜撰）。 2. 请结合你所叙述的信息系统项目，围绕以下要点论述你对信息系统项目采购管理的认识，并总结你的心得体会。 （1）项目采购管理的过程； （2）如果需要进行招投标，请阐述招投标程序
2021年5月	范围管理	1. 概要叙述你参与管理过的一个信息系统项目（项目的背景、项目规模、发起单位、目的、项目内容、组织结构、项目周期、交付的成果等），并说明你在其中承担的工作（项目背景要求本人真实经历，不得抄袭及杜撰）。 2. 请结合你所叙述的信息系统项目，围绕以下要点论述你对信息系统项目范围管理的认识，并总结你的心得体会。 （1）项目范围管理的过程； （2）根据你所描述的项目范围，写出核心范围对应的需求跟踪矩阵。 3. 请结合你所叙述的项目范围和需求跟踪矩阵，给出项目的WBS（要求与描述项目保持一致，符合WBS原则，至少分解至5层）
2021年5月	合同管理	1. 概要叙述你参与管理过的信息系统项目（项目的背景、项目规模、发起单位、目的、项目内容、组织结构、项目周期、交付的成果等），并说明你在其中承担的工作（项目背景要求本人真实经历，不得抄袭及杜撰）。

续表

时间	论文题目	论文要求
2021年5月	合同管理	2．请结合你所叙述的信息系统项目，围绕以下要点论述你对信息系统项目合同管理的认识，并总结你的心得体会。 （1）项目合同管理的过程； （2）在有监理参与的情况下，结合项目管理实际写出详细的合同索赔流程。 3．请结合你所叙述的信息系统项目，编制一份对应的项目合同（列出主要的条款内容）
2021年11月	招投标管理	1．概要叙述你参与管理过的一个信息系统项目（项目的背景、项目规模、发起单位、目的、项目内容、组织结构、项目周期、交付的成果等），并说明你在其中承担的工作（项目背景要求本人真实经历，不得抄袭及杜撰）。 2．请结合你所叙述的信息系统项目，围绕以下要点论述你对信息系统项目招投标管理的认识，并总结你的心得体会。 （1）项目招投标管理的过程； （2）根据你所描述的项目，编制一份招标文件中的评分表。 3．请结合你所叙述的项目招投标管理和投标文件，写出从投标文件编写到投标过程中的注意事项
2021年11月	进度管理	1．概要叙述你参与管理过程的信息系统项目（项目背景、项目规模、发起单位、目的、项目内容、组织结构、项目周期、交付的成果等），并说明你在其中承担的工作（项目背景要求本人真实经历，不得抄袭及杜撰）。 2．请结合你所叙述的信息系统项目，围绕以下要点论述你对信息系统项目进度管理的认识，并总结你的心得体会。 （1）项目进度管理的过程； （2）如果在进度管理过程发生进度延迟，请结合实践给出处理办法。 3．请结合你所叙述的信息系统项目，用甘特图编制一份对应的项目进度计划
2022年5月	论信息系统项目的干系人管理	1．概要叙述你参与管理过的信息系统项目（项目的背景、项目规模、发起单位、目的、项目内容、组织结构、项目周期、交付的成果等），并说明你在其中承担的工作（项目背景要求本人真实经历，不得抄袭及杜撰）。 2．请结合你所叙述的信息系统项目，围绕以下要点论述你对信息系统项目干系人管理的认识： （1）项目干系人管理的过程； （2）请根据你所描述的项目，说明干系人管理和沟通管理、需求管理的联系与区别； （3）请根据你所描述的项目，写出项目中所涉及的所有干系人，并按照权利/利益方格进行分析，给出具体干系人的管理策略。 3．请结合你所参与管理过的信息系统项目，论述你进行项目干系人管理的具体做法，并总结心得体会
2022年11月	论信息系统项目的质量管理	1．概要叙述你参与管理过的信息系统项目（项目的背景、项目规模、发起单位、目的、项目内容、组织结构、项目周期、交付的成果等），并说明你在其中承担的工作（项目背景要求本人真实经历，不得抄袭及杜撰）。 2．请结合你所叙述的信息系统项目，围绕以下要点论述你对信息系统项目质量管理的认识： （1）该项目质量管理的过程（包含工作内容、目的、涉及角色和主要工作成果）； （2）请根据你所描述的项目，详细阐述你是如何进行质量保证的； （3）请根据你所描述的项目，帮助QA制订一份质量核对单

第32小时
优秀范文

32.0 章节考点分析

本小时内容主要是优秀范文赏析,本小时的架构如图 32-1 所示。

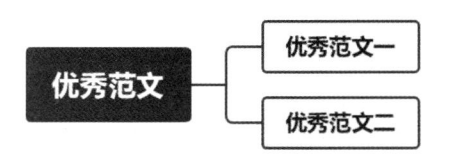

图 32-1 本小时的架构

【导读小贴士】

好的范文对考生提升论文写作水平会有相当大的帮助,但很多考生在学习论文写作过程中,不知如何去借鉴。本小时针对优秀范文进行了点评,对范文写作要点进行了讲解。以供读者更好地借鉴、参考。

32.1 优秀范文一

【题目：论信息系统项目的质量管理】

项目质量管理是项目管理的重要组成部分，包括确定质量政策、目标与职责的各过程和活动，从而使项目满足预定的需求。

请以"论信息系统项目的质量管理"为题进行论述。

1．概要叙述你参与管理过的信息系统项目（项目的背景、项目规模、发起单位、目的、项目内容、组织结构、项目周期、交付的成果等），并说明你在其中承担的工作（项目背景要求本人真实经历，不得抄袭及杜撰）。

2．请结合你所叙述的信息系统项目，围绕以下要点论述你对信息系统项目质量管理的认识：

（1）该项目质量管理的过程（包含工作内容、目的、涉及角色和主要工作成果）；

（2）请根据你所描述的项目，详细阐述你是如何进行质量保证的；

（3）请根据你所描述的项目，帮助 QA 制订一份质量核对单。

【写作要点】

该论文考查的是考生对信息系统项目质量管理的认识和理解。在架构上按背景—管理过程—结束去布局。

项目背景的介绍要涵盖：①项目规模；②发起单位；③目的；④项目内容；⑤组织结构；⑥项目工期；⑦投资额；⑧交付的成果；⑨你在其中承担的工作等。

管理过程在描述的时候要从规划质量管理、管理质量、质量控制这三个过程展开，每个过程必须要有主要输入、工具与技术、输出。因此需要考生能掌握项目质量管理过程的相关内容，具体如下：

要重点描述如何进行质量保证，可以写质量审计、过程分析等，同时还要在文中描述出质量核对单。核对单是一种结构化工具，通常具体列出各项内容，用来核实所要求的一系列步骤是否已得到执行。基于项目需求和实践，核对单可简可繁，许多组织都有标准化的核对单用来规范地执行经常性任务。在某些应用领域，核对单也可从专业协会或商业性服务机构获取。质量核对单应该涵盖在范围基准中定义的验收标准中。可写在规划过程中，也可以写在质量控制过程中。

结尾应该结合题意，以项目经理的角度描述项目质量管理对项目的顺利实施提供了哪些保障，例如：项目实施过程中通过有效的质量管理，确保可交付成果满足项目质量要求，从而获得了项目的成功等。最后简要描述为项目的顺利交付所做出的贡献以及个人未来发展规划等。

【范文】

范文内容	点评
2021年9月，我作为项目经理负责了××银行冠字号管理系统项目建设。该项目共投资492万元人民币，建设工期为6个月。项目建设内容包括该行冠字号管理系统中心端、采集端、应用系统的开发集成以及所辖网点现钞设备的软件升级联调等。该项目采用J2EE平台和SOA面向服务的架构，支持Oracle、MySQL等数据库，以"高内聚、低耦合"的模块化设计原则，确保该信息系统符合技术发展趋势和动态升级需要。拟通过该项目的建设，实现该银行所有网点金融机具联网和现钞冠字号码采集与存储处理，确保该行现钞冠字号码管理符合中国人民银行的要求，有效控制假币流通风险；并通过网点现钞流通数据的挖掘，为该行的相关决策提供支持。	正文第一段全面总结了项目，包括项目的背景、项目规模、发起单位、目的、项目内容、组织结构、项目投资额、周期、交付的成果等，并说明了作者在其中承担的工作，以及系统技术架构。对论文子题目1进行了回应。
由于本项目涉及全省642个金融网点，包括9个不同品牌共2000多台金融机具，范围广、干系人众多，且金融行业的信息系统有其严格的行业开发标准，素以高质量、高可靠、高安全、高效率著称，因而项目的质量管理显得尤为重要。质量是一组固有特性满足要求的程度，质量与项目成本、进度与范围同为项目四大约束，它们相互制约、相互影响，是能否交付满足项目要求的可交付成果的关键。在项目实施过程中，我从宏观上把控项目，在加强范围、成本、进度管理的同时，严把质量关，遵循ISO 9001质量管理原则，按照公司质量管理方针，采用全面质量管理方法，在规划阶段就协助QA制订了质量核对单，用来规范执行日常任务，核实所要求的一系列步骤是否已得到执行；并在执行过程采用质量审计、过程分析、质量管理等工具实施质量保证，最终确保项目满足质量要求。本文我以该项目为例，从规划项目质量管理、实施质量保证、质量控制几方面论述信息系统项目的质量管理。	过渡段，引入要写的主题，先论述什么是质量管理，质量管理的重要性，接着强调了质量核对单和如何开展质量保证，对论文子题目2的第（2）条和第（3）条要求进行了点题，此为写作亮点。最后介绍了质量管理的过程，对论文子题目2的（1）进行了概括性的介绍。
1. 规划质量管理，为质量管理指供方向和指南 规划质量管理是确定项目质量标准并准备对策确保满足质量要求的过程。实践证明，质量出自计划而非检查，因此，一个切实可行的质量管理计划就显得非常必要。我在项目初期就与QA张工、团队成员、银行代表等人一起认真分析了人民银行下发的《关于商业银行现钞冠字号码管理规定》和需求文件，然后根据公司的全面质量管理方针，参照其他银行冠字号管理系统标准，确定了本项目的质量目标是：项目开发过程要满足银行业数据标准规范、银行业软件开发规范及可交付成果满足合同要求等。随后明确了相关的质量测量指标，如数据上传成功率、现钞冠字号码识别误码率、系统可用性等指标，并就本项目经常性任务制订了质量核对单，用来核实质量管理所要求的一系列步骤是否已得到执行，质量核对单内容如下： **XX银行冠字号管理系统质量核对单** | 工序内容 | 检查方法 | 验收标准 | 核对人员 | 核对结果 | 备注 | |---|---|---|---|---|---| | 编写需求规格说明书 | 查阅记录 | 合同要求 | 张工、王工、李工 | | | | 编写开发计划 | 查阅记录 | 合同要求 | 张工、王工、李工 | | | | 按文档标准编码 | 代码审计 | 需求文件 | 张工、王工、李工 | | | | 源代码配置管理 | 查阅记录 | 需求文件 | 张工、王工、李工 | | | | 代码变更记录、标识、审批 | 查阅记录 | 需求文件 | 张工、王工、李工 | | | | 单元测试 | 白盒测试 | 需求规格说明书 | 张工、王工、李工 | | | | 集成测试 | 黑盒测试 | 需求规格说明书 | 张工、王工、李工 | | | | 系统测试 | 灰盒测试 | 需求规格说明书 | 张工、王工、李工 | | | | 验ības测试 | 查阅记录 | 合同要求 | 张工、王工、李工 | | | | 产品发布管理和交付 | 查阅记录 | 合同要求 | 张工、王工、李工 | | | ……	正文第三段写规划质量管理过程，先概括规划质量管理过程的主要工作内容，把该过程分成了两部分写，第一部分结合项目背景写确定项目质量目标，第二部分写准备对策如何满足质量要求。 重点描述了质量核对单，很好地满足了论文要求第2条中的第（3）点，最后对规划质量管理过程进行了总结。

续表

范文内容	点评
明确项目质量要求后,接着就准备对策满足质量要求。我们首先分析质量管理投入,把质量成本分成了一致性成本和非一致性成本,一致性成本又包括预防成本和评价成本,非一致性成本包含内部、外部失败成本,据此分配了相应的预算和人员;接着明确了质量评审、质量检查的方法、频次等。最后形成了质量管理计划、过程改进计划等。我们吸取其他项目由于质量管理计划没得到甲方认可而导致项目失败的经验,我们邀请相关专家、双方高层对其进行了评审,然后根据评审意见进行完善,为后续的质量管理提供了方向和指南。	
2. 实施质量保证,促进过程质量改进,提升干系人质量信心 质量保证是审计质量要求和质量控制测量结果,确保采用合理质量标准和操作性定义的过程。此过程中,我们主要从以下三个方面着手进行。 一是加强项目团队成员质量意识,我与 QA 协商后,由 QA 组织项目组全体成员根据质量管理计划进行了为期两次的质量培训,特别是该系统需要与其他银行和当地人民银行进行数据交换,要求数据格式、接口等必须规范,且团队成员普遍存在文档编写随意性较大的问题,明确要求要按相关规范规定进行。二是要求 QA 在进行质量检查过程中,要严格遵照质量管理计划和质量测量指标开展工作,尽可能避免以下问题:一是过程检查不全面,二是检查标准不统一,三是不符合项描述不明确。如在检查中发现有不符合项,则由我与责任人、QA 三方共同确认后制定整改措施,明确整改时限,按要求进行整改,整改完成后由责任人通知 QA 进行验证是否已解决。如已解决则在《不符合项跟踪表》中标注"已修正并关闭",否则返回责任人直到问题解决。如在返回解决中确实存在困难或需多方协调处理,我们就对不符合项进行升级处理,通过提交变更请求或向高层领导汇报协调解决。三是聘请第三方审计师对项目的质量管理活动进行质量审计,通过质量审计,识别出项目正在实施的最佳实践、差距及存在的不足,把良好实践在团队内进行分享,通过过程改进帮助团队提高生产效率,以及总结经验教训,更新组织过程资产。 通过上述质量保证活动,使得本项目的质量要求得以保证,主要成效表现在返工率减少、生产效率提高、产品质量提升,项目成本降低。同时也提升了干系人的质量信心。	该部分论述了质量保证过程,从三个方面详细阐述如何进行质量保证,对论文子题目 2 中第(2)条进行了响应。最后总结了质量保证实施效果。
3. 质量控制,确保可交付成果满足质量要求 质量控制是监督并记录质量活动执行结果,以便评估绩效,并推荐必要的变更的过程,贯穿于项目全生命周期。 质量核对单是我们进行质量控制的重要依据,通过质量核对单,我们可以规范地检查一些日常性任务是否得到了正确执行。如在编码完成后,我们就按质量核对单核对是否进行了单元测试;在软件开发完成后,我们核实是否按要求进行了发布管理和交付,妥善保存了软件的母拷贝等。测试和质量工具是我们质量控制常用的技术与方法,如在采集端开发完成后,我们进行了白盒测试,检查金融机具过钞时,所记录的冠字号码数据是否按计划格式打包生成数据文件,数据文件是否成功上传到指定的服务器目录,如上传失败是否重新进行上传等。在测试过程中我们发现,某品牌金融机具生成数据文件上传到服务器指	该部分论述了质量控制过程,把论文子题目 2 中第(3)条要求写的质量核对单作为输入,结合项目背景重点描述了质量控制工具与方法中的测试和因果图的详细操作过程,最后写了输出。

428

续表

范文内容	点评
定目录后，服务器直接将其按损坏文件进行处理。于是我们采用因果图进行根本原因分析，把问题陈述放在鱼骨头部作为起点，用来追溯问题来源，回推到可行动的根本原因，最终发现是由于该品牌自带的软件生成数据格式与服务器标准接收格式不一致，机构编码字段多了一个空格，导致服务器认为是损坏文件。找到问题原因后，我们与银行方进行沟通，协调相关厂商更改机具固化程序后问题得以顺利解决。 通过上述有效的质量控制，我们得到了核实的可交付成果。	
经过团队全体成员的共同努力，我们按期完成了项目工作，满足了项目质量要求，顺利通过了银行方组织的验收。本项目的成功离不开我科学、规范的质量管理。特别是在规划质量管理中我做好了质量核对单，质量保证过程中，通过加强质量培训和邀请第三方质量审计与 QA 检查相结合，确保项目工作按计划流程进行；同时在质量控制过程中，采用质量核对单，避免了一些关键规范性工作的遗漏。当然，在本项目管理中也存在不足之处，如：在项目初期，有部分团队成员认为项目阶段评审就是走过场，不认真对待和配合。后期我们通过两次质量培训，让大家增强了质量意识，认识到了阶段评审的重要性，后期评审工作进展顺利。 随着《"十四五"软件和信息技术服务业发展规划》的颁布，数字化、信息化将成为我国"十四五"时期抢占新技术革命机遇的战略支点。我将一如既往地加强信息系统项目管理知识的学习，为我国的信息化建设添砖加瓦。	此部分为论文结尾，首先写项目管理成果，接着总结了项目成功经验与不足，在成功经验中再次点明了质量核对单和质量保证相关工作，再次点题，首尾呼应。最后引用相关内容，表明了决心。

【范文点评】

优点： 本文架构正确，逻辑条理清晰，段与段之间衔接很好，对项目管理有深入实践，非常切合题意，有较好的应用深度和水平，是一篇能得 60～70 分的优秀论文。

文章正文部分首先介绍了项目的背景、个人在项目中的角色、技术架构等，从而能让阅读者快速地了解项目本身。之后，文章结合项目背景，引入要写的主题，在过渡段对论文要求进行了点题，接着写管理过程，每个管理过程采用了副标题的形式，让阅读者能通过标题就知道作者对管理过程的理解程度，是一大亮点，同时每个管理过程基本上都是按照管理过程定义、输入、工具与技术应用、输出、过程作用这一架构去写，条理逻辑清晰。在管理过程中，较好地把项目背景融入了管理过程，真实地反映了作者的实际工作经验。文章结尾部分，简要总结了成功经验和不足，并对问题和不足提出了自己的解决办法。

本文正面回答了论文要求，特别是对质量核对单，在管理过程中多次提及，拿到了主要的得分点，同时还在文章开头和结尾都提到了论文要求，首尾呼应。

不足之处：

1. 质量保证过程中主要工具质量审计没有展开写。
2. 质量管理工具应用的内容稍少，只写了一个因果图。

32.2　优秀范文二

【题目：论信息系统项目的合同管理】

项目合同管理通过对项目合同的全生命周期进行管理，来回避和减轻可识别的项目风险。

请以"论信息系统项目的合同管理"为题进行论述。

1. 概要叙述你参与管理过的信息系统项目（项目的背景、项目规模、发起单位、目的、项目内容、组织结构、项目周期、交付的成果等），并说明你在其中承担的工作（项目背景要求本人真实经历，不得抄袭及杜撰）。

2. 请结合你所叙述的信息系统项目，围绕以下要点论述你对信息系统项目合同管理的认识，并总结你的心得体会：

（1）项目合同管理的过程。

（2）在有监理参与的情况下，结合项目管理实际写出详细的合同索赔流程。

3. 请结合你所叙述的信息系统项目，编制一份对应的项目合同（列出主要的条款内容）。

【写作要点】

该论文考查的是考生对信息系统项目合同管理的认识和理解。

根据题目要求论述的几个方面，本论文需要描述所管理的项目的基本情况、所承担的角色以及在项目合同管理方面所从事的主要工作。

在描述的时候要重点对合同管理的主要过程进行描述。

合同签订管理：描述出中标后30天内签订合同，双方的权利与义务，总价合同/成本补偿合同/工料合同的区别，以及分包合同的禁止性规定，本过程要重点回答子题目3，举例说明合同的内容，列出主要的合同条款内容。

合同履行管理：重点描述按照合同和计划去履行；如果质量要求不明确，按国家标准等去履行；无国家标准的，按符合合同目标的要求来履行等。

合同变更管理：结合变更控制过程，写出变更的步骤。

合同档案管理：要注意各个阶段的文档不能最后才有，要在各个阶段结束前有相应的文档。

合同违约管理：区分定金与订金的区别，索赔的分类，合同索赔流程（注意28天的要求）。最后应该结合题目，从项目经理的角度总结合同管理的心得体会，同时描述所采用的科学的合同管理办法及其为项目的顺利实施提供的保障，与供货商合作共赢，简要描述为项目的顺利交付所做出的贡献以及个人的未来发展规划等。

【范文】

范文内容	点评
为主动适应信息时代新形势和党员队伍新变化，积极运用互联网+、大数据等新技术，创新党组织活动内容、方式等，××市提出了"智慧党建"信息系统项目建设方案，并对项目进行了公开招标，我公司顺利中标。我公司为项目型组织，2020年1月，我被任命为项目经理，全面负责该项目的建设管理。该项目共投资821.38万元人民币，建设工期为9个月。2020年10月获得验收。通过该项目的建设，建立起了包含两类信息（党员信息和党组织信息）+五类终端（党建大屏、电脑端、微信端、党建APP、智能一体机）+10大平台（学习平台、党务平台、宣传平台等）为一体的综合信息系统。该系统采用 SOA 架构，运用 C#和 JDK 中间件开发，支持 Oracle、MySQL 等数据库，实现了该市党建业务、党员在线学习、在线考试、信息发布等功能于一体，进一步提升了党建工作科学化水平。	该段介绍了项目的建设背景、项目规模、发起单位、目的、项目内容、组织结构、项目周期、交付的成果、系统架构、开发语言等，并说明了作者在其中承担的工作，以及系统实现的功能。使阅读者能对建设项目有全面、完整的认识，对论文子题目1进行了回应，且项目符合当今计算机应用系统发展的新趋势与新动向。
由于本项目涉及设备种类多，需从不同的供应商处采购。因而项目的合同管理显得尤为重要。加强合同管理对于提高合同管理水平、减少合同纠纷、加强和改善建设单位和承建单位的经营管理、提高经济效益，都具有十分重要的意义。本文我以该项目为例，从合同的签订管理、合同的履行管理、合同的变更管理、合同的档案管理、合同的违约索赔管理几方面论述了信息系统项目的合同管理。	过渡段，论述了合同管理的重要意义，引出要写的主题，并说明了从哪几方面进行合同管理，对论文子题目2中的第（1）条进行了回应。
一、合同的签订管理 合同签订管理是确保合同双方在平等协商的基础上，对合同内容达成一致，确立权利、义务等民事关系的过程。在此过程中，涉及合同类型的选择，合同内容的合法性、合同表述的准确性等。在项目实施过程中，根据项目实际需求，我们对智能一体机进行了公开招标采购，确定了××公司为上述设备的供应商，因设备所需数量明确，我们采用了总价合同的形式，并在30天内与××公司签订了合同，主要条款如下： 第一条　设备名称：智能一体机，数量：424台、品牌型号：希沃 Sa65EC，参数：Windows、Android 双系统、65 寸 1920×1080 分辨率红外触摸屏、超薄插拔式 Intel Core I32300 模块化电脑、内存 DDR3 8G 等。 第二条　设备验收标准、验收方法：设备到货由双方现场开箱检查，安装完成进行验收测试，符合合同相关参数。 第三条　设备交付时间、交付地点：按附件要求于 2020 年 7 月 30 日前分批付，交付地点：××市工委办公楼。 第四条　设备价款、报酬（或使用费）及其支付方式：18950 元/台，经验收合格后 30 个工作日内甲方支付货款总价的 90%，余款至保修期满且乙方履行保修义务后支付。 第五条　双方权利及义务 甲方权利及义务： 1. 协调并提供乙方安装设备时所需水、电等。协调市工委向乙方提供材料、工具的临时存放地以及施工场所。	本段首先解释了什么是合同签订管理、合同签订管理涉及事项。接着结合项目背景拟定了合同主要条款，且主要合同条款翔实、符合合同要求，充分说明了作者对合同的掌握非常熟练，也是对论文子题目3进行了重点响应，是主要得分点之一。最后一句承上启下，显得文章不呆板。

431

续表

范文内容	点评
2．甲方根据本合同规定按期向乙方支付合同款项。 3．甲方配合乙方的安装、维护、维修工作。派人监管乙方现场施工情况，甲方现场代表由甲方指定，并负责对乙方设备安装进行验收。 乙方权利及义务： 1．乙方应严格按照合同要求向甲方供货及安装设备并提供合格证。严格按照国家的规范、标准施工，接受甲方的监督，如有质量问题按规范及合同约定及时整改，并承担返工费用。 2．设备安装期间乙方应遵守甲方对施工人员的管理要求，并做好安全防护工作，因乙方责任造成的一切事故及损失将由乙方承担。 3．工程经甲方验收合格后7个工作日内，向甲方提供竣工资料（含产品合格证、检验证、隐蔽资料证）一式四套。 第六条　技术服务及售后服务：设备保修期1年，自验收合格之日开始计，在正常的操作和运行条件下，若发现确系由于货物的材料、设计等所导致的质量问题，乙方负全部责任，并免费更换零部件或整机。保修期满后如需乙方继续提供维修服务，双方重新洽谈合同。 第七条　违约责任：乙方不能按合同约定安装期完工并通过验收（甲方原因除外），应赔偿给甲方造成的经济损失。 第八条　争议解决办法：合同所产生的一切争议，双方应通过友好协商解决，如协商不成，任何一方可向××市人民法院提起诉讼，费用由败诉方承担。 合同签订生效后，就进入了履行阶段。	
二、合同履行管理 合同履行管理主要指对合同当事人按合同规定履行应尽的义务和应尽的职责进行检查，及时、合理地处理和解决合同履行过程中出现的问题，包括合同争议、合同违约和合同索赔等事宜。在合同履行过程中，我们首先协商解决，按照《中华人民共和国合同法》有关合同争议处理如下规定进行处理：质量要求不明确的，按照国家质量标准、行业质量标准履行。没有国家质量标准、行业质量标准的，按照通常标准或符合合同目的的特殊标准执行；履行费用不明确的，由履行义务一方承担等。如我们在合同履行过程中，对智能一体机从市工委运输至乡镇的费用承担产生了争议，于是我们根据《民法典》中"履行费用不明确的，由履行义务一方承担"这一原则解决了争议。	本段首先介绍了合同履行管理的具体工作内容。接着阐述了合同履行过程中出现争议的处理原则，处理原则与《中华人民共和国招标投标法》内容一致，说明作者对合同法较为熟悉，最后举例描述了履行费用不明确的处理办法。理论与实际较好地进行了结合。
三、合同变更管理 项目的建设过程中难免出现一些不可预见的事项，包括要求修改或变更合同条款的情况，因而项目合同的变更必不可少。在本项目中，智能一体机原计划需求数量是424台，后来该市工委提出要增加34台，根据政府采购法的规定，为保证原有采购项目一致性或者服务配套的要求，可以继续从原供应商处添购，且添购资金总额不超过原合同采购金额的10%，于是我们向由市工委、××供应商、我公司共同组成的CCB提出了增购34台智能一体机的合同变更申请，CCB审批后下达了同意合同变更的指令，然后	本段结合项目背景，举例说明了合同变更管理的管理流程，把管理理论应用于项目管理实际工作中。充分说明了作者有良好的实践与切身体会和经历。

范文内容	点评
我们本着"公平合理"的原则与××供应商协商，先确定了变更的数量以及供货细节，再确定变更设备的价格按原中标价进行核算。变更得以顺利实施，确保了项目在规定时间内完工。	
四、合同档案管理 合同档案管理（文本管理）是整个合同管理的基础。它作为项目管理的组成部分，是被统一整合为一体的一套具体的过程、相关的控制职能和自动化工具。合同文本是合同内容的载体，我们主要关注两方面内容，一是合同的正本、副本的管理，合同签订时我们就采取的是一式四份合同，其中正副本各两份，双方各执一份。同时把招标相关文件作为合同附件一同录入了合同档案管理系统，并由配置管理员纳入了配置管理。二是对合同文本格式的管理，我们所有合同一律采用计算机打印，明确规定了手写旁注和修改无效。	本段采用了略写的方式，篇幅不长，但已把档案管理的内容表述清楚，为接下来的合同索赔管理预留出了篇幅。
五、合同违约索赔管理 合同违约是指信息系统项目合同当事人一方或双方不履行或不适当履行合同义务，应承担因此给对方造成的经济损失的赔偿责任。合同索赔是项目中常见的一项合同管理的内容，同时也是规范合同行为的一种约束力和保障措施。如在合同履行过程中，由于××供应商的原因，导致合同中采购的智能一体机最后一批 10 台设备未能按时到货，导致我们未能按时进行系统联调，由此给我方带来了一定的经济损失。于是我按合同索赔流程进行了索赔，先是在违约事件发生后的 28 天内向监理方提交了索赔意向书，在索赔通知书发出后的 28 天内，向监理工程师提出了补偿经济损失的索赔报告及有关资料，详细说明了索赔事件、索赔金额的计算等。监理工程师在收到送交的索赔报告有关资料后，于 28 天内要求我们进一步补充索赔理由和证据。我们在 28 天内，向监理工程师送交索赔的有关资料和最终索赔报告，由于违约事件清楚，索赔金额计算合理，最终监理方和××供应商认可了索赔，双方并未因此而产生隔阂。因为后期的良好合作，没有发生持续索赔。	本段先介绍了合同违约的定义，然后说明了合同索赔的意义，接着结合项目背景举例详细说明了合同索赔流程，索赔处理得当，有深入实践与体会。也是对论文子题目 2 中第（2）条的重点响应，是主要采分点。
经过全体团队成员的共同努力，我们终于按期完成了项目，顺利通过了××市工委组织的验收。得到了双方领导的一致好评。本项目的成功离不开我成功的合同管理，特别是合同履行过程中出现问题的有效管理。当然，在本项目中，也有一些不足之处，如：在项目的实施过程中，由于供应商的原因，导致最后一批设备延期到货，导致了我们的系统联调无法按期进行，虽然没有影响最终的完工，但还是给项目带来了一定的影响。在今后的项目管理工作中，我将一如既往地加强学习，砥砺前行。	本段为论文结尾，总结了项目成功经验与不足，最后表明了作者加强学习的决心。

【范文点评】

优点：本文架构正确、逻辑清楚、内容翔实、表达严谨，对合同管理有着很深入的实践和体会。

非常好地切合了题意，对论文要求均采用实例进行了重点响应，有较好的应用水平，是一篇能得65分左右的优秀论文。

不足之处：结尾稍显仓促，成功经验和存在的不足一笔带过，没有展开，如果能详细说明本项目存在的不足具体如何解决，将更能体现项目经理对合同管理的优势。但此论文仍不失为在当次考试中，排名前几名的高分论文。